2026학년도 법학적성시험 대비

제1회 파이널

LEGAL • EDUCATION • ELIGIBILITY • TEST

불LEET 모의고사

제2교시 추리논증

총 40문항 10:45~12:50(125분)

수험생 유의사항

1. 문제지를 받은 후 시험 시작 시간까지 문제 내용을 보아서는 안 됩니다.
2. 시험 시작 즉시 과목편철 순서, 문제누락 여부, 인쇄상태 이상 유무 등을 확인한 후 문제지에 성명을 기재하시기 바랍니다.
3. 시험 시작 후 문제를 주의 깊게 읽고 문항의 취지에 가장 적합한 하나의 정답만을 고르시기 바랍니다.

메가로스쿨

추리논증

제 2 교시

성 명	

메가로스쿨

○ 이 문제지는 **40문항**으로 구성되어 있습니다. 문항 수를 확인하십시오.
○ 문제지의 해당란에 성명을 정확히 쓰십시오.
○ 답안지에 응시 번호와 답을 표기할 때에는 답안지 오른편에 있는 '답안지 작성시 반드시 지켜야 하는 사항'에 따라 표기하십시오.
○ 답안지의 필적확인란에 해당 문구를 정자로 기재하십시오.

1. 다음으로부터 <사례>를 판단한 것으로 옳은 것만을 <보기>에서 있는 대로 고른 것은?

X국에는 채권자를 보호하기 위해 채무자가 아닌 보증인이 채무액을 변제할 수 있고 채무자의 소유가 아닌 다른 사람이 소유한 것을 담보물로 할 수 있는 제도가 있다. 최종 변제 책임은 채무자에게 있으나, 채무자가 변제하지 못하는 사정이 있다면 담보물을 제공한 자에게 있다.

이때 보증인이 채무자의 채무 중 일정액을 변제하면, 이 보증인을 보호하기 위하여 "채권의 일부에 대하여 보증인의 변제가 있는 때에는 보증인의 변제액에 비례하여 채권자와 함께 그 권리를 행사한다."라는 규정을 두고 있다. 이 규정의 '함께'의 의미에 대해 다음과 같이 견해가 대립된다.

A : '함께'의 문언적 의미에 충실하게 해석해야 하며, 채권자의 권리 행사도 보증인과 공동으로 해야 한다. 채권자에게는 자신이 변제받지 못한 채무액, 보증인에게는 자신이 변제한 변제액이 있으므로, 남은 채무액과 변제액에 비례하여 권리를 분배받아야 한다는 의미이다.

B : '함께'의 의미상, 채권자와 보증인이 권리를 공동으로 행사해야 한다는 부분에 대해서는 이의가 없다. 가령, 담보제공자의 부동산에 경매 신청을 한다면 채권자와 보증인이 공동으로 권리를 행사해야 한다. 그러나 채권자가 보증인보다는 먼저 채권의 남은 채무액 모두를 변제받아야 한다.

C : 일부 변제가 있었다는 우연한 사정만으로 권리 행사에 제약이 생기지는 않으므로 채권자는 보증인의 권리 행사의 의사와는 상관없이 단독으로 자신의 권리를 행사할 수 있다. 채권자의 채무액에 대한 전액 변제가 보증인의 변제액에 대한 변제보다 우선하므로, 채권자에게 나머지 채무액을 모두 변제한 다음에야 보증인에게 대신 변제한 금액에 대한 권리가 주어진다.

<사례>

갑은 을에게 2억 원을 빌려주었다. 이에 대해 병은 보증을 했고, 정은 시가 1억 원의 Y부동산을 담보로 제공했다. 을이 파산하여 갑에게 2억 원을 변제할 수 없는 상황에 이르자, 병이 을의 채무 중 1억 원을 갑에게 변제하였다. 갑은 담보인 Y부동산에 경매신청을 해서 남은 채권액을 변제받으려 하며 경매대금은 부동산의 시가이다.

<보 기>

ㄱ. Y부동산의 경매대금 중 일부라도 병이 받을 수 있다는 주장에 A와 B 모두 동의할 것이다.
ㄴ. 갑이 Y부동산에 대한 경매 신청을 하려면 병과 함께 경매에 관한 절차를 진행해야 한다는 주장에 대해 A와 B는 동의할 것이지만, C는 동의하지 않을 것이다.
ㄷ. 만약 Y부동산의 시가가 2억 원이고 시가대로 경매가 진행되어 종료하였다면, 병은 견해에 따라 받는 금액이 다를 것이다.

① ㄱ ② ㄴ ③ ㄱ, ㄷ
④ ㄴ, ㄷ ⑤ ㄱ, ㄴ, ㄷ

2. 다음 글을 분석한 것으로 옳은 것만을 <보기>에서 있는 대로 고른 것은?

X국은 타인을 속여 재물을 얻은 사람을 사기죄로 처벌하며, 타인의 재물을 보관하는 자가 그 재물을 횡령한 때 횡령죄로 처벌한다. 그리고 어떤 범죄 실행을 용이하게 한 자는 그 범죄의 방조죄로 처벌한다. 한편 X국에서 다음 사건이 발생하였다. 갑은 을의 부탁을 받아 자신의 통장을 을에게 빌려주었고, 을은 병에게 보이스피싱을 하여 병이 갑의 통장에 1천만 원을 입금하도록 하였다. 갑은 병이 입금한 것을 확인한 후, 이 통장에 연계된 체크카드로 1천만 원을 모두 인출하였다. 이때, 갑을 어떤 죄목으로 처벌할 수 있는지에 대해 견해가 나뉜다.

<견해>

A : 만약 갑이 을에게 대가를 받고 통장을 대여해주거나 을이 사기행위를 할 것을 알면서도 통장을 대여해주었다면 갑에게 사기방조죄가 성립해. 그리고 횡령죄가 성립하려면 타인의 재물을 보관하는 자의 지위에 있어야 하는데 갑은 병과 어떠한 위탁관계가 존재한다고 볼 수 없어. 즉, 을의 사기행위로 인해 병이 갑의 통장에 돈을 입금했다고 해서 갑이 병의 재물을 보관하는 자의 지위에 있다고 보기는 어려워. 또한, 을의 사기행위는 불법행위이므로 보호할 법익이 아니어서 을에 대한 횡령죄 역시 성립하지 않아.

B : 을이 사기행위를 할 것을 알면서도 자신의 통장을 대여해주었다면 갑에게 사기방조죄가 성립되는 것은 타당해. 하지만 갑이 자신의 통장이 을의 사기행위에 이용될 것을 모르고 대여해준 경우까지 사기방조죄로 보기는 어려워. 설령 갑이 을에게 통장 대여에 대한 대가를 받았다고 하더라도 마찬가지야. 그리고 갑이 자신의 통장에 병의 돈이 입금되었다는 사실을 알았다면, 통상적 일반인의 관점에서 보았을 때 타인의 돈이 자신의 통장에 보관되어 있음을 인지할 수 있어. 그러므로 갑이 병의 돈을 영득할 의사로 인출하였다면 병에 대한 횡령죄로 처벌 받아야해.

<보 기>

ㄱ. 을이 갑에게 통장 대여를 부탁하며 20만 원을 주었고, 갑은 을의 사기 계획을 모른 채 자신의 통장을 을에게 대여해준 경우, A와 B는 갑에게 사기방조죄가 성립한다고 볼 것이다.

ㄴ. 갑은 을이 보이스피싱을 계획하고 있다는 사실을 알고, 병이 자신의 통장으로 돈을 입금하면 인출하여 자신의 자동차를 구매하려고 통장을 대여해준 경우, B보다 A를 따를 때 갑에게 더 유리할 것이다.

ㄷ. 만약 갑이 자신의 통장으로 입금된 1천만 원을 인출하지 않았을 경우, 갑에게 횡령죄가 성립하는지 여부에 대한 A와 B의 결론은 바뀔 것이다.

① ㄴ ② ㄷ ③ ㄱ, ㄴ
④ ㄱ, ㄷ ⑤ ㄱ, ㄴ, ㄷ

3. 다음으로부터 추론한 것으로 옳은 것만을 <보기>에서 있는 대로 고른 것은?

A, B, C, D국가에서는 소재지를 달리하는 법원들 중 어느 법원이 재판권을 행사할 것인지 분담 관계를 정해놓은 것을 토지관할이라고 한다. 토지관할 중 피고의 주된 생활지에 따라 일반적으로 인정되는 토지관할을 '보통재판적'이라 한다. 반면, 보통재판적과 무관하게 특정한 종류의 사건의 경우에 인정되는 재판적을 '특별재판적'이라 한다. 특별재판적은 보통재판적과 경합하는 임의관할로, 예컨대 원고는 피고의 주된 생활지에 소재한 법원 이외에도 의무이행지의 법원에 소를 제기할 수 있으며, 교통사고와 같이 불법행위에 관한 소를 제기하는 경우에는 행위지의 법원에 소를 제기할 수 있다.

한편, 당사자 간의 합의로 재판적을 가지는 법원 중 특정한 법원에서만 소송을 할 수도 있는데, 이를 '전속적 합의관할'이라고 한다. 전속적 합의관할은 합의한 사람 사이에만 효력이 미치는 것이 원칙이지만, 제3자 중에서 상속인과 같은 포괄승계인에게도 그 효력이 미친다. 그러나 상속과는 달리 권리와 의무를 개별적 원인에 의하여 특정적으로 승계한 경우 이러한 합의의 효력이 미치는지가 문제되는데, 매매대금과 같이 당사자가 자유롭게 권리의 내용을 정할 수 있는 채권은 관할합의의 효력이 승계인에게 미친다고 본다. 다만, 채권자와 채무자가 외국 법원을 관할법원으로 하기로 합의한 뒤 채권을 양수인에게 양도한다면 양수받은 사람에게는 채권자와 채무자 간의 합의의 효력이 미치지 않는다고 보기 때문에, 양수인은 자신의 국가에서 재판적이 있는 법원에 소를 제기하여야 한다. 그러나 특정한 사건이 외국 법원의 전속관할에 속할 때에는 해당 법원에 소를 제기하여야 한다.

<보 기>

ㄱ. 갑은 P지역에서 을이 운전하던 차에 치여 전치 4주 진단을 받게 되자, 을을 피고로 하여 치료비를 청구하는 소를 제기하려고 한다. 이때 손해배상청구권의 의무이행지는 피해자의 주소지이고, 갑은 Q지역에 주소지를 두고 있다. 이 경우 보통재판적과 특별재판적 모두를 고려하면, 갑은 P지역 관할법원과 Q지역 관할법원 이외에는 소를 제기할 수 없다.

ㄴ. A국 국민 병은 A국 국민 정에 대해 매매대금채권을 가지고 있는데 재판적을 가진 자국의 X, Y, Z법원 중 X법원에서만 당해 채권에 대한 소를 제기하기로 정과 합의하였다. 이 경우 B국 국민인 무가 당해 채권을 양수하였다면, 전속적 합의관할의 효력은 무에게도 미칠 것이다.

ㄷ. C국 V지역에 주소를 두고 있는 기와 경은 특허권의 사용료채권에 대한 소를 D국의 유효성 판단 전속 관할인 W법원에서만 제기하기로 합의하였고, 그 뒤에 C국 국민 신은 당해 사용료채권을 기로부터 양도받았다. 이후 특허권의 유효성에 대한 분쟁이 발생하였다면, 신은 V지역 관할법원에 소를 제기하여야 한다.

① ㄱ ② ㄴ ③ ㄱ, ㄷ
④ ㄴ, ㄷ ⑤ ㄱ, ㄴ, ㄷ

4. 다음으로부터 추론한 것으로 옳은 것만을 <보기>에서 있는 대로 고른 것은?

<사례>
갑은 을에게 자신의 상가 X를 임대차보증금 2억 원에 월 임대료를 1백만 원으로 설정한 뒤 임대해 주었다. 갑과 을은 임대차 계약기간이 만료되면 상가 X의 미납된 임대료나 상가 X에 대한 손해배상금을 임대차보증금에서 공제하기로 합의하였다. 한편, 을에게 2억 원의 받을 돈이 있는 병은 을의 임대차보증금 2억 원을 압류하였고, 이로써 병은 을을 대신하여 갑에게 임대차보증금반환채권을 행사할 수 있게 되었다. 그 뒤 을은 갑에게 승낙을 받아 자신의 임차권을 정에게 양도하였고, 이때 8백만 원의 미납된 임대료와 2백만 원 상당의 손해배상채무가 발생한 상태였다. 임차권 양도 후 어느 정도 시간이 지났을 때 정은 건물 관리를 소홀히 하여 2천만 원 상당의 손해배상채무가 발생하였다.

현재 갑과 정 사이의 계약은 만료되지 않았고, 병은 갑에게 임대차보증금반환채권을 행사하려 하는데, 임대차보증금반환채권의 이행기와 해당 채권에서 정의 채무도 공제할 수 있는지에 대해 다음과 같이 견해가 나뉜다. 단, 임대차보증금반환채권은 그 이행기가 도래해야만 행사할 수 있으며 행사된 시점 이후에는 미납된 임대료나 손해배상금을 공제하지 못한다.

<견해>
A : 임대차보증금반환채권이 압류된 상태에서 임대인의 승낙을 받아 임차인이 자신의 임차권을 양도한 경우 임대인의 임차권 양도 승낙시가 이행기가 돼. 새로운 임차인이 부담하는 채무액은 기존 임차인의 임대차보증금에서 공제할 수 없어.
B : 임대차보증금반환채권의 이행기는 새로운 임차인에게 승계된 임대차 기간이 끝난 후에야 도래해. 이행기 도래시점을 고려해 본다면 새로운 임차인이 부담하는 채무액은 기존 임차인의 임대차보증금에서 공제할 수 있어.
C : 기존 임차인은 새로운 임대차 계약 체결로 더 이상 임차인이 아니므로 임대차보증금반환채권의 이행기는 임차권이 양도된 때야. 다만, 임대차보증금은 임차인의 모든 채무를 담보하기 때문에 압류 여부를 불문하고 새로운 임차인의 모든 채무액도 공제할 수 있어.

<보 기>
ㄱ. A, B, C의 견해 중 을이 정에게 임차권을 양도한 때에, 병은 임대차보증금반환채권을 행사할 수 있다고 보는 견해가 그렇지 않다고 보는 견해보다 더 많다.
ㄴ. A, B, C의 견해 중 A의 견해에 따를 때 병은 임대차보증금반환채권 행사를 통하여 가장 빠르면서 가장 많은 금액을 받을 수 있다.
ㄷ. 병이 임대차보증금반환채권의 이행기가 도래하자마자 임대차보증금반환채권을 행사할 때, 갑은 B의 견해보다는 C의 견해를 더 선호할 것이다.

① ㄱ ② ㄷ ③ ㄱ, ㄴ
④ ㄴ, ㄷ ⑤ ㄱ, ㄴ, ㄷ

5. 다음으로부터 추론한 것으로 옳은 것만을 <보기>에서 있는 대로 고른 것은?

조합은 2인 이상이 금전, 부동산, 노무 등을 상호 출자하여 공동사업을 경영할 것을 목적으로 설립하는 단체이다. 조합의 이익은 조합원에게 분배되어야 하는데, 이익분배의 비율을 정하지 아니한 때에는 각 조합원의 출자가액에 비례하여 이를 정한다. 한편, 조합채무는 조합이 활동하는 과정에서 부담하는 채무로, 조합은 법인격이 없어 채무의 주체가 되지 못하기 때문에 조합채무는 결국 각 조합원의 채무가 되어 조합원은 조합채무에 대하여 책임을 져야 한다. 즉, 조합채무에 대하여는 각 조합원이 자신의 개인재산을 가지고 책임을 지거나 조합원 전원이 그들이 출자한 조합재산을 가지고 공동으로 책임을 진다. 그리고 이 두 책임은 병존적이기 때문에 채권자는 채권 전액에 관하여 조합원 전원을 상대로 하여 조합재산에 대해 집행할 수도 있고, 각각의 조합원을 상대로 하여 그의 개인재산에 대하여 집행할 수도 있다. 이러한 조합채무의 특성상 채권자는 다음 네 가지 규정에 따라 채권을 회수할 수 있다. 첫째, 조합에 대한 채권자는 조합원 모두에게 소송을 제기함으로써 조합재산으로 채권을 변제받을 수 있다. 그러나 조합원에 대한 채권자는 조합재산으로 채권을 변제 받을 수 없다. 둘째, 조합의 채권자가 조합원의 손실부담의 비율을 알지 못한 때에는 각 조합원에게 균분하여 그 권리를 행사할 수 있다. 셋째, 조합원 중 변제할 자력없는 자가 있는 때에는 그 변제할 수 없는 부분은 다른 조합원이 균분하여 변제할 책임이 있다. 넷째, 조합의 채권자는 조합재산에 대해서 변제를 청구할 수 있고, 그 청구와 동시에 조합원 각자에 대해서도 변제를 청구할 수도 있다.

<사례>
A, B, C는 공동사업을 경영할 것을 목적으로 각각 1억 5천만 원, 1억 원, 5천만 원을 출자하여 X조합을 설립하였는데, 이익분배의 비율은 별도로 정하지 않았다. 이들은 X조합 명의로 갑에게 6억 원을 빌렸고, 이와 별도로 A는 조합과는 무관하게 개인적으로 을에게 3억 원을 빌렸다. A, B, C는 손실부담의 비율을 2:1:1로 하여 조합채무를 부담하기로 약정하였다.

<보 기>
ㄱ. 갑이 A, B, C의 손실부담의 비율을 알지 못했다면 갑은 A, B, C에게 각각 3억 원, 2억 원, 1억 원씩 청구할 수 있으며, 이 청구는 조합재산에 대한 청구보다 앞서 할 수 없다.
ㄴ. 갑이 A, B, C의 손실부담의 비율을 알고 있었고 A가 채무를 변제할 자력이 전혀 없는 자이며 갑이 자신의 채권 전부를 회수하였다면, B와 C는 각각 1억 5천만 원을 변제하였다.
ㄷ. 을이 A, B, C의 손실부담 비율을 알고 있었다면 A, B, C 모두에게 소송을 제기하여 X조합의 재산으로 자신의 채권을 회수할 수 있다.

① ㄱ ② ㄴ ③ ㄱ, ㄷ
④ ㄴ, ㄷ ⑤ ㄱ, ㄴ, ㄷ

6. [규정]의 적용으로 옳은 것만을 <보기>에서 있는 대로 고른 것은?

[규정]
제1조 ① 회사의 계열사는 그 회사와 동일한 기업집단에 포함된 회사 및 그 지주회사를 말한다.
② 제1항의 '동일한 기업집단'이란 동일한 회사를 지주회사로 하고 있는 복수의 회사를 의미한다.
③ 제1항 및 제2항의 '지주회사'는 기업집단을 구성하는 각 회사의 발행주식 50% 이상을 보유하면서, 보유주식의 주식가액 합계액이 자산총액의 50% 이상인 회사를 말한다.
제2조 ① 회사는 계열사에게 시장의 조건보다 유리한 조건으로 금전・자원・노동력을 지원하는 행위를 해서는 안 된다.
② 회사는 계열사에게 시장의 조건보다 유리한 조건으로 거래의 기회를 제공하는 행위를 하여서는 안 된다.
③ 회사는 다른 회사와 거래를 함에 있어 계열사가 창출하는 부가가치가 없음에도 계열사를 통하여 목적하는 다른 회사와 거래하는 행위를 하여서는 안 된다.
제3조 ① 제2조 제1항 및 제2항을 위반한 자는 유리한 조건으로 인하여 계열사가 얻은 이익의 100분의 1의 과징금을 부과한다.
② 제2조 제3항을 위반한 자는 계열사가 거래에 개재됨으로써 계열사가 얻은 이익의 100분의 2의 과징금을 부과한다.
③ 여러 위반행위가 적발된 사업자는 과징금을 합산한다.

<보 기>

ㄱ. 자산총액 500억 원인 갑 회사가 을 회사와 병 회사의 주식을 각각 51% 보유하고 있고, 그 가액이 각각 300억 원, 100억 원인 경우, 을 회사는 갑 회사의 계열사이지만 병 회사는 계열사에 해당하지 않는다.
ㄴ. 정 회사는 계열사인 무 회사에게 연 이자율 3%로 100억 원을 1년간 대여하였고 계열사인 기 회사와 운송계약을 체결하면서 운송대금으로 100억 원을 지급하였는데, 무 회사와 동일한 신용도의 회사에 동일한 규모의 자금을 대출할 경우 시장이자율은 5%이고, 기 회사와 체결한 계약과 동일한 규모의 운송계약을 체결할 경우 운송서비스의 시장가격은 80억 원이라면, 정 회사에는 2,200만 원의 과징금이 부과된다.
ㄷ. A 회사는 계열사인 B 회사로부터 30억 원을 지급받고 노동력을 파견하였고, C 회사에게 100억 원에 물품을 공급하기로 하면서 계열사인 D 회사에게 동일한 물품을 80억 원에 공급한 뒤 C 회사가 D 회사로부터 100억 원에 물품을 공급받도록 하였는데, B 회사에게 파견한 노동력과 동일한 규모의 노동력을 파견할 경우 그 대금의 시장가격은 20억 원이고, D 회사는 거래에 개재됨으로써 20억 원의 이익을 얻었다면, A 회사에는 4,000만 원의 과징금이 부과된다.

① ㄱ ② ㄴ ③ ㄱ, ㄷ
④ ㄴ, ㄷ ⑤ ㄱ, ㄴ, ㄷ

7. [규정]과 <사례>를 근거로 판단할 때 옳은 것만을 <보기>에서 있는 대로 고른 것은?

[규정]
제1조 시장은 다음 각 호의 어느 하나에 해당하는 경우 해당 자동차의 운전자에게 주차방법을 변경하거나 자동차를 다른 장소로 이동시킬 것을 명하여야 한다. 다만 긴급자동차의 경우에는 그러하지 아니하다.
1. 정당한 사유 없이 제2조에 따른 주차요금을 내지 아니하고 주차하는 경우
2. 제3조의 제한조치를 위반하여 주차하는 경우
제2조 주차요금은 아래 표를 적용한다. 다만 긴급자동차에 대하여는 주차요금을 받지 아니하다.

시간제 주차요금		전일 주차요금
기본 30분	초과 10분	20,000원
2,000원	700원	

제3조 시장은 교통의 원활한 소통과 노상주차장의 효율적인 이용을 위하여 필요한 경우에는 제한조치를 할 수 있다. 다만 긴급자동차는 제한조치와 관계없이 주차할 수 있다.
제4조 긴급자동차란 다음 각 호의 자동차로서 그 본래의 긴급한 용도로 사용되고 있는 자동차를 말한다.
1. 소방차
2. 구급차
3. 경찰용 자동차 중 범죄수사의 업무 수행에 사용되는 자동차

<사례>
X시와 Y시에는 [규정]을 따르는 노상주차장이 각각 1개소가 있다. 현재 X시는 벚꽃 축제를 개최 중이기 때문에 X시장은 노상주차장 사용 제한조치를 하였지만, Y시장은 노상주차장 사용에 대해 별다른 조치를 취하지 않았다.

<보 기>

ㄱ. 여행객 갑이 축제를 즐길 목적으로 X시의 노상주차장에 자신의 자동차를 주차하였을 경우, X시장은 반드시 갑에게 그의 자동차를 다른 장소로 이동시킬 것을 명하여야 한다.
ㄴ. 을이 Y시 노상주차장에 긴급자동차가 아닌 자신의 자동차를 4시간 50분 동안 주차하려는 경우, 시간제로 이용하는 것보다 전일 주차권을 발급받는 것이 더 저렴할 것이다.
ㄷ. 도난 신고가 된 자동차를 수배 중인 경찰용 자동차는 X시장의 노상주차장 사용 제한조치에 따라 X시 노상주차장에 주차할 수 없다.

① ㄱ ② ㄴ ③ ㄱ, ㄷ
④ ㄴ, ㄷ ⑤ ㄱ, ㄴ, ㄷ

8. 다음 주장을 약화하는 것으로 옳은 것만을 <보기>에서 있는 대로 고른 것은?

> 이론에 따르면 시장 참여자의 자발적인 협상을 통해 비효율성의 문제를 해결할 수 있다. 가령 화물차를 운행하여 이익을 얻는 운송업체가 있다고 해 보자. 화물차를 한 번 운행하게 할 때마다 10만 원의 효용을 얻으며 하루에 최대 4회 운행할 수 있다. 그런데 이 화물차가 지날 때마다 일으키는 먼지로 인해 과수원의 과일을 다시 닦아야 하는 문제가 생겼다. 과일을 닦아야 하는 피해는 2만 원이다. 이때 정부가 개입하여 하루에 2회만 화물차를 운행하라고 할 때, 업체는 40만 원에서 20만 원으로 효용이 떨어지고 과수농가는 8만 원에서 4만 원으로 그 피해를 줄일 수 있다. 운송업체는 효용이 떨어지고 과수농가는 여전히 손해를 보는 상태이다. 그런데 화물차를 1회 운행할 때마다 과수농가에 3만 원을 지급하기로 두 참여자가 자발적으로 협상한다면, 운송업체는 총 28만 원의 효용을 얻고 과수농가는 4만 원의 효용을 얻는다. 이처럼 협상을 통해 두 참여자 간 문제를 해결하고 사회 효용을 높일 수 있다.
>
> 이런 협상의 이익은 우리가 효용의 정도를 정확하게 계산할 수 있을수록, 거래비용이 낮을수록 크다. 효용에 따른 협상이 주는 이익이 이렇게 자명하기 때문에 우리는 사회의 여러 다른 부분에서도 협상을 통해 효율성을 높일 수 있다. 형사절차에서도 협상의 문제가 발생하는데, 우리는 수사절차의 효율성을 높이기 위해서 유죄협상제를 도입해야 한다. 유죄협상제란 덜 중요한 피의자에게 형을 줄여주는 보상을 주는 대신 그로부터 더 죄가 무거운 피의자를 수사하는 데 도움을 받는 제도이다. 피의자의 협조를 통해 중요한 범죄자에 대한 증거를 손쉽게 수집할 수 있고, 수사에 필요한 인적·물적 자원을 최소화시킬 수 있다. 따라서 유죄협상제를 도입하면 협력한 피의자는 감형을 받게 되어 개인의 만족도를 높일 수 있으며, 수사절차의 효율성이 높아진다. 수사절차의 효율성이 높아진다면 수사가 필요한 다른 여러 사건들을 신속하게 처리할 수 있게 되어 사회 전체적으로 효용이 증가한다.

<보 기>

ㄱ. 현실에서는 협상을 통한 효용의 정도가 증가하더라도 이론에서처럼 크게 증가하지 않았다.
ㄴ. 수사기관들은 협력자들이 말한 정보의 진위 여부를 가리기 위해 상당한 시간을 추가로 할애해야 한다.
ㄷ. 유죄협상제를 도입하자 협력한 피의자가 감형을 받게 되어 증가하는 개인적 만족도의 정도와 그로 인해 손상되는 사회적 정의의 정도가 같다.

① ㄴ　② ㄷ　③ ㄱ, ㄴ
④ ㄱ, ㄷ　⑤ ㄱ, ㄴ, ㄷ

9. 다음으로부터 추론한 것으로 옳은 것만을 <보기>에서 있는 대로 고른 것은?

> [규정]
> 제1조(유치권의 내용) 타인의 물건을 점유한 자는 그 물건에 관하여 생긴 채권의 변제를 받을 때까지 그 물건을 유치할 권리가 있다.
>
> <검토의견>
> A : 유치권자는 반드시 타인의 물건을 점유하고 있어야 한다. 또한 유치권은 채무의 이행을 담보하는 일종의 담보물권적 성질을 가지고 있다. 이 담보물권적 성격에 따라 유치권자는 채권의 변제를 받을 때까지 누구에 대해서도 목적물의 인도를 거절할 수 있고, 채권 전부의 변제를 받을 때까지 물건 전부에 대하여 그 권리를 행사할 수 있다. 한편, [규정]의 '물건에 관하여 생긴 채권'이란 물건 자체에 노동이나 자본을 투입하여 발생한 채권을 의미한다.
>
> B : 유치권이 담보물권의 성격을 가진다고 해서 담보물권의 성격을 모두 가질 필요는 없다. 채권 전부의 변제를 받을 때까지 물건 전부에 대하여 그 권리를 행사할 수 있는지의 여부는 유치물의 분할가능성을 토대로 판단하여야 한다. 한편, [규정]의 '물건에 관하여 생긴 채권'이란 채권과 물건의 관련성을 의미하는데, 이 관련성은 폭넓게 인정하는 것이 타당하다.

<보 기>

ㄱ. 도급계약에 있어서 타인의 단독주택의 외벽공사를 수행한 갑이 그 주택을 점유하고 있고 또 그 주택에 관하여 생긴 공사대금채권이 있다면, A의 견해에 따르면 갑은 그 채권을 변제받을 때까지 주택을 유치할 권리가 있다.
ㄴ. 주택임대차계약에서의 보증금이 임대차로 인해 발생할 수 있는 손해발생에 대한 담보의 성격을 가진다면, 임대인 병이 계약종료 후 임차인 을에게 보증금을 돌려주지 않더라도 A는 을에게 병이 소유하고 있는 해당 주택의 유치권을 인정하지 않을 것이다.
ㄷ. 타인의 다세대주택의 창호 등의 공사를 완성한 정이 공사대금채권 잔액을 변제받기 위하여 한 세대를 점유하여 유치권을 행사하고 있다면, B의 견해에 따르면 정의 유치권은 다세대주택 전체에 대하여 성립한다.

① ㄱ　② ㄷ　③ ㄱ, ㄴ
④ ㄴ, ㄷ　⑤ ㄱ, ㄴ, ㄷ

10. 다음 글을 분석한 것으로 옳은 것만을 <보기>에서 있는 대로 고른 것은?

> <사례>
> X국민인 갑은 "을이 어린이를 위한 Y재단법인의 설립을 추진하고 있으니 을에게 내 소유의 토지Z를 기부하겠다."라는 유언을 남기고 사망하였다. 병은 갑의 유일한 상속인으로 갑의 사망 후 갑의 유언과 다르게 Z를 정에게 매도하였고, 정은 Z에 대한 등기도 완료하였다. 한편 을은 Y재단법인을 설립하기 위해 [규정]에 근거하여 정에 대하여 Z의 반환을 청구하고자 한다.
>
> [X국 규정]
> 제1조 ① 소유자의 의사에 의하여 부동산의 소유권을 이전하기 위하여는 소유자의 의사가 반영된 등기가 필요하다.
> ② 상속에 의해 부동산 소유권이 이전되는 경우에는 등기 없이 부동산 소유권이 이전된다.
> 제2조 유언으로 재단법인을 설립하는 때에 출연재산은 유언의 효력이 발생한 때로부터 유언자가 지정한 사람에게 귀속된다.
> 제3조 유언은 유언자가 사망한 때로부터 그 효력이 발생한다.
> 제4조 상속은 피상속인의 사망으로 개시된다.
>
> <견해>
> A : 유언으로 재단법인을 설립하는 경우가 아니므로 제2조를 적용할 수 없어. 제1조 제1항은 소유자의 의사에 의한 소유권 변동을, 제2항은 소유자의 의사에 의하지 않은 소유권 변동을 규정한 것이야. 갑은 유언으로 자신의 의사를 분명히 밝혔으므로 제1조 제1항에 따라 Z의 소유권을 확정해야 해.
> B : 제1조 제1항은 일반적인 소유권 이전 시, 제1조 제2항은 상속에 의한 소유권 이전의 경우를 규정한 것이야. 그리고 제2조는 유언에 의한 소유권 이전의 경우를 규정한 것인데, 이 경우 유언이 상속에 우선되어야 하므로 Y재단법인은 유언에 의해 소유권 이전을 받은 거야.
> C : 갑의 사망 직후에 Z가 누구의 소유인지에 대해서는 B의 견해에 동의해. 하지만 갑의 유언 사실을 모른 채 정이 Z를 매수했을 수 있는데 그렇다면 Z는 정의 소유야.

<보 기>

ㄱ. A에 따르면, 을의 청구는 인정될 것이다.
ㄴ. B에 따르면, 을의 청구는 인정될 것이다.
ㄷ. C에 따르면, 병이 토지Z의 매도대금을 사용할 목적으로 정에게 사정을 다 알려준 후 Z를 매도하였다면 을의 청구는 인정될 것이다.

① ㄱ ② ㄴ ③ ㄱ, ㄷ
④ ㄴ, ㄷ ⑤ ㄱ, ㄴ, ㄷ

11. [규정]을 <사례>에 적용한 것으로 옳은 것만을 <보기>에서 있는 대로 고른 것은?

> [규정]
> 제1조 ① 유조선의 충돌로 인하여 해양에 유류(油類)가 유출되어 유류오염사고가 발생한 경우, 불법행위에 의한 것이므로 유조선 소유자는 배상할 책임이 있다. 배상책임액의 범위는 제2항의 액수로 제한한다.
> ② 배상책임 제한액은 다음 각호와 같다.
> 1. 유조선의 총톤수가 5천 톤 이하인 경우 : 70억 원
> 2. 유조선의 총톤수가 5천 톤 초과인 경우 : 1,400억 원의 범위 내에서 제1호의 금액에 5천 톤을 초과하는 톤수에 대하여 톤당 100만 원을 곱하여 얻은 금액을 더한 금액
> 제2조 ① 제1조의 불법행위로 인한 채권에는 국가기관이 방제비용 상환을 요구하는 채권과 피해 어민에 대한 손해배상 채권, 피해 관련사업자에 대한 손해배상 채권이 있다.
> ② 불법행위를 일으킨 유조선소유자는 각 채권에 대해 유류오염 사고 과실비율에 따라 책임을 나누어 변제한다.
> ③ 제2항에도 불구하고 채권액들의 총합이 배상책임 제한액을 초과할 경우, 채권액들 간 비율을 산정하여 변제한다. 가령 변제해야 할 채권액들이 동일하여 비율이 1:1인 경우 배상책임 제한액을 50%씩 나누어 변제한다.
> 제3조 불법행위를 일으킨 유조선소유자는 다른 불법행위에 대한 채무보다 피해 어민들에 대한 손해배상 채무를 우선하여 변제할 의무가 있다.
> 제4조 유조선소유자가 제1조에 의한 배상책임 제한액의 범위에서 제2조의 채권자에 대한 변제를 마치면 더 이상의 손해배상책임은 부담하지 않는다.
>
> <사례>
> 갑 회사 소유의 A유조선(총톤수 10,000톤)과 을 회사 소유의 B유조선(총톤수 50,000톤)이 X반도 해역 인근에서 충돌하여 기름이 유출되었으며, 양 선박의 과실비율은 5:5였다. 국가기관인 해양수산부는 방제비용으로 990억 원을 지출하였고, 어민들 4천 명은 인당 6백만 원의 피해를 입었으며, 피해 관련사업체로 인정받은 관광사업체 병은 110억 원의 피해를 입었다.

<보 기>

ㄱ. 갑 회사는 120억 원 범위, 을 회사는 520억 원 범위 내에서만 배상책임을 부담한다.
ㄴ. 해양수산부는 갑 회사로부터 손해배상을 받지 못한다.
ㄷ. 피해 어민들이 손해배상 채권을 포기하는 경우, 병은 을 회사로부터 52억 원을 변제받을 수 있다.

① ㄱ ② ㄷ ③ ㄱ, ㄴ
④ ㄴ, ㄷ ⑤ ㄱ, ㄴ, ㄷ

12. 다음으로부터 추론한 것으로 옳지 않은 것은?

민법상 거래에서 요구되는 주의 의무로서 선량한 관리자의 주의 즉 선관주의라 함은 그 사람의 직업 및 사회적 지위에 따라 거래상 보통 일반적으로 요구되는 정도의 주의를 말한다. 이에 반해 자기재산과 동일한 주의와 같이 행위자의 주관적 주의능력에 따른 주의만이 요구되어 선관주의보다 주의 의무가 경감되는 경우가 있다. 매매계약으로 부동산을 이전해야 할 채무자는 채무가 성립한 때부터 부동산을 인도하기까지 선관주의로 보존하여야 한다. 그런데 '부동산을 인도하기까지'의 시기와 관련하여, A는 채무자가 실제로 부동산을 인도할 때까지를 의미한다고 보아 인도하여야 할 시기, 즉 이행기 이후 실제로 부동산을 인도할 때에도 채무자는 선관주의가 요구된다고 한다. B는 '부동산을 인도하기까지'는 이행기까지를 의미하고, 이행기가 지난 후 실제로 인도할 때까지는 채무자에게 이행지체의 책임이 있는 경우에는 선관주의가 요구되지만, 이행지체의 책임이 없는 경우에는 자기재산과 동일한 주의가 요구된다고 한다.

한편, 채무자의 채무 성립 이후 부동산이 일부 멸실된 경우라도 채무자가 부동산을 실제 인도할 때는 현상 그대로 채권자에게 인도하여야 한다. 하지만 부동산의 일부 멸실이 채무자의 주의 의무에 위반에 따른 것이라면 채무자는 손해배상책임을 져야 한다.

<사실 관계>

갑은 자신의 부동산 X를 매도하는 매매계약을 을과 체결하였으나 이행기 이후 부동산 X가 일부 멸실되었다.

① 이행지체의 책임이 갑에게 있고 이행기 이후에 갑이 선관주의 의무를 다했을 경우, A와 B에 따르면 갑은 손해배상책임을 지지 않는다.

② 이행지체의 책임이 갑에게 없고 이행기 이후에 갑이 선관주의 의무를 다했을 경우, A와 B에 따르면 갑은 손해배상책임을 지지 않는다.

③ 이행지체의 책임이 갑에게 없고 이행기 이후에 갑이 자기재산과 동일한 주의 의무를 다했을 경우, A에 따르면 갑은 손해배상책임을 지지만 B에 따르면 지지 않는다.

④ 이행지체의 책임이 갑에게 있고 이행기 이후에 갑이 자기재산과 동일한 주의 의무를 다했을 경우, A에 따르면 갑은 손해배상책임을 지지만 B에 따르면 지지 않는다.

⑤ 만약 이행기 전에 부동산 X가 일부 멸실되었고 갑이 실제 인도시까지 선관주의 의무를 다했을 경우, A와 B에 따르면 갑은 손해배상책임을 지지 않는다.

13. 다음 논쟁에 대한 분석으로 옳은 것만을 <보기>에서 있는 대로 고른 것은?

갑 : 인간의 영혼은 사후에도 영속한다. 그런데 그 존재가 종결되는 시점을 생각할 수 없는 사물들에 대해서는 그것이 존재하지 않았던 시점 역시 생각할 수 없다. 이러한 사물들은 이미 그 안에 자신의 존재를 지탱하는 힘을 지니고 있다고 보아야 하기 때문이다. 스스로 존재할 수 있는 힘을 가진 사물들이 존재하지 않는다는 것은 모순이다. 즉, 영혼은 일종의 필연적 존재로서 항상 존재한다.

을 : 영혼이 스스로를 존재하게 하는 힘을 소유한다는 사실을 인정하더라도 이로부터 그것이 과거의 모든 시점에 존재했었다는 귀결을 이끌어낼 수는 없다. 가령 영혼이 어떤 특정한 시점(X)부터 존재했다고 생각해 보자. X 이전 시점에는 영혼이 존재하지 않았으며 그에 귀속된 힘 역시 전혀 존재하지 않았을 것이다. 이 경우 아무런 논리적 모순도 발견되지 않는다.

병 : 영혼의 존재가 시작되는 시점을 특정하기 위해선 그 시점이 다른 시점들과 어떻게 다른지를 설명할 수 있어야 한다. 즉, 영혼이 X 이전엔 없었으나 X 이후엔 있게 된다면, 이에 대해 우리는 어떤 점에서 X가 그처럼 특수한 순간인지를 다시금 물을 수 있다. 그러나 영혼의 존재와 관련해서 이러한 질적 차이를 낳는 요인은 우리가 아는 한 존재하지 않는다. 이로부터 우리는 영혼이 현재 존재하므로 과거에도 항상 존재했으리라고 판단할 수 있다.

정 : 존재하는 사물에 대해선 일반적으로 그 존재가 시작되는 시점이 존재한다는 것이 일반원리이다. '영혼은 과거의 모든 순간에 항상 존재했다'(P)를 주장하기 위해선 영혼이 이러한 일반원리를 거스르는 특수한 사물이라는 사실을 입증해야 한다. 이에 대해선 P를 주장하는 쪽이 입증책임을 진다. 만약 P를 충분히 입증하는 근거와 반증하는 근거가 모두 존재하지 않는다면, P는 응당 철회된 것으로 보아야 한다.

<보 기>

ㄱ. 스스로를 존재하게 하는 힘을 소유한 모든 사물은 과거에도 항상 존재했을 것이라는 데 대해 갑은 동의한다.

ㄴ. 영혼이 스스로를 존재하게 하는 힘을 소유한다는 사실에 대해 을은 동의하지만, 정은 동의하지 않는다.

ㄷ. 영혼의 존재가 시작되는 시점을 알 수 없다는 사실이 영혼이 과거에도 항상 존재했다는 것을 입증한다는 것에 병은 동의하지만, 정은 동의하지 않는다.

① ㄱ ② ㄷ ③ ㄱ, ㄷ
④ ㄴ, ㄷ ⑤ ㄱ, ㄴ, ㄷ

14. 아래 글의 저자가 암묵적으로 전제하는 것으로 옳은 것만을 <보기>에서 있는 대로 고른 것은?

> 공리주의에서는 그 자체로 옳거나 그른 일은 없다. 따라서 인간이 동물로부터 고기를 얻는 대신, 동물로부터 빼앗는 중요한 이익을 보존해 준다면 육식도 정당하다. 이를 위해서는 가축의 자연적인 본성을 존중해 줌으로써 사람에 의해 부여되는 고통을 줄이는 방법이 있다. 가축을 자연 상태에서 방목하는 경우가 그러하다. 예컨대 돼지의 경우 깨끗한 환경에서 사는 본성, 닭의 경우 흙을 쪼거나 높은 곳에 올라가는 본성, 젖소의 경우 자연 상태 이상으로 젖을 짜내지 않을 본성을 존중해야 한다. 그리고 도살이 예측되어 생기는 두려움을 주어서도 안 되고, 도살 과정에서 고통을 없애기 위해서 기절 등의 방법을 완벽하게 이용하여야 한다. 어미와 새끼의 관계에서는 설령 한쪽이 고통 없이 도살된다고 하더라도 살아남은 쪽이 상실감에 비탄에 빠질 수 있으므로 자연적인 모자 관계를 존중해 주어야 한다.
>
> 그럼에도 우리는 육식을 위해 더 많은 도살, 즉 가축의 죽음을 필요로 한다. 우리가 육식을 위해 가축을 도살해야 할 경우, 가축들은 이른 죽음을 맞이하게 된다. 이것은 살아 있었으면 누릴 즐거움을 없애는 것으로서 전체 쾌락의 총량을 줄이는 것이다. 따라서 줄어든 쾌락의 양을 보충하기 위해서는, 육식을 위해 가축들의 이른 죽음을 발생시키는 대신 그만큼 다른 가축들을 태어나게 해서 즐거움을 누리게 하면 된다. 게다가 이 과정에서 새롭게 태어난 가축들은 앞선 가축들의 이른 죽음이 없었다면 태어나지 않았을 것이므로 실제로 전체 쾌락의 총량은 오히려 더 늘어난다. 또한 동물에게 고통을 주지 않을 뿐만 아니라 채식과 함께 육식도 할 수 있어 완전 채식 때보다 쾌락의 총량은 더 늘어난다. 따라서 동물 친화적인 환경에서 사육되고 고통 없이 도살된 고기를 먹는 것은 권장할 만한 일이다.

<보 기>

ㄱ. 육식만으로 얻는 쾌락이 채식만으로 얻는 쾌락보다 그 총량이 더 많다.
ㄴ. 가축이 이른 죽음을 맞이하더라도 태어나는 것이 태어나지 않는 것보다 이익이다.
ㄷ. 새롭게 태어난 가축들이 누릴 즐거움은 이른 죽음을 맞이하는 가축들이 살아 있었으면 누렸을 즐거움을 대체할 수 있다.

① ㄱ ② ㄷ ③ ㄱ, ㄴ
④ ㄴ, ㄷ ⑤ ㄱ, ㄴ, ㄷ

15. 다음 논쟁에 대한 평가로 옳은 것만을 <보기>에서 있는 대로 고른 것은?

> 갑 : ‘X이면 Y이다’라는 명제는 ‘X의 진리집합이 Y의 진리집합의 부분집합이다’와 동치로서, 어떤 대상이 X라면 그 대상은 반드시 Y이지만 어떤 대상이 Y이더라도 반드시 그 대상이 X인 것은 아니라는 의미로 해석될 수 있다. 그러나 이는 논리학 영역에서 사용되는 특수한 정의이며, 일상에서 이 명제는 다양한 다른 의미로 해석된다. 예를 들어, 한국어가 서툰 외국인 친구가 ‘유부남이 무엇이냐’고 질문하였을 때에 ‘결혼한 남자이면 유부남이지’라고 대답하였다면 이는 ‘X이면 Y이다’라는 명제가 ‘X와 Y가 동일한 개념이다’라는 의미로 사용된 사례에 해당한다. 따라서 명제의 해석은 논리학 세계와 일상 세계에서 다른 기준으로 이루어져야 하며 두 세계는 분리된 것으로 이해할 필요가 있다.
>
> 을 : 모든 문장은 논리학적으로 엄밀한 관점에서 아무런 모순 없이 해석될 수 있으며, 하나의 기준이 일률적으로 적용되어 모순이 없는 상태는 혼란을 빚을 가능성이 적다는 측면에서 가장 유용하기에 모순 없음이 달성된 경우 다른 해석을 추가로 도입하는 것은 불필요한 행동이다. 따라서 논리학의 해석은 일상 영역에서도 유효하다. 만약 일상의 용례가 논리학과 괴리되어 있다면 이는 인정해주어야 할 일상 세계의 고유한 특성이 아니라 그저 오용에 불과한 것이다. 따라서 ‘결혼한 남자이면 유부남이지’라고 말한 화자가 이를 ‘결혼한 남자와 유부남이 동일한 개념이다’라는 의미를 전달할 의도를 가졌다면 이러한 발언은 그 자체로 오류이다.
>
> 병 : ‘X와 Y가 동일한 개념이다’가 참인 경우에도 ‘X의 진리집합이 Y의 진리집합의 부분집합이다’가 참이라는 사실은 변화하지 않는다. 즉, 전자는 후자가 성립할 수 있는 수많은 사례 중 하나에 해당하므로 둘 사이에는 모순이 발생하지 않는다. 따라서 특정인이 ‘결혼한 남자이면 유부남이지’라는 발언을 ‘결혼한 남자와 유부남이 동일한 개념이다’라는 의미에서 하였다고 해도 이것이 해당 문장의 논리학적 의미인 ‘결혼한 남자들의 집합은 모두 유부남의 집합에 대해 부분집합이다’라는 표현과 충돌하지 않으므로 해당 발언은 오류가 아니다. 단, 어떤 사람이 논리학적으로 엄밀하지 않은 의도를 가지고 어떠한 명제를 발화하였는데, 그 사람의 의도와 논리학적인 해석 사이 모순이 발생한다면 해당 발화는 오류로 해석하여야 한다.

<보 기>

ㄱ. 병이 오류로 인정하는 모든 일상의 발화에 대해 을 역시 이를 오류로 인정한다.
ㄴ. ‘나는 점심으로 라면 또는 김밥을 먹을 것이다’라는 말을 ‘라면과 김밥 중 하나만을 선택해 먹을 것이다’라는 의미로 하였다면 이러한 발언이 오류라는 주장에 대해 갑과 병은 동일한 입장을 취한다.
ㄷ. 갑은 일상세계에서 한 발언이 오류일 수 없다고 주장하는 반면 을과 병은 일상의 발언이 오류인 경우를 상정하고 있다.

① ㄱ ② ㄷ ③ ㄱ, ㄴ
④ ㄴ, ㄷ ⑤ ㄱ, ㄴ, ㄷ

16. 다음으로부터 추론한 것으로 옳은 것만을 <보기>에서 있는 대로 고른 것은?

> '테세우스의 배'는 연속성에 관한 유명한 논제로 많은 철학자들이 이 문제에 관해 나름의 해답을 제시해 왔다. 다음과 같은 상황을 생각해 보자. 어떤 사람이 배를 한 척 건조했다. 배를 타고 항해하다 보니 몇몇 부품들이 문제를 일으키기 시작했고, 그럴 때마다 그는 문제의 부품을 새 것으로 교체했다. 몇 년이 지나자 그 배에는 최초의 부품이 단 하나도 남지 않게 되었다. 그렇다면 그 배는 처음의 배와 똑같은가?
>
> 서로 다른 배라는 견해에는 보통 어떠한 시점을 기준으로 삼고 그 전과 후를 구별하는 이분법적 사고가 내재되어 있다. 이를 주장하는 철학자들은 초기의 배와 새로운 배를 구별하기 위해 ㉠ 부품을 반 이상 교체한 시점부터 예전의 배가 아니라거나, ㉡ 부품을 하나라도 교체하면 새로운 배로 보아야 한다거나 ㉢ 엔진과 같은 핵심적인 부품이 교체되지 않는다면 같은 배로 보아야 한다는 등의 다양한 기준을 제시한다. 하지만 이러한 견해는 항상 일반적인 인식과의 괴리를 동반한다. 누군가 주인에게 이 배가 몇 년 된 것이냐고 물어본다면 주인은 최초의 배가 건조된 날짜를 답할 것이다. 만약 배가 다른 것이라면, 왜 주인은 부품들 중 가장 오래된 것의 제작 날짜를 말하지 않는가?

<보 기>

ㄱ. 주인이 배의 부품을 완전히 교체하기까지 수많은 서로 다른 배를 소유했다는 견해와 ㉡의 견해는 서로 일치한다.
ㄴ. 배를 회사, 부품을 사원이라 가정했을 때 사원이 모두 바뀌어도 주요 사업이 계속 유지되고 있다면 ㉢에 따르면 그 회사는 사원이 바뀌기 전과의 연속성이 유지되고 있다고 볼 것이다.
ㄷ. 만약 낡은 부품을 교체한 후 폐기하지 않고 따로 모아놓아 모든 부품이 교체된 후 모아놓은 낡은 부품끼리 다시 조립하여 배를 만들 경우, ㉠, ㉡, ㉢ 모두가 이 배를 새로운 배와 구별되는 기존의 배로 인정할 것이다.

① ㄴ ② ㄷ ③ ㄱ, ㄴ
④ ㄱ, ㄷ ⑤ ㄱ, ㄴ, ㄷ

17. 다음 글로부터 추론한 것으로 옳은 것만을 <보기>에서 있는 대로 고른 것은?

> 지금 나에게 속한 좋은 것을 생각할 때 나의 내부에서 기쁨이 일어난다. 반대로 나쁜 것을 생각할 때는 슬픔이 일어난다.
>
> 또한 좋은 것 또는 나쁜 것이 다른 사람에게 속한 것으로 나타날 때, 우리는 다른 누군가가 자신에게 속한 좋은 것 또는 나쁜 것을 받아 마땅한지 아닌지를 평가할 수 있다.
>
> 우리가 그들이 받아 마땅하다고 평가한 경우, 우리 안에서는 오직 기쁨의 감정이 일어난다. 마땅히 그래야 하는 대로 이루어지는 모습을 보는 것은 좋은 일이기 때문이다. 이 경우 그들이 받아 마땅한 좋은 것을 받은 경우와 또는 그들이 받아 마땅한 나쁜 것을 받았다고 평가한 것으로 나뉘는데, 전자의 경우는 진지한 기쁨이고 후자의 경우는 조롱을 동반한 기쁨이다.
>
> 우리가 그들이 받아 마땅하지 않다고 평가한 경우, 우리 안에서는 오직 슬픔의 감정이 일어난다. 다른 사람이 그들이 받아 마땅하지 않은 좋은 것 또는 받아 마땅하지 않은 나쁜 것을 받았다고 평가한 경우는, 전자는 부러움을 일으키는 슬픔이고 후자는 동정심과 같은 슬픔이다.
>
> 그리고 좋은 것과 나쁜 것의 원인이 과거에 있는 경우, 내가 이룬 좋은 것은 만족감을 주지만 나쁜 것은 뉘우침을 일으킨다. 또한 다른 사람이 이룬 좋은 것은 나에게 호의를 일으키며, 그것이 우리를 위한 것이었다면 이에 더해 감사가 일어난다. 반면 다른 사람이 이룬 나쁜 것은 나에게 분노를 일으킨다. 또한 그것이 우리를 겨냥했다면 이에 더해 적개심이 자극된다.
>
> – 데카르트, 『정념론』 –

<보 기>

ㄱ. 다른 사람이 받거나 이룬 어떤 좋은 것에 대해 내가 가질 수 있는 정념은 진지한 기쁨과 부러움을 일으키는 슬픔뿐이다.
ㄴ. 다른 사람이 과거에 이룬 어떤 것이 우리를 의도하거나 겨냥했는지를 가늠할 수 있는 상황일 경우, 나에게 유발될 수 있는 정념은 네 가지이다.
ㄷ. 다른 사람들이 받아 마땅하지 않은 것을 받았다고 평가한 경우에 일어나는 감정과 나에게 속한 나쁜 것을 생각할 때에 일어나는 감정은 종류가 같다.

① ㄱ ② ㄴ ③ ㄱ, ㄷ
④ ㄴ, ㄷ ⑤ ㄱ, ㄴ, ㄷ

18. 다음으로부터 추론한 것으로 옳은 것만을 <보기>에서 있는 대로 고른 것은?

갑 : 아름다움을 정의하는 것은 선함을 정의하는 것과 같다. 우리는 비록 한 대상과 다른 대상이 선한 정도를 정확하게 비교하지는 못할지라도 선함이 무엇인지에 대한 일관된 합의를 통해 정의하고 있다. 건전한 사회통념에 부합하는 사고방식을 가진 이라면 누구나 특정한 행동이 선한지 아닌지를 어렵지 않게 구분할 수 있다. 아름다움도 마찬가지이다. 어떤 대상이 가진 아름다움의 정도를 수치화하여 나타내지는 못하지만 누구나 본능적으로 그 대상이 아름다운지 아닌지를 판단할 수 있는 것이다.

을 : 선악의 개념은 유용성을 가진다. 타인 혹은 자신에게 해를 입히는 것은 악, 이익을 주는 것은 선이다. 유용성의 정도를 명확히 수치화하는 것은 불가능할지라도 유용성 그 자체는 언제나 객관적으로 확인되는 것이기에 선악을 정의하는 것은 어렵지 않다. 그러나 아름다움은 이러한 유용성을 가지지 않기에 사회 전체가 동의할만한 정의를 찾아낼 수 없다. 아름다움은 그 자체로 주관적 개념이다. 한 사람은 자신의 내면에서 아름다움을 정의하고 각 대상의 아름다운지 여부를 스스로 결정할 수 있지만, 이에 대해 타인과 합의에 다다르는 것은 불가능하다.

병 : 사회가 인정하는 아름다움의 정의는 지배적 관념으로부터 빚어진 것이다. 같은 공동체에 속한 사람은 대체로 아름다움에 대한 일관적 정의를 취하고 이에 대해 동의하고 있다. 하지만 이는 그러한 아름다움의 정의가 객관적이어서가 아니라 그것이 지배적 관념이기 때문이다. 공동체에서 성장하고 생활해온 개인은 자신도 모르는 사이에 특정한 관념을 주입받게 되며 그러한 지배적 관점을 자기 자신의 생각이라 착각하며 살아간다. 아름다움의 정의가 주입되는 방식 역시 이와 동일하다. 그러나 각 개인의 착각에도 불구하고 아름다움은 결코 객관적인 개념이 아니다. 사회의 이념과 지배 계층이 바뀔 때마다 아름다움의 정의 역시 바뀌어 왔다는 것이 그 증거이다.

<보 기>

ㄱ. 선함의 정도를 수치화하여 객관적으로 비교할 수 있다는 데에 갑과 을은 서로 같은 입장을 취한다.
ㄴ. 아름다움은 정의할 수 없는 대상이라는 데에 갑은 동의하지 않지만 을, 병은 동의한다.
ㄷ. 사회적으로 인정되는 아름다움의 정의가 존재할 수 있다는 데에 을과 병은 서로 다른 입장을 취한다.

① ㄱ ② ㄴ ③ ㄱ, ㄷ
④ ㄴ, ㄷ ⑤ ㄱ, ㄴ, ㄷ

19. 다음 글로부터 추론한 것으로 옳은 것만을 <보기>에서 있는 대로 고른 것은?

집합이란 주어진 조건에 의해 집합에 속하는 대상을 객관적으로 알 수 있는 것들의 모임이다. 이때 객관적이라 함은 집합에 속할 대상을 분별하는 조건의 개념이 잘 정의되어 있어 누구든지 동일하게 이해할 수 있는 것을 말한다. 가령, 포유류들의 집합(A)에는 고양이나 돌고래처럼 포유류라는 생물학적 속성을 충족하는 여러 대상들이 속한다. 여기서 고양이나 돌고래처럼 집합에 속한 대상을 원소라 한다. 한편, 집합과 집합 사이의 관계 또한 원소를 활용하여 표현할 수 있다. 어떤 집합 X의 모든 원소가 집합 Y에 속할 때, 집합 X를 집합 Y의 부분집합이라 한다. 예컨대 고양이나 돌고래처럼 집합 A에 속하는 모든 원소는 동물들의 집합(B)에도 속하므로 집합 A는 집합 B의 부분집합이다. 부분집합의 정의를 활용할 때, 모든 집합은 자기 자신의 부분집합이다. 원소의 정의항에 서술된 "대상"이라는 개념은 매우 모호해서, 집합도 하나의 대상으로서 원소가 될 수 있다고 생각해볼 수 있다. 그러나 이와 관련하여 철학자 R은 다음의 문제를 제기한다.

모든 집합이 대상이 될 수 있다고 가정하자. 이때 "자기 자신을 원소로 갖지 않는 집합들의 집합"(S)을 생각하자. S에 주어진 조건은 잘 정의된 개념이다. 예컨대 "무게를 갖는 것들의 집합"(C)이 있다고 한다면 집합 C는 추상적 존재자이므로 무게를 갖지 않는다. 따라서 집합 C는 자기 자신의 원소가 될 수 없으므로, 집합 C는 집합 S의 원소가 된다. 가정에 따르면, 집합 S는 자기 자신을 원소로 갖거나 갖지 않을 것이다. 만약 집합 S가 자기 자신을 원소로 가진다면 집합 S는 주어진 조건을 충족하지 못해 자기 자신을 원소로 갖지 않는다. 반대로 집합 S가 자기 자신을 원소로 갖지 않는다면 집합 S는 주어진 조건을 충족해 자기 자신을 원소로 가진다. 그러므로 집합 S는 자기 자신을 원소로 가질 수도 없고 동시에 자기 자신을 원소로 갖지 않을 수도 없다. 따라서 모든 집합이 대상이 될 수 있는 것은 아니다. 이러한 ㉠R의 역설은 집합을 이해할 때 중요한 통찰을 제공한다.

<보 기>

ㄱ. ㉠에 따르면 어떠한 집합도 대상이 될 수 없다.
ㄴ. ㉠은 '어떠한 명제도 자신과 그것의 부정이 동시에 성립할 수 없다.'라는 원리에 근거하고 있다.
ㄷ. "식물들의 집합"(D)이 있고, 집합 D는 식물이 아니므로 자기 자신의 원소가 될 수 없다고 한다면, 집합 D는 자기 자신의 부분집합도 될 수 없을 것이다.

① ㄱ ② ㄴ ③ ㄷ
④ ㄴ, ㄷ ⑤ ㄱ, ㄴ, ㄷ

20. 다음으로부터 추론한 것으로 옳은 것만을 <보기>에서 있는 대로 고른 것은?

> 자살의 정의는 "자신의 죽음을 의도적으로 야기하기 위한 행위과 정의 성공적인 이행"이다. 자살의 핵심개념은 의도인데 의도는 강한 의도와 약한 의도로 나뉜다.
>
> 우선, (i) 행위자가 수행하고자 하는 y라는 행위가 있고, x가 곧 y이거나 y를 직접 발생시키고, (ii) 행위자에 의한 x의 수행이, y가 발생되는 방식에 대한 행위자의 믿음과 함께 y를 수행하고자 하는 행위자의 욕구에 의해 야기되는 경우, 바로 그 경우에만 행위 x는 강하게 의도된 것이다. 반면, (i) 행위자가 수행하고자 하는 y라는 행위가 있고, y를 수행하는 과정에서 부수적으로 x가 발생되고, (ii) 행위자가 y를 수행하는 과정에서 x가 부수적으로 발생된다고 믿고 있고, (iii) 행위자에 의한 x의 수행이, y가 발생되는 방식에 대한 행위자의 믿음과 함께 y를 수행하고자 하는 행위자의 욕구에 의해 비롯되는 경우, 바로 그 경우에만 행위 x는 약하게 의도된 것이다.
>
> 그리고 자신에게서 기인한 죽음이 자살이 되기 위해서는 반드시 강한 의도가 있어야 한다. 결과에 대한 사전인지는 약한 의도에 불과하므로 이것만으로는 자살이 아니다.
>
> **<사례>**
>
> (1) 소크라테스는 (a) 독배를 마심으로써 (b) 자신의 죽음을 야기하고 (c) 아테네 법을 준수하였다.
>
> (2) 클라크는 (d) 폭발 직전의 수류탄 위로 자신의 몸을 던짐으로써 (e) 자신의 죽음을 야기하고 (f) 동료들의 목숨을 구하였다.

<보 기>

ㄱ. 소크라테스가 아테네 법을 준수하기를 열망하였고 또 아테네 법을 준수하기 위해서는 그의 죽음이 충족되어야 한다고 믿었다면, (b)가 직접 (c)를 야기하는 것으로 믿은 것과 같으므로 소크라테스의 죽음은 자살이다.

ㄴ. 소크라테스가 독배를 마시면 사실을 알고 있는 상태에서 아테네 법을 준수하기를 열망하였고 또 아테네 법이 명령하는 것은 단지 독배를 마시는 것이라고 믿었다면, 행위 (a)는 강하게 의도된 것이지만 (b)는 약하게 의도된 것이다.

ㄷ. 클라크가 동료들의 목숨을 구하기를 열망하였고 또 동료들의 목숨을 구하기 위해서는 자신의 몸을 폭탄 위로 던져 폭발을 막아야 한다고 믿은 경우, (d)가 (e)를 발생시킬 수 있다는 것을 사전에 인지하였다면 클라크의 죽음은 자살이다.

① ㄱ ② ㄴ ③ ㄷ
④ ㄱ, ㄴ ⑤ ㄱ, ㄷ

21. 다음 논증의 구조를 가장 적절하게 분석한 것은?

> ㉠ 상호 모순 관계에 있는 명제들은 동시에 참일 수 없다는 원리(W)는 옳다. ㉡ W를 부정하기 위해선 이를 지지하는 논증을 논박하거나 또는 W가 주어진 사실과 맞지 않음을 직접 보여야 한다. 그러나 ㉢ W는 그 참됨이 다른 논증에 의존하지 않는 자명한 진리이다. ㉣ W는 그로부터 다른 명제의 참됨 또는 거짓됨을 이끌어 내는 원리이지, 그 자신이 다른 명제로부터 도출된 사실이 아니기 때문이다. 나아가 ㉤ 후자의 방식에 의한 반증 역시 불가능한데, 그 이유는 W가 거짓이라고 가정했을 때 도출되는 반사실적 귀결들 때문이다. 가령 ㉥ W가 없이 우리는 유의미한 철학적 주장을 펼칠 수 없다. ㉦ 철학적 주장을 구성하는 개념들은 그 반대 개념과의 상호 배타적 관계를 통해 비로소 유의미해지기 때문이다. 즉, ㉧ 개념 B가 S라는 의미를 가지면서 S의 부정을 의미하기도 한다면, B에는 기실 아무런 정보값도 없다. 그런데 ㉨ W가 거짓이라면 B는 S이면서 동시에 S가 아닐 수 있다. 나아가 ㉩ W 없이는 여러 사물들 사이에 존재하는 차이를 설명하는 것 역시 불가능해진다. ㉪ 우리가 어떤 사물(A)을 다른 사물(B)과 구분할 수 있는 이유는 A가 B에겐 없는 어떤 특수한 속성(P)을 가지고 있기 때문으로, 즉 A는 P이지만 B는 P가 아니기 때문이다.

①
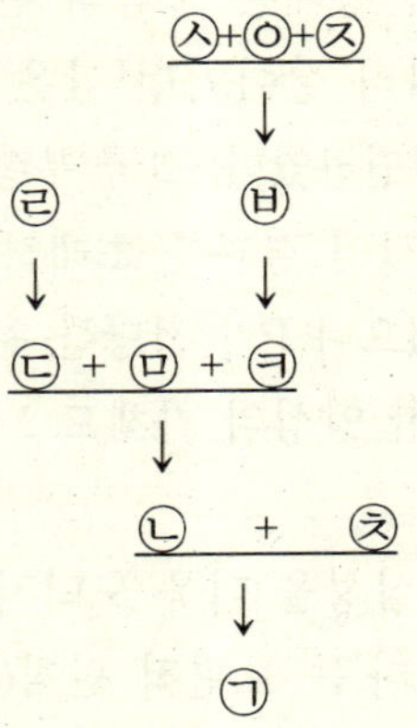

②
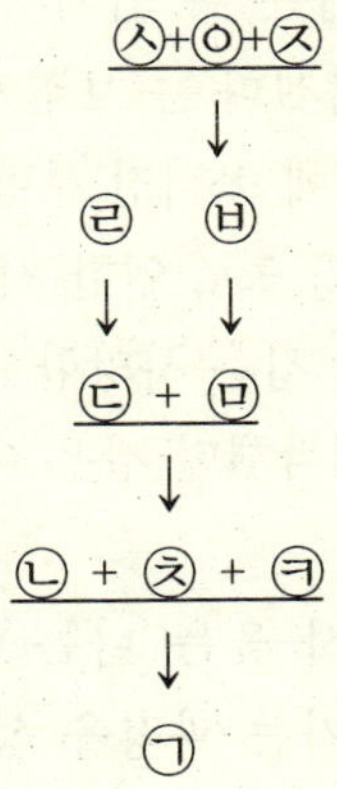

③
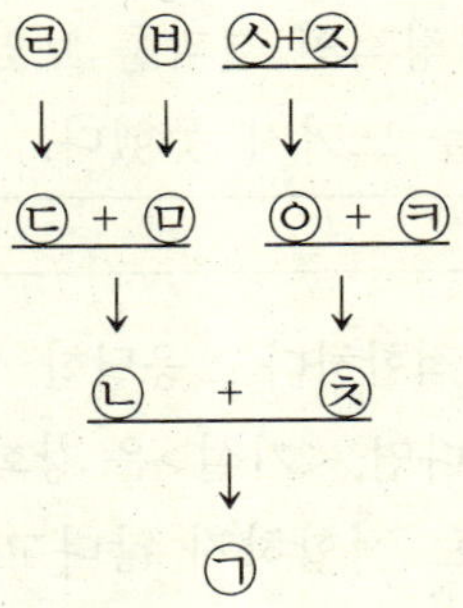

④
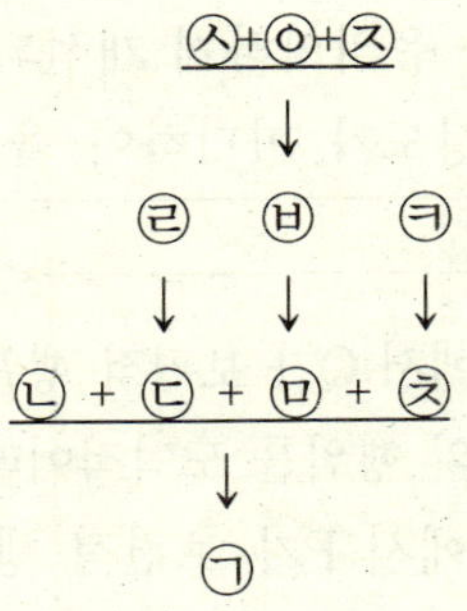

⑤
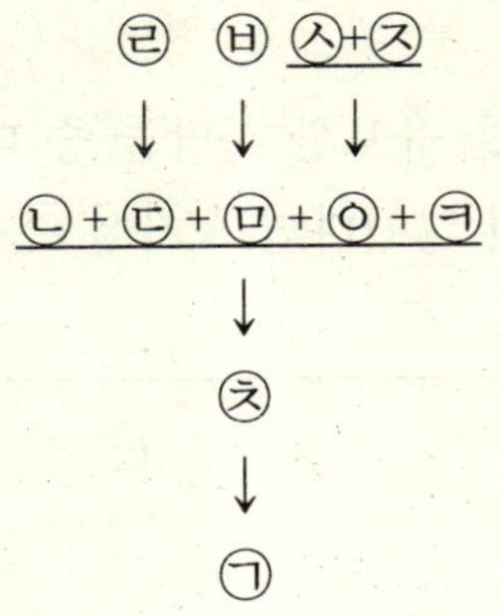

22. 다음 글을 평가한 것으로 옳은 것만을 <보기>에서 있는 대로 고른 것은?

<가설>

행위 H에 대한 보편적 원칙, H가 초래한 결과, H에 수반되는 도덕적 만족감 및 양심의 가책과 H의 도덕적 성격 사이에 성립하는 관계에 대해 사람들은 다음과 같이 판단한다.

- H에 대한 보편적 원칙이 합리적 관점에서 다른 모든 사람의 보편적 행위 원칙으로도 받아들여질 수 있다면, H에 대한 보편적 원칙은 적합하다.
- H가 긍정적인 결과를 초래했으며 또한 행위자의 도덕적 만족감으로 이어졌다면 H에 대한 보편적 원칙의 적합성과 상관없이 도덕적인 행위이다. 그러나 H가 부정적인 결과를 초래했다면, H의 도덕적 성격은 H에 대한 보편적 원칙의 적합성에 의해 결정된다.

<실험>

100명의 참여자를 집단1과 집단2로 나누고 집단1은 글1을, 집단2는 글2를 읽게 한다.

글1 : 평소 '나는 나 이외의 다른 사람의 곤경에는 조금의 관심도 두지 않겠다'는 보편적 원칙(P)에 따라 살아가던 갑은 추운 겨울 길에 쓰러진 부랑인을 무심히 외면하였다. 결국 부랑인의 저체온증으로 인한 사망이라는 부정적인 결과를 초래하였다. 다음 날 갑은 사망한 부랑인을 발견했으나 P가 정당한 원칙이라고 생각했던 갑은 이에 대해 어떠한 양심의 가책도 느끼지 않았다.

글2 : 윤리교사 을은 '나는 타인이 자신의 심성을 더욱 도덕적으로 가꾸어가는 과정을 성심성의껏 돕겠다'는 보편적 원칙(Q)을 세웠다. Q에 따른 을의 오랜 노력에 의해 학생들의 심성은 차츰 유의미하게 개선되어 가는 긍정적인 결과를 보였으나, 그 정도가 미미하여 을은 만족감을 느끼지 못했다.

<보 기>

ㄱ. 집단2에서 Q가 보편적 행위 원칙으로 적합하다고 응답한 사람들은 을의 행위를 도덕적이라고 규정했다면, <가설>은 강화된다.

ㄴ. 집단1에서 P가 보편적 행위 원칙으로 적합하지 않다고 답한 사람의 대부분이 갑의 행동을 비도덕적이라고 규정했다면, <가설>은 강화된다.

ㄷ. 집단2에서 Q의 적합성에 대한 판단을 유보한 사람들 중 다수가 을의 행위를 도덕적이라고 규정하지 않았다면, <가설>은 약화된다.

① ㄱ ② ㄴ ③ ㄱ, ㄷ
④ ㄴ, ㄷ ⑤ ㄱ, ㄴ, ㄷ

23. 다음 글로부터 추론한 것으로 옳지 <u>않은</u> 것은?

모든 생명체들은 본성적으로 감각을 갖고 태어난다. 하지만 그들 중 일부는 감각으로부터 기억이 생겨나지 않는 반면 나머지 일부는 생겨난다. 기억이 생겨난 생명체들은 그렇지 않은 생명체들보다 분별력과 학습력이 더 뛰어나다.

사람의 경우만이 기억으로부터 경험을 산출한다. 인간만이 같은 일에 대한 여러 기억들로부터 경험을 산출하는 것이다. 그리고 경험은 일견 학문적 인식이나 기술과 같아 보이지만, 사실 학문적 인식과 기술 모두 경험의 결과이다. 기술은 경험을 통해 얻어진 여러 관념들 중 유사한 관념들에 대해 그것들이 보편적이라는 판단을 하게 될 때 생겨난다. 이처럼 경험은 기술을 만들어내지만, 무경험은 우연적 결과를 낳을 뿐이다.

따라서 기술은 보편적인 것의 앎으로써, 개별적인 경험을 통해 생긴다. 그런데 실행과 관련해서 보면, 경험은 기술과 차이가 없어 보이기도 한다. 오히려 경험만 있는 사람이 더 능숙하게 일을 처리하는 것을 보기도 한다. 그 까닭은, 기술은 보편적인 것에 대한 앎이지만 경험은 개별적인 것에 대한 앎이고, 모든 실행과 생성은 개별적인 것과 관계하기 때문이다.

- 아리스토텔레스, 『형이상학』 -

① 인간 이외에 분별력과 학습력을 갖춘 생명체가 존재한다.
② 인간 이외의 모든 생명체는 우연적 결과를 산출한다.
③ 개별적인 것의 앎은 보편적인 것의 앎보다 열등하다.
④ 인간만이 기술을 이용해서 살아간다.
⑤ 보편적이지 않은 관념이 존재한다.

24. 다음으로부터 추론한 것으로 옳은 것만을 <보기>에서 있는 대로 고른 것은?

갑 : 예로부터 여자 사관은 규문 안에서 일어나는 임금의 거동과 언행을 모두 기록하므로 외부인이 그 일을 알 수 있는 것이며 뒷사람이 그걸 보고서 선악을 아는 것입니다. 우리나라의 경우 규문의 일을 자세히 알 수 없는 것은 여자 사관이 없기 때문입니다. 여자 사관을 두어 그로 하여금 사람이 행하는 일체의 행위와 말을 모두 기록할 수 있게 하는 것이 옳습니다.

을 : 옛날에는 여자들이 모두 글을 알아서 올바른 여자 사관을 얻어 궁의 일을 상세하게 기록하도록 할 수 있었으나, 지금은 글에 능한 여자가 적기 때문에 기록할 수 있는 사람을 얻기가 어려울 것 같습니다.

병 : 임금은 깊은 궁궐 속에 거처하므로 내부의 일을 바깥 사람들은 알 수 없습니다. 여자 사관을 두게 되면 규문 안에서의 임금의 행동을 바깥 사람들이 알 수 있게 되고 그렇게 되면 비록 깊숙한 궁궐 속일지라도 감히 함부로 행동하지 못할 것이니, 여자 사관을 두는 것이 옳습니다.

을 : 여자 사관의 임무는 선한 일과 악한 일을 기록하는 것이니, 반드시 마음이 올바른 여자를 얻은 뒤에라야 가능할 것입니다. 사관은 모름지기 정직한 사람을 가려 써야 하며, 붓을 잡는 것은 아무나 할 수 있는 것이 아닙니다.

갑 : 사관이라고 해서 반드시 한문만 사용할 필요는 없습니다. 또한 여자 사관은 반드시 글에 능해야 되는 것은 아닙니다. 문자를 조금 해독할 수 있기만 한다면 규문의 일을 보는 대로 기록하여, 후대 사람으로 하여금 선왕은 규문 안의 혼자 있는 곳에서도 잘못하는 바가 없었다는 것을 알게 하면 되는 것이니, 이렇게 하면 본보기가 되는 바가 클 것입니다.

병 : 여자 사관은 남자 사관과 다릅니다. 남자 사관은 공론을 기록하고 그것의 옳고 그름이나 선하고 악함을 판단하여 후손들에게 보이는 것이 직무이고, 여자 사관은 규문 안에서의 임금의 일상생활을 기록하는 것이 직무일 뿐입니다.

<보 기>

ㄱ. 갑은 사관이라고 해서 반드시 글에 능해야 하는 것은 아니라고 주장한다.
ㄴ. 병은 규문 안에서 일어나는 모든 일들을 바깥 사람들이 알 수 있어야 한다고 주장한다.
ㄷ. 을과 병은 여자 사관의 역할에 대해 견해를 서로 달리하고 있다.

① ㄱ ② ㄴ ③ ㄱ, ㄷ
④ ㄴ, ㄷ ⑤ ㄱ, ㄴ, ㄷ

25. 다음 글에 대한 분석으로 옳은 것만을 <보기>에서 있는 대로 고른 것은?

자연과학의 영역에서 가설의 증명을 통해 이론을 구성하는 것과 마찬가지로 사회과학에서도 경험적인 증명을 통해 사회법칙을 정교하게 만드는 것을 이론의 목표로 삼는 것이 개념실재론적 입장이다. 개념실재론자는 이론으로부터 현실을 연역할 수 있다고 믿으며 법칙적으로 구성된 이론은 현실 세계에서 증명되어야 한다고 보기 때문에 이론 그 자체를 위한 연구에 전념하게 된다. 그러나 이론이 현실에 적합할 경우에는 사회현상의 분석 수단으로서의 유용성이 제한되는 문제가 있다. 즉 이론이 현실과 정합적이라면 이론 그 자체가 현실의 사실적 기술에 불과하므로 이론을 이용하여 사회현상을 연구할 수 있는 가능성이 줄어들게 된다. 또한, 법칙적인 이론이 구성되었다 하더라도 사회현상은 불가피하게 역사적인 성격을 지니고 있어서 매우 유동적이다. 경험적 조사에 의한 이론의 검증은 시간과 장소에 따라 서로 다른 결과를 내는 경우가 많으며, 그 이론으로 현실 세계를 설명할 수 있는 부분도 극히 제한된다. 반면에 이론과 현실 사이의 거리가 존재한다는 전제하에 이상적 모형으로 구성된 이론은 연구자에게 다양한 관점을 제공해주고, 연구자는 이상적 모형 이론을 경험적 사실과 비교하여 특정한 사회현상이 발생한 원인을 풍부하게 해명할 수 있어서 사회현상 분석을 위한 유용성 측면에서 더 유리하다.

<보 기>

ㄱ. 이 글에 따르면, 이론으로부터 특정한 시간과 장소의 현실을 연역하는 것은 불가능하다.
ㄴ. 현실 세계에 대하여 설명하는 것과 사회현상을 연구하는 것이 서로 구별되어야 한다는 것을 전제하고 있다.
ㄷ. 사회과학의 영역은 그 자체로 통제할 수 없는 변수를 전제로 하고 있기 때문에 이상적인 상황을 전제로 하여 이론을 구성하기 어렵다면, 이 글의 논지는 약화된다.

① ㄱ ② ㄴ ③ ㄱ, ㄷ
④ ㄴ, ㄷ ⑤ ㄱ, ㄴ, ㄷ

26. 다음 논쟁에 대한 분석으로 옳은 것만을 <보기>에서 있는 대로 고른 것은?

갑 : 모든 범죄에는 그에 맞는 형벌이 가해져야 해. 우리가 어떤 형벌을 범죄에 대한 응분의 대가로 여길 수 있는 이유는, 범죄를 저질렀다는 바로 그 사실 때문이야.
을 : 너는 범죄와 형벌 사이의 연관관계를 이미 자명한 것으로 받아들이고 있어. 그러나 왜 근본적으로 모든 범죄에 형벌이 가해져야 하는지는 설명하고 있지 않아.
갑 : 건전한 법적 · 도덕적 상식을 가진 사람이라면 범죄를 저지르고도 그에 맞는 형벌이 가해지지 않는 경우를 보았을 때 분노하는 감정을 느낄 거야. 이러한 감정은 이미 우리가 범죄와 형벌 사이의 연결 관계를 받아들이고 있다는 것을 뜻해.
을 : 설령 우리가 그러한 분노를 느낀다는 사실을 인정하더라도 여전히 범죄와 형벌 사이의 연결 관계는 설명되지 않아. 분노는 어떤 감정일 뿐이고, 그것이 논리적인 증명을 대신할 수는 없어. 적어도 '모든 범죄에는 그에 맞는 형벌이 가해져야만 한다.'라는 명제를 이성적으로 인정하기 위해서는 감정 이상의 합리적 논거가 필요해.
갑 : 그러면 반대로 그 명제를 반박하는 논변이 있는지를 생각해 보자. 내가 아는 한에서는 범죄에 그에 맞는 형벌이 가해져야 한다는 주장을 반박한 사람을 보지 못했어. 적어도 이러한 반박이 성공적으로 수행되기 전까지 감정이 가장 설득력 있는 근거야.

<보 기>

ㄱ. 갑이 "형벌을 받은 사람은 모두 과거에 어떤 범죄를 저질렀을 것이다."라는 주장에 동의할지에 대한 여부는 알 수 없다.
ㄴ. 을은 "어떤 범죄도 형벌 없이 묵과되어서는 안 된다."라는 주장에 반대할 것이다.
ㄷ. 갑은 "과거에 어떠한 반박 논변도 제기되지 않았지만, 현재 시점에는 더 이상 참으로 받아들여지지 않는 명제들이 존재한다."라는 주장에 반대할 것이다.

① ㄱ ② ㄴ ③ ㄱ, ㄷ
④ ㄴ, ㄷ ⑤ ㄱ, ㄴ, ㄷ

27. 다음으로부터 추론한 것으로 옳은 것만을 <보기>에서 있는 대로 고른 것은?

X국 사람들의 경우 생애 시기마다 벌어들이는 소득과 소비하는 액수가 차이를 보일 수 있지만 X국 사람들의 평생의 총 소득과 총 소비는 일치한다. X국 사람들은 소득이 소비보다 더 클 때에는 저축을 하고, 소득이 소비보다 더 적을 때에는 대출과 같은 차입을 하거나 저축한 돈을 사용한다. 소비는 평생에 걸쳐 일정한 폭으로 증가하며, 소득은 B 시기까지 증가하다가 이후 감소한다. 한편 <그림>은 X국 사람들 중 N년대에 태어난 사람들의 인구와 평균 예산계획을 그린 것이다. N년대에 태어난 사람들의 A 시기부터 C 시기에 이르기까지 평균근로시간은 지속적으로 감소한다. 한편 N년대에 태어난 사람들의 생존기간 동안 X국에는 동일한 예산계획을 갖고 있는 N년대에 태어난 사람들이 지속적으로 유입되어 그 수가 증가한다. C 시기 이후의 N년대생 인구의 유입에 따른 소비와 소득의 폭은 N년대생 사람들의 평균 소득의 감소폭과 동일하였다.

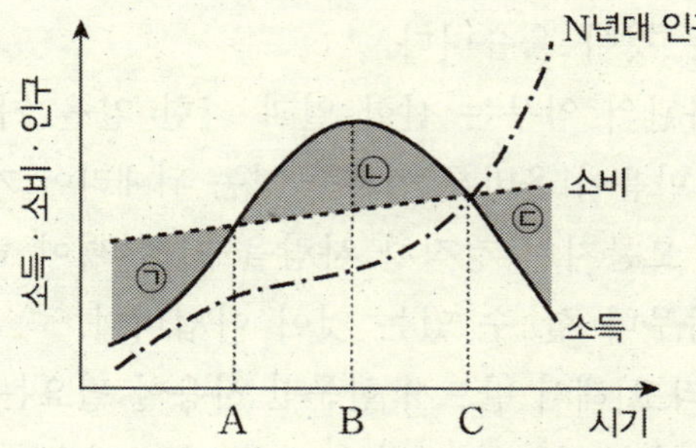

<그림>

<보 기>

ㄱ. A와 B 시기 사이에 N년대에 태어난 X국 사람들의 평균근로시간당 평균소득은 계속 증가한다.
ㄴ. N년대에 태어난 X국 사람들의 평균 누적저축액은 C 시기에서 최대가 되지만, 총 누적저축액은 C 시기보다 늦은 시점에서 최대가 된다.
ㄷ. X국에서 A~C 시기의 소득 중 일정한 금액을 국민연금공단에 강제로 납입하도록 하고, C 시기 이후에 납입한 금액과 동일한 금액을 연금으로 지급하기로 하였다면, ㉠과 ㉢의 합은 ㉡보다 커진다.

① ㄱ ② ㄷ ③ ㄱ, ㄴ
④ ㄴ, ㄷ ⑤ ㄱ, ㄴ, ㄷ

28. 다음 논증에 대한 분석으로 옳은 것만을 <보기>에서 있는 대로 고른 것은?

갑 : 정당한 분배란 분배의 정의가 실현된 상태, 즉 사람들이 각자 지닌 자격만큼의 사회적 재화를 배분받는 상태를 뜻해. 가령 '모든 사람은 자기 능력에 걸맞은 대가를 받아야 한다'는 원칙에 따르는 사람은 개인적 능력을 그러한 자격 조건으로 간주하는 셈이야. 물론 개인적 능력이 분배받을 만한 자격으로 볼 수 있는지는 모르겠지만.

을 : 네 말처럼 분배의 정의가 실현된 개인적 자격과 사회적 재화가 완벽하게 비례적으로 배분된 사회(G)를 생각해 보자. G에선 개인들이 각자 가진 재화를 서로 거래할 수 없어. 모든 거래는 G에서 성취된 완벽한 비례를 크건 작건 해치는, 따라서 부정의한 행위이기 때문이야. 그러나 정당한 분배와 거래의 자유는 어느 한 쪽을 희생할 수 없는 핵심적 가치야.

갑 : G에서 일어난 개인 간의 거래가 합리적, 합법적이었다면 그 결과로 변화된 사회(G1)에서도 G에서 성취된 분배의 정의가 보존되었으리라 볼 수 있어. 합리적 거래는 본래 같은 가치를 가진 재화들 사이에서 일어나기 때문이야. 또한 분배의 정의는 정언적인 가치이며, 따라서 합리적 개인의 행동 결과가 분배의 정의를 훼손하지는 않을 것이야.

을 : 과연 사람들이 자신의 개인적 이득보다 사회 정의를 우선시할까? 나아가 네 말은 사람들이 모두 자기 행위가 사회 전체에 미칠 영향을 정확히 통찰하고 있다는 가정을 포함하고 있어. 또 개인적 차원에선 합리적이며 합법적인 행위였던 것들이 일반화되었을 때엔 그렇지 않은 결과를 가져올 수도 있고, 이를 막기 위해선 사람들이 자신의 거래뿐 아니라 다른 사람들의 거래 및 그로 말미암은 결과에 대해서도 모두 알고 있어야 할 거야.

<보 기>

ㄱ. 능력과 사회적 재화의 완벽한 비례적 배분이 실현된 사회는 분배 정의가 구현된 사회라는 데 갑은 동의하지만 을은 동의하지 않는다.

ㄴ. 갑과 을 모두 개인이 분배의 정의의 사회적 실현을 위해 노력한다고 가정하지 않는다.

ㄷ. 을은 갑에 비해 합리적인 거래의 범위를 더욱 좁게 규정한다.

① ㄱ ② ㄴ ③ ㄱ, ㄷ
④ ㄴ, ㄷ ⑤ ㄱ, ㄴ, ㄷ

29. 다음 글에 대한 평가로 옳은 것만을 <보기>에서 있는 대로 고른 것은?

성과급 제도는 근대적인 기업가가 노동자들로부터 최대의 효율을 이끌어내기 위해 사용하는 전문적인 장치들 중의 하나이다. 농업에서는 노동 강도를 최대한으로 끌어올려야 하는 시기인 수확기에 성과급 제도가 활용되는 것을 볼 수 있다. 기후를 예측할 수 없는 상황에서 작물을 얼마나 신속하게 수확하느냐에 따라서 손익의 차이가 크게 벌어지기 때문이다. 수확 속도를 높이고자 하는 기업가의 관심이 더 커지면서, 노동자들에게 지급되는 성과급을 높여 단기간에 큰 수익을 올릴 수 있는 기회가 제공되었다. 그런데 기업가들의 예상과는 달리 성과급을 올리자, 동일한 기간의 노동 생산성이 증가하지 않고 오히려 감소하는 일이 빈번하게 발생하였다. 성과급이 올라가자, 노동자들이 노동 시간을 늘린 것이 아니라 오히려 줄이는 쪽으로 반응한 것이다. 예를 들어 지금까지 1평의 땅에서 수확을 하면 1,000원의 보수가 주어졌을 때 하루에 100평에서 수확을 하던 노동자들이 있다고 하자. 기업가가 성과급을 활용하여 1평의 땅에서 수확을 하면 2,000원의 보수를 지급할 경우, 기업가는 노동자들이 200평에서 수확할 것이라고 기대할 것이다. 기업가의 기대와는 달리 이 경우 노동자들은 오히려 노동량을 줄여 하루에 50평의 땅에서만 수확하고 기존의 일당과 같은 10만 원을 받았다. 이에 대해 ㉠ "노동자들에게는 일정수준의 보수에 만족하는 마음이 있으며 그 보수에 도달할 때까지만 일한다"라는 주장이 있다.

<보 기>

ㄱ. 기업가가 보수를 1평당 500원으로 내리자 노동자들이 200평의 땅에서 수확하였다면, ㉠은 강화된다.

ㄴ. 노동자들이 하루에 수확할 수 있는 땅의 양에 한계가 있다면, ㉠은 약화된다.

ㄷ. 기업가가 보수를 1평당 2,500원으로 올리자 노동자들이 50평의 땅에서 수확하였다면, ㉠은 강화된다.

① ㄱ ② ㄴ ③ ㄱ, ㄷ
④ ㄴ, ㄷ ⑤ ㄱ, ㄴ, ㄷ

30. 다음 논증에 대한 평가로 옳은 것만을 <보기>에서 있는 대로 고른 것은?

> 과거에서 현재에 이르기까지 인간의 삶은 지식을 축적하는 방향으로 발전해 왔다. 다만 이는 인간의 지적인 우월성에 기인하지는 않는다. 명백하지 않은 문제에 대해 대부분의 사람은 제대로 판단할 능력이 없고, 일부 문제를 판단한 것처럼 보이는 사람도 오늘날을 기준으로 판단하면 아무도 수긍하지 못할 일을 주장하기도 했고 행동으로 옮겼다.
>
> 그럼에도 불구하고 인간의 삶이 지식을 축적하는 방향으로 발전한 이유는 인간 정신의 한 특징에 기인한다. 인간은 자신의 잘못을 시정할 수 있는 능력을 가지고 있다. 토론과 경험의 과정을 거쳐서 인간은 스스로의 잘못을 고쳐나갈 수 있다. 단순히 경험만으로는 과오를 고칠 수 없다. 과거의 경험에 대해 판단하고, 잘못을 시정하기 위해서는 토론이 반드시 있어야 한다. 토론 과정에서 당면한 문제에 대한 사람들의 논평이 있어야 문제점을 정확하게 파악할 수 있다.
>
> 어떤 문제에 대해 가능한 가장 정확한 진리를 얻기 위해서는 의견이 다른 많은 사람들의 의견을 들어보고, 다양한 사람들의 시각에서 그 문제에 대해 따져보는 것이 필요하다. 이 방법 외에는 다른 수단으로 지혜를 얻은 사람이 없다. 인간의 지성의 본질에 비추어 보았을 때, 다른 방법으로 지식과 지혜를 얻는 것은 불가능하다. 다른 사람의 생각과 자신의 생각을 비교하면서 틀린 것은 고치고 부족한 것을 보충하는 것만이 우리가 지혜를 얻을 수 있는 유일한 방법이다.

<보 기>

ㄱ. 한 사람의 아이디어로 인해 삶이 혁신적으로 발전했다는 사실이 있다면 이 논증은 약화된다.

ㄴ. 당면한 문제에 대해 과거의 경험에 따른 대안을 선택하였을 때 지혜를 얻는다는 사실은 이 논증을 강화한다.

ㄷ. 이 논증에 따르면 토론 중 한 사람의 의견만 제시되었고 다른 사람들의 논평 없이 그 의견이 결론으로 확정되었다면, 그 결론을 통해서 얻을 수 있는 지혜는 없다.

① ㄱ　② ㄴ　③ ㄱ, ㄷ
④ ㄴ, ㄷ　⑤ ㄱ, ㄴ, ㄷ

31. <사례>를 분석한 것으로 옳은 것만을 <보기>에서 있는 대로 고른 것은?

> 채권가격은 '만기'까지의 기간, 만기에 지급되는 원금인 '액면가', 만기까지 지급되는 이자율인 '쿠폰율', 그리고 채권시장의 상황에 따라 변동하는 '시장이자율'에 의해 결정된다. 만기, 액면가, 쿠폰율이 부여된 채권은 시장이자율의 변동에 따라 가격이 변동한다. 다음은 시장이자율이 5%, 10%, 15%일 때 액면가와 쿠폰율이 각각 10,000원과 10%로 동일한 채권이 만기가 늘어남에 따라 가격이 어떻게 변화하는지를 나타낸 그림이다. 쿠폰율과 시장이자율이 서로 다르면 채권가격은 액면가와 일치하지 않으며 다른 조건에 관계없이 만기일에 다다르면 채권가격은 액면가와 동일해진다.

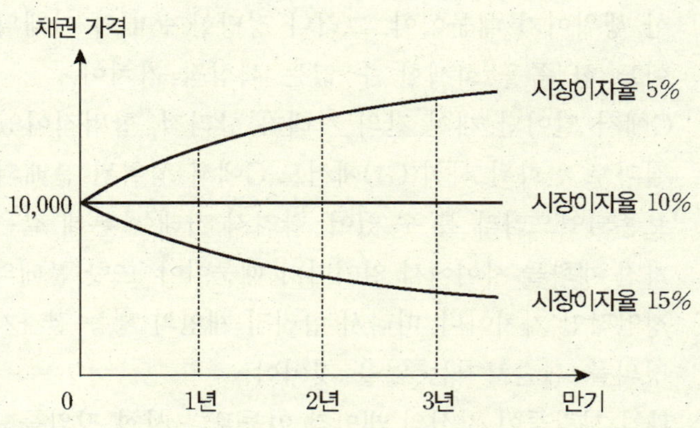

<사례>

채권 A, B, C, D는 액면가가 10,000원으로 동일하고 만기와 쿠폰율은 다음과 같다.

쿠폰율 \ 만기	1년	2년
10%	A	B
8%	C	D

예컨대 채권 A의 쿠폰율과 만기는 각각 10%와 1년이고 채권 D의 쿠폰율과 만기는 8%와 2년이다.

<보 기>

ㄱ. 1년 후에는 A와 C의 가격이 같아진다.

ㄴ. A와 B의 가격이 같다면 시장이자율은 10%이다.

ㄷ. C와 D의 가격이 같다면 A의 가격이 B의 가격보다 높다.

① ㄱ　② ㄷ　③ ㄱ, ㄴ
④ ㄴ, ㄷ　⑤ ㄱ, ㄴ, ㄷ

32. 다음 글로부터 추론한 것으로 옳지 않은 것은?

> 판화 프린트 작품의 경우 판화 원판에서 계속하여 프린트할 수 있기 때문에 오랫동안 미술작품의 원본으로 인정되지 않았다. X국 역시 그러하였는데, 1940년에 프린트 작품 원본 인정 기준을 만들어 프린트 작품도 원본으로 인정하기 시작하였다. 1940년 기준에 따르면 작가가 제작한 원판에서 작가가 직접 프린트한 작품은 모두 원본으로 인정된다. 그 외의 원본으로 인정되기 위한 요건은 없다. 단, 1940년 기준 시행 이후 만들어진 프린트 작품에 한정하여 원본으로 인정된다.
>
> 1950년에는 1940년 기준을 폐기하고 다시 기준을 수립하였다. 1950년 기준에 따르면 프린트 작품에 원판을 제작한 작가의 서명이 있고, 원판으로부터 몇 번째로 프린트된 것인지를 알 수 있게 하는 일련번호가 적혀 있는 작품은 모두 원본으로 인정되며, 작가의 서명과 일련번호 중 하나라도 결여되면 원본으로 인정되지 않는다. 그리고 기준 시행 이후 만들어진 프린트 작품에 한정하여 원본으로 인정한다는 요건을 삭제하였다.
>
> 1960년에는 1950년의 기준을 개정하여 현재에까지 이르고 있다. 1960년 기준은 판화 작품에 일련번호가 있어야 한다는 요건을 삭제하였지만, 원판을 제작한 작가가 직접 프린트한 작품만 원본으로 인정된다는 요건을 추가하였다. 이외는 1950년과 같았다. 그리고 프린트 작품을 감정할 때는 감정을 하는 시기의 기준에 따르도록 하였다. 가령 1965년에 1952년에 제작된 프린트 작품을 감정하는 경우에는 감정 시기에 맞추어 1960년 기준을 적용하는 것이다.

① 작가 갑이 원판과 프린트 모두를 제작하였고, 갑의 서명은 있지만 일련번호가 없는 작품을 1959년에 감정하는 경우, 이 프린트 작품은 원본으로 인정되지 않을 것이다.

② 작가 갑이 원판과 프린트 모두를 제작하였고, 갑의 서명은 없지만 일련번호가 있는 작품을 2020년에 감정하는 경우, 이 프린트 작품은 원본으로 인정되지 않을 것이다.

③ 작가 갑이 원판과 프린트 모두를 1939년에 제작하였고 갑의 서명과 일련번호가 모두 없는 작품의 경우, 1949년에 원본 인정 여부 감정을 실시한 것과 1950년에 감정을 실시한 것의 결과가 같을 것이다.

④ 작가 갑이 1957년에 원판을 제작하고 같은 해에 작가 을이 프린트 제작을 하였으며, 갑의 서명은 없지만 일련번호가 있는 작품을 1959년에 감정하는 경우, 이 프린트 작품은 원본으로 인정되지 않을 것이다.

⑤ 작가 갑이 1945년에 원판을 제작하고 같은 해에 작가 을이 프린트 제작을 하였으며, 갑의 서명과 일련번호가 모두 있는 작품의 경우, 1949년에 원본 인정 여부 감정을 실시한 것과 1952년에 감정을 실시한 것의 결과가 같을 것이다.

33. 다음으로부터 추론한 것으로 옳은 것만을 <보기>에서 있는 대로 고른 것은?

> 앞면에 1부터 5까지의 숫자가 하나씩 새겨진 다섯 장의 카드가 있다. 앞면에 홀수가 새겨진 카드의 뒷면에는 참말이 쓰여 있고, 앞면에 짝수가 새겨진 카드의 뒷면에는 거짓말이 쓰여 있다. 예를 들어 이 중 한 장의 카드를 뽑았는데 뒷면에 "이 카드는 3보다 큰 짝수가 새겨진 카드이다."라고 쓰여 있다면, 우리는 이 카드의 앞면에 2가 새겨있을 것이라고 추론할 수 있다. 2, 3, 5는 소수이고 1과 4는 소수가 아니다.
>
> 다음 ⓐ~ⓒ는 카드 뒷면에 쓰인 말들이다. 한 장의 카드에는 ⓐ~ⓒ 중 하나의 말만 쓰여 있다.
>
> ⓐ "이 카드는 소수가 새겨진 카드이다."
> ⓑ "이 카드는 소수가 새겨진 카드가 아니다."
> ⓒ "이 카드는 소수인 짝수가 새겨진 카드이다."

<보 기>

ㄱ. 뒷면에 ⓐ가 쓰여 있는 카드는 언제나 세 장이다.
ㄴ. 뒷면에 ⓑ가 쓰여 있는 카드는 언제나 두 장이다.
ㄷ. ⓐ, ⓑ, ⓒ가 모두 한 번씩은 쓰여야 한다면, 뒷면에 ⓒ가 쓰여 있는 카드 앞면에는 짝수가 새겨져 있다.

① ㄱ ② ㄷ ③ ㄱ, ㄴ
④ ㄴ, ㄷ ⑤ ㄱ, ㄴ, ㄷ

34. 다음으로부터 추론한 것으로 옳은 것만을 <보기>에서 있는 대로 고른 것은?

> 갑, 을, 병 세 명의 과학자가 A, B, C, D, E 다섯 개의 방에서 치료제를 찾고자 한다. 모든 방에는 치료제나 바이러스 중 1개가 놓여 있으며, 바이러스가 치료제보다 많다. 갑, 을, 병이 방을 연 것에 대해 네 가지 사실이 알려졌다.
>
> (1) 갑은 A를 포함하여 총 두 개의 방을 열었는데, 이 중 바이러스가 있는 방은 없었다.
> (2) 을은 C를 포함하여 총 두 개의 방을 열었는데, 이 중 치료제가 있는 방은 하나뿐이었다.
> (3) 병은 E를 포함하여 총 두 개의 방을 열었는데, 이 중 바이러스가 있는 방이 하나 이상 있었다.
> (4) 모든 방은 한 번 이상 열렸다.

<보 기>

ㄱ. 갑은 E를 열지 않았다.
ㄴ. 을은 병이 연 방을 열지 않았다.
ㄷ. 병은 치료제가 있는 방을 열지 않았다.

① ㄱ ② ㄷ ③ ㄱ, ㄴ
④ ㄴ, ㄷ ⑤ ㄱ, ㄴ, ㄷ

35. 다음으로부터 추론한 것으로 옳은 것만을 <보기>에서 있는 대로 고른 것은?

> 현재 게임 속 X도시에는 1,000명의 유저가 있고, 별, 메달, 방패 세 개의 아이템만으로 마스터가 정해진다. 마스터는 별과 메달을 모두 가진 이용자이다. 총 유저 중 30%는 게임을 관전하는 방문객이며 아이템을 받지 못한다. 총 유저의 10%는 마스터이다. 방문객과 마스터 외 유저는 별, 메달, 방패 셋 중 적어도 하나의 아이템을 가졌다.
>
> 마스터가 되기 위해서는 우선 길드를 구성해야 한다. 길드를 구성 중이거나 완료한 유저는 모두 방패를 받는다. 방패를 가진 유저가 대전을 세 번 치르면 별을 받고, 방패를 가진 유저가 상대 길드원에 S급 치명상을 가하면 메달을 받는다. 더 이상 대전을 치르는 것을 포기하면 별을 회수하며, 상대 길드원에 S급 치명상을 가하는 것을 포기하면 메달을 회수한다. 대전을 세 번 치른 사람도 상대 길드원에 S급 치명상을 가할 수 있다.
>
> X도시의 별 아이템을 가진 유저 중 마스터가 아닌 유저는 400명이다. 방패만 있는 유저와 메달은 있지만 마스터가 아닌 사람의 비율은 같다.
>
> **<상황>**
>
> 게임회사가 S급 치명상의 난이도를 지속적으로 높이면 S급 치명상을 가하는 것을 포기하는 유저가 매년 10명씩 발생하는데, 앞으로 5년간 S급 치명상의 난이도를 지속적으로 높이고자 한다. 5년간 X도시의 신규 유저 가입이나 유저 탈퇴는 없었으며, 방문객 중 길드 구성을 시도한 유저는 없다.

<보 기>

ㄱ. 5년 후 X도시 총 유저 중 마스터의 비율은 10%일 것이다.
ㄴ. 5년 후에도 방패를 가진 유저의 수는 현재와 같을 것이다.
ㄷ. 현재 별을 가진 유저 중 5년 후 S급 치명상을 가하는 것을 포기한 유저의 비율은 5% 이상일 것이다.

① ㄱ ② ㄴ ③ ㄱ, ㄷ
④ ㄴ, ㄷ ⑤ ㄱ, ㄴ, ㄷ

36. 다음 글로부터 추론한 것으로 옳은 것만을 <보기>에서 있는 대로 고른 것은?

어떤 계(system)의 상태가 현재의 상태보다 안정된 상태로 변하는 과정은 자발적으로 일어나게 된다. 즉 어떤 계는 끊임없이 안정된 상태로의 진행을 이어가고 있다. 자발적인 변화는 외부로부터의 에너지 공급이 없는 상황 속에서도 일어날 수 있으며, 자발적 변화의 과정은 그 계의 자유에너지 혹은 퍼텐셜에너지를 감소시킨다. 반면, 비자발적 변화는 불안정한 상태로 계가 변화하는 것으로, 이 과정이 일어나기 위해서는 외부로부터의 자유에너지 혹은 일 등의 에너지 공급이 필요하다.

수소 원자는 양성자 하나로 이루어진 원자핵과 그 주위에 존재하는 전자 하나로 구성되어 있다. 이 수소 원자가 두 개가 있을 경우 이 두 수소 원자는 서로 결합하여 수소 분자를 형성하게 된다. 이때 각 수소 원자의 원자핵(양전하를 띰)은 상대방 수소 원자의 전자(음전하를 띰)를 끌어당기면서 거리가 가까워지게 되는데, 이 반응은 자발적인 반응이다. 수소 원자 두 개가 수소 분자를 형성하게 되었을 때, 두 수소 핵 사이의 거리를 결합 거리라고 하며, 결합 거리에서 두 수소 원자는 가장 안정된 상태로 존재하게 된다. 그런데 결합 거리보다 두 원자가 가까워질 경우, 양전하를 띠는 두 원자핵 간의 반발력이 강해지게 되며, 불안정한 상태가 된다.

<보 기>

ㄱ. 결합 거리보다 가까운 두 수소 원자가 반발력에 의해 멀어지는 과정은 자발적인 과정이다.
ㄴ. 결합 거리에 있는 두 수소 원자가 더 가까워지면 한 원자의 원자핵과 상대 원자의 전자 사이의 인력이 없어진다.
ㄷ. 결합 거리에 있는 두 수소 원자의 거리를 증가시킬 때나 감소시킬 때 모두 외부로부터의 에너지 공급이 필요하다.

① ㄱ ② ㄴ ③ ㄱ, ㄷ
④ ㄴ, ㄷ ⑤ ㄱ, ㄴ, ㄷ

37. 다음 글로부터 추론한 것으로 옳은 것만을 <보기>에서 있는 대로 고른 것은?

빛은 파동의 일종으로 빛이 통과하는 매질의 속성에 따라 빛이 전파되는 양상이 달라진다. 매질의 속성은 매질의 굴절률로 표현되는데, 한 매질로부터 굴절률이 다른 매질로 빛이 진입할 경우 두 매질의 굴절률에 따라 빛의 반사 및 굴절 양상이 달라지는 것이다. 빛의 굴절은 <그림>처럼 빛이 두 매질의 경계면에 수직으로 진행하지 않는 경우 발생하는데, 두 매질의 굴절률이 서로 어떻게 다른가에 따라 정도가 변한다.

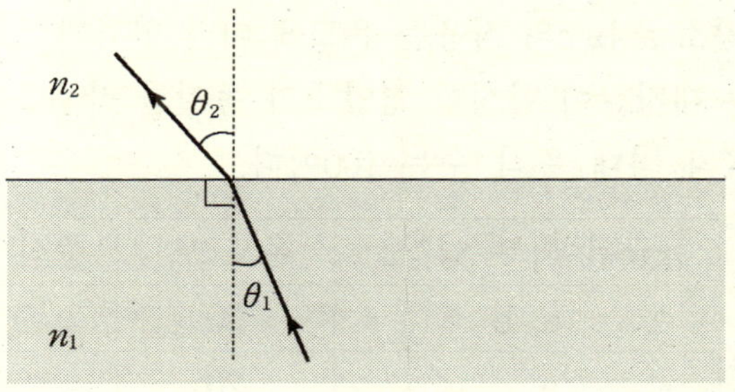

<그림>

<그림>에서 n_1은 입사하는 빛이 통과하는 매질의 굴절률이고, n_2는 굴절된 빛이 통과하는 매질의 굴절률이다. 그리고 n_1과 n_2의 사이의 직선이 경계면이다.

빛이 굴절률이 n_1인 매질에서 n_2인 매질로 이동할 때 빛의 경계면의 수직인 직선에 대해서 θ_1의 각도(입사각)로 입사를 한 경우 n_2의 값이 n_1에 비해 작아질수록(커질수록) θ_2의 값(굴절각)이 θ_1의 값에 비해 커지게(작아지게) 된다.

빛의 속도는 빛이 통과하는 매질의 굴절률이 증가(감소)할수록 감소(증가)한다. 경계면에서의 빛의 속도는 입사하는 빛과 같다고 간주한다. 빛의 속도는 빛의 파장과 그것의 진동수의 곱으로 계산되는데, 빛이 이동하는 가운데 매질이 달라져 빛의 속도가 달라지는 경우에는 빛의 진동수에는 변함이 없이 빛의 파장만이 달라진다.

<보 기>

ㄱ. θ_2가 고정된 상황에서 θ_1이 커질수록 n_2는 n_1에 비해 더 작은 값을 갖는다.
ㄴ. 동일한 입사각에 대해서 굴절각이 커질수록 굴절 후 빛의 파장은 더 길어진다.
ㄷ. 입사각보다 굴절각이 항상 더 작은 경우 굴절된 빛이 통과하는 매질에서의 빛의 속도는 입사각의 크기와 관계없이 경계면에서의 빛의 속도보다 더 크다.

① ㄱ ② ㄴ ③ ㄱ, ㄷ
④ ㄴ, ㄷ ⑤ ㄱ, ㄴ, ㄷ

38. 다음 글로부터 추론한 것으로 옳은 것만을 <보기>에서 있는 대로 고른 것은?

대장균 X는 세 가지 필수 영양소 A, B, C를 스스로 합성하는 능력이 있으며, 이 세 가지 영양소가 모두 있을 때만 증식할 수 있다. 대장균에 돌연변이가 일어나게 되면 스스로 영양소를 합성하는 능력을 잃고 외부에서 공급되는 영양소에 의존하게 된다. 최근 A, B, C 중 어느 한 가지를 합성하는 능력이 온도 의존적이라는 사실이 알려졌고, 이를 알아보기 위해 돌연변이가 일어난 대장균 X에 다음과 같이 각각 영양소 A, B, C의 유사체인 외부 영양소 a, b, c를 공급한 후 온도 변화에 따른 증식 양상을 측정하였다. 외부 영양소 a, b, c의 작용은 온도에 따라 변하지 않으며, 각 외부 영양소는 대장균이 합성한 영양소와 동일한 작용을 한다. 그리고 대장균 X의 최대 증식 수는 100이다.

공급된 외부 영양소	온도(도)	증식 수
a, b	20	0
a, c	20	100
b, c	20	100
a, b, c	20	100
a, b	40	0
a, c	40	100
b, c	40	50

<보 기>

ㄱ. 돌연변이가 일어난 대장균 X는 영양소 C를 스스로 합성하지 못한다.

ㄴ. 40도에서 외부 영양소 a, b, c를 공급하면 증식 수는 100일 것이다.

ㄷ. 외부 영양소 c만 공급하면 온도 변화에 따라 증식 수가 달라질 것이다.

① ㄱ ② ㄷ ③ ㄱ, ㄴ
④ ㄴ, ㄷ ⑤ ㄱ, ㄴ, ㄷ

39. 다음으로부터 추론한 것으로 옳은 것만을 <보기>에서 있는 대로 고른 것은?

거울 앞에서 왼손을 들면, 보고 있는 거울상은 오른손을 든 것처럼 보인다. 이때 왼손과 오른손을 겹칠 수 없는 것과 같이 자신의 거울상과 동일하지 않은 분자들을 카이랄이라고 하며 서로 거울상 이성질체라고 한다. 거울상 이성질체들은 녹는점이나 끓는점과 같은 물리적 성질이 동일하지만, 광학적 성질에서 차이를 보인다. 평면 편광이 어떤 용액을 통과할 때 편광면을 회전시키는 성질을 광학 활성이라고 한다. 광학 활성인 유기 분자의 용액을 시료관에 넣고 시료관에 평면 편광을 통과시키면 편광면의 회전이 일어나고 분석기를 통해 빛의 회전 각도와 방향을 측정할 수 있다. 수크로스(sucrose)는 거울상 이성질체를 가지며 각각의 카이랄은 평면 편광을 정확하게 같은 정도로 회전시키지만 회전 방향은 반대로 나타났다. 표준 조건에서 소듐 D선이라고 부르는 빛을 사용하였을 때 관찰된 광학 회전의 정도를 고유 광회전도 $[\alpha]_D$라고 한다. 분자가 편광면을 왼쪽으로 회전시키면 이것을 좌회전성(−)이라 하고, 반면에 편광면을 오른쪽으로 회전시키면 이것을 우회전성(+)이라 한다.

한편 거울상 이성질체 관계인 두 분자가 동량으로 섞인 경우를 라셈 혼합물이라 한다. 라셈 혼합물은 한 거울상 이성질체로부터 생기는 (+) 회전이 다른 거울상 이성질체로부터 생기는 (−) 회전을 정확히 상쇄하기 때문에 광학 회전은 나타나지 않는다. 하지만 거울상 이성질체 관계인 두 분자 중 한쪽이 과량으로 섞인 혼합물의 경우도 있다. 예를 들어 거울상 이성질체 관계인 분자 A와 B의 혼합물에서 A가 75%, B가 25% 존재한다면, 이 중 25%의 A와 B는 라셈 혼합물로 존재하고 나머지 50%의 과량 A가 존재하고 있다는 의미이므로 거울상 초과량은 50%이다. 이 경우 과량의 A가 혼합물의 광학 활성 성질을 결정한다. 거울상 초과량은 실험을 통해 순수한 카이랄의 고유 광회전도 $[\alpha]_D$와 혼합물의 고유 광회전도 $[\alpha]_D$를 각각 측정하면 구할 수 있다.

<실험>

만델산(mandelic acid) 혼합물의 고유 광회전도 $[\alpha]_D$는 −150으로 측정되었다. 단, 동일 조건에서 순수한 (+)만델산의 고유 광회전도 $[\alpha]_D$는 +154로 측정되었다.

<보 기>

ㄱ. (−)만델산의 고유 광회전도 $[\alpha]_D$는 −154이다.

ㄴ. 라셈 혼합물의 고유 광회전도 $[\alpha]_D$는 0이다.

ㄷ. 만델산 혼합물에 과량 존재하는 분자는 (−)만델산이다.

① ㄱ ② ㄴ ③ ㄱ, ㄷ
④ ㄴ, ㄷ ⑤ ㄱ, ㄴ, ㄷ

40. ㉠에 대한 평가로 옳은 것만을 <보기>에서 있는 대로 고른 것은?

혈액 속의 항체와 보체는 외부의 물질인 항원을 파괴한다. 항원이 침입했을 때 항체는 특정 항원을 특이적으로 인식하고 보체라는 단백질을 활성화시킨다. 항체의 신호를 받은 보체는 항원을 분해한다. 항체의 생성 및 신호 보내기에는 약 24시간이 소요된다. 이러한 면역체계가 제대로 이루어지지 않을 경우 항원에 의해 감염으로 사망하게 된다. 그리고 보체는 40도의 온도에서 변성되어 기능을 할 수 없는 반면, 항체는 변성되지 않고 작용할 수 있다.

그런데 치사량의 항원이 침입할 경우, 항체를 20시간 내에 빠르게 생성해야 생존하며 그렇지 않은 경우는 사망한다. 감염된 적이 있는 생쥐가 항체를 20시간 내에 생성하는지를 확인하기 위해 생쥐 A, B, C에 항체와 보체가 모두 정상적으로 기능하는 혈액을 가지고 다음과 같은 실험 결과를 얻었다. 감염균 P는 치사량이 주입될 경우 20시간 내 항체가 생성되어야 개체가 생존할 수 있는 균이다. 생쥐 A, B, C는 모두 보체가 정상적으로 기능하지 않고, 이들 중 일부는 P균에 감염된 적이 있고 일부는 감염된 적이 없는 상태이다. 그리고 실험 4단계는 20시간 이후의 결과이다.

1단계		2단계	3단계	4단계
실험 분류		혈액 주입	감염균 P 주입	결과
(1)	생쥐 A	40도로 가열한 혈액	치사량	죽음
(2)			치사량 이하	죽음
(3)	생쥐 B	정상 혈액	치사량	생존
(4)			치사량 이하	생존
(5)	생쥐 C	정상 혈액	치사량	죽음
(6)			치사량 이하	생존

이 실험 결과로부터 과학자 K는 ㉠ '어떤 항원에 감염된 적이 있는 생쥐가 어떤 항원에 감염된 적이 없는 생쥐보다 해당 항원에 대한 항체를 더 빠르게 생성한다.'는 가설을 도출하였다. 이후 1단계의 생쥐 A와 같은 상태인 생쥐 X, 생쥐 B와 같은 상태인 생쥐 Y, 그리고 생쥐 C와 같은 상태인 생쥐 Z를 대상으로 추가 실험을 실시하였다.

<보 기>

ㄱ. 생쥐 X에 정상 혈액을 주입하였을 경우 실험 (1)과 (2) 모두에서 생쥐가 생존했다는 추가 실험 결과는 ㉠을 강화한다.
ㄴ. 생쥐 Y에 40도로 가열한 혈액을 주입하였을 경우 실험 (3)과 (4) 모두에서 생쥐가 죽었다는 추가 실험 결과는 ㉠을 약화한다.
ㄷ. 생쥐 Z에 정상 혈액을 주입하였을 경우 실험 (5)와 (6) 모두에서 생쥐가 생존했다는 추가 실험 결과는 ㉠을 약화한다.

① ㄱ ② ㄷ ③ ㄱ, ㄴ
④ ㄴ, ㄷ ⑤ ㄱ, ㄴ, ㄷ

* 확인 사항
○ 문제지와 답안지의 해당란에 필요한 내용을 정확하게 표기했는지 확인하십시오.

〈문제출제〉
메가로스쿨 언어논리연구소

2026학년도 법학적성시험 대비

제2회 파이널

LEGAL • EDUCATION • ELIGIBILITY • TEST

불LEET 모의고사

제2교시 | 추리논증

총 40문항 10:45~12:50(125분)

수험생 유의사항

1. 문제지를 받은 후 시험 시작 시간까지 문제 내용을 보아서는 안 됩니다.
2. 시험 시작 즉시 과목편철 순서, 문제누락 여부, 인쇄상태 이상 유무 등을 확인한 후 문제지에 성명을 기재하시기 바랍니다.
3. 시험 시작 후 문제를 주의 깊게 읽고 문항의 취지에 가장 적합한 하나의 정답만을 고르시기 바랍니다.

메가로스쿨

제 2 교시

추리논증

성 명

메가로스쿨

○ 이 문제지는 **40문항**으로 구성되어 있습니다. 문항 수를 확인하십시오.
○ 문제지의 해당란에 성명을 정확히 쓰십시오.
○ 답안지에 응시 번호와 답을 표기할 때에는 답안지 오른편에 있는 '답안지 작성시 반드시 지켜야 하는 사항'에 따라 표기하십시오.
○ 답안지의 필적확인란에 해당 문구를 정자로 기재하십시오.

1. 다음 글을 읽고 분석한 것으로 옳은 것만을 <보기>에서 있는 대로 고른 것은?

P국 형법은 진실한 사실을 적시하였더라도 사람의 명예를 훼손한 경우 '사실적시명예훼손죄'로 처벌하고 있다. 다만, 해당 행위가 진실하고 오로지 공공의 이익에 관한 때에는 처벌하지 않는다는 예외를 두고 있다. 이 규정이 부당한지에 대해 아래와 같은 의견이 있다.

A: 헌법은 표현의 자유를 기본권으로 보고 있는 데 반해 형법은 허위의 사실과 진실한 사실 적시 모두를 명예훼손죄의 가능성이 있는 행위로 보고 있다. 이는 모든 표현행위가 형법상 잠재적 범죄가 될 수 있다는 의미로, 기본권인 표현의 자유를 위축시키는 것이다. 범죄의 피해자 혹은 목격자가 범죄 사실을 알리고자 할 때, 사실을 말함에도 사실적시명예훼손죄로 피소될 것을 우려해 침묵하는 경우가 있는데 이는 우리 사회의 발전을 막는 것이다. 따라서 사실 적시에 의한 명예훼손은 형법으로 보호할 가치가 없다.

B: 허위의 사실을 말하는 것을 처벌하는 것은 합당하지만 진실한 사실을 말하였다고 하여 처벌하는 것은 부당하다. 헌법이 중요하게 생각하는 권리인 표현의 자유를 형법이 지나치게 간섭을 하는 것이다. 하지만 최근 신상 털기 등 타인의 인격 파괴에 대한 최소한의 배려도 상실한 채 개인 정보가 무차별적으로 전파되는 경우가 잦다. 따라서 위 규정으로 사실적시행위를 규제하는 것보다는 민사상으로, 혹은 별도의 형법 규정인 사생활 침해죄 등으로 규제해야 한다.

C: 헌법은 표현의 자유도 보장하고 있지만 개인의 명예도 보호하고 있다. 따라서 진실한 사실을 적시한 경우라도 침해될 수 있는 명예가 있으므로 형법상 충분히 보호할 가치가 있다. 특히 개인의 사생활과 관련된 사실을 공개함으로써 생길 수 있는 중대한 피해를 형사제재를 제외하고서는 해결할 수 없다. 또한 범죄 피해나 목격 사실을 적시하여 생길 수 있는 문제는 위 규정의 예외 사유를 확장 해석함으로써 보완 가능하다.

<보 기>

ㄱ. 개인의 숨기고 싶은 사실을 본인의 의사에 반해 공개하여 명예를 훼손하는 행위를 형법으로 처벌해야 하는지에 대해 B와 C는 다른 견해이다.
ㄴ. 범죄에 대한 사실을 내부 고발한 경우에 고발한 내용이 진실한 사실로 드러났을 때 사실적시명예훼손죄로 처벌해야 하는지에 대해 A와 B는 같은 견해이다.
ㄷ. 사실 적시에 의한 명예훼손죄의 입법 목적 달성을 위해서 이를 민사상 불법행위에 대한 손해배상으로 해결하는 것은 배제되어야 하는지에 대해 A와 C는 다른 견해이다.

① ㄱ ② ㄴ ③ ㄱ, ㄷ
④ ㄴ, ㄷ ⑤ ㄱ, ㄴ, ㄷ

2. <견해>에 대한 평가로 옳은 것만을 <보기>에서 있는 대로 고른 것은?

<견해>

갑: 종사하고 있는 근로자의 근로조건을 유지하고 개선하는 등의 사안은 노사 간의 단체교섭을 통해 단체협약을 체결함으로써 효력이 있다. 그러나 신규 근로자의 고용 절차 및 방법에 관한 사항은 한 사용자의 고유한 권한이므로 노사 간 단체교섭의 대상이 아니다. 따라서 어떠한 근로자를 어떠한 절차와 방법으로 고용할 것인가에 관해 노사가 합의하였더라도 해당 단체협약은 그 효력이 없다.

을: 노사관계는 근본적으로 사적자치의 영역에서 형성되는 것이다. 노사가 합의한 단체협약은 헌법상 주어진 노동3권에 기초한 노사의 단체교섭을 통하여 서로 간의 합의를 문서화한 노사자치의 산물이다. 따라서 노사자치의 산물인 단체협약은 그 효력을 인정받아야 한다.

병: 단체협약은 근로자와 사용자의 집단적 계약이며, 이것이 계약인 이상 법률행위에 관한 사법상의 일반원리가 적용된다. 따라서 단체협약에 근거하더라도 근로자의 취업 및 해고 절차는 헌법과 사회질서에 위반되지 않을 때 인정되며, 그렇지 않을 경우 해당 협약은 무효이다.

<보 기>

ㄱ. A기업의 노사가 현재 재직 중인 근로자의 근로조건인 정년을 60세에서 65세로 높이는 단체협약을 체결하였다면, 갑과 을 모두 해당 협약의 효력이 있다고 볼 것이다.
ㄴ. B기업의 노사가 업무상 재해로 사망한 조합원의 유족을 업무능력을 갖추었는지의 여부를 불문하고 고용하도록 한 단체협약을 체결하였다면, 갑과 을 모두 해당 협약의 효력이 있다고 볼 것이다.
ㄷ. C국의 헌법은 사업주가 근로자를 고용할 때 성별, 연령, 출신지역, 병력(病歷) 등을 이유로 차별해서는 안 된다고 명시하고 있으며 C국의 D기업은 단체협약에 따라 직원 고용 시 병력이 있는 사람에게 감점을 준다면, 병은 해당 단체협약의 효력이 없다고 볼 것이다.

① ㄱ ② ㄴ ③ ㄱ, ㄷ
④ ㄴ, ㄷ ⑤ ㄱ, ㄴ, ㄷ

3. [규정]에 따라 <사례>의 갑이 추가로 갖추어야 할 최소 승강기 대수는?

> [규정]
>
> 제1조 층수가 6층 이상인 건축물로서 연면적(각 층별 면적을 모두 합산한 면적)이 2,000㎡ 이상인 경우 <표>의 기준에 의한 승강기를 설치하여야 한다.
>
> 제2조 <표>에 따라 승강기의 대수를 계산할 때 8인승 이상 15인승 이하의 승강기는 1대의 승강기로 보고, 16인승 이상의 승강기는 2대의 승강기로 본다.
>
> 제3조 건축물의 용도가 <표>에 따른 둘 이상의 '호'에 해당하는 경우 다음의 두 가지 기준에 따라 산정한 승강기 대수 중 더 적은 대수를 설치기준으로 한다.
>
> (1) 각 건축물 용도의 호에 해당하는 각각의 면적에 따라 산정한 승강기 대수를 합산한 대수
>
> (2) 건축물 전체의 연면적에 해당 건축물에 적용될 수 있는 건축물 용도별 승강기 설치기준 중 가장 강한 기준을 적용하여 산정한 대수
>
> <표>
>
> | 호 | 용도 | 승강기 설치 기준 |
> |---|---|---|
> | 1 | 판매 시설 | 면적이 3,000㎡이하인 경우 2대, 3,000㎡를 초과하는 면적에 한하여 2,000㎡마다 1대 추가 |
> | 2 | 업무 시설 | 면적이 3,000㎡이하인 경우 1대, 3,000㎡를 초과하는 면적에 한하여 2,000㎡마다 1대 추가 |
> | 3 | 교육 시설 | 면적이 3,000㎡이하인 경우 1대, 3,000㎡를 초과하는 면적에 한하여 3,500㎡마다 1대 추가 |
>
> <사례>
>
> 갑은 총 18층에 각 층의 면적이 500㎡인 업무시설 용도의 건축물을 관리하고 있다. 갑은 [규정]에 따라 9인승 승강기 총 4대를 설치한 상태이다. 갑은 건축물을 확장하여 1층부터 8층까지의 각 층의 면적을 2,000㎡로 하고, 추가된 면적의 6분의 1을 판매시설로, 추가된 면적의 나머지를 교육시설로 사용하고자 한다. 확장건축 구조상 16인승 이상의 승강기는 1대까지만 설치할 수 있다.

① 4대 ② 5대 ③ 6대
④ 7대 ⑤ 8대

4. 다음으로부터 추론한 것으로 옳은 것만을 <보기>에서 있는 대로 고른 것은?

> X국법에 의하면, 불법행위로 인하여 손해가 발생하고, 동시에 그 손해 발생에 있어 피해자에게도 과실이 있는 경우에 손해배상의 책임 및 그 금액을 정함에 있어 이를 참작하는 것을 '과실상계'라 한다. 예컨대 1억 원의 손해 중 피해자의 과실이 20%라면, 손해액에서 2천만 원을 빼고 8천만 원이 배상액이 되는 것이다. 이와 달리 피해자가 손해를 입은 것과 같은 원인에 의해 이익을 얻고 그 이익이 사고와 상당인과관계를 갖는 경우도 있다. 이 경우 X국의 법은 해당 이익이 손해의 보전을 목적으로 지급된 것인 경우 손해배상액에서 공제하게 되는데, 이를 '손익상계'라 한다. 예컨대 재산상 손해배상 목적의 합의금을 받거나 건강보험이나 산재보험 등의 사회보험수급자가 제3자의 불법행위로 부상을 당해 사회보험에 의해 보험급여가 지급되는 경우 이를 공제하게 된다. 반면 손해배상의 책임 원인과 무관한 이익, 예를 들어 사고로 인한 부상 발생 시 피해자가 개인적으로 가입한 보험계약에 의한 상해보험금, 위로금 명목의 합의금은 공제되지 않는다. 과실상계와 손익상계 사유가 모두 있는 경우 과실상계를 먼저 한 후에 손익상계를 하여야 한다.
>
> <사례>
>
> X국 국민인 갑은 자전거전용도로에서 자전거를 타고 출근하던 중 자전거전용도로에 진입한 오토바이 운전자 을의 오토바이에 부딪혀 부상을 당하였다. 법원의 판단에 의하면 주의의무를 소홀히 하고 보호장구를 착용하지 않은 갑과 자전거전용도로에 진입한 을 모두에게 과실이 있다고 판단하였고, 갑의 부상에 의한 손해액은 3,000만 원이다. 갑은 을에게 사고로 인한 손해배상 목적의 합의금 500만 원을 수령하였다.

<보 기>

ㄱ. 법원이 갑의 과실을 40%, 을의 과실을 60%로 판단하였을 때 갑이 산재보험급여로 700만 원을 지급 받았다면, 을이 갑에게 배상할 손해배상금은 1,080만 원이다.
ㄴ. 법원이 갑의 과실을 40%, 을의 과실을 60%로 판단하였을 때 갑이 개인적으로 가입했던 보험계약에 의해 상해보험금 1,000만 원을 수령하였다면, 을이 갑에게 배상할 손해배상금은 300만 원이다.
ㄷ. 사고로 인해 갑이 사망하고 갑의 유일한 상속인 병이 갑의 장례식장에서 조문객들의 부의금 1,000만 원을 받았다면, 법원이 갑의 과실을 30%, 을의 과실을 70%로 판단하였을 때 을이 갑에게 배상할 손해배상금은 1,600만 원이다.

① ㄴ ② ㄷ ③ ㄱ, ㄴ
④ ㄱ, ㄷ ⑤ ㄱ, ㄴ, ㄷ

5. 다음으로부터 추론한 것으로 옳은 것만을 <보기>에서 있는 대로 고른 것은?

> 소멸시효 제도는 권리자가 일정기간 동안 권리를 행사하지 않는 경우 그 권리가 실효되는 제도이다. X국은 채권의 소멸시효와 관련해 A규정과 B규정을 두고 있으며, A규정보다 B규정이 우선 적용되고, 규정을 위반한 행위는 효력이 없다.
>
> [A규정]
>
> 제1조 채권은 10년간 행사하지 않으면 소멸시효가 완성된다.
>
> 제2조 생산자나 상인이 판매한 생산물 및 상품의 매매 대가와 관련된 채권은 3년간 행사하지 않으면 소멸시효가 완성된다.
>
> 제3조 소멸시효의 이익을 받는 채무자는 소멸시효가 완성되기 전에 이를 포기하지 못한다.
>
> 제4조 채권의 이행기가 도래한 때 소멸시효가 진행된다.
>
> [B규정]
>
> 제1조 상행위로 발생한 채권을 5년간 행사하지 않으면 소멸시효가 완성된다. 다만 다른 법령에 이보다 단기의 시효의 규정이 있는 때에는 그 규정에 의한다.
>
> 제2조 ① 당사자 쌍방에 대하여 모두 상행위가 되는 행위뿐만 아니라 당사자 일방에 대하여만 상행위에 해당하는 행위도 상행위로 본다.
>
> ② 상인이 영리를 목적으로 하는 매매, 교환, 운수, 수리 등의 행위는 상행위로 본다.
>
> 제3조 B규정에 정한 내용이 없으면 A규정에 따른다.
>
> <사례>
>
> (1) 갑은 주택 리모델링 공사를 상인 을에게 맡겼다. 을은 2020. 5. 1.에 공사를 완성하여 갑에게 5천만 원의 대금 채권을 갖게 되었다. 공사대금 채권은 공사가 완성된 때에 이행기가 도래한다.
>
> (2) 장난감 도매상인 갑은 장난감 소매상인 을과 장난감을 인도하는 날에 1천만 원의 대금을 받는 조건으로 2020. 7. 10.에 매매계약을 하였다. 갑은 2020. 7. 15.에 장난감을 인도하였으나, 을은 대금을 지불하지 않고 있다. 매매대금 채권은 물품을 인도하는 때부터 이행기가 도래한다.

<보 기>

ㄱ. <사례> (1)에서 갑은 2023. 7. 12.에 소멸시효의 이익을 포기할 수 없다.

ㄴ. <사례> (2)에서 갑이 권리행사를 하지 않을 경우, 2025. 7. 16.에 소멸시효가 완성된다.

ㄷ. 만약 X국에 채권의 소멸시효와 관련한 규정으로 A규정만 있을 경우, <사례> (1)과 <사례> (2)에 적용되는 소멸시효 기간은 같을 것이다.

① ㄱ ② ㄷ ③ ㄱ, ㄴ ④ ㄴ, ㄷ ⑤ ㄱ, ㄴ, ㄷ

6. 다음 논쟁에 대한 분석으로 옳은 것만을 <보기>에서 있는 대로 고른 것은?

> X국에서는 정치적 박해를 받는 외국인이 X국에 피신하는 권리인 망명권을 헌법상 기본권으로 규정해야 하는지를 두고 다음과 같은 논쟁이 벌어졌다.
>
> 갑 : 기본권은 원칙적으로 국가가 그 국적을 가진 국민에 대해 보장하는 것이야. 다만 생명권과 같이 모든 인간에게 부여된 권리는 외국인에게도 보장할 수 있어. 그런데 망명권은 생명권이 아니기 때문에 이를 기본권으로 규정하는 것은 부당해.
>
> 을 : 오늘날 X국을 포함한 세계 각국은 국가 간의 규범인 국제규범을 형성하여 이를 존중하고 있어. 망명 외국인에 대한 국제조약인 '난민의 지위에 관한 협약'도 그 중 하나야. 이런 세계적 추세에 비추어볼 때 기본권 보장의 범위가 자국민에게 한정된다고 볼 근거는 없어.
>
> 병 : 국제규범을 전세계가 존중하고 있다고 해서 국가 간 주권을 상호존중해야 한다는 원리가 배제되어야 하는 것은 아니야. 망명 외국인은 자국에서 정치범에 해당할 것이므로 망명권은 타국의 형사사법 및 정치의 운영에 관한 고유한 권리를 침해하는 것이야. 망명권을 인정하는 것은 국가 간 주권을 상호존중해야 한다는 원리에 반해.
>
> 갑 : 이미 X국은 '난민의 지위에 관한 협약'에 대해 법률적 효력을 인정하고 있기 때문에 망명 외국인은 X국 법률에 따라 보호되고 있어. 굳이 기본권 보장 범위에 관한 원칙을 부정하면서까지 망명권을 기본권으로 인정할 필요는 없어.
>
> 을 : 정치적 박해를 받는 외국인은 자국에서 생명 · 신체의 위협을 받아. 이 점에서 망명권은 외국인의 생명권을 보장하는 것이기 때문에 기본권으로 인정되어야 해.
>
> 병 : 우리는 외국인 정치범의 자국이 아니야. 외국인 정치범을 보호하는 것이 규범적으로 타당한지 여부를 자국이 아닌 타국의 입장에서 판단하는 것은 자의적일 수 있어. 각국의 정치적 상황에는 특수성이 있기 때문에 이를 타국 입장에서 판단하는 것은 부당해.

<보 기>

ㄱ. 외국인에게 기본권을 적용하는 것이 가능하다는 데 갑과 을은 견해를 달리한다.

ㄴ. 외국인 정치범을 법률로서 보호해야 한다는 점에 대해 갑과 병은 견해를 달리한다.

ㄷ. 외국인의 생명권도 기본권에 의해 보호되어야 한다는 점에 대해 갑과 을은 견해를 같이한다.

① ㄱ ② ㄴ ③ ㄱ, ㄷ ④ ㄴ, ㄷ ⑤ ㄱ, ㄴ, ㄷ

7. 다음으로부터 추론한 것으로 옳은 것만을 <보기>에서 있는 대로 고른 것은?

개인회생절차는 채무를 변제할 능력이 없는 채무자의 남은 재산을 모두 개인회생재단의 소유로 편입시키고, 채무자의 변제계획에 채권자들이 찬성할시 이들이 개인회생재단으로부터 채권의 만족을 받도록 한다. 채무자는 개인회생재단의 소유로 편입된 자신의 재산을 처분할 수 없다. 그런데 개인회생절차가 개시될 때 채권자가 자신의 권리를 침해받을 위협이 생기기도 하며 이때 채권자는 다음 세 유형의 구제수단을 행사할 수 있다.

유형A는 채무자가 개인회생절차 개시 직전 재단으로 편입된 재산을 제3자에게 빼돌리거나 담보권을 설정해주는 등으로 채권자의 권리를 해할 우려가 있는 행위를 하는 경우, 모든 채권자가 개인회생 개시절차 개시 전후에 그 행위의 효력을 부인할 수 있는 유형의 권리이다. 그런데 채무자가 곧 자신의 소유가 아니게 될 동산을 이러한 사정을 모르는 제3자에게 처분하여 제3자가 법률상 규정에 의하여 소유권을 취득하는 경우가 있다. 채권자가 부인하는 부인의 대상은 채무자의 처분행위여야 하므로, 이 경우 처분행위 자체는 무효이지만, 제3자의 소유권 취득을 부인할 수는 없다.

유형B는 채무자의 재산이 아닌데, 예컨대 채무자가 잠시 보관하고 있는 제3자의 물건인데, 이를 채무자의 재산으로 잘못 파악하여 개인회생재단으로 편입된 경우, 그 제3자인 권리자가 그 재산을 되찾아올 수 있는 유형의 권리이다.

유형C는 채무자의 재산에 대해 저당권 등 우선적으로 그 재산으로부터 변제받을 수 있는 담보권을 설정한 채권자가, 채무자가 수립한 개인회생절차 변제계획에 따르지 않고 자신의 담보권을 행사하여 채권의 만족을 얻은 뒤, 그로부터 충분한 만족을 얻지 못한 경우 나머지 부분에 대해서만 채무자의 변제계획에 따라 개인회생재단에 편입된 재산으로부터 만족을 얻는 유형의 권리이다.

<보 기>

ㄱ. 유형C의 권리를 행사할 수 있는 채권자는 항상 유형A의 권리를 행사할 수 있지만, 유형A의 권리를 행사할 수 있는 채권자가 항상 유형C의 권리를 행사할 수 있는 것은 아니다.

ㄴ. 채무자가 타인으로부터 보관을 위탁받은 물건을 개인회생절차 개시 전에 채무자의 처분권한 없음을 알지 못한 제3자에게 처분한 경우, 채권자들은 그 처분행위에 대하여 유형A의 권리를 행사할 수 없지만, 그 물건의 원래 소유자는 유형B의 권리를 행사할 수 있다.

ㄷ. 채무자가 재단에 편입되었지만 개인회생절차가 개시되기 전에 자신의 부동산에 제3자 명의로 저당권을 설정하였고, 그 저당권을 설정받은 자가 유형C의 권리를 행사하려고 하는 경우, 다른 채권자는 유형A의 권리로써 위 유형C 권리행사를 저지할 수 있다.

① ㄱ ② ㄴ ③ ㄱ, ㄷ
④ ㄴ, ㄷ ⑤ ㄱ, ㄴ, ㄷ

8. 다음으로부터 추론한 것으로 옳은 것만을 <보기>에서 있는 대로 고른 것은?

A, B, C 등을 비롯한 10개국은 지구온난화 문제를 해결할 목적으로 국제기구 X를 조직하였다. X를 조직하는 과정에서 A국과 B국은 각각 10억 달러를, C국은 6억 달러를 출자하였고, D국, E국, F국, G국, H국, I국, J국은 각각 2억 달러를 출자하였다. X는 10개국의 대표로 구성되는 이사회의 효율적인 운영을 위하여 다음의 [규정]을 제정하였다.

[규정]

제1조 이사회는 X에 자금을 출자한 국가들의 대표로 구성되며, 지구온난화 문제를 해결하기 위한 각종 사업의 내용을 결정한다. 다만, 모금활동 사업은 제외한다.

제2조 X에 대한 출자금이 3억 달러 이하인 국가를 일반이사국으로 하며, 출자금이 3억 달러를 초과한 국가를 특별이사국으로 한다.

제3조 이사회는 X의 사업내용 결정, 회원국의 가입과 탈퇴, 이사회 규정의 개정을 중요문제로 다룬다.

제4조 이사회는 회원국의 권한의 정지, 회원국 연간 분담금의 결정을 기본문제로 다룬다.

제5조 ① 중요문제는 모든 특별이사국의 찬성을 포함한 전체 이사국 3분의 2 이상의 찬성으로 가결한다.
② 기본문제는 전체 이사국 과반수의 찬성으로 가결한다.

제6조 제3조 및 제4조에 해당하지 않는 안건에 대한 결정은 제5조 제1항의 절차에 의한다.

제7조 회의에 참여한 모든 이사국은 각각 1개의 투표권을 갖는다. 단, 안건의 내용과 관련된 이사국은 해당 안건에 대한 투표권이 없다.

<보 기>

ㄱ. 모금활동 사업에 관한 사항을 이사회가 결정할 수 있도록 하자는 안건에 대하여 모든 이사국이 회의에 참여하여 9개의 이사국이 찬성하였다면, 이 안건은 가결될 것이다.

ㄴ. D국과 F국의 연간 분담금을 각 1억 달러로 정하자는 안건에 대하여 A국, B국, C국, D국, E국, F국, G국 등 7개의 이사국이 회의에 참여하여 E국만 반대한 경우, 이 안건은 가결되지 않을 것이다.

ㄷ. 제1조의 '자금을 출자한 국가들의 대표'를 자금을 출자한 국가에서 선정한 대표자 1인으로 해석해야 한다는 안건에 대하여 A국이 반대하더라도 해당 안건은 가결될 것이다.

① ㄱ ② ㄴ ③ ㄱ, ㄷ
④ ㄴ, ㄷ ⑤ ㄱ, ㄴ, ㄷ

9. [규정]으로부터 추론한 것으로 옳은 것만을 <보기>에서 있는 대로 고른 것은?

[규정]

제1조 ① 주식의 '액면가'란 주식에 기재된 주식의 가격을 의미한다.

② 주식의 '발행가'란 액면가와는 별개로 실제로 그 주식이 거래되는 가격을 의미한다.

③ '전환주식'이란 다른 종류의 주식으로 성질을 전환할 수 있는 주식을 의미한다.

④ '전환비율'이란 전환주식을 전환할 때 주식수의 비율로서, '전환 전의 주식 수 : 전환 후의 주식 수'로 표기한다.

제2조 한 종류의 전환주식을 다른 종류의 주식으로 전환할 때에는, 전환 전의 주식의 발행가액의 총액(구 발행가×구 주식 수)이 전환 후의 주식의 발행가액의 총액(신 발행가×신 주식 수)과 일치하여야 한다. 단, 주식의 종류를 전환하더라도 액면가는 변하지 않는다.

제3조 ① 전환 후의 발행가가 전환 전의 발행가보다 높은 전환은 허용되지 않는다.

② 전환 후의 발행가가 전환 전의 발행가보다 낮은 전환은 허용된다.

③ 전환 후의 발행가가 액면가에 미달하는 경우 액면미달발행으로 허용되지 않는다.

<보 기>

ㄱ. 액면가 5,000원, 발행가 6,000원인 전환주식 100주를 전환비율 1 : 1.5로 다른 종류의 주식으로 전환할 수 있다.

ㄴ. 액면가 6,000원, 발행가 8,000원인 전환주식 50주를 전환비율 1 : 0.5로 다른 종류의 주식으로 전환할 수 있다.

ㄷ. 액면가 10,000원, 발행가 15,000원인 전환주식 200주를 전환비율 1 : 1.25로 다른 종류의 주식으로 전환할 수 있다.

① ㄱ ② ㄷ ③ ㄱ, ㄴ
④ ㄴ, ㄷ ⑤ ㄱ, ㄴ, ㄷ

10. [규정]에 대한 <견해>를 <사례>에 적용한 것으로 옳은 것만을 <보기>에서 있는 대로 고른 것은?

[규정]

(1) 도시정비사업을 수행하는 재개발조합은 재개발 구역 내 토지 등 소유자가 조합원 명부의 공개를 요구하는 경우 15일 이내에 이를 공개해야 한다. 재개발조합이 토지 등 소유자의 조합원 명부 공개 요구에도 불구하고 공개를 거부하거나 위 기간 내 공개하지 않으면 1천만 원의 벌금에 처한다.

(2) 개인의 전화번호 등 개인정보를 보유·관리하는 자는 개인정보를 공개하기 위해서는 개인정보 주체의 동의를 받아야 한다. 다만 다른 법률에서 그 공개의무를 정하고 있는 경우에는 그렇지 않다. 이 의무를 위반하여 개인정보를 공개한 개인정보 보유·관리자에는 500만 원의 벌금에 처한다.

(3) 여러 규정을 위반한 경우 벌금액을 합산하여 부과한다.

<견해>

A : 도시정비사업을 수행하는 재개발조합이 조합원 명부를 공개하도록 할 때, 여기서의 '조합원 명부'에는 조합원 명부에 기재된 조합원의 전화번호도 포함된다.

B : 도시정비사업을 수행하는 재개발조합이 조합원 명부를 공개하도록 할 때, 여기서의 '조합원 명부'에는 조합원을 식별할 수 있는 전화번호는 포함되지 않는다.

<사례>

P조합은 X구역의 도시정비사업을 수행하는 재개발조합이다. X구역 내 토지 소유자인 갑은 P조합에 재개발조합원 을의 전화번호를 포함한 조합원 명부를 공개하라는 요구를 하였다.

<보 기>

ㄱ. 을을 포함한 조합원 모두 전화번호 공개 요구에 동의하여 P조합이 을의 전화번호가 포함된 명부를 공개요구일로부터 15일 내에 갑에게 제공하였다면, A와 B 모두 P조합에 벌금이 부과되지 않는다고 볼 것이다.

ㄴ. 을이 전화번호 공개 요구에 동의하지 않았는데, P조합이 을의 전화번호를 포함한 명부를 공개요구일로부터 15일 내에 갑에게 제공하였다면, A에 따르면 P조합에 벌금이 부과되지 않지만 B에 따르면 500만 원의 벌금이 부과될 것이다.

ㄷ. 을이 전화번호 공개에 동의하지 않는다는 이유로 P조합이 정보공개요구일로부터 15일 내에 을의 전화번호를 제외한 명부만을 제공하였다가, 정보공개요구일로부터 20일이 지나 을의 동의 없이 전화번호를 포함한 명부를 공개하였다면, A에 따르면 P조합에 1,000만 원의 벌금이, B에 따르면 1,500만 원의 벌금이 부과될 것이다.

① ㄱ ② ㄴ ③ ㄷ
④ ㄱ, ㄴ ⑤ ㄱ, ㄷ

11. 다음 글로부터 추론한 것으로 옳은 것만을 <보기>에서 있는 대로 고른 것은?

P국의 상법은 주주총회에서 복수의 이사를 선임할 때 집중투표제를 규정하고 있다. 집중투표제란 주주가 이사 후보에 대해 의결권을 행사해 투표할 때, 주주의 보유 주식 수에 선임되는 이사의 수를 곱한 만큼 의결권을 주는 것이다. 그리고 집중투표제에서는 주주가 자신의 의결권을 여러 명의 후보에게 분산해 의결권을 행사할 수도 있지만, 특정 한 후보에게 집중적으로 의결권을 행사할 수 있다. 가령 4인의 이사 후보 중에 3인을 이사로 선임하는 경우, 10주를 가진 주주의 의결권은 30개가 되는데 이 30표를 4인의 후보에게 분산할 수도 있지만, 한 후보에게 몰아주고 나머지 후보에 대해서는 의결권을 포기할 수 있다. 이러한 집중투표제하에서는 최다 득표자부터 순차적으로 이사에 선임되기 때문에 소액주주들도 의결권을 한 후보에 집중시켜 대주주가 내세운 후보 중 문제 있는 사람이 이사로 선임되는 것을 저지하거나, 자신들이 원하는 이사를 뽑을 수 있는 장점이 있다.

<조건>
각 주주들은 상대방이 보유한 주식 수를 서로 알고 있고, 각자가 추천한 후보를 최대한 선임시키고자 투표하는 것도 알고 있다. 서로 같은 이사 후보를 추천한 경우는 없다.

<보 기>

ㄱ. 발행주식총수가 100주인 A사에서는 갑이 31주, 을이 69주를 보유하고, 이사를 2인 선임하고자 한다. 이때 갑이 이사 후보로 1인을 추천하고 을이 2인을 추천하는 경우 갑이 추천하는 이사는 선임될 수 없다.
ㄴ. 발행주식총수가 100주인 B사에서는 갑이 17주, 을이 83주를 보유하고, 이사를 5인 선임하고자 한다. 갑이 이사 후보 2인을 추천하고 을이 이사 후보 5인을 추천하는 경우, 갑이 추천하는 이사가 모두 선임될 수 있다.
ㄷ. 발행주식총수가 100주인 C사에서는 갑이 20주, 을이 30주, 병이 50주를 보유하고 있다. 갑과 을이 각각 이사 후보로 1인씩, 병이 3인을 추천할 때, C사에서 선임하고자 하는 이사의 수가 4인 이하인 경우에서는 갑이 추천하는 이사는 선임될 수 없다.

① ㄱ ② ㄷ ③ ㄱ, ㄴ
④ ㄴ, ㄷ ⑤ ㄱ, ㄴ, ㄷ

12. 다음 글을 읽고 추론한 것으로 옳은 것만을 <보기>에서 있는 대로 고른 것은?

독점규제법에서는 경제적으로 밀접한 관계에 있는 기업들을 기업집단으로 규정하고 있다. 기업집단의 판단은 다음을 따른다.

○ 기업집단은 동일인 또는 그 관련자('동일인관련자')가 그 사업내용을 지배하는 회사의 집단을 말한다.
○ 동일인이 단독으로 또는 동일인관련자와 합하여 30% 이상의 주식을 소유하는 회사들은 기업집단이 된다.
○ 동일인관련자는 ① 동일인의 친척, ② 동일인 및 동일인관련자가 지배적 영향력을 행사하는 회사, ③ 위 ②의 단체의 임원을 포함한다.
○ 동일인 및 동일인관련자가 지배적 영향력을 행사하는 회사는 동일인이 단독으로 또는 동일인관련자와 합하여 발행 주식의 30% 이상을 소유하는 경우를 말한다.

다음 표는 갑, 을, 병 세 사람과, A, B, C 세 회사의 주식 소유비율, 임원여부 및 친척관계를 나타낸 것이다. 예컨대 갑은 A 회사 주식의 25%을 소유하며 동시에 B 회사의 임원이고 병과 친척관계이다. 제시된 것 외의 주식 보유는 고려하지 않는다.

	A	B	C	임원여부	친척관계
갑	25%	10%	35%	B	병
을	2%	5%	10%	C	-
병	4%	5%	5%	A	갑
A	-	10%	12%	-	-
B	10%	-	8%	-	-
C	3%	3%	-	-	-

<보 기>

ㄱ. 갑과 그 관련자는 A 회사의 주식을 32% 소유하고 있다.
ㄴ. 갑과 그 관련자는 B 회사의 주식을 30% 소유하고 있다.
ㄷ. A, B, C 회사는 갑 또는 그 관련자가 지배하는 기업집단에 해당한다.

① ㄱ ② ㄷ ③ ㄱ, ㄴ
④ ㄴ, ㄷ ⑤ ㄱ, ㄴ, ㄷ

13. 다음으로부터 추론한 것으로 옳은 것만을 <보기>에서 있는 대로 고른 것은?

> A의 행동이 원인이 되어 B에 대한 피해가 발생하였을 때, A가 B에게 '잘못'을 저질렀다고 말하려면 어떤 기준이 충족되어야 하는가? ㉠ 동기를 중시하는 입장에서는 A의 인지와 희망 모두를 고려한다. 잘못이 성립하기 위해 A는 자신이 어떤 행동을 하는지 인지하여야 하고, 동시에 그 행동이 원인이 되어 B의 피해라는 결과가 발생한다는 사실을 인지하여야 하며 그러한 결과가 발생하기를 희망하여야 한다. 이에 따를 경우 인과관계에 대해 인지하고 있었으나 행위 당시 자신의 행동을 인지하지 못한 경우, 예컨대 몽유병 등의 질환으로 자신의 행동에 대한 자각이 없는 경우 A는 잘못을 저지르지 않은 것이 된다. 더불어 인지가 완전한 경우에도 그 행위를 하지 않을 수 없는 상황에서 A가 B에게 피해를 입히는 원인이 되는 행위를 한 경우에도 잘못은 성립하지 않는다.
>
> 그러나 이러한 입장을 취할 경우 잘못이 성립하는 사례가 지나치게 좁게 인정된다는 문제가 있다. A가 자신의 행위를 정확히 인지하고, 그 행위가 원인이 되어 1인에게 피해를 줄 수 있다는 사실 또한 인지했으나, 피해를 입을 가능성이 있는 다수의 사람 중 B를 특히 좋아하여 B에게만은 그 피해가 가지 않기를 희망하였다고 가정하면 동기를 중시하는 입장은 A가 B에게 잘못을 저지르지 않았다고 말할 것이다. 이를 보완하기 위해 ㉡ 인지를 중시하는 입장에서는 자신의 행위로 인해 상대방이 피해 입기를 희망하는 것이 '잘못'이 성립하기 위한 요건으로 보지만, 자신의 행위 및 그 행위와 관련된 인과관계를 인지하고 있었다면 결과가 발생하기를 희망한 것으로 간주하여, '잘못'이 성립한다고 본다.

<보 기>

ㄱ. ㉠과는 달리 ㉡은 잘못이 성립하기 위해서 결과가 발생하기를 희망하는 것이 필요하지 않다고 본다.
ㄴ. 어떤 행위가 ㉠의 입장에서 잘못이 성립하지만 ㉡의 입장에서는 성립하지 않는 경우가 있다.
ㄷ. 자신의 행위가 B를 다치게 할 것이라는 사실을 알면서도 C의 협박에 의해 어쩔 수 없이 자신의 행위를 자각하면서 그 행위를 한 A에게 잘못이 성립하는지 여부에 대해 ㉠과 ㉡은 서로 다른 입장을 취한다.

① ㄱ ② ㄷ ③ ㄱ, ㄴ
④ ㄴ, ㄷ ⑤ ㄱ, ㄴ, ㄷ

14. A~C에 대한 분석으로 옳은 것만을 <보기>에서 있는 대로 고른 것은?

> 대개 우리는 인식의 문제와 존재의 문제를 구분하면서 인식의 문제로부터 존재의 문제를 도출하는 것은 옳지 않다고 여긴다. 가령 우리의 눈에 보이는 달이 태양만큼 크다고 해서 달과 태양의 크기가 유사하다고 결론내리는 것을 옳다고 생각하지 않는 것이다. 그런데 다음 논증을 보자.
>
> (1) 책상의 색깔은 관찰자의 위치나 빛의 조건에 따라 달라진다.
> (2) 따라서 책상의 색깔이 일정하다고 할 수 없다.
> (3) 따라서 책상 자체가 가지고 있는 고유한 색깔은 없다.
>
> 이 논증에 대해 A, B, C는 각각 아래와 같이 평가하였다.
>
> A : 이 논증의 (2)와 (3) 사이에는 "책상에 고유한 색깔이 있다면 그 책상의 색깔은 일정할 것이다"라는 전제가 생략되어 있다. 이를 감안하면 (2)에서 (3)으로 나아가는 과정에는 문제가 없지만, (1)에서 (2)로 나아가는 과정에 결함이 있다. (1)에서 책상의 색깔은 관찰자의 눈에 보인 것을 의미하지만, (2)의 책상의 색깔은 관찰자의 눈에 보인 것일 수도 있고 책상 자체의 색깔을 의미할 수도 있기 때문이다.
> B : 이 논증은 (1)에서 (2)로 나아가는 과정에는 문제가 없다. (1)과 (2) 모두 관찰자가 본 대상에 대해 표현하고 있기 때문이다. 하지만 (2)로부터 (3)을 도출하기 위해서는 인식의 문제와 존재의 문제를 이어주는 암묵적인 전제를 추가해야 한다.
> C : 이 논증은 (2)에서 (3)으로 나아가는 과정에 결함이 있다. '~라고 할 수 있다'는 말은 보통 인식의 문제를 표현하고 예외적인 경우에 존재의 문제를 표현하기도 한다. 따라서 (2)에서 그것이 예외적으로 존재의 문제를 표현한다는 보장이 없는 한 (3)으로 나아가는 과정은 문제가 된다.

<보 기>

ㄱ. A, B, C 모두 (1)이 인식의 문제를 표현한다고 여긴다.
ㄴ. A와 C는 인식의 문제로부터 존재의 문제를 도출할 수 있다고 보지만, B는 그렇지 않다.
ㄷ. (2)가 존재의 문제가 아닌 인식의 문제를 표현한다고 여기는 것은 A~C 중 B뿐이다.

① ㄱ ② ㄴ ③ ㄱ, ㄷ
④ ㄴ, ㄷ ⑤ ㄱ, ㄴ, ㄷ

15. 다음 글로부터 추론한 것으로 옳은 것만을 <보기>에서 있는 대로 고른 것은?

과학적 귀결은 전제들로부터 충분히 지지되어야 한다. 이를 논증의 '충분성 조건'이라고 부르자. 충분성은 정도의 문제이다. 만약 어떤 논증의 전제가 거짓이거나 적어도 귀결과 무관하다면 우리는 이 논증의 귀결을 수용해야 할 이유가 없다. 그러나 전제가 거짓이 아니라 충분하지 않다면, 이것이 결론을 수용하도록 하는 데 약하더라도 여전히 결론을 지지하긴 할 것이다. 다음의 논증 A를 살펴보자.

A1 : 서쪽 하늘에 먹구름이 끼었다.
A2 : 그러므로 곧 소나기가 온다.
A3 : 곧 소나기가 온다면 우리는 즉시 등산을 중단해야 한다.
A4 : 따라서 우리는 즉시 등산을 중단해야 한다.

최종 결론(A4)이 전제들에 의해 충분히 지지되기 위해서는 A2가 A1로부터, A4가 A2와 A3으로부터 필연적으로 지지되어야만 한다. A2와 A3은 연역 추론 규칙에 따라 필연적으로 A4를 지지한다. 그러나 먹구름이 끼었더라도 소나기가 내리지 않을 수 있기 때문에 A2는 A1로부터 필연적으로 지지되지 않는다. 따라서 A4는 충분히 지지되지 않는다. 그런데 어떤 논증에서 전제의 충분성을 평가할 때, 우리는 항상 논증 강도가 어느 정도인지 확인할 필요가 있다. 논증 A에서 모든 전제가 결론을 충분히 지지하는 것은 아니다. 그러나 결론의 충분성을 포기한다면, 충분성의 조건을 위반하는 정도는 다소 줄어든다. 다음 논증 B를 보자.

B1 : 서쪽 하늘에 먹구름이 끼었다.
B2 : 그러므로 곧 소나기가 올 가능성이 있다.
B3 : 곧 소나기가 올 가능성이 있다면, 우리가 등산을 중단해야 할 가능성이 있다.
B4 : 따라서 우리가 등산을 중단해야 할 가능성이 있다.

전제가 결론을 지지하는 정도를 0에서 1 사이로 수치화한다면, 모든 논증의 충분성은 0과 1 사이의 어딘가에 속한다. 가령 결론이 지지되는 정도가 X 이상일 때 충분성 조건이 만족된다는 기준을 정해 둔다면 논증이 충분성 조건을 만족하는지 평가할 수 있다. 따라서 전제의 지지 정도를 반영하기 위해 결론의 충분성을 조정하는 전략도 가능하다.

<보 기>

ㄱ. A2를 B2로 교체하더라도, A4는 충분히 지지되지 않는다.
ㄴ. 모든 전제들에 필연적으로 B4를 지지하는 것은 아니다.
ㄷ. 결론의 충분성을 조정하는 전략에 의하면 A4는 충분성 조건을 만족한다.

① ㄱ ② ㄷ ③ ㄱ, ㄴ
④ ㄴ, ㄷ ⑤ ㄱ, ㄴ, ㄷ

16. 다음으로부터 추론한 것으로 옳은 것만을 <보기>에서 있는 대로 고른 것은?

甲 : 모든 명제는 참 또는 거짓으로 진위를 가릴 수 있다. "나는 지금 생각하지 않는다.(P)"를 생각해 보자. P는 어떤 상황에서든 거짓이다. 왜냐하면 P의 주어인 '나'가 실제로 생각하지 않는 경우에만 P가 참이 될 텐데, 어떤 사람이든 P의 진위를 가리기 위해 생각하는 순간 P처럼 믿을 수 없기 때문이다. 이러한 믿음은 '자기반박적 믿음'이다. 이와 반대로 자기충족적 믿음도 있다. P의 부정, 즉 '나는 지금 생각한다'는 명제는 이 명제를 검증하고자 생각하는 순간 참이 되므로 언제나 참이다.

乙 : 甲의 주장에는 문제가 있다. 우리가 항상 생각하는 것은 아니다. 예컨대 깊은 잠이나 혼수상태에 빠져서 아무런 생각도 하지 않는 경우가 존재한다. 비유하자면, 냉장고는 사람이 냉장고 문을 열 때마다 불이 켜지고 냉장고 문이 닫혀 있을 때는 불이 꺼진다. 사람들은 자신이 냉장고 문을 열 때 불이 켜진 모습만을 보기 때문에 언제나 불이 켜져 있다고 생각한다. 하지만 그렇다고 냉장고의 내부 등이 항상 켜진 상태인 것은 아니다. 따라서 어떤 생각도 하지 않는 상태의 사람의 경우는 P라는 명제를 참 또는 거짓으로 진위를 가릴 수 없다.

<보 기>

ㄱ. 甲에 따르면, P의 부정이 거짓이라고 믿는 사람은 존재하지 않지만 乙에 따르면 존재한다.
ㄴ. 甲에 따르면, 어떤 믿음 A에 대해 그 누구도 A를 참이라고 믿는 것이 불가능하다면 A는 거짓이다.
ㄷ. 乙에 따르면, P가 거짓이 아니라는 것이 P가 반드시 참인 것을 뜻하지 않는다.

① ㄱ ② ㄴ ③ ㄱ, ㄷ
④ ㄴ, ㄷ ⑤ ㄱ, ㄴ, ㄷ

17. 다음 논쟁에 대한 분석으로 적절하지 않은 것은?

A1 : 작가는 작품의 원인이 되므로 문학 작품의 올바른 해석을 위해서는 작가의 창작 의도를 파악해야 한다. 즉, 작가의 창작 의도가 곧 해석의 대상이 되는 작품의 의미이다. 작가의 의도는 작가가 창작 시에 어떻게 느끼고 있었으며, 무엇이 그로 하여금 작품을 쓰게 했는가, 작가가 어떠한 생애를 살았으며 어떠한 역사 및 문화적 배경을 지녔는가 하는 등의 전기적 증거를 통해 알 수 있다.

B1 : 성공적인 문학작품은 그 자체 속에 진술되고 함축된 것들이 상호적 관계를 맺고 있으며, 작품 전체 의미와 관련되지 못한 요소들은 창작과정에서 이미 작가에 의해 배제되었다. 따라서 작품 외적 증거를 알아야만 의미를 해석할 수 있는 작품은 성공적이지 못한 작품이다. 즉, 문학작품은 작가를 떠나 독자적으로 해석될 수 있는 존재이어야 한다. 이에 따라 작품에 나타나는 사상이나 태도는 시인의 것이 아니라 작중 화자의 것으로 이해되는 것이다.

A2 : 작품 의미가 작품 자체만으로 해석 가능하기 위해서는 작품의 특정 요소가 특정 의미를 고정적으로 나타낼 수 있어야 한다. 예를 들어, '비'는 모든 작품에서 우울한 분위기를 나타내어야 한다. 그러나 문학 작품은 작가 개성의 산물이므로 본질적으로 참신함을 추구하며, 이를 위해 통용되던 의미와 다르게 사용되는 요소들을 포함하게 된다.

B2 : 하지만 문학과 같이 언어를 기본으로 하는 작품의 경우, 하나의 문장과 그러한 문장들의 집합들은 단어들의 의미와 문법, 배경이 되는 맥락 등을 통해 공적인 차원에서 결정되는 특정한 의미를 갖는다. 언어 사용에 대한 공적인 약속으로 인해 우리의 언어생활이 가능해지는 것과 같다. 시와 같은 문학 작품의 의미가 단어의 사전적 의미와 문법만으로 규정되는 것이 아닐지라도 공적 의미에 의해 전혀 지지될 수 없는 의미가 단지 발화자의 의도였다는 이유로 그 문장의 의미가 되기는 어렵다.

A3 : 공적 언어의 의미 파악만으로는 올바른 해석에 이를 수 없는 경우들이 여전히 존재한다. 그 대표적인 사례가 반어의 해석 문제이다. 문자 그대로의 의미와는 정반대를 의미하는 반어와 같은 경우가 있으므로 작가의 의도를 고려하지 않고는 작품의 의미를 결정할 수 없다.

① B1은 A1이 작가의 창작 의도와 작품 의미를 동일시한 기본 전제가 잘못되었음을 비판하고 있다.
② B1은 A1의 주장 중 작가의 의도가 작품에 반영되어 있다는 것은 인정하고 있다.
③ A2는 B1의 주장이 성립하기 위한 조건을 반박함으로써 B1의 주장을 비판하고 있다.
④ B2는 문학작품을 해석할 때 다양한 의견을 제시할 수 있다는 A2의 주장을 비판하고 있다.
⑤ A3는 B2의 주장 중 문학 작품 해석에 공적 언어 의미가 활용된다는 것을 인정하고 있다.

18. 다음 글에 대한 평가로 옳은 것만을 <보기>에서 있는 대로 고른 것은?

예술작품이 다른 대상과 구별되는 지점은 우리가 그것을 경험할 때 미적으로 경험한다는 것이다. 교통 신호에 따라 차를 운전할 때 우리는 그것이 지시하는 실용적 정보를 인식하는 경험을 하므로 이때의 교통 신호는 예술작품이 아니다. 즉, 우리로 하여금 미적 경험을 불러일으키는 대상이 예술작품이라고 정의할 수 있다. 그리고 어떤 경험이 미적 경험이라는 것은 그 경험이 주관적으로 쾌를 불러일으키는 경험이라는 것이다. 그래서 많은 사람들은 ㉠ 미적 경험을 일으키는 대상에 대해 예술작품의 지위를 인정해야 한다고 주장한다. 물론 미적 경험과 예술적 경험은 서로 다른 것이어서 예술작품의 지위는 예술적 경험을 일으키는 대상에만 허용되어야 한다는 사람들도 있다. 그렇지만 미적 경험이 예술적 경험과 구분되는 별개의 것이라고 단정하는 것에 동의하기 어렵다. 예술이 무엇인지 그 정의에 대해 합의되지도 않은 상황에서 예술적 경험과 그렇지 않은 것을 구분하는 것은 어렵기 때문이다.

역사와 같은 기록물의 경우는 어떤가? 일반적으로 기록물의 핵심 특성으로 간주되는 객관성, 분석, 해석의 세 요소는 미적 경험의 특성과도 유사하다. 어떤 이들은 기록물이 객관적인 특징이 있으므로 기록물에서 환기되는 쾌는 미적 경험이 아니라고 한다. 그런데 기록물은 실제로 일어난 사건이나 사실을 대상으로 한다는 점에서 객관적인 것이지, 사실상 기록하고자 하는 사건이나 사실을 선별하는 과정 자체는 주관적이다. 또한 기록물로부터 일련의 경험을 하게 되는 수용자 역시 필연적으로 모종의 복잡한 주관적 분석과 해석 과정을 거칠 수밖에 없다. 그리고 이 과정에서 기록물은 주관적 쾌를 불러일으킨다. 이렇듯 기록물은 미적 경험을 일으키는 대상이므로 ㉡ 기록물에 예술작품의 지위를 부여하지 못할 이유는 없을 것 같다.

<보 기>

ㄱ. 대부분의 역사 기록물들이 사학자의 사학관에 따라 편찬되는 경향이 있다는 것이 밝혀진다면, ㉠에는 영향이 없고 ㉡은 약화된다.
ㄴ. 사람들은 실제로 일어난 사건이나 사실을 재료로 삼는 대상에서 실용적 정보만을 인식하는 경험을 한다는 것이 밝혀진다면, ㉡은 약화된다.
ㄷ. 어떤 개념의 정의가 합의되어야 해당 개념과 그렇지 않은 것을 구분할 수 있다는 것으로 밝혀진다면, ㉠은 약화되지만 ㉡은 약화되지 않는다.

① ㄱ ② ㄴ ③ ㄱ, ㄷ
④ ㄴ, ㄷ ⑤ ㄱ, ㄴ, ㄷ

19. 다음 논쟁에 대한 분석으로 옳은 것만을 <보기>에서 있는 대로 고른 것은?

갑 : 우리가 지닌 지식 중 절대적으로 참이라고 부를 만한 것은 아무것도 없다. ㉠ 어떤 지식을 다른 근거 없이도 그 자체로, 무조건적으로 참되다고 주장하는 것은 독단적 전제설정의 오류이며, 따라서 모든 지식은 다른 참된 근거들로부터 지지되어야 한다. 그런데 근거로서 제시되는 것 역시 일종의 지식이므로 다른 지식에 의해서 뒷받침되어야 한다. 이와 같은 추가적인 근거설정의 과정이 완료되지 않는 한 앞선 근거설정으로부터 지지된 지식의 참됨은 그 개연성의 정도에 불과하다. 따라서 절대적인 참이라 볼 수 없다. 그리고 이처럼 근거의 근거를 찾아가는 과정은 무한히 계속될 수 있으므로, 우리가 지닌 모든 지식은 개연성의 차이가 있을 뿐, 절대적인 참의 경지에 이르지 못한다.

을 : 진리에 대한 모든 논의는 일종의 규칙을 전제한다. '모든 지식은 다른 지식으로부터 지지될 때에만 참되다' 역시 이러한 규칙에 해당한다. 이러한 규칙들은 다른 일반적인 지식들과 달리 논의를 통해 참인 것으로 증명될 필요가 없으며, 논의에 앞서 이미 참으로 받아들여져 있다고 해야 한다. 이러한 규칙들의 참됨 자체를 논의 대상으로 삼는 경우 우리는 일종의 모순에 빠지게 된다. 이를 거짓으로 규정하려는 시도마저도 이미 이러한 규칙들에 따라서 이루어져야 하므로 이러한 규칙들의 참됨에 의존해 있기 때문이다. 따라서 우리가 지닌 지식 중에는 거짓으로 규정할 수 없는 것, 즉 절대적으로 참인 것들이 존재한다.

<보 기>

ㄱ. ㉠이 오류인지에 대해 갑과 을은 의견을 달리할 것이다.

ㄴ. 지식의 참됨 정도에 차이가 있다는 점에 대해 갑과 을은 의견을 달리할 것이다.

ㄷ. 참인 것으로 인정받는 지식 중에서 그 근거의 거짓이 밝혀짐에 따라 그 지식의 참이 아닐 수 있는 지식이 있다는 점에 대해 갑은 동의할 것이며, 을은 동의하지 않을 것이다.

① ㄱ ② ㄷ ③ ㄱ, ㄴ
④ ㄴ, ㄷ ⑤ ㄱ, ㄴ, ㄷ

20. 다음 대화에 대한 분석으로 옳은 것만을 <보기>에서 있는 대로 고른 것은?

갑 : 작가 G는 세속적 가치에 대한 집착을 극복하고 영적 가치에 진정한 의미를 부여하는 이상적 인물을 추구하였다. G는 세속적 가치 추구를 통칭하여 '속악'으로 규정하였으며 이성에 대한 성적 욕구, 지위와 명예에 대한 욕망, 금전적 탐욕을 모두 악으로 보았다. 하지만 나는 상기한 각종 욕구를 인간의 속성으로 인정하고 구태여 거부하지 않은 작가 C의 관점이 보다 이상적이라고 생각한다.

을 : 작가가 취한 가치관은 그저 작가의 서사적 특성에 영향을 미치는 요소일 뿐 그 자체로서는 긍정과 부정을 평가할 수 없다. G가 규정한 속악 개념은 그 자체로서 어떠한 비난점도 지니지 않는다. 작가는 그가 창조한 작품의 서사적 특성이 우수한 개연성과 명확한 주제의식을 가지는지에 대해서 평가받아야 한다.

갑 : G는 자신의 작품에서 인간이 보편적으로 가지는 욕구를 배제한 인물을 구축하려 애썼기 때문에 결말부에서 이상적 인간상을 제시하기 위하여 부자연스러운 전개를 보일 수밖에 없었다. 이는 개연성의 하락으로 이어져 그의 작품이 가지는 문학적 가치를 떨어트린다. 나는 이러한 점에서 그가 구성한 속악의 개념틀에 반대한다.

을 : 그러한 경우 G에 대한 부정적 평가에 동의한다. 또 C가 작품을 구성함에 있어 인간의 욕구를 거부하지 않음으로써 높은 개연성을 달성하였다면 이에 대해 C가 G보다 더 뛰어난 작가라고 평할 수 있다는 것 역시 인정한다. 그러나 이는 결과물로서의 서사에 관한 평가이며, 만약 G가 속악을 극복하지 못한 주인공이 파멸하는 결말을 설정하여 개연성까지 충분히 갖추었다면 나는 G를 뛰어난 작가로 평했을 것이다.

<보 기>

ㄱ. 을은 G와 C의 작품 사이에 우열이 존재한다는 갑의 주장에 반대한다.

ㄴ. 을은 작가의 개인적 가치관이 작품의 뛰어남을 평가하기 위해 고려해야 할 기준에 영향을 미친다는 데에 동의하지 않는다.

ㄷ. 갑은 G가 설정한 속악을 배제해야 한다는 서사 전개로 인해 G가 만든 작품의 부자연스러움을 지적하지만, 을은 G가 속악을 배제해야 한다는 서사 전개가 포함되더라도 높은 개연성 확보가 가능하다고 주장한다.

① ㄴ ② ㄷ ③ ㄱ, ㄴ
④ ㄱ, ㄷ ⑤ ㄱ, ㄴ, ㄷ

21. 다음 글로부터 추론한 것으로 옳은 것만을 <보기>에서 있는 대로 고른 것은?

범주는 어떤 것이 그 안에서 분류될 수 있는 최상위의 유형에 해당한다. 이러한 정의에 따르면 어떤 사물이 속하는 유형은 우리로 하여금 그것이 무엇인지를 말할 수 있도록 해준다. 예를 들어, 소크라테스 같은 친숙한 대상을 취해 "그는 무엇인가?"라는 질문을 던지면, "그는 인간이다."라는 답변이 있을 수 있다. '인간'이라는 단어는 소크라테스가 속하는 유형을 가리키고 있지만, "소크라테스는 어떤 종류의 사물인가?"라는 질문의 답변에 인간보다 상위 유형에 해당하는 영장류, 포유류, 척추동물, 동물이 있고, 그보다 더 상위의 유형인 사물, 존재자, 실체와 같은 것이 있다. 이처럼 범주를 인정하는 철학자 중 인간이나 동물보다 더 상위에 유형이 있다는 것은 철학자들 간에 이견이 없으며, 소크라테스가 속하는 범주를 가려낸다는 것은 "그것은 무엇인가?"라는 질문에 대해 상위 유형으로 올라가는 답변들 중 가장 위에 있는 답변이다.

'사건'의 경우, 범주 중 하나로 인정할 수 있는지에 대해 논쟁이 있다. '사건'은 어떤 일이 발생하는 것을 의미한다. 따라서 어떠한 실체는 '사건'의 범주에 해당하지 않는다. 어떤 철학자들은 '사건'은 최상위 유형에 해당하기 때문에 범주 중 하나로 포함되어야 한다고 믿지만, ㉠ 다른 철학자들은 이를 범주에 포함시키는 것에 반대한다. '사건'을 범주에 포함시키는 것에 반대하는 철학자들은 범주로 인정되는 것들은 실체가 남아있는 데, '사건'의 경우 재주넘기나 자동차 사고와 같이 한번 나타나면 사라지는 성격을 가지고 있기 때문에 실체가 남아있지 않으므로, 범주로 볼 수 없다고 본다. 그러나 '사건'이 범주 중 하나로 포함해야 한다고 주장하는 철학자들은 '사건'이 있었다는 사실은 남아 있다고 본다.

<보 기>

ㄱ. 범주를 인정하는 철학자 중 '사건'이 범주가 될 수 있다고 주장하는 철학자는 있지만, '동물'이 범주가 될 수 있다고 주장하는 철학자는 없다.
ㄴ. '사건'이 범주 중 하나라면 인간의 범주는 '사건'이 될 수 있다.
ㄷ. 모든 실체는 결국 소멸한다는 사실은 ㉠의 주장을 약화한다.

① ㄱ ② ㄴ ③ ㄷ
④ ㄱ, ㄴ ⑤ ㄱ, ㄷ

22. B의 논증에 대한 반론이 될 수 있는 것만을 <보기>에서 있는 대로 고른 것은?

A: 어떤 사람이 아무도 손대지 않은 밀림을 경작해 전답으로 바꾸었다면, 이에 의해 그 땅은 그 사람의 것이 된다. 이처럼 우리는 자연 상태 그대로의 사물에 우리의 노동을 섞음으로써 그것을 소유할 수 있다. 우리의 신체는 온전히 우리 자신의 것이며, 따라서 이를 활용함으로써 생겨나는 노동력 및 그 결과물 역시 우리의 것이 되어야 하기 때문이다. 다만 우리와 마찬가지로 타인 역시 노동을 통해 자연을 사유화할 수 있는 권리를 지니므로, 타인의 권리를 침해하지 않기 위해선 그 역시 같은 시도를 할 수 있을 만큼의 충분한 양을 남겨두어야 한다.

B: 자연물에 노동을 '섞는다'라 함은 무엇을 뜻하는가? 가령 내가 바다에 토마토 주스 한 병을 부어 그 입자가 바다 전체에 퍼진다면, 토마토 주스를 부어 넣는 그 행위에 의해 나는 온 바다가 나의 것이라고 선언할 수 있게 되는가? 또한 자연물을 사유화하면서 타인의 권리를 침해하지 않는다는 것 또한 불가능해 보인다. 가령 어떤 사람(X)이 마지막으로 남은 자연 상태의 나무를 벌목하려 한다 치자. 충분한 양을 남겨 두기 위해서 이 사람은 이 나무를 벨 권리가 없다. 따라서 X 직전에, 즉 마지막에서 두 번째로 나무를 베었던 사람(W)은 X의 권리를 침해한 셈이며, 따라서 W 역시 나무를 벨 권리가 없었던 것이 된다. 이처럼 계속 거슬러 올라가면 최초에 나무를 베었던 사람(A)의 행위 역시 정당하지 않았던 것이라고 할 수 있다.

<보 기>

ㄱ. 인간의 노동을 통해 자연물을 소유하기 위해서는 노동을 통해 자연물의 이용가치가 증가해야 한다.
ㄴ. 자연물에 자신의 노동을 섞는 사람이 정당하게 소유권을 주장할 수 있는 대상은 그러한 행위로부터 발생한 부가가치에 한정되며, 이에 의해 자연물 및 그것을 둘러싼 자연 전체에 대한 권리를 주장할 수는 없다.
ㄷ. 설령 기존 사람(P)이 어떤 자연물을 남김없이 사유화하여 새로 온 사람(Q)이 사유화할 몫이 남아 있지 않더라도 만약 P가 판매나 임대 등의 방식으로 Q가 해당 자연물에 접근할 수 있는 가능성을 열어둘 수 있다

① ㄱ ② ㄷ ③ ㄱ, ㄴ
④ ㄴ, ㄷ ⑤ ㄱ, ㄴ, ㄷ

23. 다음 글에 대한 평가로 옳지 않은 것은?

㉠ 윤리적 형식주의자들의 주장에 따르면, 어떤 행위의 도덕적 가치는 그로부터 귀결된 결과와 상관없이 오로지 그 행위 이면에 전제된 행위자의 원칙에 따라 결정된다. 가령 '가능한 한 많은 사람들을 돕겠다'는 A원칙에 따라 이루어진 봉사 행위에는 도덕적 가치가 있지만 '미래의 내게 이익이 되는 한에서 사람들을 돕겠다'라는 B원칙으로부터 귀결된 행위는 아무리 바람직한 결과를 내었더라도 적어도 도덕적 측면에서서는 무의미하다. 따라서 도덕적 행위는 특정한 결과를 추구하는 과정이 아니며 가치 있는 원칙을 세운 뒤 이를 준수하는 과정으로서 이해되어야 한다.

하지만 이에 대해 다음과 같은 ㉡ 반론이 제기되었다. 도덕적 행위를 특정 원칙을 준수하는 과정으로 볼 것이냐 혹은 결과를 추구하는 과정으로 볼 것이냐는 단지 분석하는 관점의 차이일 뿐이다. 하나의 도덕적 행위 안에는 두 가지 측면이 동시에 내포되어 있다. A원칙에 따르는 사람 역시 실제 행위 속에서는 이로부터 예상되는 구체적 결과들에 대해 판단하게 마련이다. 도덕적 행위들은 오히려 이면의 원칙보다는 예상되는 결과로부터 동기를 얻는다. A원칙에 따라 봉사에 참여한 사람 역시 가령 누군가 행위의 동기에 대해 '왜 그러한 행위를 했습니까?'라고 묻는다면 '불우한 이웃에게 도움이 되고 싶었습니다'와 같이 결과에 주목하는 답변을 내놓을 수 있으며, 설령 그렇더라도 그의 행위는 여전히 도덕적 가치를 지닌다. 나아가 모든 사람이 윤리적 형식주의의 요구에 따라 철저히 도덕적 원칙에 따라서만 행위 하는 세계를 W라고 가정해 보자. 도덕적 원칙에 따라서 행위 하는 모든 사람은 W 세계의 가치 실현에도 기여한다. 따라서 ㉢ 도덕적으로 가치 있는 행위란 곧 W 세계의 가치 실현에 기여하는, 즉 W 세계의 가치를 결과로서 추구하는 행위라고도 할 수 있을 것이다.

① 어떤 원칙인 P로부터 귀결된 행위와 그와 다른 원칙인 Q로부터 귀결된 행위가 결과의 측면에서 차이가 없더라도, ㉠은 약화되지 않는다.
② 원칙의 측면에서만 긍정적으로 판정된 행위보다 원칙과 결과 양 측면에서 모두 긍정적으로 판정된 행위가 더 가치 있다고 본다면, ㉠은 약화된다.
③ 만약 행위 주체가 판단한 행위의 결과에 의해서는 도덕적 가치를 판단할 수 없다면, ㉡은 약화된다.
④ 행위의 결과에 대한 판단은 항상 원칙에 대한 판단을 전제한 후에 이루어진다면, ㉡은 약화된다.
⑤ 개인적 차원에서의 도덕적 행위만으로는 W 세계의 가치를 온전하게 실현할 수 없다 하더라도, ㉢은 약화되지 않는다.

24. 다음 논증의 구조를 분석한 것으로 옳지 않은 것은?

ⓐ 집단의 삶을 지배할 원칙을 정하기 위해 모인 사람들이 자기가 장차 그 사회에서 어떤 위치에 속할지 전혀 모른다고 가정한다면, 그 사람들은 다음 두 원칙에 합의할 것이다. 첫째는 언론이나 종교의 자유 같은 기본 자유를 모든 사람이 평등하게 누려야 한다는 것이며, 둘째는 사회적·경제적 불평등은 오직 그 불평등에 따른 이익이 사회 구성원 중 가장 어려운 사람들에게 돌아갈 경우에만 허용된다는 것이다. 이와 관련하여 사람들은 ⓑ 실제 상황이 아닌 가정적 상황에서 이루어진 계약은 도덕적으로 정당화될 수 없다고 지적한다. 그러나 가정적 상황의 계약이 가지는 도덕적 효력을 평가하려면 실제 계약의 도덕적 한계에 주목할 필요가 있다. 흔히 사람들은 ⓒ 실제 계약에서 계약 주체가 합의했다면 그 계약은 정당화된다고 말한다. 그러나 이는 ⓓ 실제 계약에서 어느 한 주체가 다른 한 주체보다 우위에 있거나 더 많은 정보를 갖고 있다는 점을 간과한 것이다. ⓔ 계약에서 어느 한 쪽이 우월한 위치를 차지하고 있다면 다른 한 쪽의 동의는 압력에서 나온 것일 수 있으며, 교환 대상에 대해 어느 한 쪽이 더 많은 정보를 갖고 있다면 그 거래는 서로에게 이익이 된다고 보기 어렵다. 그러나 ⓕ 계약 주체들이 자신이 어떤 위치에 속할지 전혀 모른다면 그들은 원초적으로 평등한 위치에 놓이게 된다. 따라서 ⓖ 실제 계약과 달리 가정적 상황의 계약엔 강제나 속임수 등의 불공정한 요소가 끼어들 여지가 없다. 그렇다면 ⓗ 가정적 상황에서는 합의라는 조건만 갖췄다면 그 내용이 공정할 것이다.

① ⓑ는 ⓐ의 타당성은 문제 삼지 않는다.
② ⓖ는 ⓑ를 비판한다.
③ ⓓ는 ⓒ를 비판한다.
④ ⓔ는 ⓓ의 근거이다.
⑤ ⓕ와 ⓖ는 ⓗ의 근거이다.

25. 다음 글을 분석한 것으로 옳지 않은 것은?

> (가) 이제부터 아테나이의 여러분에게 말할 것이 있습니다. 저 소크라테스는 이제부터 말씀드리는 바와 같은 사람이므로, 만일 여러분이 저를 죽인다면, 여러분은 저를 해치기보다는 오히려 여러분 자신을 해치게 될 것입니다.
>
> (나) 저를 고소한 이들은 저를 추방하거나 시민권을 박탈하거나 할 수 있을 것입니다. 그러나 그 사람이나 다른 사람들은 그렇게 되는 일을 아주 언짢게 생각하겠지만, 저는 그보다 더 언짢은 일이 있다고 생각합니다. 저는 그 사람이 지금 하고 있는 일, 즉 부정한 방법으로 사람을 죽이려 하는 일이 훨씬 더 언짢은 일이라고 생각합니다.
>
> (다) 멜레토스와 아뉘토스는 제가 니코스트라토스, 데모도코스, 아이스톤 등등 많은 사람들과 그들의 집안사람들에게 악한 일을 했다고 주장합니다. 그런데 저기 앉아 있는 그들은 저를 도와주고 싶어서 온 것입니다. 해악을 입은 사람이 저를 도와주러 왔다면 그만한 이유가 있을 것입니다. 그것은 오직 멜레토스의 주장이 거짓말이고 저는 참말을 하고 있다는 것을 잘 알고 있어서입니다.
>
> (라) 그러면 여러분, 이쯤에서 그치기로 하지요. 제가 변론할 수 있는 것은 대체로 이런 것입니다. 이보다 작은 소송을 걸고 싸울 때에도 될수록 많은 동정을 받기 위해 많은 눈물을 흘리고, 재판관들에게 애걸하고 탄원하는데, 저는 그런 일을 일체 하려 하지 않습니다. 그것은 제가 완고해서도 아니고 여러분을 경멸해서도 아닙니다. 여러분이 조금이라도 명성이 있는 사람들이라면 그래서는 안 됩니다. 오히려 여러분은 그런 가엾은 시늉을 하여 나라를 웃음거리로 만드는 자를 조용하게 행동하는 사람보다 훨씬 더 무거운 죄로 처벌한다는 것을 분명히 보여 주어야 합니다. 재판관에게 청탁하거나 무죄로 해달라고 부탁하는 것은 옳은 일이 아닙니다. 왜냐하면 재판관이 그 자리에 앉아 있는 것은 누구를 편들기 위해서가 아니라, 옳고 그름을 판별하기 위해서이기 때문입니다.
>
> - 플라톤, 『소크라테스의 변론』 -

① (가)에서 소크라테스는 '사람들은 자신에게 이롭지 않은 행동은 하지 않으려 할 것이다.'를 전제하고 있다.
② (나)에서 소크라테스는 '부정한 방법으로 사람을 죽이는 일은 부정한 방법으로 추방하거나 시민권을 박탈하는 것보다 더 언짢은 일이다'를 전제하고 있다.
③ (다)에서 소크라테스는 '자신에게 해악을 입힌 사람이더라도 참말을 하고 있다면 도와줄 수 있다'를 전제하고 있다.
④ (라)에서 소크라테스는 자신에게 유리한 판결을 받기 위해 재판에서 동정심을 사고자 하는 것은 재판관들로 하여금 제 역할을 하지 못하게 하는 것이라고 지적한다.
⑤ (가)~(라)에서 소크라테스는 여러 논증을 통해 자신이 무죄라는 결론의 설득력을 더하고 있다.

26. <자료>를 토대로 다음 주장들을 옳게 평가한 것은?

> <주장>
>
> A : 경찰이 부패하는 이유는 부패성향을 가진 사람, 즉 공직자의 자질을 갖추지 못한 사람이 경찰관 채용과정에서 배제되지 못하고 경찰조직으로 유입되었기 때문이다. 따라서 경찰관 채용과정에서 이러한 사람이 선발되지 않도록 시험 시스템을 개선해야 한다.
>
> B : 경찰 부패의 원인은 부패한 경찰 내부 조직원들에서 비롯된다. 부패하지 않은 새로운 경찰관이 부임하더라도 조직 내의 부패한 동료들에 의해 재사회화됨으로써 새 경찰관도 결국 비리를 저지르게 된다. 따라서 경찰 조직의 강도 높은 자정노력이 부패를 끊을 수 있다.
>
> C : 치안서비스의 수요자인 시민 사회가 부패를 눈감아 주거나 조장할 때 경찰 부패는 발생하며, 시민 사회가 부패를 적극적으로 비난하고 감시할 때 부패는 생기지 않는다. 시민 사회의 각성 없이는 부패범죄에 대한 강한 처벌이나 경찰 조직의 쇄신도 부패를 방지할 수 없다.

> <자 료>
>
> ㄱ. 범죄는 범죄자의 태생적 특성에서 비롯된다고 생각하여 범죄자의 두개골 형태 등을 연구하는 방법이 선호된 적이 있었다. 그러나 행위자의 행동 특성은 그뿐 아니라 교육이나 환경 등 외부적 요소에 의해서도 영향을 받는다는 것이 밝혀졌다.
>
> ㄴ. X국 경찰은 십수 년째 부패 없는 조직으로 신뢰를 받고 있었다. X국 경찰은 부패 여부로 경찰관의 인사를 결정하던 것을 대신하여 치안 서비스에 대한 시민 만족도를 기준으로 징계나 포상 및 승진을 결정하기로 하였다. 그러자 시스템에 큰 영향을 주지 않는 경찰관 개인의 작은 부패행위는 눈감아 주었고 결국 청렴한 기존의 경찰관들이 부패 경찰들이 됨으로써 경찰 조직 전체가 부패하게 되었다.
>
> ㄷ. Y지역 시민들은 지역 경찰관들의 노고를 치하하기 위해 명절선물 등을 호의로 제공해왔고 경찰관들은 호의를 갚기 위해 지역주민의 경범죄를 눈감아주곤 하였다. 또 경찰관의 도움을 받은 주민들은 다시 범죄를 묵인한 경찰관들의 알리바이를 제공해줌으로써 경찰내부감사를 피해갈 수 있게 하였다. 내부 감사도 부패하게 되어 결국 새로 부임하는 청렴한 경찰관들까지 이에 동참하면서 경찰 전체에 부패가 만연하게 되었다.

① ㄱ은 A를 약화한다.
② ㄴ은 A를 강화한다.
③ ㄴ은 B를 약화하고 C를 약화한다.
④ ㄷ은 A를 약화하고 B를 강화한다.
⑤ ㄷ은 C를 약화한다.

27. 다음 논쟁에 대한 평가로 적절한 것만을 <보기>에서 있는 대로 고른 것은?

> 갑 : 인스턴트식품은 건강에 좋지 않은 영향을 미치므로 정부는 국민들이 인스턴트식품의 소비를 줄이고 자연식품의 섭취를 늘릴 수 있는 정책을 펼쳐야 한다.
>
> 을 : 인스턴트식품이 건강에 좋지 않은 영향을 미친다는 것은 편견이다. 인스턴트식품의 품질에 대한 관심이 높아지자 식품업체들은 인스턴트식품의 품질 개선을 위해 꾸준히 노력해 왔다. 그 결과 인스턴트식품은 자연식품 못지않게 품질이 좋다.
>
> 갑 : 인스턴트식품에는 다양한 화학물질들이 포함되어 있고, 또 이를 조리하고 가공하는 과정에서 필연적으로 다양한 화학물질들이 생성되므로 건강에 좋지 않은 영향을 끼친다. 첨가물들 중에는 발암물질과 같이 인체에 유해한 것으로 알려진 물질들도 있다.
>
> 을 : 유해물질들이 생성된다고 해도 모두 정부가 인체에 안전하다고 공식적으로 확인한 기준치 범위 내이다. 지난 수십 년간 인스턴트식품의 소비는 꾸준히 큰 폭으로 증가해 왔음에도 오히려 사람들의 전반적인 건강상태도 과거에 비해 훨씬 양호해졌다. 만약 인스턴트식품이 건강에 해롭다면 이와는 다른 결과가 나타났어야 했을 것이다.
>
> 갑 : 개별 인스턴트식품들이 안전기준을 준수하여 제조, 유통된다고 하더라도 요즘 사람들은 인스턴트식품을 과잉섭취하고 있다는 점에서 문제가 된다. 인스턴트식품은 자연식품에 비해 더 맛있고 간편해서 적절한 기준량보다 훨씬 더 많이 소비하게 만든다. 또한 소량의 유해물질을 장기간 섭취할 때 인체에 어떤 문제가 생기는지에 대해서까지 충분히 확인되었다고 볼 수 없다.

<보 기>

ㄱ. 인스턴트식품의 소비가 늘어난 기간 동안 평균 수명이 계속 늘어났다는 사실은 을을 약화한다.

ㄴ. 인스턴트식품에 포함된 화학물질들은 인스턴트식품을 통해서만이 아니라 일상생활의 접촉을 통해서도 체내에 쉽게 흡수될 수 있다는 사실은 갑을 약화하지 않는다.

ㄷ. 인스턴트식품의 총 소비량은 지속적으로 증가하고 있음에도, 1인당 식품 섭취량에서 자연식품이 차지하는 비중이 인스턴트식품보다 높다는 사실은 갑을 약화한다.

① ㄴ ② ㄷ ③ ㄱ, ㄴ
④ ㄱ, ㄷ ⑤ ㄱ, ㄴ, ㄷ

28. <논쟁>에 대한 평가로 옳은 것만을 <보기>에서 있는 대로 고른 것은?

> X국은 3년간 7%에 머물렀던 최저임금상승률을 10%로 끌어 올리는 X정책을 시행하기로 하였는데, 이에 대해 A와 B가 다음 논쟁을 벌였다.
>
> **<논쟁>**
>
> A1 : 최저임금을 받는 노동자들의 생활수준은 최저임금상승률과 밀접한 관계에 있다. 상승률이 예년보다 더 높을 경우 최저임금 노동자들의 생활수준이 더 향상되고, 예년보다 더 낮거나 유지될 경우 생활수준은 더 향상되지 않는다. 따라서 10% 인상률로 생활수준이 더 향상될 것이다.
>
> B1 : 최저임금상승률이 5% 이상일 경우 최저임금을 받는 노동자들의 생활수준은 더 향상되지 않는다. 급격한 최저임금 인상은 필연적으로 저숙련 노동자들의 일자리 감소를 불러온다. 최저임금 노동자들은 대개 저숙련 노동자들이어서 이번 인상으로 인해 일자리를 잃는 사람들이 많아질 것이다.
>
> A2 : 일자리가 줄어드는 것은 임금 상승에 따른 부작용은 맞다. 하지만 최저임금 일자리의 대부분이 편의점이나 PC방 등 노동자를 꼭 고용해야 하는 직종에 분포되어 있어 그 부작용의 영향은 거의 없을 것이다.
>
> B2 : 하지만 이번 인상폭과 같이 최저임금을 인상했던 4년 전에는 많은 고용주들이 인상폭만큼 늘어난 인건비 부담 때문에 종업원을 줄이고 주문과 계산을 기계로 하는 무인시스템을 도입하였다. 무인시스템 도입이 인건비보다 비쌀 때도 있고 저렴할 때도 있는데 10%가 인상될 때는 인건비보다 무인시스템 도입 및 유지가 더 저렴하기 때문이다. 그 해 전체 소영세상점의 무인시스템 도입률은 10%를 돌파하였다. 이는 최저임금이 무인시스템화의 원인이며, 최저임금 인상의 부작용이 크다는 것을 뜻한다.
>
> A3 : 무인시스템 도입은 지난 10년간 꾸준히 진행되고 있었다. 무인시스템은 초기 설치비용이 높지만 유지비용이 인건비보다 언제나 더 저렴하기 때문이다. 무인시스템 도입률이 꾸준히 상승하여 4년 전에 10%를 넘은 것이지 4년 전에 급격히 상승한 것은 아니다.

<보 기>

ㄱ. X정책이 최저임금 외 별도로 지급하던 수당을 최저임금에 포함시키는 것이어서 사실상 최저임금인상률이 7%와 같았고 노동자들의 생활수준이 더 향상되지 않았다면 이는 A1을 강화한다.

ㄴ. 4년 전 최저 임금 인상에 따른 임금 인상분을 정부가 모두 지급하는 정책을 시행하였다는 사실은 B2를 약화한다.

ㄷ. 무인시스템은 잔고장이 잦아 무인시스템을 유지하는 비용이 종업원을 고용하는 것보다 더 높다는 연구 결과는 A3을 약화한다.

① ㄱ ② ㄷ ③ ㄱ, ㄴ
④ ㄴ, ㄷ ⑤ ㄱ, ㄴ, ㄷ

29. 다음으로부터 추론한 것으로 옳은 것만을 <보기>에서 있는 대로 고른 것은?

하이젠베르크의 불확정성 원리란 두 가지 측정 단위로 한 입자를 동시에 정확하게 측정할 수 없음을 의미한다. 측정자가 입자를 측정하는 그 순간 측정자가 입자의 운동량이나 위치를 변화시키기 때문에 입자의 운동량과 위치를 동시에 측정할 수는 없다는 것이다. 즉, 측정 자체가 측정 결과를 일그러트리는 것이다. 이런 불확정성 원리는 경제에서도 통하는데, 대표적인 예는 베스트셀러 목록이다. 언론과 소비자들은 항상 베스트셀러 목록에 관심을 보이기 때문에 판매량의 공개가 다시 판매량에 영향을 준다. 높은 순위에 있는 책들을 본 소비자들은 은연중에 이런 책들이 좋은 책이라고 판단한다. 그러다 보니 베스트셀러가 되기에 충분한 다른 책들은 순위에 들기 어렵게 된다. 측정을 통해서 어떤 책이 가장 인기 있는지 알려주는 시도가 다시 책들의 인기도에 영향을 미치는 것이다. 이와 같은 불확정성 원리를 경제학에서는 ㉠ 굿하트의 법칙이라고 부르기도 한다. 굿하트의 법칙에 따르면 어떤 경제지표를 관찰하고 정부가 그것을 정책 목표로 삼는 순간 그것은 본래의 의미를 상실하게 된다. 예를 들어 정부가 물가를 정책적으로 관리한다면 기존에 관측되었던 통계치의 규칙성이 달라지는 것이다.

<보 기>

ㄱ. 불확정성 원리는 베스트셀러 작품 중 대부분이 스테디셀러가 되지는 못한다는 사실을 설명할 수 없다.
ㄴ. ㉠에 따르면 정부가 경제 정책을 수립할 때 기존보다 더 객관적인 통계치를 사용할 경우, 불확정성이 제거될 수 있다.
ㄷ. 부동산 거래의 활성화가 경기상승에 기여한다는 기존의 통계를 근거로 하여, 정부가 취득세와 양도세를 감면하고 대출기준을 완화해 부동산 거래를 활성화시켰지만 경제성장률이 하락한 사례는 ㉠을 지지한다.

① ㄱ ② ㄴ ③ ㄱ, ㄷ
④ ㄴ, ㄷ ⑤ ㄱ, ㄴ, ㄷ

30. 다음 글로부터 추론한 것으로 옳은 것만을 <보기>에서 있는 대로 고른 것은?

비용의 공평한 분담은 정의의 관점에서 중요한 문제인데, 게임이론에서는 '공항 문제'를 이용해서 비용 분담에 관한 논의를 진행한다. 어떤 사회의 구성원이 갑, 을, 병, 정 네 명뿐이며, 이들은 자신이 비용을 적게 부담하는 정책을 선호한다고 가정해 보자. 이들 네 명은 자신의 소득에 비례하는 크기의 비행기를 각각 구매하였으며, 가장 부유한 갑이 제일 큰 비행기를 구매했고, 을, 병, 정의 순서로 큰 비행기를 구매했다. 비행기가 뜨고 내리기 위해서는 활주로가 필요한데, 큰 비행기일수록 큰 활주로가 필요하였다. 각자 필요한 활주로 건설비용을 산정하였더니, 갑은 20만 달러, 을은 12만 달러, 병은 10만 달러, 정은 4만 달러였다. 이때 이들 모두가 사용할 수 있는 활주로를 건설하게 된다면 20만 달러의 비용이 발생하는데, 이 비용을 분담하는 방법으로 다음 3가지가 있다.

A방법 : 상대론적 비례주의에 입각해서 비용을 분담하는 방법이다. 가령 갑이 필요한 비용은 정이 필요한 비용의 5배이므로 갑은 정의 5배에 해당하는 금액을 부담하고, 동시에 병의 2배에 해당하는 금액을 부담하는 것이다. 이 방법에 따르면 갑은 86,958달러, 을은 52,173달러, 병은 43,478달러, 정은 17,391달러를 부담해야 한다.

B방법 : 비용의 경우, 각자가 필요한 부분만큼 균등하게 부담하고, 필요하지 않은 부분에 대해서는 부담하지 않는 방식이다. 즉, 금액 전체를 최소의 비용을 필요로 하는 자의 비용부터 순차로 구간을 나누어, 각 구간에 대해서 비용지출을 필요로 하는 인원들만이 균등하게 분담하는 방식이다. 가령 4만 달러의 구간까지는 4명 모두 필요하므로, 4명이 공평하게 나누어 부담하고 4만 달러를 초과한 부분부터 정은 비용을 분담하지 않는다.

C방법 : 갑의 활주로 건설비용이 너무 크다고 생각한 을, 병, 정이 갑을 제외하고 따로 활주로를 건설하는 방법이다. 이때 3명의 비용 부담은 B방법과 동일한 방식으로 진행한다.

<보 기>

ㄱ. 다수결 방식으로 투표를 통해 3가지 방법 중 하나를 선정한다면, B방법이 선정될 것이다.
ㄴ. 정의 활주로 건설비용이 4만 달러가 아니라 6만 달러라고 하더라도 B방법과 C방법 중 을이 더 선호하는 방법은 변하지 않는다.
ㄷ. 한 사회에서 가장 부유한 사람을 제외한 나머지 사람들이 부담하는 비용의 총액이 최소화되는 것이 정의롭다면, 세 방법 중 B방법이 가장 정의로운 방법이다.

① ㄱ ② ㄴ ③ ㄱ, ㄷ
④ ㄴ, ㄷ ⑤ ㄱ, ㄴ, ㄷ

31. 다음으로부터 추론한 것으로 옳은 것간을 <보기>에서 있는 대로 고른 것은?

다수결 투표와 관련해서 자주 등장하는 문제는 비이행성의 문제와 그로 인한 킬러 수정안의 존재이다. 이행성이란, a를 b보다 더 선호하고 b를 c보다 더 선호한다면 반드시 a를 c보다 더 선호한다는 선호 관계의 성질이다. 이러한 성질을 만족시키지 않을 경우 비이행성의 문제가 발생한다. 예를 들어 어떤 사람이 사과보다는 배를 선호하고 배보다는 복숭아를 선호하지만 복숭아보다 사과를 선호하는 경우가 이에 해당한다. 이런 비이행성이 존재하는 경우 킬러 수정안이 존재할 수 있다. 킬러 수정안이란 투표 과정에서 안건이 상정되었을 때 그 안건을 반대하는 쪽에서 제시한 수정안으로, 그 안건 자체를 무산시킬 수 있는 수정안이다.

<사례>

한 대학에서 학점을 늦게 제출하는 교수들에게 벌금을 부과하자는 안건이 제시되었다. 초기에 제시된 안건은 학점을 늦게 제출하는 교수에게 10만 원의 벌금을 부과하도록 하는 것이다. 전체 교수들은 성향에 따라 A그룹, B그룹, C그룹으로 나뉘며 각각의 비율은 같다. 이런 상황에서 한 교수는 벌금을 10만 원이 아니라 100만 원으로 올려야 한다고 주장하며 수정안을 제시했다. 10만 원의 벌금, 100만 원의 벌금, 현상 유지에 대한 교수들의 선호도는 다음 표와 같으며, 투표는 다수결로 진행된다. 초기에 제시된 안건과 수정안을 두고 먼저 투표를 한 후, 그 중 최다수의 표를 얻은 안건을 수용할지 현상 유지를 할지를 결정하는 투표를 진행한다.

	1순위	2순위	3순위(반대)
A그룹	100만 원	10만 원	현상 유지
B그룹	10만 원	현상 유지	100만 원
C그룹	현상 유지	100만 원	10만 원

<보 기>

ㄱ. 만약 각 교수 그룹의 비율이 서로 다르다면 비이행성의 문제는 발생하지 않을 수 있다.

ㄴ. 100만 원의 벌금을 부과하게 하자는 수정안은 킬러 수정안에 해당한다.

ㄷ. 만약 초기에 제시된 안건이 100만 원의 벌금을 부과하게 하자는 것이었을 경우, 10만 원의 벌금을 부과하자는 킬러 수정안이 제시되었을 것이다.

① ㄱ ② ㄷ ③ ㄱ, ㄴ
④ ㄴ, ㄷ ⑤ ㄱ, ㄴ, ㄷ

32. 다음으로부터 추론한 것으로 옳은 것만을 <보기>에서 있는 대로 고른 것은?

게임이론이란 경쟁상대의 반응을 고려해 자신의 최적 행위를 결정해야 하는 상황에서 의사결정 행태를 연구하는 경제학 이론이다. 게임이론을 다른 분야에 적용하여 법치가 이루어지는지 여부와 신뢰 사이의 관계를 다루는 모델을 설정할 수 있다. 한 국가의 인구 집단은 다양한 사람들로 이루어지며 각 사람은 임의로 선택된 상대방과 상호작용을 하게 된다. 이때 사람들은 기회주의적으로 행동하거나 상호 이득이 되도록 행동할 수 있다. 이러한 전략을 각각 배반과 협력이라고 하는데, 게임이론에서는 각 상황에 대한 보수 행렬을 설정하여 행위자의 행동을 설명한다. <표1>과 <표2>는 법치가 이루어지지 않는 경우와 이루어지는 경우에 두 경기자가 각각 협력이나 배반을 선택했을 때 얻을 보수를 정리한 보수 행렬이다. 이 게임에서 한 경기자가 상대방이 협력할 것이라는 사실을 안다면 그 경기자의 보수 극대화 전략은 협력하는 것이지만, 상대 경기자가 배반할 것이라는 사실을 안다면 그 역시 배반하는 것이 보수 극대화 전략이 된다. 따라서 제시된 게임에서는 상호 배반과 상호 협력이 두 가지 균형이 된다. 현실에서는 상대방의 전략을 알 수 없기 때문에, 경기자는 상대방이 협력할 확률 p를 이용해 기대 보수를 구하여 자신의 보수를 극대화할 수 있는 전략을 선택한다. 예를 들어 <표2>에서 경기자 1이 협력을 하는 것을 선택할 경우, 기대 보수는 4p+1(1−p)이 된다.

<표1> 법치가 이루어지지 않는 경우

	협력	배반
협력	(4,4)	(0,3)
배반	(3,0)	(2,2)

<표2> 법치가 이루어진 경우

	협력	배반
협력	(4,4)	(1,2)
배반	(2,1)	(2,2)

<보 기>

ㄱ. 법치가 이루어지지 않는 경우, 협력을 선택한 경기자의 기대 보수는 p가 증가함에 따라 증가할 것이다.

ㄴ. 법치가 이루어진 경우, 두 경기자의 기대 보수는 배반보다 협력을 선택할 경우에 더 클 것이다.

ㄷ. 법치가 이루어지지 않는 경우보다 법치가 이루어진 경우에 경기자가 배반을 선택하여 얻을 보수가 더 클 것이다.

① ㄱ ② ㄷ ③ ㄱ, ㄴ
④ ㄴ, ㄷ ⑤ ㄱ, ㄴ, ㄷ

33. 다음으로부터 추론한 것으로 옳은 것만을 <보기>에서 있는 대로 고른 것은?

> 일렬로 위치한 4개 사무실에 무역회사 A, B, C, D가 입주해 있다. 각 회사에는 대표가 한 명씩 있으며 무역 거래 상대국이 한 국가씩 있다. 4개 회사의 대표와 무역 상대국은 모두 다르다.
>
> 대표 : 갑, 을, 병, 정
> 무역 상대국 : 미국, 호주, 중국, 일본
>
> ○ D가 위치한 회사 바로 왼쪽에 일본과 무역하는 회사가 위치하며 이 회사의 대표는 갑이 아니다.
> ○ 중국과 무역하는 회사는 A인데, 갑은 A 바로 오른쪽에 위치한 회사의 대표이다.
> ○ 미국과 무역하는 회사는 병이 대표로 있는 회사와 C회사 사이에 있다.
> ○ 정이 대표로 있는 회사는 C와 인접해 있지 않다.

<보 기>

ㄱ. A회사 대표는 병이다.
ㄴ. C회사는 호주와 거래한다.
ㄷ. 가장 왼쪽에 위치한 사무실은 A회사이다.

① ㄱ ② ㄴ ③ ㄱ, ㄷ
④ ㄴ, ㄷ ⑤ ㄱ, ㄴ, ㄷ

34. 다음으로부터 추론한 것으로 옳은 것은?

> 차 안에는 빨간색, 검은색, 노란색, 보라색 네 개의 좌석이 있으며, 갑, 을, 병, 정이 타고 있다. 이들 중 세 명은 대학생이거나 대학원생이고 나머지 한 명은 교수이며, 휴게소에 들렀다가 다시 차에 타면서 모두 처음과 다른 좌석에 앉게 되었다. 이들은 원래 앉아 있던 좌석의 색깔과 나중에 앉은 좌석의 색깔에 대해서 진술하였는데 처음에 빨간색 좌석에 앉았던 사람만이 거짓 진술을 하였고 나머지는 진실을 말하였다. 이들의 <진술>은 다음과 같다.
>
> **<진술>**
> 갑 : 병은 을이 앉았던 좌석에 앉았다.
> 을 : 검은색 좌석에 처음 앉은 것은 정이다.
> 병 : 나는 나중에 보라색 좌석으로 바꿔 앉았다.
> 정 : 을은 나중에 검은색 좌석으로 바꿔 앉았다.

① 갑은 검정색 좌석에 앉을 수 있다.
② 을은 빨간색 좌석에 앉을 수 있다.
③ 정은 노란색 좌석에 앉을 수 있다.
④ 보라색 좌석에 대학원생만 앉을 수 있다면, 을이나 병은 교수이다.
⑤ 검은색 좌석에는 대학생만이 앉을 수 있다면, 갑과 병은 대학생이 아니다.

35. 다음에서 추론한 것으로 옳은 것만을 <보기>에서 있는 대로 고른 것은?

올 한 해 동안 농민들로부터 수취한 세금은 100탈란톤인데, 이는 60만 드라크마에 불과합니다. 인구가 증가하는 추세여서 국가재정이 위태롭습니다. 지금 농민들이 생산하고 있는 작물의 가치를 화폐로 환산하여 2할을 세금으로 수취하고 있는데, 농민들은 세금을 수취하고 나면 1인당 3드라크마로 1년을 생활하고 있어 평균적으로 작물 30단위 정도를 소비할 수 있는 수준입니다. 농민 인구가 증가하면 그에 따라 세금 수취도 증가하지만, 한정된 토지에서 생산할 수 있는 1인당 작물의 양은 감소합니다. 내년에는 농민 인구가 전년도에 비해 2할 증가하여 96만 명이 될 것으로 보이는데, 그에 따라 1인당 작물 생산량은 1할 감소할 것으로 보여 올해와 같은 세금수취 방침을 유지하면 국가재정을 유지하기 어려울 것으로 보입니다. 작물의 화폐가치가 변동하지 않는 가운데, 현재 농민 중 절반이 전체 작물의 8할을 생산하고 있는데, 이들 상류농민들은 상대적으로 생활사정이 좋은 상황이므로 이들에 대해서는 세율을 올릴 필요가 있습니다. 내년까지 증가할 인구 중 절반이 상류농민인 가운데, 증가할 인구까지 고려하면 재정의 유지를 위해서는 최소 150탈란톤의 세금이 수취되어야 합니다.

<보 기>

ㄱ. 올해의 세금수취 방침을 유지하면 내년의 총 조세수취량은 108탈란톤이다.
ㄴ. 올해 상류농민들의 1인당 작물생산량은 60단위이다.
ㄷ. 내년에 필요한 세금을 수취하기 위해서 상류농민에게 4할 이상의 세율을 부과하여야 한다.

① ㄱ ② ㄷ ③ ㄱ, ㄴ
④ ㄴ, ㄷ ⑤ ㄱ, ㄴ, ㄷ

36. 다음 글을 읽고 추론한 것으로 옳은 것만을 <보기>에서 있는 대로 고른 것은?

진화생물학자들은 동물들이 다음 세대에게 자신의 유전자를 얼마나 많이 남길 수 있는가에 따라 이타적으로 행동하기도 하고 이기적으로 행동하기도 한다고 생각한다. 그중에서도 생물학자 H는 자신의 새끼들뿐 아니라 혈연관계가 가까운 개체들을 도와주는 이타적 행동이 다음 세대에 자신의 유전자를 더욱 많이 확산시킬 수 있다는 점에 착안하였다.

H에 따르면, 이타행동을 수행할지 여부가 다음 세 가지 변수에 의해 결정된다. 이타행동에 의해 수혜자가 추가로 얻을 수 있는 새끼의 최대 수(B), 자신이 이타행동을 하여 결과적으로 줄어드는(또는 낳지 못하는) 자신의 새끼의 최대 수(C), 자신과 수혜자가 유전적으로 유사한 정도(R)가 그 세 가지 변수이다. 그리고 동물은 B와 R을 곱한 값이 C보다 클 때 이타행동을 한다. 수혜자가 여럿일 때는 B와 R을 각각 곱해 합산한다. 이때 아버지(혹은 어머니)와 자녀 사이에서의 R은 0.5이고 형제(자매) 간의 R도 0.5이다. 할아버지와 손자 간의 R값은 할아버지와 아버지의 R값에 아버지와 손자의 R값을 곱한 값인 0.25이다.

단, B는 한 세대에 국한되는 값이며, 불임인 경우를 제외하고는 남녀 누구나 평생 최대 3명의 자녀를 갖는다고 가정한다. 수혜자가 불임인 경우는 가정하지 않는다.

<보 기>

ㄱ. 일부일처제 국가에서 자녀가 2명인 여성이 미혼인 여자 조카 2명의 생명을 구하기 위해 자신의 목숨을 버려야 한다면, 이들을 구할 것이다.
ㄴ. 불임인 여성이 미혼인 사촌여동생을 구하기 위해 목숨을 버릴 확률은 자녀가 1명인 여성이 미혼 여동생을 구하기 위해 목숨을 버릴 확률보다 더 높다.
ㄷ. 유일한 자녀이자 미혼인 딸 1명을 살리기 위해 자신의 목숨을 버려야 할 경우, 자녀의 친자여부를 확인하지 않는 일처다부제에서의 아버지와 어머니는 딸을 구하지 않을 것이다.

① ㄱ ② ㄷ ③ ㄱ, ㄴ
④ ㄴ, ㄷ ⑤ ㄱ, ㄴ, ㄷ

37. 다음 글을 읽고 추론한 것으로 옳은 것만을 <보기>에서 있는 대로 고른 것은?

초파리의 난자와 정자가 만나면 수정란이 된다. 하나의 수정란은 크기는 커지지 않은 채 내부에서 몇 번의 세포분열을 거쳐 여러 개의 세포로 이루어진 배아가 된다. 그리고 이때 어느 방향이 머리가 될지 결정된다. 머리 결정 단계에서 배아 한 쪽 끝에만 H단백질이 있는 경우 머리가 1개 생성되며, H단백질이 배아에 퍼져 있다면 머리는 더 많이 생성된다. 특히 배아를 이루고 있는 모든 세포가 H단백질을 가지고 있을 경우 머리가 10개 이상 생성된다. 반면, H단백질이 없을 경우 머리가 생성되지 않는다. 머리 생성 과정에 대해 다음 두 가설이 있다.

(가) X단백질을 가진 세포에서 H단백질이 합성된다. 그리고 X단백질을 가지고 있는 것은 난자뿐이며 난자에 의해 X단백질이 배아 한쪽 끝에만 분포된다.

(나) X단백질을 가지지 않은 세포에서 H단백질이 합성된다. 그리고 난자 외에 정자도 X단백질을 가지고 있어 수정 시 정자의 X단백질이 난자로 들어간다. 정자의 신호에 의해 수정 이후 모든 X단백질은 배아의 한쪽 끝을 제외한 모든 부분에 분포하게 된다. 정자의 신호가 없다면 X단백질은 배아의 한쪽 끝에만 머물러 있게 된다. 정자의 신호는 정자가 가진 X단백질에 의해 생기며 난자가 가진 X단백질은 정자의 신호에 영향을 주지 않는다.

<실험>

정상 초파리로부터 난자(+)와 정자(+)를 얻고, X단백질 유전자를 제거한 초파리들로부터 X단백질을 가지고 있지 않은 난자(−)와 정자(−)를 얻는다. 난자(+)와 정자(+)를 수정시켜 배아A를 만들고, 난자(−)와 정자(+)를 수정시켜 배아B를 만들고, 난자(+)와 정자(−)를 수정시켜 배아C를 만들고, 난자(−)와 정자(−)를 수정시켜 배아D를 만든다.

<보 기>

ㄱ. (가)에 따르면 A에 생성된 머리의 수는 B와 D에 생성된 머리의 수를 합친 수보다 많다.

ㄴ. (가)와 (나) 모두에 따르면 A와 C에 생성된 머리의 수는 서로 같다.

ㄷ. (가)와 (나) 모두에 따르면 D에 생성된 머리의 수는 A에 생성된 머리의 수보다 적다.

① ㄱ ② ㄴ ③ ㄱ, ㄷ
④ ㄴ, ㄷ ⑤ ㄱ, ㄴ, ㄷ

38. 다음 글에 대한 평가로 적절한 것만을 <보기>에서 있는 대로 고른 것은?

씨앗은 발아 조건이 알맞아야 싹을 틔우며, 크기가 작은 씨앗은 저장되어 있는 양분이 적어서 환경 조건이 최적에 가까운 경우에만 발아한다. 과학자 갑은 식물 A 씨앗의 발아에 빛이 어떤 영향을 주는지 알아보기 위해 다음과 같은 실험을 하였다.

<실험>

크기가 작은 식물 A의 씨앗들을 물에 불린 후, 5개의 실험용 접시에 각각 10개씩 나누어 담았다. 1번 접시는 적색광을 일정 시간 동안 비춘 후 어두운 곳에 보관하였다. 2번 접시는 적색광, 적외선을 각각 일정 시간동안 차례로 비춘 후 어두운 곳에 보관하였다. 3번 접시는 적색광, 적외선, 적색광을 각각 일정 시간동안 차례로 비춘 후 어두운 곳에 보관하였다. 4번 접시는 적색광, 적외선, 적생광, 적외선을 각각 일정 시간동안 차례로 비춘 후 어두운 곳에 보관하였다. 5번 접시는 아무런 빛을 비추지 않고 어두운 곳에 보관하였다. 이틀 후 5개의 접시에서 발아된 씨앗의 비율을 조사하였다.

1번 접시	적색광	어두운 곳			
2번 접시	적색광	적외선	어두운 곳		
3번 접시	적색광	적외선	적색광	어두운 곳	
4번 접시	적색광	적외선	적색광	적외선	어두운 곳
5번 접시	어두운 곳				

<결과>

A 씨앗의 발아율은 1번과 3번 접시에서 유사하게 나타났으며, 나머지 세 개 접시에서 씨앗 발아율이 유사했다. 그리고 3번 접시에서의 씨앗 발아율이 4번 접시에서의 씨앗 발아율보다 현저히 높았다.

<보 기>

ㄱ. 실험 결과는 적색광을 비춘 시간과 A 씨앗의 발아율은 비례한다는 가설을 강화한다.

ㄴ. 실험 결과는 적색광과 적외선은 A 씨앗의 발아에 대한 효과를 서로 상쇄한다는 가설을 강화한다.

ㄷ. 실험 결과는 A 씨앗이 빛이 없는 곳에 놓인 시간과 발아율 사이에 일정한 상관관계가 있다는 가설을 강화한다.

① ㄴ ② ㄷ ③ ㄱ, ㄴ
④ ㄱ, ㄷ ⑤ ㄱ, ㄴ, ㄷ

39. ㉠~㉢에 대한 평가로 적절한 것만을 <보기>에서 있는 대로 고른 것은?

> 신체의 세포는 당류로 둘러싸여 있다. 그러나 세포 주위의 당은 무작위적으로 세포를 둘러싸고 있는 것이 아니라, 일정한 구조를 이루고 있으며 그와 같은 구조를 통하여 신체에 관한 정보를 얻을 수 있다.
>
> 그러한 정보의 대표적인 예가 혈액형이다. O형의 혈액형은 세 종류의 단당류가 결합한 형태로 적혈구를 둘러싸고 있으며, A형과 B형은 각각 그에 더하여 이질적인 단당류 하나를 더 포함하여 결합된 상태의 당이 적혈구를 둘러싸고 있다. AB형의 경우 A형의 당구조와 B형의 당구조를 유사한 비율로 형성하고 있다. ㉠신체는 이질적인 단당류에 거부반응을 일으키므로, 이러한 반응을 피하여 단당류의 성질에 비추어 적절한 혈액형만을 수혈하여야 한다.
>
> 한편 신체에 암세포가 있는 경우 세포를 둘러싼 당류 중 시알산이라는 당류가 증가하게 된다. ㉡이러한 신호로써 암이 발병하였다는 사실을 진단하는 것이 가능하다. 신체의 면역세포는 다른 세포와 이질적인 세포를 발견하면 이를 공격하여 소멸시키는 방식으로 신체의 완전성을 유지한다. 같은 방식으로 면역세포는 암세포를 발견하면 이를 공격할 수 있는데, 신체에 시알산이 증가하게 되면 면역세포의 단백질이 시알산과 결합하여 암세포를 정상세포로 인식하게 되며 이에 따라 면역기능을 수행하지 못하게 된다.
>
> 따라서 ㉢만약 암환자의 세포를 둘러싼 시알산을 전체적으로 제거할 수 있는 기술이 개발된다면, 면역세포는 암세포를 정상적으로 공격하여 이를 소멸시키는 면역기능을 수행할 수 있게 될 것이다. 세포를 둘러싼 당류를 일정부분 조작하여 면역세포를 통한 간접적 방식으로 암을 치료할 수 있는 것이다.

<보 기>

ㄱ. 혈액형이 A형인 사람에게 O형의 혈액을 수혈하더라도 거부반응을 일으키지 않는다는 사실이 밝혀진다면 ㉠은 약화된다.

ㄴ. 시알산과 강하게 결합하는 화학물질을 신체에 주입하였더니 암환자가 아닌 사람에 비해서 암환자로부터 더 많은 결합물질이 발견되었다는 사실은 ㉡을 강화한다.

ㄷ. 면역세포가 암세포와 정상세포의 차이를 구별할 수 있을 정도에 이르지 않는다는 사실이 밝혀진다면 ㉢은 약화된다.

① ㄱ ② ㄴ ③ ㄱ, ㄷ
④ ㄴ, ㄷ ⑤ ㄱ, ㄴ, ㄷ

40. 다음 글과 <상황>으로부터 추론한 것으로 옳은 것만을 <보기>에서 있는 대로 고른 것은?

> 박테리아 P, Q, R은 독소와 그 해독제를 만드는 능력을 달리하여 경쟁한다. 이들 가운데 한 박테리아는 독소와 그에 대한 해독제를 만든다. 따라서 해독제를 만들지 못하는 박테리아와 만나면 생존에 우세를 점할 수 있고, 독소를 만들 수 있는 다른 박테리아를 만나더라도 해독제로 독소의 공격을 견디며 생존할 수 있다. 다른 한 박테리아는 독소와 해독제 모두 만들지 못한다. 따라서 독소를 만들 수 있는 다른 박테리아를 만나면 생존에 열세를 겪는다. 이때 독소는 치명적 경쟁 요소이다. 또 다른 한 박테리아는 독소는 만들지 못하지만 해독제를 만든다. 따라서 독소를 만들 수 있는 다른 박테리아를 만나더라도 해독제로 독소의 공격을 견디며 생존할 수 있다. 이때 독소는 치명적 경쟁 요소가 아니다. 이밖에 이들 박테리아 3종의 생존 경쟁에서 일관되게 작용하는 원리는 해독제와 독소를 만드는 과정에서 일정한 에너지가 소모된다는 것이다. 에너지 소모가 적을수록 증식에 유리하고, 치명적 경쟁 요소가 없다면 에너지 소모가 적을수록 서식지에서 생존의 우세가 나타난다.
>
> **<상황>**
>
> ○ 박테리아 P와 Q가 서식지를 공유하자, Q가 우세를 점했다.
> ○ 박테리아 Q와 R이 서식지를 공유하자, R이 우세를 점했다.

<보 기>

ㄱ. P가 독소와 해독제 어느 것도 만들지 못한다면, R은 독소를 만들지 못한다.

ㄴ. Q가 독소를 만들지 못한다면, R은 해독제를 만들지 못한다.

ㄷ. R과 P가 서식지를 공유하자 P가 우세를 점했다면, P는 독소와 해독제를 모두 만든다.

① ㄱ ② ㄴ ③ ㄱ, ㄷ
④ ㄴ, ㄷ ⑤ ㄱ, ㄴ, ㄷ

* 확인 사항
○ 문제지와 답안지의 해당란에 필요한 내용을 정확하게 표기했는지 확인하십시오.

〈문제출제〉
메가로스쿨 언어논리연구소

2026학년도 법학적성시험 대비

제1회 파이널

LEGAL • EDUCATION • ELIGIBILITY • TEST

실전 모의고사

제2교시 | 추리논증

총 40문항 10:45~12:50(125분)

수험생 유의사항

1. 문제지를 받은 후 시험 시작 시간까지 문제 내용을 보아서는 안 됩니다.
2. 시험 시작 즉시 과목편철 순서, 문제누락 여부, 인쇄상태 이상 유무 등을 확인한 후 문제지에 성명을 기재하시기 바랍니다.
3. 시험 시작 후 문제를 주의 깊게 읽고 문항의 취지에 가장 적합한 하나의 정답만을 고르시기 바랍니다.

메가로스쿨

제 2 교시

추리논증

성 명	

○ 이 문제지는 **40문항**으로 구성되어 있습니다. 문항 수를 확인하십시오.

○ 문제지의 해당란에 성명을 정확히 쓰십시오.

○ 답안지에 응시 번호와 답을 표기할 때에는 답안지 오른편에 있는 '답안지 작성시 반드시 지켜야 하는 사항'에 따라 표기하십시오.

○ 답안지의 필적확인란에 해당 문구를 정자로 기재하십시오.

1. <견해>에 대한 분석으로 옳은 것만을 <보기>에서 있는 대로 고른 것은?

A, B, C국은 모두 '강도의 죄'와 관련하여 아래 [규정]을 적용한다. 이때 세 나라 모두 강도죄의 실행 착수 시기를 폭행 또는 협박을 한 때로 보고 있지만, 야간주거침입강도죄의 실행 착수 시기에 대해서는 아래와 같이 <견해>를 달리한다.

[규정]

제1조(강도) 폭행 또는 협박으로 타인의 재물을 강취한 자는 3년 이상 징역에 처한다.

제2조(야간주거침입강도) 야간에 사람의 주거에 침입하여 강도죄를 범한 자는 무기 또는 5년 이상의 징역에 처한다.

제3조(미수) 강도나 야간주거침입강도의 실행에 착수했으나 재물을 얻지 못한 자는 미수범으로 처벌한다.

<견해>

A : 야간주거침입강도죄는 주거의 평온이라는 보호법익도 해치는 것이므로 야간에 주거를 침입하는 행위를 한 때에 야간주거침입강도 실행에 착수한 것으로 보아야 한다.

B : 야간주거침입강도죄의 본질은 강도죄이므로 시간과 상관없이 언제든 주거에 침입하였고, 폭행이나 협박이 야간에 있었다면 야간주거침입강도의 실행에 착수한 것이다.

C : 야간주거침입강도죄는 주거의 평온과 재산권이라는 두 법익을 보호하기 위한 죄이므로 야간에 주거에 침입하는 행위를 하고, 야간에 폭행이나 협박을 한 때를 실행의 착수를 인정해야 할 것이다.

<사례>

갑은 강도의 범죄를 하기 위해서 야간에 X의 집에 침입해 X를 찾던 중 주위에서 경찰차 소리가 나자 두려움을 느껴 X의 집을 빠져나왔다. 을은 강도의 범죄를 하기 위해서 주간에 Y의 집에 침입해 Y를 기다렸다. 야간이 되어서야 돌아온 Y에게 을은 재물을 내놓으라고 협박하였으나, Y가 완강하여 도망쳐 나왔다.

<보 기>

ㄱ. A국에 따를 때 갑은 강도죄로 처벌받지 않지만, 야간주거침입강도미수죄로 처벌받을 것이다.

ㄴ. B국은 갑과 을의 야간주거침입강도미수죄에 대한 처벌 여부를 다르게 판단할 것이다.

ㄷ. C국에 따를 때 갑과 을 모두 야간주거침입강도미수죄로 처벌받지 않을 것이다.

① ㄱ ② ㄴ ③ ㄱ, ㄷ
④ ㄴ, ㄷ ⑤ ㄱ, ㄴ, ㄷ

2. [학칙]에 따른 <상황>에 대한 판단으로 옳은 것만을 <보기>에서 있는 대로 고른 것은?

> [학칙]
> 제1조(복장 규정) ① 모든 학생은 학내에서 정해진 교복 착용을 유지해야 한다.
> ② 교사는 교복 착용에 대한 의무를 위반한 학생을 목격하였을 때 즉시 규정에 따른 교복 착용을 지시하고 교사는 자신의 재량에 따라 학칙 위반 학생을 징계하여야 한다.
>
> <상황>
> X고등학교 학생 갑은 방과 후 빈 교실에서 자율학습을 진행하면서 체육 시간에 입도록 규정된 체육복을 착용하고 있었다. 이 모습을 당직 교사 을이 목격하였다. 단, 방과 후는 수업과 학습이 이루어지는 시간이 아니다.

<보 기>

ㄱ. [학칙]의 '학내'는 단순히 학교 건물이라는 물리적 범위 내부를 의미하는 것과 함께 수업과 학습이라는 학교의 본질적 기능이 이루어지는 시간적 · 상황적 범위도 포함한다는 주장은 갑에 대한 교복 착용 지시를 반대하는 논거가 된다.
ㄴ. 교복 착용 지시와 징계 두 사항 중 교사의 재량권이 징계에만 인정된다는 주장은 갑에 대한 교복 착용 지시를 찬성하는 논거가 된다.
ㄷ. '교복'이란 학생들이 학교에서 입도록 규정에 따라 정해진 옷으로, 체육복도 포함된다는 주장은 갑에 대한 징계 지시를 반대하는 논거가 된다.

① ㄱ ② ㄷ ③ ㄱ, ㄴ
④ ㄴ, ㄷ ⑤ ㄱ, ㄴ, ㄷ

3. [규정]을 <사례>에 적용한 것으로 옳은 것만을 <보기>에서 있는 대로 고른 것은?

> X국은 피의자를 체포하거나 범죄와 관련된 물건을 압수하기 전에 법관의 영장을 발부받는 것을 원칙으로 하나, [규정]과 같이 사전영장주의의 예외를 인정하고 있다.
>
> [규정]
> 제1조 ① 검사 또는 경찰은 피의자가 사형 · 무기 또는 3년 이상의 징역이나 금고에 해당하는 죄를 범하였다고 의심할 만한 상당한 이유가 있고, 다음 각 호의 어느 하나에 해당하는 사유가 있는 경우에 영장 없이 피의자를 체포할 수 있다.
> 1. 피의자가 증거를 인멸할 염려가 있는 때
> 2. 피의자가 도망하거나 도망할 우려가 있는 때
> ② 경찰이 제1항의 규정에 의하여 피의자를 체포한 경우에는 즉시 검사의 승인을 얻어야 한다.
> 제2조 ① 검사 또는 경찰은 제1조에 따라 체포된 자가 소지하는 물건에 대하여 긴급히 압수할 필요가 있는 경우에는 체포한 때부터 24시간 이내에 한하여 영장 없이 압수를 할 수 있다.
> ② 검사 또는 경찰은 제1항에 따라 압수한 물건을 계속 압수할 필요가 있는 경우에는 체포한 때부터 48시간 이내에 압수수색영장을 청구하여야 한다.
> ③ 검사 또는 경찰은 제2항에 따라 청구한 압수수색영장을 발부받지 못한 때에는 압수한 물건을 즉시 반환하여야 한다.
>
> <사례>
> X국은 마약을 판매 또는 구입하면 4년 이상의 징역형으로 처벌한다. 갑이 을에게 마약을 판매한 후 두 사람이 각각 증거를 인멸하고 있었는데, 경찰 A와 검사 B는 이를 전부 지켜보고 있다가 각각 갑과 을을 체포하였다. 갑은 A에 의해 2020년 10월 4일 21시 04분에 체포되었고, 을은 B에 의해 2020년 10월 4일 20시 50분에 체포되었다.

<보 기>

ㄱ. A는 영장 없이 갑을 체포할 수 있으며 2020년 10월 5일 21시 04분까지 검사의 승인을 받으면 된다.
ㄴ. 을의 가방에 있던 물건을 긴급히 압수할 필요가 있는 경우, B는 2020년 10월 4일 20시 50분에 체포와 동시에 영장 없이 그 물건을 압수할 수 있다.
ㄷ. A는 갑의 주머니에 있던 물건을 긴급히 압수할 필요가 있어 2020년 10월 4일 23시 10분에 그 물건을 영장 없이 압수하였고 2020년 10월 6일 22시 50분에 압수수색영장을 청구한 경우, 압수수색영장을 발부받아 압수한 물건을 즉시 반환하지 않을 수 있다.

① ㄴ ② ㄷ ③ ㄱ, ㄴ
④ ㄱ, ㄷ ⑤ ㄱ, ㄴ, ㄷ

4. 다음으로부터 추론한 것으로 옳은 것만을 <보기>에서 있는 대로 고른 것은?

X국의 교통사고와 관련한 [규정]은 다음과 같다.

[규정]

제1조 차의 운전자가 교통사고로 타인에게 상해를 입히거나 타인을 사망하게 한 경우에는 3년 이하의 징역에 처하고, 타인의 물건을 파손한 경우에는 500만 원 이하의 벌금형에 처한다.

제2조 ① 제1조에서 피해자가 상해(경상해 · 중상해)만 입었거나 물건만 파손된 경우, 피해자의 고소가 있을 때에만 운전자를 처벌할 수 있다. 다만, 피해자의 고소가 있더라도 교통사고를 일으킨 운전자가 교통사고 종합보험에 가입되어 있는 경우 운전자를 처벌하지 않는다. 이때 피해자가 중상해를 입은 경우에는 종합보험이 있더라도 처벌할 수 있다.

② 제1항에도 불구하고 피해자가 상해를 입었음에도 구호하지 않고 도주한 경우나 피해자가 사망한 경우는 처벌한다.

③ 제1항에도 불구하고 다음 중 어느 하나에 해당하는 행위는 처벌한다.

1. 운전자가 제한속도보다 시속 20km 이상 초과하여 운전한 행위로 인하여 교통사고가 발생한 경우
2. 운전자가 술에 취한 상태에서 운전한 행위로 인하여 교통사고가 발생한 경우
3. 운전자가 교통사고 후 음주측정 요구에 응하지 않기 위해 달아난 경우

<사례>

운전자 갑은 도로에서 운전 중 보행자 을을 차로 충돌하는 사고를 일으켰다. 사고가 발생한 도로의 제한속도는 시속 40km이고, 갑은 교통사고 종합보험에 가입되어 있었다.

<보 기>

ㄱ. 갑은 술을 마시지 않은 상태에서 시속 65km로 운전하던 중이었고 을은 다친 곳 없이 소지하던 고가의 핸드폰만 파손되었다. 이 경우 갑은 처벌받지 않을 수 있다.

ㄴ. 갑은 술을 마시지 않은 상태에서 음주측정 요구가 없는 도로를 시속 40km로 운전하던 중이었고 을이 입은 피해는 중상해였다. 사고 발생 후 갑이 을을 구호하였을 경우, 을이 갑을 고소하지 않는다면 갑은 처벌받지 않을 수 있다.

ㄷ. 갑은 술을 마시지 않은 상태에서 경찰관의 음주측정을 피하기 위해 시속 50km로 달아나던 중이었고, 을이 입은 피해는 경미한 상해였다. 사고 발생 후 갑이 을을 구호하고 음주측정에도 응하였을 경우, 을이 갑을 고소하더라도 갑은 처벌받지 않는다.

① ㄱ ② ㄴ ③ ㄷ
④ ㄱ, ㄷ ⑤ ㄴ, ㄷ

5. 다음 글로부터 추론한 것으로 옳은 것만을 <보기>에서 있는 대로 고른 것은?

갑, 을, 병은 X지역에 주택을 소유한 이들로, 이들의 주택은 수려한 조망과 풍부한 일조량을 가진 단층 주택이다. 그런데 이들의 주택 앞에 고층의 신축 건물이 들어섰고, 갑, 을, 병은 각각 다음과 같이 신축 건물 건축주들에게 손해에 대한 배상금을 청구하였다.

갑 : 특정장소로부터 외부를 조망할 수 있는 가치는 독자의 이익으로 인정되어야 할 가치이다. 현재 나는 십여 년간 바라보던 조망에 대한 이익이 침해당했을 뿐만 아니라 가해건물에 거주하는 사람들이 나를 관찰할 가능성도 있어 사생활 침해도 받고 있다.

을 : 내가 십여 년간 거주한 주택은 일조가 좋아 주변에 비해 수천만 원의 시세 차이가 났는데, 가해건물 완공 이후로 시가가 하락하였고, 또 겨울철 현저히 줄어든 일조량으로 인해 광열비가 2배로 상승해 재산권 침해를 받고 있다.

병 : 나는 주택을 임대하고 이로 인한 수익으로 생활을 꾸려가고 있었다. 그런데 가해건물이 들어선 후부터 일조량이 줄어 어떤 임차인과도 계약을 할 수 없게 되었다. 내 재산을 사용하여 수익을 얻을 수 있는 재산권을 침해당하고 있다.

<판결 기준>

○ 가해건물로 인해 추가된 일조방해시간이 이전의 일조방해시간의 25% 이상이고, 가해건물의 완공 이후 총 일조시간이 4시간 이하일 경우 가해건물에 의한 손해가 인정된다.

○ 가해건물에 의한 손해가 인정될 경우, 배상금은 [총 4시간의 일조시간이 기대될 때의 주택 시세 - 가해건물 완공 후 평가된 현재의 주택 시세]로 산정한다.

○ 가해건물과 피해건물 사이의 거리가 24미터 이내일 경우 가해건물에 의한 사생활 침해 손해가 인정된다.

<판결>

갑, 을, 병 모두 가해건물에 의한 손해가 인정되었다.

<보 기>

ㄱ. <판결>은 조망에 의한 이익과 일조에 의한 이익 모두 법적으로 보호받아야 할 이익이라고 판단하였다.

ㄴ. 을과 병 주택의 가해건물 완공 후 평가된 현재의 주택 시세가 서로 같더라도 을과 병의 손해배상금은 다를 수 있다.

ㄷ. 일조시간이 12시간인 지역에서, 가해건물 완공 후 어떤 건물의 일조방해시간이 6시간에서 8시간으로 늘었다면 이 건물의 경우 가해건물에 의한 손해가 인정된다.

① ㄱ ② ㄷ ③ ㄱ, ㄴ
④ ㄴ, ㄷ ⑤ ㄱ, ㄴ, ㄷ

6. <견해>에 따라 <사례>를 분석한 것으로 옳은 것만을 <보기>에서 있는 대로 고른 것은?

한 국가의 국적을 갖고 있는 사람이 외국에서 범죄를 저지른 경우 국적국에서도 그 사람을 처벌할 수 있을까? 만약 처벌이 가능하다면 그 사람이 외국에서 처벌을 받았을 때, 이미 외국에서 받은 처벌을 국적국에서는 제외해야 하는지도 문제시된다. 예컨대 외국에서 3년의 징역을 지냈는데, 국적국에서 같은 범행에 대해 5년의 징역으로 처벌하고 있을 때 국적국에서 징역 2년으로 처벌해야 하는지가 문제시되는 것이다. 그리고 외국에서 받은 처벌을 제외해야 한다고 보는 경우, 처벌을 부과하는 판결이 확정되기 전에 사람을 구금하는 기간인 미결구금일도 제외하여야 하는지에 대해서도 견해가 나뉜다.

<사례>

갑은 X국 국적자로 Y국에서 X국에 있던 을을 상대로 사기범행을 저질러 계좌로 12억 원을 입금받고, Y국에 있던 병을 상대로 사기범행을 저질러 계좌로 11억 원을 입금받았다는 혐의를 받고, Y국 법원에서 유죄확정판결을 받아 1년의 미결구금일을 거쳐 4년의 징역을 지냈다. X국 법원에서는 사기범행에 대하여 5년의 징역에 처하고 있고, 사기범죄가 여러 개일 경우 형량을 합산한다.

<견해>

A: 외국에서 범죄를 저지른 내국인에 대해서는 피해자의 국적이 범죄행위자의 국적국과 같은 경우에만 처벌하며, 이 경우 외국에서 받은 처벌과 미결구금일 모두 제외해야 한다.

B: 외국에서 범죄를 저지른 내국인을 국적국에서 처벌하며, 이때 외국에서 받은 처벌은 제외되지만 미결구금일은 제외되지 않는다.

C: 외국에서 범죄를 저지른 내국인은 피해자가 피해 당시 있던 장소가 범죄를 저지른 내국인의 국적국인 경우에만 국적국에서 처벌한다. 그리고 내국인이 범죄를 저지른 외국과 내국인의 국적국 사이에 판결과 관련한 조약이 체결되어 있는 경우에 한해 외국에서의 처벌과 미결구금일을 국적국에서의 처벌에서 제외한다.

<보 기>

ㄱ. 을과 병의 국적이 X국인 경우, 갑이 X국 법원에서 처벌받을 때, A에 따른 처벌이 C에 따른 처벌보다 더 무겁거나 같다.

ㄴ. 을의 국적국은 Y국, 병의 국적국은 X국인 경우, 갑이 X국 법원에서 처벌받을 때, B에 따른 처벌이 A에 따른 처벌보다 더 무겁다.

ㄷ. 갑이 X국 법원에서 처벌받을 때, B에 따른 처벌이 C에 따른 처벌보다 더 무겁다.

① ㄱ ② ㄴ ③ ㄱ, ㄷ
④ ㄴ, ㄷ ⑤ ㄱ, ㄴ, ㄷ

7. 다음으로부터 추론한 것으로 옳은 것만을 <보기>에서 있는 대로 고른 것은?

다음은 온라인 플랫폼을 통한 중개거래가 활성화됨에 따라 거래 질서의 공정을 보호하기 위한 [규정]이다.

[규정]

제1조 이 법은 국내 또는 국외 사업자와 국내 소비자 간의 거래를 중개하는 사업자 및 국내 사업자와 국외 소비자 간의 거래를 중개하는 사업자(이하 '중개사업자'라 한다) 중 다음 각 요건을 충족하는 중개사업자에 적용한다.

(1) 국내 사업자와 국내 소비자 간의 거래를 중개하는 중개사업자는 중개서비스를 통한 매출액이 100억 원 이상이고 해당 서비스를 통해 판매가 이루어진 상품의 판매가액 합계액이 1,000억 원 이상일 것

(2) 국외 사업자와 국내 소비자 간의 거래를 중개하는 중개사업자는 중개서비스를 통한 매출액이 100억 원 이상일 것

(3) 국내 사업자와 국외 소비자 간의 거래를 중개하는 중개사업자는 중개서비스를 통한 매출액이 200억 원 이상이고 해당 서비스를 통해 판매가 이루어진 상품의 판매가액 합계액이 1,500억 원 이상일 것

제2조 이 법의 적용을 받는 중개사업자는 거래의 중개를 받는 사업자에 대해 중개계약에 대한 계약서를 작성하고 교부해야 한다. 그러나 당해 중개사업자가 국외 사업자이면서 국외 사업자와 국내 소비자 간의 거래를 중개하는 경우에는 그렇지 않다.

제3조 이 법의 적용을 받는 중개사업자는 거래의 중개를 받는 사업자가 소비자에게 판매한 제품의 하자로 발생한 소비자의 손해를 보증해야 한다. 그러나 국내 사업자와 국외 소비자 간의 거래를 중개하는 경우에는 그렇지 않다.

<보 기>

ㄱ. 국외 사업자와 국내 소비자 간의 거래를 중개하며 상품 판매가액의 8%를 중개서비스 매출액으로 받는 중개사업자 갑의 경우, 자신도 국외사업자이면서 중개서비스를 통한 상품판매가액 합계액이 1,200억 원이라면 갑은 사업자에 대한 계약서 작성·교부의무는 없으나 소비자 손해에 대한 보증의무는 있다.

ㄴ. 국내 사업자와 국외 소비자 간의 거래를 중개하며 상품 판매가액의 14%를 중개서비스 매출액으로 받는 중개사업자 을의 상품판매가액 합계액이 1,600억 원인 경우, 사업자에 대한 계약서 작성·교부의무는 있으나 소비자 손해에 대한 보증의무는 없다.

ㄷ. 국내 사업자와 국내 소비자 간의 거래를 중개하며 상품 판매가액의 1%를 중개서비스 매출액으로 받는 중개사업자 병이 자신도 국외사업자이면서 중개서비스를 통한 상품판매가액 합계액이 1조 원인 경우, 사업자에 대한 계약서 작성·교부의무와 소비자 손해에 대한 보증의무를 모두 부담한다.

① ㄱ ② ㄴ ③ ㄷ
④ ㄱ, ㄷ ⑤ ㄴ, ㄷ

8. <견해>에 대한 분석으로 옳은 것만을 <보기>에서 있는 대로 고른 것은?

> X국법은 "혼인이 성립한 날로부터 200일 후 또는 혼인관계의 법적인 종료의 날로부터 300일 내에 출생한 자녀는 부부간의 친자로 추정한다."라고 규정하고 있다. 이는 혼인성립 후에 최단임신기간인 200일 이후에 자녀를 출산하였다면, 또는 혼인종료 후 최장임신기간인 300일 이내에 자녀를 출산하였다면 혼인성립 후 또는 혼인기간 중에 그 자녀를 임신하였다고 추정할 수 있음을 전제로 한 것이다. 한편 혼인관계가 파탄되어 장기간 별거 중이나 아직 법적으로는 이혼하지 않은 상태로 300일 이상이 경과하였는데 자녀를 출산한 경우에는 위와 같은 친자추정은 깨진다. 그런데 가령 부부의 혈액형이 모두 AB형인데 자녀가 O형인 경우와 같이 혈액형이 불일치하는 등 객관적으로 그 자녀를 친자로 볼 수 없는 경우에도 추정이 깨지는지에 관하여 아래와 같이 견해가 나뉜다.
>
> <견해>
>
> A: 친자추정규정은 가족관계의 안정을 유지하기 위한 것이다. 부부가 사실상 이혼상태로 별거 중인 경우에 친자추정이 깨진다고 보는 취지는, 혼인관계 파탄으로 인한 동거의 결여와 같이 이미 가정이 붕괴된 상태라면 친자추정을 통해 보호할 가족관계의 안정이 없기 때문이다. 따라서 평화로운 가정이 유지되는 가운데 단순히 혈액형이 일치하지 않는다는 등의 이유만으로 친자추정이 깨진다고 볼 수 없다.
>
> B: 친자추정규정은, 자녀가 친자로 인정될 경우 상속 등 법률관계와 관련한 효과가 발생하는데, 그 법률효과를 위하여 친자임을 일일이 증명하는 것이 번거롭기 때문에 인정되는 것이다. 따라서 혈액형의 불일치와 같이 절대적으로 친자관계일 수 없는 사정이 밝혀진 경우에는 그 자녀가 친자가 아니라는 명백한 증명이 있는 경우에 해당하므로, 당연히 친자추정이 깨진다고 보아야 한다.

<보 기>

ㄱ. 혼인성립 후 250일 만에 부부와 혈액형이 일치하는 자녀를 출산하였으나, 혼인성립 시로부터 150일이 지난 시점에 혼인관계가 파탄에 이르러 부부가 별거하기 시작하였다면, 어느 견해에 따르더라도 친자추정은 깨지지 않는다.

ㄴ. 혼인관계가 정상적인 상태에서, 부가 해외파병문제로 360일간 처와 별거하였는데, 부가 처와 동거를 재개한 후 30일 만에 자녀를 출산하였다면, A에 따르면 친자추정이 깨진다.

ㄷ. 만약 부가 무정자증 환자이고 이 경우 처가 부의 친자를 임신할 가능성이 6%에 불과하다면, A에 따르면 이것만으로는 친자추정이 깨지지 않지만 B에 따르면 친자추정이 깨진다.

① ㄱ ② ㄷ ③ ㄱ, ㄴ
④ ㄴ, ㄷ ⑤ ㄱ, ㄴ, ㄷ

9. [규정]에 따라 <사례>를 판단한 것으로 옳은 것만을 <보기>에서 있는 대로 고른 것은?

> [규정]
>
> 제1조 부부의 일방은 다음 각 호의 사유가 있는 경우에는 가정법원에 이혼을 청구할 수 있다.
>
> 1. 배우자에 부정한 행위가 있었을 때
> 2. 배우자 또는 그 직계존속으로부터 심히 부당한 대우를 받았을 때
> 3. 자기의 직계존속이 배우자로부터 심히 부당한 대우를 받았을 때
> 4. 기타 혼인을 계속하기 어려운 중대한 사유가 있을 때
>
> 제2조 전조제1호의 사유는 부부의 다른 일방이 사전동의나 사후 용서를 한 때 또는 이를 안 날로부터 6개월, 그 사유 있은 날로부터 2년을 경과한 때에는 이혼을 청구하지 못한다.
>
> 제3조 제1조제4호의 사유는 부부의 다른 일방이 이를 안 날로부터 6개월, 그 사유가 있은 날로부터 2년을 경과하면 이혼을 청구하지 못한다.
>
> <사례>
>
> 갑과 을은 법률상 혼인관계인 부부이며, 갑 또는 을은 이혼사유가 발생하였다고 생각하여 상대방에게 이혼을 청구하려 한다.

<보 기>

ㄱ. 을은 2020년 6월에 갑에 대하여 부정한 행위를 하였고, 갑은 이 사실을 2021년 12월에 알게 되었다면, 갑은 을에 대하여 2022년 4월에 가정법원에 이혼을 청구할 수 있다.

ㄴ. 을의 아버지 병은 2020년 6월부터 갑으로부터 심히 부당한 대우를 받았고, 을은 이 사실을 2020년 9월에 알게 되었다면, 을은 2022년 10월에 가정법원에 이혼을 청구할 수 있다.

ㄷ. 갑은 2022년 1월에 을이 혼인을 계속하기 어려운 중대한 행동을 했다는 사실을 알게 되었지만, 부부관계를 유지하기 위해 노력하는 을을 보고 2022년 3월에 을을 용서하였더라도, 갑은 2022년 5월에 가정법원에 이혼을 청구할 수 있다.

ㄹ. 갑의 어머니 정은 2022년 8월부터 갑에게 심히 부당한 대우를 하였고, 을은 즉시 이 사실을 알게 되었다면, 을은 2022년 11월에 가정법원에 이혼을 청구할 수 있다.

① ㄱ, ㄷ ② ㄱ, ㄹ ③ ㄴ, ㄹ
④ ㄱ, ㄴ, ㄷ ⑤ ㄴ, ㄷ, ㄹ

10. <견해>에 대한 평가로 옳은 것만을 <보기>에서 있는 대로 고른 것은?

> X국은 형사절차에서 피의자가 유죄를 인정할 경우 형량을 낮추어 주는 '유죄답변협상제도'를 두고 있다. 검사가 범죄를 수사하는 단계에서 피의자가 자신의 범죄를 시인할 때 일정한 수준의 형량을 약속하고, 형사재판을 하는 법원은 그 약속에 기속된다. Y국에서 이 제도의 도입을 둘러싸고 다음과 같은 견해가 있다.
>
> <견해>
>
> 갑 : Y국에서는 피의자가 자신의 범죄를 인정하더라도 향후 재판에서 형량이 확연하게 줄어들 것이라는 확신이 없어서 협의를 부인하는 경우가 대부분이야. 이 때문에 Y국 수사기관의 행정낭비가 매우 심해. 이 제도를 도입해서 우리도 형사절차를 진행하기 위한 행정자원을 절약할 필요가 있어.
>
> 을 : 일리 있는 말이야. 그런데 X국은 범죄의 범위의 제한 없이 유죄답변협상을 인정하고 있어서, 강력범죄에 대해서도 턱 없이 낮은 형량으로 처벌을 받아 피해자 보호가 이루어지지 못하고 있다는 비판이 있어. 제도를 도입하더라도 벌금형으로 처벌되는 가벼운 범죄에 대해서만 이를 인정하고, 징역형이나 금고형으로 처벌되는 중범죄에 대해서는 적용하지 않아야 해.
>
> 병 : 형사절차는 수사와 재판이 그 중심이 되어야 해. 유죄답변협상제도를 도입하면 수사기관이 형사사건에 해이하게 대처할 가능성이 높고, 수사나 재판에 집중하기 보다는 피의자의 개인정보 중 약점을 수집해서 협상력을 강화하는 시도만을 하게 될 거야.

<보 기>

ㄱ. Y국에서 피의자가 협의를 부인하는 이유를 조사하였더니 대부분이 수사기관의 수사역량이 부족하여 협의를 부인할 경우 무죄판결 받을 가능성이 높다는 기대가 형성되었기 때문이라면, 갑의 견해는 약화된다.

ㄴ. X국에서 강력범죄를 저지른 피의자들이 유죄답변협상제도를 이용하여 가볍게 처벌받은 뒤 피해자에게 보복하는 사례가 증가하고 있다면, 을의 견해는 강화된다.

ㄷ. Y국에서는 수사기관이 정보수집기관의 업무도 겸하고 있어 일반 국민의 사생활 등 개인정보를 광범위하게 수집 · 보유하고 있다면, 병의 견해는 약화된다.

① ㄱ ② ㄷ ③ ㄱ, ㄴ
④ ㄴ, ㄷ ⑤ ㄱ, ㄴ, ㄷ

11. A~C에 대한 평가로 옳은 것만을 <보기>에서 있는 대로 고른 것은?

> 범죄자에게 가하는 처벌에 대해 A, B, C가 견해를 나누고 있다.
>
> A : 사회적 이익을 더 많이 가져오는 행위가 사회적 이익을 더 적게 가져오는 행위보다 정당하다. X에 대한 Y방식의 처벌이 X가 처벌을 받지 않거나 Y 이외의 방식으로 처벌되는 경우보다 더 많은 사회적 이익을 가져올 때, X에 대한 Y방식의 처벌이 정당하다.
>
> B : 도덕적 평형을 이루고 있는 사회에 누군가가 범행을 저지를 경우 도덕적 평형은 깨어진다. 도덕적 평형을 회복할 수 있는 것은 오직 처벌을 통해서만 가능하다. 따라서 처벌은 도덕적 평형의 상태를 회복하기 위해 언제나 범행에 상응하는 수준이어야 한다.
>
> C : 개인에 대한 국가의 강제력 행사는 적을수록 좋지만, 사회를 유지하기 위해서는 범죄자의 처벌이 불가피하다. 따라서 한 번의 처벌로 범죄자 그 자신에게는 교화의 효과를 가져 오고, 그것을 지켜보는 일반인에게는 향후 그와 같은 범죄를 저지르지 않아야겠다는 예방의 효과를 모두 가져와야 처벌은 정당화된다.

<보 기>

ㄱ. A에 따르면, 범죄자가 저지른 범행보다 더욱 무겁게 처벌하는 것이 다른 방식으로 범죄자를 처벌하거나 처벌하지 않는 경우보다 더 많은 사회적 이익을 가져올 때, 범죄자가 저지른 범행보다 더욱 무겁게 처벌하는 것이 정당하다.

ㄴ. B에 따르면, 자신의 범죄를 뉘우치는 범죄자라도 그 범행에 상응하는 수준보다 가볍게 처벌해서는 안 된다.

ㄷ. C에 따르면, 강력 범죄를 저지른 범죄자의 얼굴을 방송을 통해 전국적으로 공개하여 일반인들에게 범죄를 저지르지 말라는 경각심을 불러일으킨다면 처벌은 정당화된다.

① ㄱ ② ㄷ ③ ㄱ, ㄴ
④ ㄴ, ㄷ ⑤ ㄱ, ㄴ, ㄷ

12. <논쟁>에 대한 분석으로 옳은 것만을 <보기>에서 있는 대로 고른 것은?

[X법]
제1조 재단법인의 설립자가 일정한 재산을 출연하고 필요 사항을 정관에 기재하여 주무관청의 허가를 받으면 재단은 법인으로 성립한다.
제2조 재단법인에 출연된 재산은 재단법인이 성립된 때부터 재단법인의 재산이 된다.
[Y법]
제1조 부동산 소유권 변동은 등기하여야 그 효력이 생긴다.

<논쟁>
A: Y법 제1조는 등기가 있어야 부동산 소유권 변동이 된다는 성립요건주의를 명시한 조항이야. 재단법인의 경우에도 다르게 볼 필요가 없어. 따라서 출연재산이 부동산인 경우 등기된 후에 재단법인의 재산이 되는 거야.
B: Y법 제1조에도 불구하고, X법 제2조는 법인이 성립된 때로부터 법인의 재산이 된다고 규정하고 있어. X법 제2조는 Y법 제1조에 우선하는 특별규정으로 봐야해. 따라서 등기되지 않았더라도, 설립자가 출연한 부동산은 재단법인이 성립하는 때에 재단법인의 재산이 되는 거야.
C: X법 제2조는 출연자와 재단법인 사이의 관계를, Y법 제1조는 재단법인과 제3자의 관계를 규율하는 거야. 따라서 출연자와 재단법인 사이에는 법인 성립시기에 출연한 부동산의 소유권이 이전되지만, 제3자와의 관계에서는 재단법인 명의로 등기하여야 재단법인으로 소유권이 이전된다고 볼 수 있어.

<보 기>
ㄱ. A와 C는 "X법 제2조는 Y법 제1조에 우선하는 특별규정이다."라는 견해에 동의한다.
ㄴ. 갑이 자신 소유의 P부동산을 출연하고 관련 절차를 모두 준수하였고 Q재단법인이 성립되었다. 이 경우 B와 C는 갑과 Q재단법인 사이에서, Q재단법인에 P부동산의 소유권이 있다고 볼 것이다.
ㄷ. 갑이 자신 소유의 P부동산을 출연하고 관련 절차를 모두 준수하였고 Q재단법인이 성립되었다. Q재단법인 명의로 소유권 이전등기를 하지 않은 상황에서 을이 P부동산을 매수하려는 경우 Q재단법인과 을과의 관계에서, A와 C는 갑을 P부동산의 소유권자로 볼 것이지만 B는 그렇지 않을 것이다.

① ㄱ ② ㄷ ③ ㄱ, ㄴ
④ ㄴ, ㄷ ⑤ ㄱ, ㄴ, ㄷ

13. 다음 논쟁을 분석한 것으로 옳은 것만을 <보기>에서 있는 대로 고른 것은?

<사례>
층간소음으로 위층 거주자인 갑과 갈등이 있던 을은 갑을 상해하기 위하여 늦은 밤 갑의 집 앞 복도에서 갑을 기다렸다. 이후 갑으로 생각되는 사람이 복도에 나타나자 을은 각목으로 그 사람의 머리를 내리쳤다. 그런데 알고 보니 을이 상해를 가한 사람은 갑이 아니라 절도를 위해 갑의 집에 침입하고자 했던 강도 병이었다. 병을 상해할 당시 을은 병이 갑이 아니라는 사실뿐 아니라 병이 강도라는 사실을 전혀 알지 못하였고 예상조차 할 수 없었다. 을을 갑에 대한 상해죄로 처벌할 수 있는지에 대해 견해가 나뉜다.

<논쟁>
A: 어떤 행위를 범죄로 처벌하기 위해서는 타인의 법익을 침해하기 위한 의도뿐 아니라 행위의 결과가 타인의 법익을 침해하였거나 침해할 위험성이 있어야 한다. 다만, 타인의 법익을 침해하려는 의도에서 비롯된 행위라도 그 행위의 결과가 타인의 법익을 침해할 위험이 없었다면 미수범이 된다. 따라서 을을 갑에 대한 상해죄의 미수범으로 처벌해야 한다.
B: 어떤 행위를 범죄로 처벌하기 위해서는 타인의 법익을 침해하거나 침해할 위험성이 있어야 한다. 을은 갑을 상해하고자 하였고, 갑의 법익이 침해되거나 침해할 위험성이 있었는지만을 고려하면 된다. 을은 갑의 법익을 해하려는 의도가 있었지만 결과적으로 병의 위법한 법익 침해 행위를 방어하여 갑의 법익을 보호하였다. 따라서 을을 갑에 대한 상해죄로 처벌할 수 없다.
C: 어떤 행위를 범죄로 처벌할 것인지 여부는 행위자의 의도에 따라 결정되어야 한다. 이는 의도와 달리 그 결과가 타인을 보호한 것이 되더라도 마찬가지이다. 따라서 을을 갑에 대한 상해죄로 처벌해야 한다.

<보 기>
ㄱ. 만약 을이 병이 강도라는 사실을 인식하여 갑의 법익을 보호하기 위한 의도로 병에게 상해를 가한 경우라도 을의 처벌 여부에 대한 B의 결론은 변하지 않을 것이다.
ㄴ. 만약 을이 병이 강도라는 사실을 인식하였지만 갑이 아니라는 사실에 화를 누를 수 없어 홧김에 병에게 상해를 가했다면, C는 을을 병에 대한 상해죄로 처벌해야 한다는 데 동의할 것이다.
ㄷ. 만약 병이 갑의 가족이었는데 을이 병을 강도로 착각하여 갑의 법익을 보호하기 위한 의도로 병에게 상해를 가했다면, A는 을을 갑에 대한 상해죄의 미수범으로 처벌해야 한다는 데 동의할 것이다.

① ㄱ ② ㄷ ③ ㄱ, ㄴ
④ ㄴ, ㄷ ⑤ ㄱ, ㄴ, ㄷ

14. 다음으로부터 추론한 것으로 옳은 것만을 <보기>에서 있는 대로 고른 것은?

동물이 고통을 느낀다는 증거를 찾기 위한 신경생리학적 연구가 활발히 진행되면서 과거보다 많은 증거들이 축적되고는 있지만, 물고기와 같은 동물이 고통의 느낌을 갖는지에 대해서는 과학적으로 아직 확증되지 않고 있는 것이 사실이다. 하지만 이런 과학적 논란이 어떤 합의에 이르건 간에, 동물에게 불필요한 고통을 가할 필요가 있는지에 대한 논의가 있다. 이에 따라 다음의 '의심의 이득' 원칙과 '손해의 최소화' 원칙이 제시되었다.

'의심의 이득' 원칙은 어떤 동물이 고통을 느끼는지 느끼지 않는지 모를 때는 일단 고통을 느낀다고 의심해보는 쪽이 이득이 된다는 것이다. 그러나 어떤 행위로 인해 고통을 느껴도 그 동물에게 더 나은 결과가 나타나는 경우에는 고통을 유발할 수 있는 행위를 한다. 예를 들어 나에게 어떤 물질에 대해 알레르기 반응이 있는지 없는지 모를 때, 어떤 물질을 접하는 경우를 차단하여 그 물질에 의해 알레르기 반응이 나타나는 경우를 방지하는 것이 나에게 이득이 된다. 그러나 어떤 물질을 접하였을 때, 나에게 알레르기 반응이 나타나서 고통을 느끼는 것보다 큰 긍정적인 효과가 나타난다면, 알레르기 반응이 나타날 수 있어도 그 물질을 접한다.

'손해의 최소화' 원칙이란, 나의 행동을 결정하기 위한 정확한 정보가 주어지지 않은 상태에서, 동물이 고통을 느끼지 않는다고 가정했을 때의 손해와 고통을 느낀다고 가정했을 때의 손해를 비교해 보는 것이다. 고통을 느끼지 않는다고 가정하고 동물을 죽였는데 동물이 실은 엄청난 고통을 받았다면, 그때의 손해는 동물이 느낀 엄청난 고통이다. 반면 고통을 느낀다고 가정하고 죽이지 않았는데 실제로 고통이 없다면, 그때의 손해란 내가 그 동물을 죽여서 얻는 사냥의 쾌감 같은 것을 누리지 못하는 것이다. 그 동물이 느낄 고통으로 인한 손해와 내가 입을 쾌락을 누리지 못하는 손해 중 손해가 더 큰 쪽을 선택하는 것이다.

<보 기>

ㄱ. 물고기가 고통을 느끼지 못하는 것이 과학적으로 밝혀진 사실이라면, 물고기에 고통을 가할 수 있는 행위를 함에 있어 '의심의 이득' 원칙과 '손해의 최소화' 원칙 모두 적용되기 어려울 것이다.
ㄴ. 곤충들이 고통을 느끼는 지의 여부가 불확실할 경우, 사람들에게 질병을 옮겨 생명의 위협을 가하는 모기 같은 해충을 죽이는 데에 '손해의 최소화' 원칙을 적용한다면 모기 같은 해충을 죽일 수 없다.
ㄷ. 이상행동을 보이는 물고기에게 약물을 주입할 경우 이상행동을 멈추고 정상적인 움직임을 보일 때, 약물 주입 행위가 물고기에게 고통을 가할 수 있는 행위이라면 '의심의 이득' 원칙에 따를 때 모르핀 주입 행위를 하지 않아야 할 것이다.

① ㄱ ② ㄷ ③ ㄱ, ㄴ
④ ㄴ, ㄷ ⑤ ㄱ, ㄴ, ㄷ

15. 다음 논쟁에 대한 분석으로 옳은 것만을 <보기>에서 있는 대로 고른 것은?

보일러 수리기사가 오늘 당신의 집을 방문할 예정이며, 보일러 수리를 받으려면 당신은 집에 있어야 한다. 기사가 오전 10시에서 오후 2시 사이에 온다고 미리 약속했다. 이에 당신과 친구는 기사가 오전 10시에서 정오 사이에 올지 혹은 정오에서 오후 2시 사이에 올지를 놓고 내기를 걸어 이기는 사람이 상대로부터 10,000원을 받기로 내기를 했다. 당신과 친구 모두 상금이 더 큰 쪽을 선택한다고 할 때, '오전'을 선택하는 것이 나은가, '오후'를 선택하는 것이 나은가?

갑 : 기사가 10시에서 2시 사이에 온다는 것이 당신이 가진 정보의 전부인 상황에서 당신은 두 선택지 중 어느 하나를 특별히 선호할 이유가 없다. 오전이나 오후나 내기에 이길 확률은 '2시간/4시간' 즉 '1/2'로 동일하여 상금의 기댓값이 같기 때문이다.

을 : 당신이 만일 '오전'을 선택하면, 10시부터 정오까지 시간이 지나면 지날수록 당신이 이길 확률은 점점 더 줄어들 것이다. 그럴수록 당신은 오후를 선택하지 않은 것을 후회할 것이고 정오를 향해 갈수록 후회 비용은 커질 것이다. 후회 비용은 이길 가능성이 낮아지고 있을 때 발생하고 이길 가능성이 높아지고 있을 때는 발생하지 않기 때문이다. 따라서 내기가 시작되기 전의 시점에서 볼 때 오전과 오후의 확률이 1/2로 동일하므로, 동일한 기댓값에서 후회 비용을 줄일 수 있는 오후에 거는 것이 더 나은 선택이다.

<보 기>

ㄱ. X고등학교는 매주 월요일부터 금요일 가운데 무작위로 한 차례 출석을 확인한다. 이번 주 월요일부터 금요일 중 하루를 결석하고자 한다면, 갑은 어느 날이라도 상관없다고 할 것이고 을은 금요일을 선택할 것이다.
ㄴ. 1개의 흰 구슬과 99개의 검은 구슬이 섞여 있는 상자에서 구슬을 하나씩 꺼내는데, 꺼낸 구슬이 50개가 될 때까지 흰 구슬이 나올지 아닐지를 내기하여 이기는 사람에게 10,000원을 준다면, 갑은 어느 쪽도 더 선호하지 않지만 을은 '안 나온다' 쪽을 선택할 것이다.
ㄷ. 만약 '오전'을 선택하고 이길 시 상금을 12,000원으로, '오후'를 선택하고 이길 시 상금을 10,000원으로 내기를 조정한 경우, 갑과 을 둘 다 '오전'을 선택할 것이다.

① ㄴ ② ㄷ ③ ㄱ, ㄴ
④ ㄱ, ㄷ ⑤ ㄱ, ㄴ, ㄷ

16. 다음 논쟁에 대한 분석으로 옳은 것만을 <보기>에서 있는 대로 고른 것은?

고대의 철학자 A, B, C가 여름철에 비가 자주 내리는 이유를 두고 다음과 같이 논쟁하였다.

A: 태풍은 여름철의 뜨거운 햇볕으로 말미암아 공기가 가열됨으로써 발생한다. 공기는 온(溫)과 냉(冷), 건(乾)과 습(濕) 중에서 두 가지의 성질을 취하며, 따뜻한 성질과 축축한 성질은 서로 끌어당기는 힘을 가진다. 여름철의 뜨겁고 축축한 공기가 하늘에 뭉쳐서 구름을 만들고, 비는 구름으로부터 생기므로 여름철에는 비가 자주 내린다.

B: A는 공기가 다른 원인 없이 자발적으로 움직일 수 있다고 전제하고 있다. 그러나 ㉠ 스스로 움직일 수 있는 것은 오로지 생명을 가진 존재들뿐이며, 생명을 가진 존재가 아닌 공기는 이러한 존재에 속하지 않는다. 설령 A의 설명에 따라 여름철에 공기가 하늘에 뭉쳐서 구름과 비를 만들더라도 공기가 스스로 움직이는 것이 아니라 생명을 가진 다른 존재에 의해 움직여진다고 보아야 한다.

C: 우리는 특정한 현상이 일어나는 이유를 그것과 관계된 자의 목적으로부터 발견할 수 있다. 누군가 내게 노동하는 이유를 묻는다면, 나는 내가 노동으로부터 성취하려는 목적을 제시할 것이다. 노동의 보수가 노동에 대한 정당한 이유로 받아들여지는 이유는, 이것이 내게 좋은 것으로 받아들여지기 때문이다. 여름철의 호우는 과실수를 재배하는 데 필요하다. 즉, 우리는 호우 덕분에 과실수를 재배할 수 있으며 이에 따라 호우를 좋은 것으로 받아들인다. 따라서 누군가 우리에게 여름철에 비가 자주 오는 이유를 묻는다면, 우리는 과실수의 재배를 여름철 호우의 목적이자 이유로 제시할 수 있다.

<보 기>

ㄱ. 일 년 내내 추운 기후가 유지되는 극지방에서 강수량이 적게 나타난다는 사실은 A의 견해를 약화하지 않는다.
ㄴ. 생명을 가지고 있지 않은 천체들이 항상 같은 궤도를 따라 운동하며, 이 천체들을 운동시킬 수 있는 생명을 가진 다른 존재를 생각할 수 없다는 사실은 ㉠을 약화한다.
ㄷ. 인간 행위의 동기에서 자연 현상의 원인을 유추할 수 없다는 주장은 B를 약화하지 않지만 C를 약화한다.

① ㄱ ② ㄷ ③ ㄱ, ㄴ
④ ㄴ, ㄷ ⑤ ㄱ, ㄴ, ㄷ

17. 다음 글에 대한 분석으로 옳은 것만을 <보기>에서 있는 대로 고른 것은?

자연법이란 특정한 국가에서 통용되는 실정법과 별개로, 모든 종류의 인간 협약에 선행하는 하나의 보편적 도덕 질서 또는 정의에 관한 불변의 규범을 의미한다. 자연법 이론은 ㉠이와 같은 자연법이 실제로 존재하며, 모든 인간은 다른 인간과의 관계에서 이 법에 따라야 한다는 전제 위에서 성립한다. 자연법은 인간의 본성으로부터 부과되는 규범이기 때문에 영구 불변하며 또한 예외 없이 모든 인간에게 구속력을 발휘한다. 이러한 보편적 구속력이야말로 자연법을 실정법으로부터 구별하는 지점이다. 실정법은 특정한 국가 공동체의 보존을 목적으로 삼으며 그 적용 범위가 국가의 구성원을 넘지 않고, 또한 그것을 제정한 입법 권력의 의지에 따라서 변경 또는 폐기될 수 있다. 이러한 한계로부터 자유로운 자연법은 실정법보다 우월한 규범이며, 따라서 실정법은 그 방향에 있어 상위 규범인 자연법을 따라야 한다. 이에 따라 ㉡ 실정법이 정당하지 않거나 또는 양심에 어긋나는 행위를 명령했을 때 이에 불복하는 것은 자연법에 따른 의무라는 결론이 성립한다.

<보 기>

ㄱ. 불합리한 규범이라 하더라도 불복의 의무는 존재하지 않는다면, 위 논증에서 ㉡을 도출할 수 없다.
ㄴ. 이 논증은 보편적 구속력이 있는 규범이 가변적이고 일부 인간에게만 영향을 미치는 규범보다 더 상위 규범이라는 것을 전제하고 있다.
ㄷ. 자연법도 인간 사회의 상호권리 및 의무를 규정하는 계약이기 때문에 변할 수 있다는 주장은 이 논증을 약화한다.

① ㄱ ② ㄴ ③ ㄱ, ㄷ
④ ㄴ, ㄷ ⑤ ㄱ, ㄴ, ㄷ

18. A, B에 대한 평가로 옳은 것만을 <보기>에서 있는 대로 고른 것은?

A: 개체가 가진 속성 자체가 일종의 형이상학적 실체로서 존재한다고 보는 사람들이 있다. 이들은 가령 빨간 색의 여러 사물들과 함께 '빨강 자체'가 존재하며, 명제 'X는 빨간 색이다'에서 X에 해당하는 개체들은 '빨간 색'이라는 속성을 공통적으로 나눠 가지고 있다고 주장한다. 이에 다르면 빨갛지 않은 사물들은 '빨간 색이 아님'을 나눠 가지고 있다고 보아야 할 것이다. 그러나 사실은 그렇지 않은데, 빨갛지 않은 사물들은 각자 다른 색상을 취할 뿐 특수한 어떤 것을 공통적으로 나눠 가진다고 볼 수 없기 때문이다.

B: 우리가 개념적으로 개체들과 속성들을 분리해서 사고할 수 있다는 것은 둘 다 일종의 실체로서 존재함을 함축한다. 존재하지 않는 것은 사고의 대상 역시 되지 않기 때문이다. 나아가 어떤 속성들은 그와 연관된 개체들이 전혀 존재하지 않는 경우에도 사고의 대상으로서 존재한다. 가령 공룡이라는 종에 속하는 개체들은 더 이상 존재하지 않으나 우리는 'X는 공룡이다'라는 명제의 의미 또는 '공룡임'이라는 속성을 잘 이해하며, 나아가 이 술어의 올바른 사용과 잘못된 사용을 구별할 수 있다. 현실적 대상과 연관되지 않는 속성의 사용에 대해서도 일종의 기준을 제시할 수 있는 것은 속성 자체가 일종의 실체로서 존재하기 때문이다.

<보 기>

ㄱ. A는 B와 달리 개체들과 속성들 중 개체들만이 실체로서 존재한다고 주장한다.

ㄴ. 명제 'P는 Q이다'가 참이라면 P가 Q를 속성으로서 소유한다는 데 A는 동의하지만, B는 이에 동의하지 않는다.

ㄷ. 사고의 대상으로서 존재하는 것들이 모두 실체로서 존재하는 것은 아니라는 관점은 B보다 A에 의해 더 잘 지지된다.

① ㄱ ② ㄷ ③ ㄱ, ㄴ
④ ㄴ, ㄷ ⑤ ㄱ, ㄴ, ㄷ

19. 다음 글로부터 추론한 것으로 옳은 것만을 <보기>에서 있는 대로 고른 것은?

최상위 명령권자가 헌법을 위반할 경우 국가 내의 다른 권력이 그에게 저항하거나 그를 제한하는 것이 가능하게 하는 법 조항은 헌법 안에 결코 있을 수 없다. 국가권력을 제한하는 사람은 제한받는 사람보다 더 많거나 최소한 크기가 같은 힘을 가지고 있어야 한다. 또 그는 신민에게 저항을 명령하는 합법적 명령자로서 신민을 보호할 수 있어야 하고, 실제로 저항이 일어난 경우 법적 효력이 있는 판결을 내릴 수 있어야 한다. 즉, 공적으로 저항을 명령할 수 있어야 한다. 하지만 그렇게 되면 전자가 아니라 후자가 최상위 명령권자가 될 것이고, 이것은 자기모순이기 때문이다. 그 경우 주권자는 자신의 장관을 통해 동시에 통치자로 행동하는 것이자 독재적으로 행동하는 것이다. '자신의 대리인을 통해 국민 자신이 그러한 제한을 하는 권력이 된다'는 기만(국민은 원래 입법 권력만을 갖기 때문에 그것은 착각이다)도 그러한 독재를 은폐할 수 없다. 국민은 견딜 수 없는 것으로 여겨지는 최상위 권력의 남용조차 견뎌내야만 하는 의무가 있는 바, 이러한 의무의 근거는 '최상위 입법에 대한 국민의 저항은 그 자체가 법칙을 위반하는 것, 심지어 법 체제 전체를 파괴하는 것으로 생각될 수밖에 없다'는 사실에 있다. 국민에게 저항의 권한이 주어지려면 국민의 저항을 허용하는 하나의 공법이 존재해야 하지만, 즉 최상위 입법이 자신 안에 '자신이 최상위가 아님'에 대한 규정이나 '신하인 국민을 하나의 동일한 판결에서 그가 복종하는 사람에 대한 주권자로 만드는' 규정이 있어야 하지만, 그것은 자기모순이기 때문이다.

- 임마누엘 칸트, 『도덕형이상학』 -

<보 기>

ㄱ. 최상위 명령권자만이 유효한 법적 판결을 내릴 수 있다.

ㄴ. 입법 권력은 최상위 명령권자에 대한 저항을 명령할 수 없다.

ㄷ. 최상위 명령권자만이 공법을 제정할 수 있는 권한을 가진다.

① ㄱ ② ㄴ ③ ㄱ, ㄷ
④ ㄴ, ㄷ ⑤ ㄱ, ㄴ, ㄷ

20. 다음으로부터 추론한 것으로 옳은 것만을 <보기>에서 있는 대로 고른 것은?

> 논리학자에 따르면 조건문 "만약 P이면 Q이다"는 전건이 참이면서 후건이 거짓일 때에만 거짓이며 나머지 경우엔 모두 참이다. 그러나 만약 P가 존재하지 않는 대상을 다룬다면 어떻게 되는가? 가령 다음의 명제를 생각해 보자.
>
> (1) 만약 모든 도깨비의 뿔이 하나라면, 도깨비는 유니콘과 같은 종에 속한다.
>
> 만약 도깨비가 존재하지 않는다면 (1)은 사실상 무의미한 명제인 듯 보인다. 고전 논리학자들은 (1)의 전건 중 도깨비가 세상에 적어도 하나 이상 존재함을 함축한다고 해석하였다. 이와 달리 현대 논리학자들은 설령 도깨비가 존재하지 않더라도 (1)은 도깨비라는 종의 개념 및 이와 관련된 논리적 연관관계를 표명하는 명제로서 유의미하다고 보며, (1)의 전건이 반드시 도깨비의 존재를 함축하지 않는다고 본다. 그러므로 관점에 따라 조건문 (1)의 진위를 다르게 판정하는 것이 가능하다.
>
> 나아가 존재함축의 문제는 현대 논리학자들로 하여금 고전 논리학에서 분석된 정언명제들 사이의 논리적 상관관계를 다르게 정립하는 계기를 제공하였다. 가령 다음의 명제를 생각해 보자.
>
> (2) 어떤 도깨비의 뿔이 하나라면, 도깨비는 유니콘과 같은 종에 속한다.
>
> 현대 논리학자들 역시 (1)과 달리 (2)에서는 전건이 도깨비의 존재를 함축한다는 데 동의한다. 다만 이 경우 문제는 고전 논리학에서 가능했던 추론이 더 이상 가능하지 않게 된다는 것이다. 즉, 고전 논리학자의 관점에서는 (1)의 전건이 도깨비의 존재를 함축하므로 '모든 도깨비'에 해당하는 사실은 '어떤 도깨비'에서도 마찬가지로 참이다. 그러나 현대 논리학자의 관점에 따르면 이는 오류인데, '모든 도깨비'에 해당하는 사실은 설령 도깨비가 존재하지 않아도 참이지만 '어떤 도깨비'에 관한 사실은 도깨비가 하나 이상 존재해야만 참이기 때문이다.

<보 기>

ㄱ. 고전 논리학자와 현대 논리학자는 전건의 주어가 '모든 도깨비'인 조건문은 항상 참이라고 판단할 것이다.

ㄴ. 현대 논리학자는 '만약 모든 도깨비의 뿔이 하나라면, 도깨비는 유니콘과 같은 종에 속하지 않는다'인 명제에 대해 진위를 판정할 수 없다고 볼 것이다.

ㄷ. (2)가 참인 경우, '어떤 도깨비의 뿔이 하나라면, 도깨비는 유니콘과 같은 종에 속하지 않는다'인 명제의 진리치에 대해 고전 논리학자와 현대 논리학자 모두 진위를 판정할 수 있을 것으로 볼 것이다.

① ㄱ ② ㄷ ③ ㄱ, ㄴ
④ ㄴ, ㄷ ⑤ ㄱ, ㄴ, ㄷ

21. 다음 논증의 구조를 가장 적절하게 분석한 것은?

> ㉠ 도덕적 심성을 지닌 사람이라면 아마도 신이 존재해야만 한다는 결론에 기꺼이 동의할 것이다. ㉡ 이런 사람들은 세계의 이상적 상태에 대한 당위적 물음, 즉 이 세계가 현재 어떤 상태인지를 넘어 궁극적으로 어떤 상태가 되어야 하는지에 대한 물음을 진지하게 받아들인다. ㉢ 도덕적 이상 세계의 필요조건 중 하나는 도덕성과 행복의 정확한 비례이다. ㉣ 현실에서는 때로 부도덕한 사람이 더욱 큰 행복을 누리기도 하지만, 우리의 도덕적 감수성에 따르면 이는 전혀 정당하지 않게 느껴지기 때문이다. 그러나 ㉤ 인간의 단독적 역량에 의해 덕과 복의 비례를 이루기란 요원해 보인다. ㉥ 모든 사람에게 그의 도덕성에 맞춰 행복을 배분하기 위해서 필요한 역량의 크기는 이미 인간적 수단을 통해 이룰 수 있는 수준을 넘어서기 때문이다. 나아가 ㉦ 우리는 각 사람의 도덕성을 정확히 측정할 척도를 가지고 있지도 않다. 그러나 ㉧ 이 모든 것이 신에게는 가능하다. 따라서 ㉨ 우리는 도덕적 세계 질서를 구현해줄 신이 존재하기를 바라거나 또는 이러한 목적을 불가능한 것으로 포기해야만 한다. ㉩ 도덕적 목적은 본디 그것의 실현 가능성과 상관없이, 오로지 그것이 옳다는 이유에서 우리에게 부과된다. 따라서 ㉪ 그것이 어렵다 하여 포기하는 사람은 진정한 의미에서 도덕적 심성을 지닌 사람이라고 볼 수 없다.

①
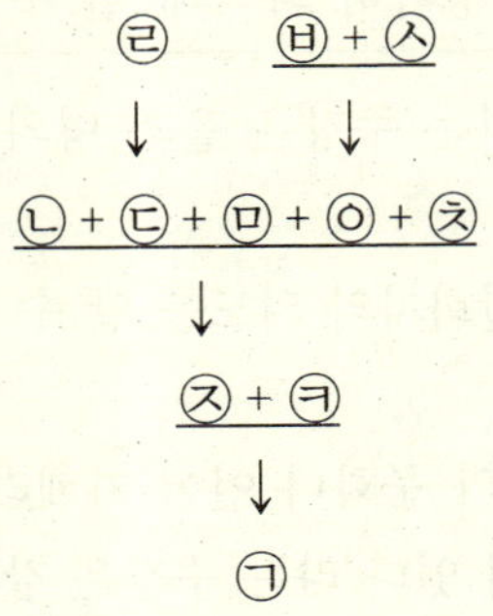

②
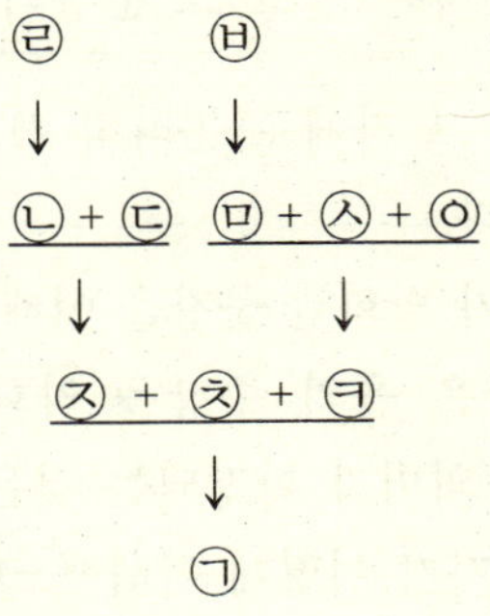

③
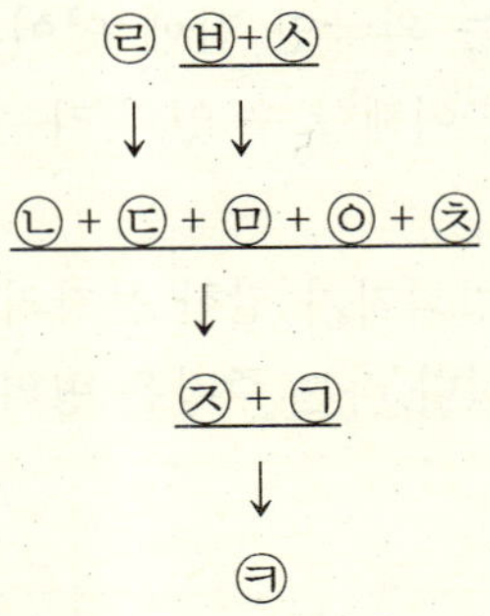

④
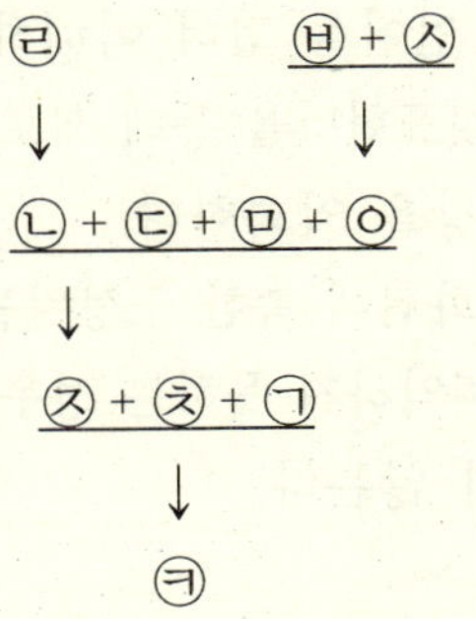

⑤
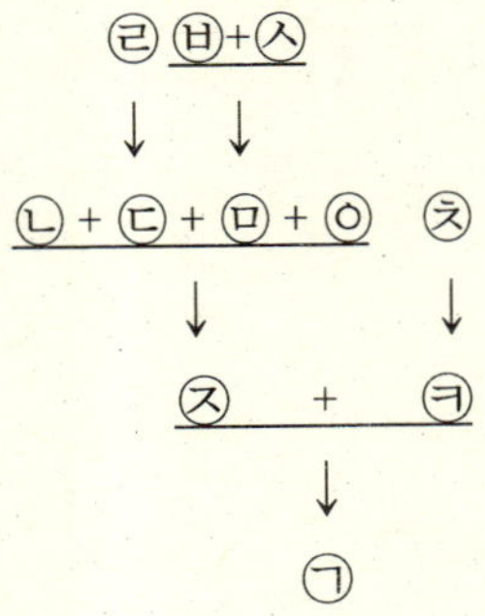

22. 다음 주장들에 대한 평가로 옳은 것은?

갑 : 언어는 단어와 문장 구성 규칙으로 이루어져 있는 논리적 체계이다. 따라서 발화가 진행된 상황적 문맥에 대한 파악이 없어도 언어는 명확한 소통 수단이 될 수 있다. 논리성을 지녔다는 것은 그 자체로 완전하고 객관적으로 증명될 수 있다는 것이기 때문이다. 따라서 문장 자체의 오류 없이 언어를 구사하기만 한다면, 문맥을 고려하지 않더라도 대화과정 중 의미를 이해하는 데에 아무런 피해를 주지 않는다.

을 : '춥다'는 말의 의미는 발화자의 의도를 파악하지 않고서는 명확히 알 수 없다. '외롭다'는 뜻이 될 수도, '온도가 낮다'는 의미가 될 수도 있기 때문이다. 의사소통의 성공은 문장의 일차적 사전적 의미를 파악하는 것이 아니라 발화자의 의도를 이해했는가에 달려 있으므로 이를 무시하면 의미가 왜곡될 수 있다. 따라서 문장의 의미 파악은 언어 자체만으로는 불충분한 것이다.

병 : 한국 시를 영어로 번역했을 때 외국인이 그 시에 대해 한국인이 느낀 만큼의 감동을 전혀 느끼지 못하는 이유는 언어가 그 언어를 태동시킨 문화의 고유성을 함축하고 있기 때문이다. 어떤 두 언어에 있어서 그 언어들이 지닌 모든 단어들이 1:1로 대응되고, 정확한 번역기계가 있어 사전적으로 동일한 의미로 번역해 낼 수 있다고 해도 해당 언어가 지닌 문화에 대한 이해가 없는 수용자는 결코 그 문장의 의미를 정확히 파악해 낼 수 없다.

① '언어는 그 자체로 논리적 체계이다.'라는 주장은 을과 병의 주장을 약화한다.
② '발화자가 발화한 문장을 이해해야만 발화자의 의도를 알 수 있다.'라는 주장은 을의 주장을 약화한다.
③ '언어의 의미가 확정되는 것은 발화자의 문화나 언어 자체라기보다는 수용자가 어떻게 이해했느냐에 달려 있다.'라는 주장은 갑과 병의 주장을 약화한다.
④ '서로의 언어를 전혀 이해하지 못하는 외국인 간에 언어의 발화 없이 몸짓표현만을 통해 서로의 의사를 이해할 수 있다.'라는 주장은 갑의 주장을 약화한다.
⑤ '동일 문화권에 속한 구성원들끼리도 발화자가 말한 문장의 의미를 정확히 파악하지 못하는 경우가 종종 있다.'라는 주장은 병의 주장을 약화하지 않는다.

23. 다음으로부터 추론한 것으로 옳은 것만을 <보기>에서 있는 대로 고른 것은?

철학자 갑은 어떤 예술 작품이 예술 작품으로 간주되게끔 하는 근거가 예술 작품의 원작자가 지닌 관념이나 감정 등의 예술적 직관에 있다고 보았다. 이에 따르면 원작자가 그러한 직관을 형성한 순간, 즉 작품이 특정한 질료나 수단을 통해 전달 가능한 형식을 취하고 이를 통해 감상자의 마음에 어떤 효과를 불러일으키기 전에, 예술적 창작은 완료된 것이다.

이에 맞서 철학자 을은 예술 작품을 예술이 아닌 것들로부터 구별하는 권위가 비평가들에게 있다고 생각하였다. 예술 작품은 장르에 따라 선, 색, 음, 형태 등 나름대로의 형식적 요소들을 가진다. 비평가들은 직관적으로 이러한 형식 요소들이 지니는 예술적 의미를 분별할 수 있으며, 이처럼 의미 있는 형식을 지닌 창작물들에 한해 우리는 예술 작품의 자격을 부여할 수 있다. 예술 작품의 유의미한 형식은 이를 감상한 사람들이 미적 정서를 체험하는 원인이기도 하다.

철학자 병은 인공적인 사물이 그것이 존재하는 시대의 제도적 맥락 안에서 예술 작품으로 인정받을 때 그 사물은 예술 작품으로 간주된다고 본다. 예를 들어, 유명한 화가 A가 직접 그린 그림을 전시하고 그것에 대한 평가가 있을 때, 그 그림은 예술 작품으로 간주된다. 마찬가지로 A가 기성품을 전시회에 출품하고, 당시 비평가들이 그것을 예술 작품으로 인정하였다면 해당 기성품은 예술 작품으로 간주된다. 기성품은 비평가들의 비평의 대상이 된 순간부터 '예술계'라는 객관적, 보편적 체계 안에 놓이며 그 안에서 예술적 감상의 후보로 인정받음으로써 비로소 하나의 예술 작품으로 규정된다.

<보 기>

ㄱ. 갑에 따르면, 원작자가 작품을 완성하기 전에 예술적 창작은 완료된 것으로 본다.
ㄴ. 을에 따르면, 비평가들이 예술 작품으로 간주하는 것들이 모두 예술적으로 의미 있는 형식을 취하지는 않는다.
ㄷ. 어떤 대상이 특정한 표현 형식을 취했는지의 여부가 그것을 예술 작품으로 간주할 수 있느냐는 문제에 미치는 영향에 대해서 갑의 견해와 병의 견해는 차이가 없다.

① ㄱ ② ㄷ ③ ㄱ, ㄴ
④ ㄱ, ㄷ ⑤ ㄱ, ㄴ, ㄷ

24. 다음 논증을 평가한 것으로 옳은 것만을 <보기>에서 있는 대로 고른 것은?

> 철학적 좀비란 일반적인 행동은 인간과 같이 할 수 있지만, 그 행동은 반사적인 것일 뿐 생각이나 감정 없이 행하는 존재를 말한다. 철학적 좀비를 가정하는 가상실험은 나에게 마음이 존재한다는 것만 확실하고, 다른 사람에게 마음이 존재한다는 것은 확실하지 않다는 주장을 증명하기 위해서 사용된다. 즉, 나를 제외한 외부 세계의 다른 사람들을 모두 철학적 좀비라고 가정하는 것이다. 위 주장을 비판하는 이들은 좀비가 실제로 존재하지 않는다는 것을 지적한다. 하지만 좀비가 실제로 존재하지 않더라도 직접지와 간접지를 통해 위 주장을 유지할 수 있다.
>
> 직접지란 내가 감각을 통해 직접 알 수 있는 것을 뜻하고, 간접지는 이러한 직접지들을 종합하여 추론함으로써 알 수 있는 것을 뜻한다. 직접지를 통해 아는 것은 의심의 여지가 없지만, 간접지는 직접지를 통해 추론한 것이므로 안다고 말할 수 없다. 이를 외부 세계가 아닌 개인의 내부에 적용한다면, 우리는 나의 마음, 즉 느낌이나 감정 따위의 정신적 작용이 나에게 존재한다는 것을 직접 안다. 하지만 나와 다른 상대방에게도 이러한 마음이 존재하는지는 알 수 없다. 단지 그의 말과 행동만을 알 수 있다. 예컨대 상대방이 벤치에 앉다가 튀어나온 못에 엉덩이를 찔려 "아파!"라고 소리치는 것을 봤을 때, 그가 아프다고 소리를 친 행동에 대해서는 내가 직접 그것을 보았기 때문에 그것이 존재함을 알지만, 그의 '통증'이라는 감정은 소리친 행동에 기반한 추측에 해당할 뿐이다. 따라서 세상에 존재하는 것이 확실하다고 말할 수 있는 마음은 유일하게 나의 마음밖에 없다.

<보 기>

ㄱ. '나는 못에 찔렸을 때 항상 통증을 느끼므로 상대방도 못에 찔리면 통증을 느낄 것이다.'는 사례는 위 논증을 약화시킬 수 있다.
ㄴ. '나에게 감정이 존재하는지를 확인하기 위해서는 외부 대상인 상대방과의 교류를 통해야 하는데, 이로 인해 외부 세계를 인정할 수밖에 없다.'는 주장이 옳더라도, 위 논증은 약화되지 않는다.
ㄷ. '사람의 신경 구조가 모두 유사하므로 한 사람이 통증을 느낀다면 다른 사람도 통증을 느낀다.'는 주장이 옳다면, 위 논증은 약화된다.

① ㄱ ② ㄴ ③ ㄱ, ㄷ
④ ㄴ, ㄷ ⑤ ㄱ, ㄴ, ㄷ

25. 다음 글에 대한 분석으로 옳은 것만을 <보기>에서 있는 대로 고른 것은?

> 과학자 A는 감염될 경우 인간에게 치명적인 세균 F를 합성하였다. 종말론을 추종하던 A는 전염성과 사망률이 매우 높은 F를 도시에 살포하기 위해 F를 폭탄 형태로 설치한 뒤 범행 현장을 벗어나다가 경찰관 B에 의해 체포되었다. B는 A의 복부를 수십 차례 가격한 뒤에야 비로소 폭탄이 숨겨진 위치를 알 수 있었고, 폭탄을 안전하게 제거하였다. 갑, 을, 병은 B의 행위를 처벌할 수 있는지와 B의 행위가 도덕적으로 정당한지에 대해서 대화를 나누고 있다.
>
> 갑 : B는 A를 폭행했지만, 폭탄 위치를 알아냈고 덕분에 테러를 방지할 수 있었어. 규칙을 어겼더라도 발생한 결과가 매우 유익한 경우 그 행위는 도덕적으로 정당해. 하지만 상황이 위급하다고 해서 법의 적용에 예외를 둘 수는 없어. 만약 B를 처벌하지 않는다면, 단순히 수사를 빠르게 진행하기 위해 사소한 경우에도 폭행이 일어날 수 있어.
>
> 을 : B가 A를 폭행한 것은 사실이야. B가 A를 폭행한 목적이 무엇이든 간에, B는 법률에서 금지하고 있는 행위를 했으므로 처벌받아야 해. 법이라는 건 사회의 구성원들이 무엇이 옳고 무엇이 그른가에 대해 합의한 규칙으로서, 그 규칙에 부합할 경우 도덕적으로 정당하고, 그 규칙을 어긴 행위는 정당하지 않아.
>
> 병 : B가 A를 폭행하지 않았다면 수많은 사람이 목숨을 잃었을 거야. B는 결국 수많은 사람의 생명을 구하는 정의를 실현했어. 규칙을 어김으로써 다른 고귀하고 중대한 목적을 성취할 수 있는 경우를 생각해봐. 만약 그런 행위가 처벌받거나 도덕적으로 정당화될 수 없다면, 누구도 최선의 결과를 가져오는 행위를 선택하지 않게 될 거야.

<보 기>

ㄱ. 갑과 병은 B의 처벌 여부에 대해서는 다른 견해이나, B의 행위에 대한 도덕적 정당화의 가능성에 대해서는 같은 견해이다.
ㄴ. 갑의 견해에서 법적 처벌의 대상이 되는 행위는 을의 견해에서도 모두 법적 처벌의 대상이 된다.
ㄷ. 을의 견해에서 도덕적으로 정당한 행위가 병의 견해에서는 도덕적으로 정당하지 않은 행위이다.

① ㄱ ② ㄷ ③ ㄱ, ㄴ
④ ㄴ, ㄷ ⑤ ㄱ, ㄴ, ㄷ

26. <견해>에 대한 평가로 옳은 것만을 <보기>에서 있는 대로 고른 것은?

> 망 중립성이란 인터넷망에서 모든 어플리케이션이나 트래픽이 내용, 유형, 제공사업자, 단말기 등에 관계없이 특혜나 차별을 받지 않고 동등하게 취급되어야 하는 원칙이다. P국은 2011년부터 인터넷망사업자가 특정 콘텐츠제공사업자에게만 유리하게 서비스를 제공하는 것을 금지하는 것을 내용으로 하는 망 중립성 규제가 시행 중이다. 그러나 최근 인터넷망에 전송되는 트래픽의 양이 급증하고 5G와 같은 최신 기술이 도입되면서 망 중립성 규제에 대한 우려가 제기되고 있다. 이에 대해 다음과 같이 견해가 나뉘고 있다.
>
> <견해>
>
> A : 인터넷망을 이용하는 콘텐츠제공사업자 간의 시장경쟁원리는 중요하다. 인터넷망사업자가 자기 소유의 인터넷망에 대해 특정 콘텐츠제공사업자의 접근만 허용한다면, 다른 콘텐츠제공사업자는 불공정한 경쟁 환경에 놓이게 될 것이다. 인터넷망사업자는 이용자의 선택권 확대, 기술 발전의 가속화와 같은 사회적 의무를 위반함으로써 결국 인터넷망 독점시장을 형성할 것이다. 결국 선택권을 상실한 이용자의 효용은 감소할 것이고, 콘텐츠제공사업자들의 혁신을 촉진하지 못하여 사회적 후생은 감소하게 될 것이다.
>
> B : 인터넷망을 구축하고 운영하는 인터넷망사업자의 경제적 권리를 생각해 보아야 한다. 인터넷망사업자는 자신의 권리를 추구함으로써 인터넷망을 구축하고 운영할 유인이 생긴다. 즉, 그와 관련한 투자비용을 회수함으로써 이윤을 추구하는 것이 시장경쟁원리에 더욱 부합한다. 또한 한정된 인터넷망에 모든 콘텐츠제공사업자가 접근함으로써 과도한 경제적 비용을 발생시킬 수 있다. 예를 들어, 인터넷망의 혼잡을 관리하는 데 들어가는 기술적 비용이나 인터넷망에 무분별한 서비스가 난립하면서 소비자에게 정보과잉 상태를 초래하는 정보비용이 발생할 수 있다.

<보 기>

ㄱ. 망 중립성 규제의 폐지로 인해 콘텐츠제공사업자들의 프리미엄 서비스 제공과 이용자의 기반이 확대되었다는 연구 결과는 A를 강화한다.

ㄴ. 콘텐츠제공사업과 인터넷망사업을 동시에 하는 사업자가 경쟁 콘텐츠제공사업자에게 차별적인 트래픽 전송을 통해 시장경쟁원리를 저해했다는 연구 결과는 A를 약화하고 B를 강화한다.

ㄷ. 무차별원칙의 규제에서 차별적 체제로 변화할 경우 콘텐츠제공사업자들의 혁신을 촉진하여 사회적 후생이 증가하였다는 연구 결과는 B를 약화하지 않는다.

① ㄱ ② ㄷ ③ ㄱ, ㄴ
④ ㄴ, ㄷ ⑤ ㄱ, ㄴ, ㄷ

27. 다음으로부터 추론한 것으로 옳은 것만을 <보기>에서 있는 대로 고른 것은?

> 인간은 계산이 불가능한 모호성을 회피하는 성향을 갖는데, 모호성 회피의 상황을 엘스버그 역설이라고 부른다. 경제학자 엘스버그는 다음과 같은 실험을 진행하였다. 단지에 총 90개의 구슬이 있는데 이 중 30개는 빨간색이고 나머지는 노란색과 파란색인데 그 비율은 알 수 없다. 실험 참가자는 첫 번째 실험에서 두 가지 내기 방식 중 하나를 선택한다. A는 참가자가 빨간색 구슬을 집으면 이기는 것이고, B는 파란색 구슬을 집을 때 이기는 것이다. 이 실험에서 대부분의 사람들은 A를 선택했다. 두 번째 실험에서는 내기 방식을 바꾸었는데, C는 빨간색 구슬이나 노란색 구슬을 집으면 이기는 것이고, D는 노란색 구슬이나 파란색 구슬을 집으면 이기는 것이다. 첫 번째 실험에서 A를 선택했던 참가자들은 두 번째 실험에서는 C 대신 D를 선택했다. 즉, 모호한 상황을 기피하고 계산할 수 있는 리스크를 선택한 것이다. 엘스버그는 이런 결과를 리스크와 불확실성의 차이로 설명한다. 리스크는 계산이 가능한 위험인 반면, 불확실성은 계산이 불가능하다. 불확실성보다 리스크를 선호하는 성향은 금융시장에서 투자를 결정할 때도 나타난다. 금융 원리로 볼 때 투자의 결정은 수익률과 리스크의 비율에 달린 것이나, 투자자들은 불확실성의 제거를 우선순위에 둔다. 세계 어디에서든 투자자들은 자국의 유가증권에 투자하는 경향이 강하다. 이는 외국에 대한 투자로 인해 발생하는 불확실성을 피하기 위함이라고 설명할 수 있다. 자국의 유가증권은 상대적으로 정보를 수집하기 쉬워 불확실한 정보가 적은 반면, 외국의 유가증권은 정보를 수집하기 어려워 불확실한 정보가 많기 때문이다.

<보 기>

ㄱ. 첫 번째 실험에서 파란색 구슬이 30개보다 적고, 노란색 구슬은 30개보다 많다고 생각하여 A를 선택한 사람은 두 번째 실험에서 C를 선택하는 것이 합리적이다.

ㄴ. 단지에 있는 구슬의 총 개수는 알려지지 않은 채 빨간색 구슬이 30개 들어 있다는 정보만 주어졌다면, 첫 번째 실험에서 A를 선택한 사람이 두 번째 실험에서 D를 선택하더라도 엘스버그 역설의 상황에 해당하지 않는다.

ㄷ. 자국과 외국에서 수집할 수 있는 정보에서 불확실성을 확실히 제거할 수 있다면, 투자자들은 수익률이 가장 높은 시장에 투자할 것이다.

① ㄱ ② ㄴ ③ ㄷ
④ ㄱ, ㄴ ⑤ ㄴ, ㄷ

28. <주장>에 대한 평가로 옳은 것만을 <보기>에서 있는 대로 고른 것은?

<주장>

낙관적인 최고경영자들은 자신이 대부분의 사람들보다 경영과 관련한 모든 부분에서 더 우수하다고 믿는다. 이러한 특성을 우월감 확신이라고 하는데, 우월감 확신은 시장에 영향을 미친다. 이들은 자신의 회사뿐 아니라 다른 회사의 경영에 대해서도 자신이 더 잘 관리할 수 있다는 믿음을 가진다. 이와 같은 잘못된 믿음에 기초하기 때문에 다른 회사를 합병하거나 인수하는 데 있어서도 더 비싼 금액을 지불한다. 그리고 이 비용을 충당하기 위해 주식을 발행하기 보다는 스스로 빚을 떠안는다. 이때 잘못된 믿음이 클수록 더 큰 위험 부담을 떠안는다. 하지만 주식 시장은 우월감 확신을 가진 최고경영자를 식별하는 능력이 있다. 따라서 최고경영자가 낙관적일수록 주식 시장은 합병의 위험을 크게 보고 합병시 매수 기업의 주가는 심각하게 타격을 입는다. 또한 최고경영자의 낙관으로 초래되는 피해는 언론이 그들을 유명인으로 보도할수록 더 심각해진다. 만약 최고경영자가 언론에서 상을 받게 된다면 이들의 보수가 올라갈 뿐 아니라 이들이 책을 쓰거나 강연을 하는 등 대외 활동에 더 많은 시간을 쓰게 된다. 이런 경우에도 주식 시장의 능력이 작동하여, 낙관적인 최고경영자가 언론으로부터 상을 받으면 그 기업의 주가는 떨어지게 된다.

<사례>

A기업의 최고경영자 갑은 굉장히 낙관적인 반면, B기업의 최고경영자 을은 그 반대이다. A기업과 B기업의 월별 주가는 다음에 제시된 표와 같다.

	1월	3월	5월
A기업	2500	1500	2000
B기업	1000	1300	2000

<보 기>

ㄱ. 만약 2월에 A기업의 최고경영자 갑이 B기업을 인수하기로 발표했다면, <주장>은 강화된다.

ㄴ. 만약 4월에 B기업의 최고경영자 을이 A기업을 인수하기로 발표했다면, <주장>은 약화된다.

ㄷ. 만약 4월에 갑이 언론사에서 수여하는 상을 수상하든 을이 수상하든 두 경우 모두 <주장>을 약화한다.

① ㄱ ② ㄴ ③ ㄱ, ㄷ
④ ㄴ, ㄷ ⑤ ㄱ, ㄴ, ㄷ

29. 다음 논쟁에 대한 평가로 적절한 것만을 <보기>에서 있는 대로 고른 것은?

A : 사람들은 서로 다른 독립적인 대안들이 주어졌을 때 이들을 개별적으로 평가하고 그 결과로 자신이 가장 선호하는 대안을 선택한다. 가령 X, Y 두 대안에 대해 각각 7점과 8점을 부여하고 Y, Z 두 대안에 대해 각각 8점과 6점을 부여한 갑에게 X, Y, Z 세 개의 대안을 제시하면, 갑은 각각에 7점, 8점, 6점을 부여하고 가장 높게 평가한 Y를 선택할 것이다.

B : 서로 다른 독립적인 대안을 평가하는 사람들은 각각의 대안을 개별적으로 평가하는 것이 아니다. 가령 대안 P와 Q가 제시되었을 경우 각각에 동일한 7점을 부여했던 을에게 대안 P, Q 그리고 Q를 흠결을 가진 형태로 변형한 Q'를 제시할 경우 P와 Q에 대한 을의 평가는 달라진다. 흠결을 가진 Q'를 저평가하게 되면 그 영향으로 Q에 대한 평가를 낮추게 되고, 그 영향으로 P에 대한 평가를 높이게 된다. 어떤 대안에 대한 평가가 다른 대안에 대한 평가에 영향을 미치는 것이다.

C : 이제 조금 ㉠ 변형된 실험을 고려해 보자. 두 개의 대안 P와 Q에 동일한 7점을 부여하는 피험자에게, B가 제안한 실험과 동일하게 P, Q, Q' 세 가지 대안을 제시한다. 다만 Q'가 Q를 변형한 것이라는 사실을 피험자가 알 수 없도록 설계하여 Q와 Q'가 서로 독립적인 대안으로 보이게 한다. 이때 평가가 달라지는지를 관찰해 보자.

<보 기>

ㄱ. 만약 ㉠에서 Q'에 부정적인 평가를 한 피험자가 대안 P와 Q에 대해서는 동일한 7점을 부여했다면, B의 주장은 약화된다.

ㄴ. 만약 피험자가 A의 주장과 같이 대안을 개별적으로 평가한다면, ㉠에서 피험자는 대안 P, Q, Q'에 대해 같은 점수를 부여할 것이다.

ㄷ. ㉠의 결과에 따라, B가 제안한 실험에서 변형된 대안 Q'가 주어진 경우 변형되기 전 대안 Q의 평가가 떨어지는 원인이, Q'와 Q 자체가 독립적인 대안으로 제시되지 않았기 때문인지 알아볼 수 있다.

① ㄱ ② ㄴ ③ ㄱ, ㄷ
④ ㄴ, ㄷ ⑤ ㄱ, ㄴ, ㄷ

30. 다음 글에 대한 평가로 옳은 것만을 <보기>에서 있는 대로 고른 것은?

개발도상국인 A국 사람들은 선진국 사람들보다 훨씬 더 높은 건강상 위험을 안고 살아간다. A국 사람들이 이런 위험에 대비하여 보험에 가입하고 싶을 것이라고 예상되지만, 몇 가지 이유로 인하여 A국에서는 보험이 발달하지 못하고 있다. 경제학자 갑은 두 가지의 이유를 들어 A국에서 보험이 쉽게 발달하지 못하는 이유를 설명한다. 첫째로, 역선택의 문제가 있다. 미래에 자신에게 건강상 위험이 닥칠 가능성이 크다고 느끼는 사람일수록 적극적으로 보험에 가입하려고 할 것이다. 보험사의 입장에서는 이런 사실을 고려하여 다가올 건강상 위험의 가능성이 큰 사람과 작은 사람을 가려야 한다. 그런데 A국에서는 이 위험성의 정도를 판별하기가 쉽지 않아서 A국의 보험사는 모든 사람들에게 높은 보험료를 책정한다. 이 때문에 자신에게 위험이 닥칠 가능성이 크다고 생각하는 사람들만 보험에 가입하게 되는 문제가 생긴다. 둘째로, 부정 수급의 문제가 있다. A국에는 의료 시스템이 엄격하게 구축되어 있지 않은 경우가 많아서 의사들의 의료 행위에 대한 감시나 확인이 어렵다. 이로 인해 의료보험이 제공될 경우 병원이 보험회사를 상대로 허위 보험 청구를 할 가능성이 있고, 병원이 환자에게 과도한 진료비를 청구할 수도 있다. 이럴 경우 보험사가 부담해야 하는 비용이 너무 커져서 정상적인 보험 서비스를 제공할 수 없게 된다.

<보 기>

ㄱ. A국 사람들이 건강상 어려움을 겪을 가능성이 그들의 소득 수준과 상관관계가 있다는 조사 결과는 갑의 주장을 강화한다.

ㄴ. A국에서 병원에 입원을 하지 않아도 되는 환자에게도 장기 입원을 권유하는 사례가 빈번하다는 조사 결과는 갑의 주장을 강화한다.

ㄷ. A국에서 기상청에서 측정한 강수량을 기준으로 재산상 손해를 보상하는 날씨 보험이 성공적으로 운영되고 있다는 조사 결과는 갑의 주장을 약화한다.

① ㄴ ② ㄷ ③ ㄱ, ㄴ
④ ㄱ, ㄷ ⑤ ㄱ, ㄴ, ㄷ

31. 다음으로부터 추론한 것으로 옳은 것만을 <보기>에서 있는 대로 고른 것은?

신제품을 개발할 때 사용되는 컨조인트 분석은 제품을 구성하는 중요한 특징들을 속성이라 하고, 그 속성들이 취할 수 있는 값들을 결합하여 만든 신제품 후보들에 대한 소비자들의 선호도를 조사하여 이로부터 소비자들이 구매할 가능성이 높은 제품을 예측한다. 예컨대 초콜릿 X를 개발한다고 하자. 이때 '초콜릿 함량'과 '크런치 함량'을 그 속성으로 하고, 속성의 값을 각각 '높음, 중간, 낮음'과 '높음, 낮음'이라고 하면, 속성들이 취할 수 있는 값들의 조합에 따라 X의 후보들은 총 6가지가 된다. 그리고 X의 후보들에 대한 대표 소비자 A의 선호 조사 결과 선호순위가 가장 낮은 후보 (6)부터 가장 높은 후보 (1)까지 순서대로 효용값을 1부터 1점씩 차이를 두고 부여하면 다음과 같다.

	초콜릿 함량	크런치 함량	선호순위	효용값
(1)	높음	높음	1	6
(2)	중간	높음	2	5
(3)	낮음	높음	3	4
(4)	높음	낮음	4	3
(5)	중간	낮음	5	2
(6)	낮음	낮음	6	1

초콜릿 함량이 '높음'일 때 그 효용값은 (1)과 (4)가 각각 6과 3이므로 해당 속성 값의 평균 효용값은 4.5가 된다. 그리고 크런치의 함량이 '높음'일 때 그 효용값은 (1), (2), (3)이 각각 6, 5, 4이므로 해당 속성 값의 평균 효용값은 5가 된다. 이러한 평균 효용값을 각 속성 값의 '효용 가중치'라고 한다. 그리고 신제품 후보의 각 속성의 효용 가중치를 모두 더한 값을 '제품 효용값'이라고 한다. 가령 신제품 후보 (1)의 경우, 초콜릿 함량 '높음'의 효용 가중치 4.5와 크런치 함량 '높음'의 효용 가중치 5를 더한 9.5가 제품 효용값이 된다. 각 신제품 후보의 '제품 효용값'의 순위가 선호순위와 일치할 때, '효용 가중치가 소비자의 선택 과정을 잘 반영한다.'고 한다.

<보 기>

ㄱ. X를 구성하는 속성의 효용 가중치는 소비자 A의 선택 과정을 잘 반영한다.

ㄴ. 만약 X의 후보 (1)~(6)에 대한 소비자 B의 선호순위가 순서대로 3, 2, 4, 5, 1, 6이고, 각각의 효용값을 '10에서 선호순위 값을 차감한 값'으로 정할 경우, 초콜릿 함량의 '높음, 중간, 낮음'의 효용 가중치는 각각 6, 8.5, 5이고, 크런치 함량의 '높음, 낮음'의 효용 가중치는 각각 7, 6이다.

ㄷ. 소비자 A의 선호 조사 결과에 '포장지 색'이라는 속성을 추가하고 그 속성의 값을 '어두움, 밝음'이라고 할 때, A의 선호도와 효용값을 정하는 방법은 앞선 조사와 동일하지만 초콜릿 함량과 크런치 함량의 속성 값이 모두 같은 경우에는 포장지가 어두운 제품을 더 선호한다면, 포장지 색 '밝음'의 효용 가중치는 6이 된다.

① ㄱ ② ㄷ ③ ㄱ, ㄴ
④ ㄴ, ㄷ ⑤ ㄱ, ㄴ, ㄷ

32. 다음 글로부터 추론한 것으로 옳은 것은?

행정기관이 선택할 수 있는 정책 대안이 여러 개인 경우, 행정기관은 그중 가장 적합한 정책 대안을 선택해야 한다. 이 때 행정기관은 효율성, 형평성, 그리고 효용성을 기준으로 여러 대안 중 실행할 대안을 결정할 수 있다.

효율성 기준은 각 대안의 실행 비용과 대안을 실행했을 때 얻어지는 경제 효과를 비교한다. 이 기준을 따를 경우 행정기관은 실행 비용 대비 경제 효과가 가장 큰 대안을 선택하게 된다. 형평성 기준은 각 대안의 실행 비용과 대안을 실행했을 때 혜택을 받는 사람의 수를 비교한다. 이 기준을 따를 경우 행정기관은 실행 비용 대비 실행의 혜택을 받는 사람의 수가 가장 많은 대안을 선택하게 된다. 효용성 기준은 각 대안의 실행으로 혜택을 받는 사람과 얻을 수 있는 경제 효과를 비교한다. 이 기준을 따를 경우 행정기관은 실행의 혜택을 받는 사람 1인당 경제 효과가 가장 큰 대안을 선택하게 된다.

<사실관계>

행정기관은 정책 대안 A, B, C 중 어느 하나만을 선택해 실행할 수 있었다. 이에 따라 행정기관은 대안들을 효율성, 형평성, 효용성 기준으로 비교하였고 다음 사실이 밝혀졌다.

(가) 대안 A의 경제 효과는 대안 B의 경제 효과보다 크다.
(나) 대안 B의 실행 비용은 대안 C의 실행 비용보다 크다.
(다) 대안 C는 대안 A보다 혜택을 받는 사람 수가 적다.

그리고 최종적인 판단 결과는 다음과 같았다. ('?'는 측정값은 나왔으나 판단 결과가 알려지지 않은 것이다)

판단 기준	1위	2위	3위
효율성	B	?	?
형평성	?	C	?
효용성	A	?	?

① 경제효과 : C>A>B
② 경제효과 : A>C>B
③ 실행비용 : A>B>C
④ 실행비용 : B>A>C
⑤ 혜택인원 : A>B>C

33. 다음으로부터 추론한 것으로 옳은 것만을 <보기>에서 있는 대로 고른 것은?

친구인 갑, 을, 병, 정은 같은 건물에 살고 있는데, 이 건물은 총 4개의 층으로 되어 있고 한 층당 한 명만이 살고 있다. 갑, 을, 병, 정은 자신이 사는 곳에 대해 다음과 같이 각각 진술하였다. 갑, 을, 병, 정은 모두 진실만을 진술하였다.

○ 갑 : "나는 1층 혹은 3층에 살고 있다."
○ 을 : "나는 1층 혹은 2층 혹은 4층에 살고 있다."
○ 병 : "나는 1층 혹은 2층 혹은 3층에 살고 있다."
○ 정 : "나는 3층 혹은 4층에 살고 있다."

<보 기>

ㄱ. 갑과 정의 집이 한 층 차이라면, 을의 집은 2층이다.
ㄴ. 을과 병의 집이 한 층 차이라면, 정의 집은 4층이다.
ㄷ. 병와 정의 집이 한 층 차이라면, 갑의 집은 1층이다.

① ㄴ ② ㄷ ③ ㄱ, ㄷ
④ ㄴ, ㄷ ⑤ ㄱ, ㄴ, ㄷ

34. 다음으로부터 추론한 것으로 옳은 것만을 <보기>에서 있는 대로 고른 것은?

○ A교수의 강의를 수강하는 갑은 B교수의 강의는 수강하지 않는다. ○ 을은 C교수의 강의를 수강하는 학생이다. ○ D교수의 강의를 수강하는 모든 학생은 A교수의 강의를 수강하지 않는다. ○ D교수의 강의를 수강하는 모든 학생은 B교수의 강의를 수강한다. ○ E교수의 강의를 수강하는 어떤 학생은 D교수의 강의를 수강한다. ○ C교수의 강의를 수강하는 모든 학생은 B교수의 강의를 수강한다. ○ A교수의 강의를 수강하는 어떤 학생은 C교수의 강의를 수강한다.

<보 기>

ㄱ. 갑은 C교수의 강의를 수강하지 않는다.
ㄴ. 을은 A교수의 강의를 수강하지 않는다.
ㄷ. 교수 세 명의 강의를 수강할 수 있는 학생은 없다.

① ㄱ ② ㄴ ③ ㄱ, ㄷ
④ ㄴ, ㄷ ⑤ ㄱ, ㄴ, ㄷ

35. 다음으로부터 추론한 것으로 옳은 것은?

자전거 회사 X는 동시에 두 개 이상의 자전거 모델을 생산하지 않는다. X에서 2019년 이전에 출시된 모델은 총 5개이며, 모델명은 A, B, C, D, E이다. 그리고 X는 2020년에 6번째 자전거 모델 F를 출시하였다. X의 자전거 모델들은 1년 단위로 평가를 받고, 그 결과에 따라 X는 동일 모델 생산을 계속하거나 새로운 모델을 출시하여 생산한다. 한 번 교체된 모델은 다시 출시되지 않으며, X가 A~E 모델을 생산한 기간의 총합은 28년이다. 이때 다음 정보가 알려져 있다. ○ A가 지속된 기간은 D의 2배이다. ○ B가 지속된 기간은 E의 2배이다. ○ C가 지속된 기간은 E보다 2년 짧다. ○ 생산 기간이 가장 긴 모델은 두 번째로 출시된 모델이다. ○ 생산 기간이 두 번째로 긴 모델은 2013년에 출시된 모델 하나뿐이다.

① A는 3번째로 출시된 모델이었다.
② B는 6년 동안 출시되었다.
③ C는 가장 오래 지속된 모델이었다.
④ D는 가장 짧게 지속된 모델이었다.
⑤ E는 2번째로 출시된 모델이었다.

36. 다음으로부터 추론한 것으로 옳은 것은?

> 신경자극을 전달하는 세포 뉴런은 신체 전체에 분포되어 시냅스를 이루며 얽혀 있어 외부의 자극을 받으면 이를 전기적인 형태로 최종 수용기에 전달하는 일을 한다. 뉴런 내에서는 뉴런의 머리 부분인 신경세포체의 가지돌기에서 자극을 받고, 꼬리 부분인 수상돌기쪽으로 자극을 전도한다. 하지만 인위적으로 뉴런의 중간에 자극을 가한다면 자극은 자극을 받은 지점의 좌우 양방향으로 동일한 속도로 전도된다.
>
> 뉴런의 세포막을 경계로 안과 밖에는 전위차가 존재하는데 이를 막전위라고 한다. 자극을 받지 않았을 때를 분극상태라고 하며 이때의 막전위를 휴지막전위(−70mV)라고 한다. 자극을 받으면 뉴런의 일정한 길이의 영역은 전위차가 역전되어 탈분극상태가 되고 이때의 막전위는 활동전위(+30mV)까지 도달한다. 활동전위가 되었을 때 자극은 자극을 받은 영역의 바로 옆 일정 길이의 영역으로 전도된다. 활동전위가 되어 자극이 전도된 후 원래 상태로 되돌아가는 것을 재분극상태라고 하며 이때의 막전위는 처음 휴지막전위를 되찾는다. 전도된 자극을 받은 옆 일정 길이의 영역은 활동전위까지 도달하여 탈분극상태가 되고 다시 그 옆 일정 길이의 영역으로 자극이 전도된 후 재분극상태가 되는 방식으로 뉴런 내 일정 길이 영역에서 자극 전도가 이어진다.
>
> 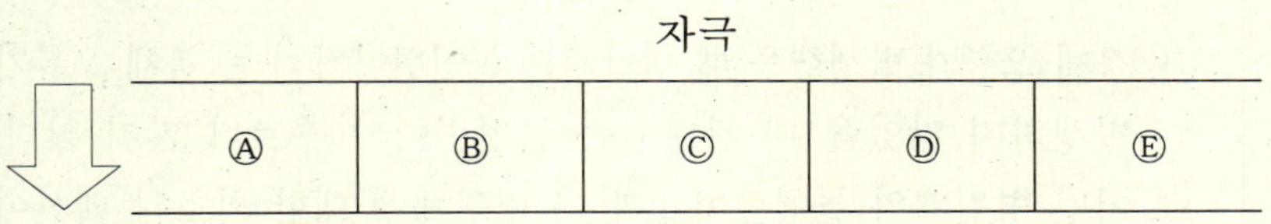
>
>
> 위 그림은 뉴런의 중간을 확대한 것이고 Ⓐ~Ⓔ는 뉴런 안에서 자극이 전도되는 일정 길이의 영역이다. Ⓒ부분에 인위적으로 역치 이상의 자극을 가하여 활동전위를 발생시켰다. 일정 시간이 흐른 뒤 시점 T에서 Ⓒ는 재분극상태이며, Ⓓ는 탈분극상태이다.

① Ⓐ와 Ⓑ의 막전위는 그 상태가 항상 같다.
② 시점 T에서 Ⓑ는 분극상태일 것이다.
③ 시점 T에서 Ⓒ의 막전위는 +30mV보다 높다.
④ 시점 T에서 Ⓒ에 자극이 새롭게 가해진다면 시점 T에서 Ⓑ의 막전위는 −70mV이다.
⑤ Ⓔ에 자극이 도달하는 시점에 Ⓐ는 분극상태일 것이다.

37. 다음 글을 평가한 것으로 옳은 것만을 <보기>에서 있는 대로 고른 것은?

> 현대인들에게 약은 일상생활에서 빼놓을 수 없는 존재가 되었다. 그런데 우리가 복용하는 약의 효과나 부작용의 유무에는 사람마다 차이가 있다. 즉, 같은 약을 똑같이 복용해도 어떤 사람은 효과가 있고 어떤 사람은 효과가 없을 수 있다. 마찬가지로 어떤 사람은 부작용이 있고 어떤 사람은 부작용이 없을 수 있다. 이런 개인차의 원인을 밝혀내기 위해 유전적 요소에 대한 연구가 진행되고 있다. 어떤 약에 대하여 약효가 뛰어난 DNA 유형과 부작용이 발생하기 쉬운 DNA 유형을 밝힐 수 있다면, 환자의 DNA 유형에 따라서 적절한 약물 치료가 가능하다.
>
> 간세포에서 활동하는 시토크롬 P450이라는 효소를 예로 들어볼 수 있다. 시토크롬 P450은 알코올을 분해하고 약물을 해독하는 효소인데, 이 효소의 설계 정보를 담당하는 유전자에는 몇 가지 개인차가 존재한다. 이 개인차에 따라 어떤 환자는 약물을 해독하기 쉬운 시토크롬 P450을 제작해서 부작용이 잘 생기지 않는 반면, 또 다른 환자는 약물 해독 능력이 떨어지는 시토크롬 P450으로 인해 부작용이 생기기 쉽다. 따라서 ㉠ <u>환자에게 약을 처방하기 이전에 DNA 유형을 조사하여 적절한 약물을 투여한다면, 약효를 최대화하면서 부작용을 없앨 수 있다</u>.

<보 기>

ㄱ. 간세포에서 알코올 분해와 약물을 해독하는 또 다른 효소인 A가 발견되었다는 사실은 ㉠을 약화한다.
ㄴ. 시토크롬 P450의 설계 정보를 담당하는 유전자가 환경에 따라 쉽게 변이될 수 있다는 사실은 ㉠을 강화한다.
ㄷ. 알코올 중독자의 경우 간세포에서의 시토크롬 P450의 활성이 항상 과다 상태에 있어 약물이 흡수되기도 전에 해독된다는 사실은 ㉠을 강화하지 않는다.

① ㄱ ② ㄷ ③ ㄱ, ㄴ
④ ㄴ, ㄷ ⑤ ㄱ, ㄴ, ㄷ

38. 다음으로부터 추론한 것으로 옳은 것간을 <보기>에서 있는 대로 고른 것은?

양호한 음악환경을 갖추는 것은 공연의 질을 좌우하는 중요한 요소 중의 하나이다. 알맞은 실내음향을 좌우하는 것은 '잔향시간'으로, 이는 배우의 성대나 악기에서 소리가 끝난 뒤 중간 주파수의 소리에너지가 100만분의 1로 줄어들 때까지 걸리는 시간을 뜻한다. 잔향시간이 길수록 소리는 풍성해지지만 동시에 소리의 명료도가 떨어지므로 공연장의 목적에 따라 알맞은 잔향시간은 다르다. 음악보다 대사가 잘 들려야 하는 오페라 공연장의 잔향시간은 1.2~1.6초가 적절한 데 비해, 음악 소리가 풍성하게 들려야 하는 오케스트라 공연장의 잔향시간은 1.8~2.2초가 적절하다.

잔향시간은 어떤 공간이 음을 잘 반사하면 길어지는 반면 공간이 음을 잘 흡수하면 짧아진다. 공간의 체적이 클수록 음을 잘 반사하기 때문에 잔향시간은 길어진다. 이때 잔향시간은 체적에 정비례하는데 체적 2만 m^3인 공연장이 만석일 때 잔향시간은 1.4초이다. 그러나 체적을 고려해 공연장을 설계하는 것만으로는 알맞은 잔향시간을 얻는 것에 한계가 있어 상황에 따라 흡음재와 반사재를 이용하여 원하는 잔향시간을 얻는다. 즉, 흡음재와 반사재의 설치 비율을 조절함에 따라 잔향시간은 짧아지거나 길어지며, 이때의 잔향시간은 체적과는 무관하다. 어떤 공연장에 흡음재만 설치한 경우 흡음재와 반사재의 설치 비율을 10:0이라고 하면, 이 경우 아무 것도 설치하지 않았을 때의 잔향시간에서 0.4초가 줄어든다. 그리고 나서 흡음재의 설치 비중을 점차 줄이고 반사재의 설치 비중을 점차 늘려 가면, 이 줄어든 잔향시간은 흡음재와 반사재의 설치 비율이 4:6이 되기 전까지 변화가 없다가 4:6이 되면 0.8초 늘어난다. 그리고 이 설치비율이 2:8이 되면 0.3초가 더 늘어난다. 마지막으로 해당 공간에 반사재만 설치하면 잔향시간은 0.4초가 또다시 늘어난다.

<상황>

A : 체적이 2만 m^3이고 흡음재와 반사재를 설치하지 않은 공연장이다.

B : 체적이 1만 m^3이고 흡음재와 반사재를 설치하지 않은 공연장이다.

<보 기>

ㄱ. 공연장 전체에 흡음재만 설치했다가 반사재의 설치 비중을 점차 늘려 흡음재와 반사재의 설치 비율을 2:8까지 조절하면, 만석일 때 B는 오페라를 공연하기에 알맞은 공간이 된다.

ㄴ. A와 B 모두 흡음재만 설치했다가 반사재의 설치 비중을 점차 늘려 그 비중을 100%까지 조절한다면, 만석일 때 오케스트라 공연의 소리를 듣기에 더 알맞은 공연장은 A이다.

ㄷ. 공연장 전체에 흡음재만 설치했다가 반사재의 설치 비중을 점차 늘려 흡음재와 반사재의 설치 비율을 6:4까지 조절하면, 만석일 때 A는 오페라 공연보다는 연설을 하기에 더 알맞은 공간이 될 것이다.

① ㄱ ② ㄴ ③ ㄱ, ㄷ
④ ㄴ, ㄷ ⑤ ㄱ, ㄴ, ㄷ

39. 다음으로부터 추론한 것으로 옳은 것만을 <보기>에서 있는 대로 고른 것은?

우리는 다양한 방법으로 질병에서 벗어나고자 한다. 백신접종을 통해 우리 신체에 침입하는 바이러스와 같은 병원체에 대해 저항하는 힘을 키우고자 한다거나, 항생제를 통해 우리 신체에 침입한 병원체를 제거하는 것이다. 그러나 병원체의 입장에서 인간의 이러한 대처는 자신의 생존과 직결되는 문제이다. 그래서 백신이나 항생제와 같은 인간의 공격에 대해 병원체가 대처하는 방식은 돌연변이이며, 이러한 변이를 통해 병원체는 살아남고자 한다. 돌연변이율이 높을수록 병원체의 염기서열 유전정보는 더 많이 달라진다. 그래서 병원체의 유전정보가 달라질수록 최초의 백신이나 항생제의 효과도 그만큼 줄어드는 것이다.

돌연변이는 유전자 복제과정에서 자연적으로 생기는 복제 오류로 인한 결과이다. 유전자 복제과정에서 RNA 염기서열의 자체적인 취약성이 임계점을 넘을 때 이로 인해 복제 오류가 생긴다. 이때 자체적인 취약성은 외부환경이 거칠거나 순조롭지 않을 경우 현저히 증폭된다. 즉 병원체는 다양한 항생제와 같은 과잉환경에서 취약성이 더 증폭된다. 복제 횟수가 많으면 많을수록 자체적인 취약성을 더 증폭시켜 복제 오류의 발생 확률도 높아지며 따라서 돌연변이율도 높아진다.

<보 기>

ㄱ. 복제 오류가 발생했을 때 관찰되는 돌연변이의 수는 복제 오류가 발생하지 않았을 때 관찰되는 돌연변이의 수보다 많지 않다.

ㄴ. 어떤 병원체의 돌연변이율과 이 병원체에 대한 최초의 백신이 이 병원체에 저항하는 힘을 키우는 효과를 보일 가능성은 반비례한다.

ㄷ. 동일한 외부환경에 놓인 서로 다른 두 병원체의 복제 횟수가 서로 같다고 하더라도 그들의 복제 오류 발생 여부는 다를 수 있다.

① ㄱ ② ㄷ ③ ㄱ, ㄴ
④ ㄱ, ㄷ ⑤ ㄴ, ㄷ

40. 다음으로부터 추론한 것으로 옳은 것만을 <보기>에서 있는 대로 고른 것은?

> 세포막은 단순한 세포 사이의 칸막이 역할만 하는 것이 아니라 중요한 기능을 수행한다. 우선 세포막은 세포 안팎의 사이에서 물질의 출입을 제어하고 있다. 세포 안팎의 농도 차이에 따른 유입과 유출의 관문이 될 뿐 아니라, 농도가 낮은 쪽에서 높은 쪽으로 필요한 물질의 분자를 옮기는 펌프 같은 성능까지 가지고 있다. 나트륨-칼륨 펌프는 세포막에 존재하는 막 단백질이다. 다른 기제가 작동하지 않는 한 나트륨 이온의 농도는 세포 밖이 더 높고, 칼륨 이온의 농도는 세포 안이 더 높다. 만약 나트륨-칼륨 펌프가 존재하지 않는다면 나트륨 이온과 칼륨 이온은 세포막 안팎의 농도 차이를 줄이는 방향으로 이동할 것이다. 그러나 나트륨-칼륨 펌프는 나트륨 이온과 칼륨 이온을 이동시켜 세포 내 각 이온의 농도를 유지시킨다.
>
> 세포막의 또 다른 기능은 세포 밖에서 안으로 들어와 세포에 작용하려는 물질의 정보를 받아들이는 것이다. 세포에 작용하려는 물질의 대표적인 예가 호르몬이다. 호르몬이 세포에 작용할 때 세포막에 있는 효소인 사이클릭 AMP(cAMP)의 농도가 상승하고, 이를 통해 세포의 행동을 변화시킨다. 세포막을 통한 신호전달은 다수의 호르몬의 공통된 구조이며 세포막의 안쪽에서는 호르몬의 작용을 받아 효소의 반응이 각각 다르게 일어난다.
>
> 세포막의 세 번째 기능은 동종 세포끼리 뭉치도록 하는 것이다. 세포막 표면에 사슬 모양으로 이어져 있는 당이 있는데, 이 당이 어떤 종류인지에 따라 세포의 생김새가 달라진다. 그리고 이 사슬 모양으로 이어져 있는 당을 통해 같은 종 세포끼리 뭉칠 수 있다. 혈액형이 A형이냐 B형이냐의 차이도 적혈구 세포막의 표면에 나와 있는 당 사슬의 차이에 따른 것이며, 이 둘의 차이도 10개의 당 중 1개의 차이로 구분된다. 이러한 세포막의 기능은 고등생물이 갖는 복잡한 구조의 기초라 할 수 있는 것이다.

<보 기>

ㄱ. 나트륨-칼륨 펌프의 기능 중 하나로 나트륨 이온은 세포 안으로, 칼륨 이온은 세포 밖으로 이동시켜 각 이온의 농도를 유지시키는 것이 있다.

ㄴ. 체내 혈당 수준을 높이는 호르몬인 글루카곤이 간세포에 작용할 때, 간세포의 cAMP 농도는 상승한다.

ㄷ. 다른 개체로부터의 첫 수혈 시 A종은 혈액형별로 수혈 받을 수 있는 혈액형이 있고, B종은 혈액형과 상관없이 수혈을 받을 수 있다면 A종이 B종보다 더 고등생물이다.

① ㄴ ② ㄷ ③ ㄱ, ㄷ
④ ㄱ, ㄴ ⑤ ㄴ, ㄷ

* 확인 사항
○ 문제지와 답안지의 해당란에 필요한 내용을 정확하게 표기했는지 확인하십시오.

〈문제출제〉
메가로스쿨 언어논리연구소

2026학년도 법학적성시험 대비

제2회 파이널

LEGAL • EDUCATION • ELIGIBILITY • TEST

실전 모의고사

제2교시

총 40문항 10:45~12:50(125분)

추리논증

수험생 유의사항

1. 문제지를 받은 후 시험 시작 시간까지 문제 내용을 보아서는 안 됩니다.
2. 시험 시작 즉시 과목편철 순서, 문제누락 여부, 인쇄상태 이상 유무 등을 확인한 후 문제지에 성명을 기재하시기 바랍니다.
3. 시험 시작 후 문제를 주의 깊게 읽고 문항의 취지에 가장 적합한 하나의 정답만을 고르시기 바랍니다.

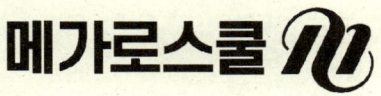

메가로스쿨

제 2 교시

추리논증

성 명

메가로스쿨

○ 이 문제지는 **40문항**으로 구성되어 있습니다. 문항 수를 확인하십시오.

○ 문제지의 해당란에 성명을 정확히 쓰십시오.

○ 답안지에 응시 번호와 답을 표기할 때에는 답안지 오른편에 있는 '답안지 작성시 반드시 지켜야 하는 사항'에 따라 표기하십시오.

○ 답안지의 필적확인란에 해당 문구를 정자로 기재하십시오.

1. 다음 논쟁에 대한 평가로 옳은 것만을 <보기>에서 있는 대로 고른 것은?

X국은 부동산 가격을 안정시키기 위하여 신규 분양이 이루어지는 아파트에 대한 투기적 수요를 억제하고자 정부가 지정한 아파트에 대해서는 신규 분양이 이루어진 후 2년 동안 해당 아파트를 임대하는 것을 금지하고 피분양자가 2년간 실거주하도록 의무화하는 '전월세 금지제도'를 시행하려고 한다. 이 제도를 시행해야 하는지에 대해서 논쟁이 있다.

갑 : 본인이 실거주할 아파트가 아님에도 분양을 받는 것은 시세차익을 노리고 아파트를 분양 받는 투기적 수요로 볼 수 있기 때문에, 실제로 거주할 목적을 갖는 수요자들이 아파트를 분양받지 못하는 문제가 있어. 그리고 이러한 투기적 수요가 부동산 가격을 더욱 상승시키고 있어. 우리도 이 제도를 도입하여 실거주자 보호와 부동산 가격 안정을 도모할 필요가 있어.

을 : 일리 있는 말이야. 하지만 투기적 수요나 가격상승이 두드러지게 나타나지 않는 아파트에 대해서도 정부가 아무런 제한 없이 임의로 전·월세를 금지할 수 있도록 하면 자칫 계약자유의 원칙을 심하게 훼손하는 반면 이를 정당화할 만한 공익은 부족하다는 비판이 제기될 수 있어. 일부 투기가 과열된 지역에 한정해서 해당 제도를 적용할 필요가 있어.

병 : 신축 아파트를 분양 받고자 하는 많은 사람들은 당장은 현금이 부족하지만 분양 받은 아파트를 임대하여 받은 임대차보증금으로 일부 분양대금을 충당한 다음, 임대가 끝나면 본인이 실거주하기 위한 경우가 많아. 이들을 모두 투기적 수요로 단정해버리면, 당장 분양대금을 전액 현금으로 지불할 수 있을 정도로 많은 현금을 보유하고 있는 사람들만이 분양을 받을 수 있게 되어서 부당해.

<보 기>

ㄱ. 아파트를 신규 분양 받은 후 실거주한 사람이 대부분이었고 임대하는 피분양자들은 아파트 가격에의 영향이 미미할 정도의 비중에 불과하였다는 사실은 갑의 견해를 약화한다.

ㄴ. 정부가 부동산 규제를 정할 당시에 투기적 수요가 있다고 판단되는 지역의 아파트만 한정하여 규제하였더니, 규제 대상이 아닌 지역의 아파트에 투기적 수요가 현저히 증가하였다는 사실은 을의 견해를 강화한다.

ㄷ. 신규 아파트를 분양받아 임대하였던 피분양자들이 대체로 임대기간이 종료된 후에 시세차익을 위해 부동산을 매각하였다는 사실은 병의 견해를 약화한다.

① ㄱ ② ㄴ ③ ㄱ, ㄷ
④ ㄴ, ㄷ ⑤ ㄱ, ㄴ, ㄷ

2. 다음으로부터 추론한 것으로 옳은 것만을 <보기>에서 있는 대로 고른 것은?

X국 법에 따르면 공직선거법 위반죄가 유죄로 인정되는 국회의원은 그 의원직을 상실한다. 그리고 그 외의 범죄의 유죄가 확정되어 징역형의 집행유예 이상을 선고받아 확정되면 국회의원직을 상실한다. 벌금형은 징역형의 집행유예보다 가벼운 형벌이다. 공직선거법 위반죄의 대표적인 예로는 선거와 관련해 허위 사실을 공표하는 허위사실공표죄가 있다. 교수 갑은 변호사시험 출제위원으로 활동하였는데, 자신이 출제한 변호사시험의 문항을 자신이 재직하는 대학교의 학생들에게 유출하였다는 공무상비밀누설죄의 혐의를 받던 중, 국회의원 선거에 출마하였다. 선거과정에서 갑은 자신의 공보물에 '시험문제를 유출한 사실이 없다'는 내용을 기재하였고, 이후 갑은 국회의원에 당선되었다. 갑이 허위사실을 공표하였는지에 관하여 A와 B는 다음과 같이 대화를 나누고 있다.

A : 어떤 범죄와 관련하여 자신의 혐의 사실을 부인하는 것은 허위사실공표죄로 처벌할 수 없다. 형사절차에서 피고인은 자신에게 불리한 진술을 하지 않을 진술거부권이 있는데, 이를 부인하였다고 해서 형사처벌을 한다면 진술거부권을 침해할 우려가 있기 때문이다.

B : 진술거부권은 피고인 일반에 대해 인정되는 기본권인데, 이는 수사기관 앞에서 진술을 거부할 수 있다는 의미이다. 공직선거법상 허위사실공표죄는 국회의원에 출마하고자 하는 자에 대하여 높은 투명성과 도덕성을 요구하고, 유권자에게 충분한 정보제공을 하고자 하는 취지이기 때문에, 자신의 혐의 사실을 부정하였다고 하여도 허위사실공표죄로 처벌해야 한다.

<보 기>

ㄱ. 시험문제 유출사실과 관련하여 갑의 공무상비밀누설죄가 유죄로 인정되어 갑이 징역 8월에 집행유예 1년 6월의 형을 받아 확정되었다면, A와 B 모두 갑의 국회의원직은 상실되어야 한다고 볼 것이다.

ㄴ. 시험문제 유출사실에 관련하여 갑이 시험문제를 유출한 것은 사실로 인정되지만 시험문제가 공무상 비밀이 아니라는 이유로 무죄로 판단되어 확정되었다면, A와 B 모두 갑의 국회의원직은 상실되지 않아야 한다고 볼 것이다.

ㄷ. 시험문제 유출사실과 관련하여 갑의 공무상비밀누설죄가 유죄로 인정되어 갑이 600만 원의 벌금형을 받아 확정되었다면, A는 갑의 국회의원직이 상실되지 않아야 한다고 볼 것이지만, B는 상실되어야 한다고 볼 것이다.

① ㄱ ② ㄴ ③ ㄷ
④ ㄱ, ㄴ ⑤ ㄱ, ㄷ

3. 다음 글로부터 추론한 것으로 옳은 것만을 <보기>에서 있는 대로 고른 것은?

X국은 [규정]과 같이 공직자였던 변호사의 사건 수임을 일정 경우 제한하고 있다.

[규정]

제1조 법관, 검사, 그 밖의 공무원직에 있다가 퇴직하여 변호사가 된 자는 다음의 경우 사건 수임을 할 수 없다.

① 재직 중 직접 처리한 사건(검사가 수사하던 사건이 공소제기되어 형사재판이 진행되는 경우를 포함한다.)

② 퇴직 1년 전부터 퇴직한 때까지 근무한 기관에서 처리하는 사건으로서 퇴임일로부터 1년이 지나지 않은 사건(대법원과 대검찰청, 고등법원과 고등검찰청, 지방법원과 지방검찰청은 각각 동일한 기관으로 본다.)

제2조 재판연구원(관련법에 따라 고등법원에서 2년 이상 근무한 자)은 제1조 제2항의 적용을 받지 않는다.

제3조 제1조 제2항의 적용을 받는 자이더라도 다음의 경우에 해당하면 사건수임을 할 수 있다.

① 국선변호 등 공익목적의 수임

② 자신의 직계존속·비속, 형제자대, 형제자매의 직계비속, 배우자의 직계존속의 사건

<보 기>

ㄱ. 甲은 대전지방법원에서 10년간 법관으로 재직하던 중 2017년 12월 31일에 퇴임한 뒤 변호사가 되었다. 제3조에 해당하는 사항이 없더라도 甲은 2018년 8월에 사기범죄 혐의로 대전고등검찰청에서 조사를 받는 乙의 사건을 수임할 수 있다.

ㄴ. 2019년 1월에 2년간 근무한 서울고등법원에서 퇴임한 뒤 변호사가 된 甲은 2019년 5월에 서울고등법원에서 진행된 乙의 민사소송 사건을 수임하였다. 甲의 수임이 [규정]을 위반하지 않았다면 甲과 乙에게는 제3조에 해당하는 사항이 있다.

ㄷ. 甲은 부산지방검찰청에서 검사로 재직하며 甲의 여동생의 직계비속인 乙의 살인죄를 수사하던 중 퇴임하였다. 乙의 사건이 살인죄의 죄목으로 공소제기되어 부산고등법원에서 진행 중이며 甲의 퇴임일로부터 1년이 경과했더라도 변호사로서 甲은 乙의 사건을 수임할 수 없다.

① ㄱ ② ㄴ ③ ㄱ, ㄷ
④ ㄴ, ㄷ ⑤ ㄱ, ㄴ, ㄷ

4. 다음으로부터 추론한 것으로 옳지 않은 것은?

기업은 수익성이 악화되어 채무를 갚지 못할 위험이 있는 경우 계열사를 정리하고 기업의 구조를 바꾸는 등 구조조정을 한다. 이때 채권자들은 자신의 권리를 일부 포기해야 하기 때문에, X국과 Y국에서는 기업의 구조조정 계획은 채권자 75%의 동의를 받도록 하고 있다. 그러나 25%의 반대채권자의 의사도 무시할 수 없으므로 X국과 Y국은 다음과 같이 반대채권자에 대한 보호제도를 두고 있다.

X국: 기업이 구조조정을 하려는 경우 그 계획을 법원으로부터 인가받아야 한다. 법원은 구조조정 계획 찬성 채권자뿐 아니라 구조조정 계획 반대채권자의 의사도 종합하여 청취하며, 구조조정이 실제로 이루어졌을 경우, 어떤 채권자가 더 많은 희생을 하는지, 손실의 분담이 채권자들 간에 형평성 있게 이루어지는지를 살펴 구조조정 계획의 인가 여부를 결정한다.

Y국: 기업의 구조조정을 하려는 경우, 그 계획 인가에 있어 법원은 개입하지 않는다. 다만, 기업의 구조조정 계획에 반대하는 채권자들은, 그 계획에 찬성하는 채권자들에게 자신들의 채권을 매수할 것을 요구할 수 있다. 이때 채권의 매수 가격은 반대 채권자가 동의하는 가격에 이루어진다. 채권의 매수가 완료되기 전에는 기업의 구조조정 계획이 실행될 수 없다.

① 기업의 구조조정 계획 인가에 관한 법원의 심리가 법원의 업무 과중으로 인해 지연되어 기업 구조조정 핵심가치인 신속성과 적시성이 훼손될 것을 우려하는 사람은 X국 제도를 반대할 것이다.

② 반대 채권자의 불합리한 요구가 있는 경우, 그러한 요구를 국가 기관이 제한하여 합리적인 범위에서 이익을 조정할 필요가 있다고 생각하는 사람은 Y국 제도보다 X국 제도를 지지할 것이다.

③ 반대 채권자가 자신의 채권이 매수되지 않으면 기업의 구조조정 계획이 실현되지 못한다는 점을 이용하여 나머지 채권자들에게 과중한 재정 부담을 요구할 수 있다고 우려하는 사람은 Y국 제도를 반대할 것이다.

④ 기업이 구조조정을 신속히 실행시키기 위해 75%의 채권자에게만 이익이 되는 방향으로 계획을 수립하는 등 다수 채권자의 횡포를 우려하는 사람은 Y국 제도보다 X국 제도를 지지할 것이다.

⑤ 기업이 구조조정 계획을 수용할지의 여부는 채권자 간의 이익을 조정하는 사익 조정의 문제로, 이러한 사익 조정은 국가기관의 개입이 아니라 사적 자치와 상호협상의 영역으로 두어야 한다고 생각하는 사람은 X국 제도보다 Y국 제도를 지지할 것이다.

5. <견해>에 대한 평가로 적절하지 않은 것은?

X국은 차량을 주차할 수 있는 공간을 보유하고 있음을 증명하지 못하면 차량을 구매할 수 없도록 하는 차고지증명제를 시행하고 있다. 개인 소유의 주차공간이 있거나, 주차장 사용계약을 체결하여 주차 공간을 보유하고 있어야 차량을 구매할 수 있도록 한 것이다. Y국에서 이 제도의 도입을 둘러싸고 다음과 같은 견해가 있다.

<견해>

갑 : 우리도 특히 도심구역을 중심으로 주차공간이 부족해서 불법주차가 만연하고 그로 인하여 안전사고까지도 다수 발생하고 있어. 이 제도를 도입해서 추가적으로 유통될 차량만큼의 주차공간은 확보할 필요가 있어.

을 : 일리 있는 말이야. 그런데 X국에서 시행하는 방식은 차량구매 시에만 단기적으로 공용 주차장 사용계약을 체결해놓고 차량구매 이후에는 사용계약을 해지한 후 차고지 없이도 차량을 보유할 수 있는 문제가 있어. 이 제도가 그대로 도입된다면 곧 유명무실해질 수 있어.

병 : 개선책을 마련하면 그런 우려는 불식시킬 수 있겠지. 하지만 차고지증명제는 차량구매자에게 막대한 경제적 부담을 안겨줄 수 있어. 자동차를 생계수단으로 사용하는 도심 거주 서민들의 자동차 구매를 가로막을 거야.

① Y국에서 이미 유통된 차량이 많고 국민에게 의무를 부과하는 법은 소급하여 시행하는 것이 불가능하다면 갑의 견해는 약화된다.
② Y국에는 충분한 주차공간이 마련되어 있음에도 차주들이 주차에 비용을 지불하는 것을 부당하게 생각하여 불법주차를 하는 경우가 대부분이라면 갑의 견해는 약화된다.
③ X국에서 공용 주차장 사용계약을 근거로 차량을 구매한 차주에 대해 10년간 사용계약 유지 여부를 검토한 결과 90% 내외의 차주들이 계약을 유지하고 있었다면 을의 견해는 약화된다.
④ Y국의 도심에 차고지 공간 마련을 위한 부동산이 매우 비싸고 공용 주차장이 거의 설치되어 있지 않다면 병의 견해는 강화된다.
⑤ Y국에서 자동차를 생계수단으로 사용하는 사람들이 대체로 소득수준이 낮다는 사실은 병의 견해를 강화한다.

6. 다음 논쟁에 대한 분석으로 옳은 것만을 <보기>에서 있는 대로 고른 것은?

<사례>

주식회사는 일정한 절차를 거쳐서 설립등기를 해야 성립한다. 주식회사의 설립에 관한 사무를 담당하는 발기인들이 모여 발기인 조합의 형태로 회사 설립을 준비한다. 주식회사의 설립등기 이전에 회사로서의 실체가 형성된 미완성의 회사를 설립중의 회사라고 하는데, 설립중의 회사가 제3자와 형성한 계약관계는 별도의 승계절차 없이 설립 후의 회사로 이전된다. 설립중의 회사가 성립하는 시기에 대해 다음과 같이 견해가 나뉜다.

<견해>

A : 주식회사 성립 단계에서 발기인들이 처음 하는 일이 정관작성이야. 정관은 발기인들이 향후 주식회사를 어떻게 운영할지 기준이 되는 내적규범으로써 주식의 발행 금액과 절차를 규정해. 따라서 정관작성 시에 설립중의 회사가 성립한다고 봐야 해.

B : 주식회사는 주식을 소유하는 주주가 확정되는 것과 주주들이 주식의 가치에 해당되는 금액을 회사에 납입함으로써 회사의 자본이 형성되는 것이 필요해. 정관작성을 통해서 인적 범위는 확정할 수 있어도 물적 범위는 발기인이 주식을 인수할 때 마련되는 것이므로 확정할 수 없어. 따라서 정관이 작성된 이후 최소 1명의 발기인이 1주라도 인수하여 금액을 납입하면 그때부터 설립중의 회사로 봐야 해.

<보 기>

ㄱ. A와 B 모두 정관작성이 없다면 설립중인 회사를 인정할 수 없다는 점에서 견해가 일치한다.
ㄴ. 회사 X가 성립중의 회사가 되자마자 제3자가 X와 계약을 하였을 경우, B보다 A를 따를 때 더 이른 시기에 계약관계를 인정받을 수 있다.
ㄷ. 설립중인 회사가 성립하기 위하여 물적 범위가 최소한으로라도 확정되어야 된다는 주장을 A와 B 모두 받아들인다.

① ㄱ ② ㄷ ③ ㄱ, ㄴ
④ ㄴ, ㄷ ⑤ ㄱ, ㄴ, ㄷ

7. 다음으로부터 추론한 것으로 옳은 것만을 <보기>에서 있는 대로 고른 것은?

> X국은 공포 때문에 어떤 법률행위인 의사표시를 한 경우, 의사표시를 한 시점부터 해당 의사표시를 무효로 보아 의사표시를 한 시점부터 취소할 수 있다고 규정하고 있다. 무효인 법률행위는 나중에 그 법률행위를 보충하여 확정적으로 유효하게 하더라도 효력이 다시 생기지 않는다. 그러나 무효 원인이 소멸한 뒤 당사자가 자신의 법률행위가 무효임을 알고, 후에 그 법률행위를 보충하여 확정적으로 유효하게 한 때에는 새로운 법률행위를 한 것으로 본다. 한편 X국에는 당사자의 급박한 사정으로 인해 현저하게 공정을 잃은 법률행위는 무효라는 불공정한 법률행위에 대한 규정이 있다.
>
> <사례>
>
> X국에서 2010년 8월에 쿠데타가 발생했고 계엄령이 선포되었다. 전 정권에 협력한 甲과 乙은 수사본부에 강제로 연행되어 수사관들로부터 재산을 국가에 헌납할 것을 종용받았다.
>
> 甲과 乙은 공포 때문에 그해 10월에 자기 소유의 부동산을 국가에 무상으로 수여한다는 증여 의사표시를 하고 석방되었다. 이후 甲과 乙은 그해 12월에 증여를 취소한다는 문서를 제출하였다. 乙은 석방 뒤에도 지속적인 협박과 회유를 받았고 결국 증여 취소를 번복하는 문서를 2011년 5월에 다시 제출하였다. 계엄령은 같은 해 12월에 해제되었다.

<보 기>

ㄱ. 甲과 乙이 2010년 12월에 증여를 취소하는 문서를 제출한 것은 유효한 법률행위의 취소이며 법률행위를 무효로 보는 기준 시점은 甲이 증여를 취소한다는 서면을 제출한 시기이다.

ㄴ. '현저하게 공정을 잃은'이 법률행위로부터 생기는 재산상 수익이 없지만 상대방은 부당한 재산적 이익을 얻은 것을 의미하는 것이라면, 甲과 乙 모두 불공정한 법률행위를 이유로 국가에 재산을 증여한다는 의사표시가 무효임을 주장할 수 있다.

ㄷ. 乙이 2011년 5월에 문서를 제출했을 때, 자신이 국가에 토지를 증여한다는 의사표시가 무효임을 안 경우, 무효원인 소멸시점이 乙의 석방 시점이라면 2011년 5월에 乙이 문서를 제출한 것은 새로운 법률행위이지만, 무효원인 소멸시점이 계엄령 해제 시점이라면 그렇지 않다.

① ㄱ ② ㄴ ③ ㄷ
④ ㄴ, ㄷ ⑤ ㄱ, ㄴ, ㄷ

8. <이론>에 따라 <사례>를 분석한 것으로 옳은 것만을 <보기>에서 있는 대로 고른 것은?

> <이론>
>
> 행정청이 한 행정행위에 하자가 있을 때, 행정청 스스로도 그러한 하자를 인정하는 경우라면 이를 직권으로 취소하는 것도 가능하다. 그런데 그 직권 취소에 하자가 있는 경우, 즉 사실은 원래의 행정행위에 하자가 없었는데 행정청이 착오하여 이를 직권 취소한 경우에는, 그 직권 취소 행위를 다시 취소할 수 있는가?
>
> 이에 관하여 ㉠ 상대방에게 불이익이 되는 행정행위를 취소하였다가 그 취소를 취소하는 것은 허용되지 않고, 상대방에게 이익이 되는 행정행위에 대해서는 가능하다는 견해와 ㉡ 행정행위를 취소하였다가 그 취소를 취소하여 원 행정행위의 효력을 되살리는 경우 그로 인하여 이해관계에 영향을 받는 행정행위의 직접 상대방 이외의 제3자가 있으면 허용되지 않고, 그러한 제3자가 없다면 허용된다는 견해가 있다.
>
> <사례>
>
> 사례1 : 행정청이 갑에게 부가가치세부과처분을 하였다가 세액 산정이 잘못되었다고 생각하고 부가가치세부과처분을 취소하였는데, 사실은 세액 산정에는 문제가 없었다.
>
> 사례2 : 행정청이 을에게 새로운 광산에 광업허가를 하였는데, 을이 자격요건을 못 갖추었다고 생각하고 광업허가처분을 취소하였는데, 사실은 을의 자격요건에는 문제가 없었다. 광산 하나에 대해서는 한 사람에게만 광업허가를 할 수 있다.

<보 기>

ㄱ. 행정행위의 직접 상대방의 입장에서는 ㉡ 견해에 따르는 것보다 ㉠ 견해에 따르는 것이 유리할 것이다.

ㄴ. 사례1에서 행정청이 부가가치세부과처분을 취소하였던 것을 다시 취소할 수 있는지에 관하여 ㉠과 ㉡은 견해를 달리할 것이다.

ㄷ. 사례2에서 행정청이 K광산에 대하여 을이 받은 광업허가처분을 취소한 이후 병에게 광업허가를 하였을 경우, 행정청이 을에 대한 취소를 다시 취소할 수 있는지에 관하여 ㉠과 ㉡의 견해는 일치할 것이다.

① ㄱ ② ㄷ ③ ㄱ, ㄴ
④ ㄴ, ㄷ ⑤ ㄱ, ㄴ, ㄷ

9. 다음으로부터 추론한 것으로 옳은 것만을 <보기>에서 있는 대로 고른 것은?

X국에서는 건물을 지을 때, A(5억 원 가치), B(4억 원 가치), C(3억 원 가치) 3개 용도의 층만을 조합할 수 있다. X국은 공사계약과 관련하여 다음 [규정]을 두고 있다.

[규정]

(1) 도급인과 수급인은 각각 공사계약을 의뢰한 측의 당사자와 일의 완성을 약정하는 측의 당사자를 말한다. 수급인이 공사계약에서 정한 완공기한이 지났음에도 완성의무를 지체한 경우, 도급인은 수급인에게 지체금을 청구할 수 있다. 지체금의 발생 시기는 완공기한 다음 날이고, 종기는 도급인이 공사계약을 적법하게 해제할 수 있게 된 날을 기준으로 한다.

(2) 수급인이 완성의무를 지체하는 경우, 도급인은 2주간 의무이행을 독촉할 수 있다. 이 기간 안에도 완성되지 않으면 독촉통지를 한 날을 포함하여 2주가 지난 다음 날부터 공사계약을 적법하게 해제할 수 있다.

(3) 이미 완성된 층에 수도, 전기, 가스의 하자가 있을 때 도급인은 수급인에게 아래 표에 의거해 하자의 보수를 청구할 수 있고, 수급인이 하자를 보수하지 않을 시 나머지 층에 대한 공사대금을 지급하지 않을 수 있다. 다만, 경미한 하자여서 보수비용이 이미 완성된 부분의 가치의 10% 이하일 때는 그럴 수 없다.

하자 종류	수도	전기	가스
보수비용(천 만)	1	2	2

(4) 공사가 이미 진척된 후 공사계약이 해제된 경우, 공사계약은 미완성 부분에 대해서만 효력이 없으며, 약정한 총 공사대금 중에서 이미 완성된 층에 상응하는 금액을 수급인에게 지급해야 한다.

<보 기>

ㄱ. 甲은 乙에게 A, B, C 각 1개 층으로 이루어진 총 3층의 건물 공사를 의뢰하였다. 乙이 2층까지 공사를 완료한 후 하자 4건이 발견되어 甲이 하자 보수를 청구했으나, 乙이 하자를 보수하지 않은 채 3층 공사를 거의 완료한 경우 甲은 3층에 대한 공사대금을 지급하지 않을 수 있다.

ㄴ. 甲은 乙과 공사계약을 체결하며 완공기한을 2019.7.1.로 정하고 지체금을 일일 당 5백만 원으로 합의하였다. 완공기한이 지났음에도 乙이 완성의무를 지체하자 甲이 2019.7.3.에 독촉통지를 하여 2019.7.19.에 공사계약을 해제한 경우, 乙은 지체금 8천만 원을 지급해야 한다.

ㄷ. 甲은 乙에게 A 1개 층, B 2개 층, C 2개 층으로 이루어진 총 5층의 건물 공사를 의뢰하였다. 3층까지의 공사가 완료된 이후 甲은 적법하게 공사계약을 해제하였다. 같은 용도의 층을 연속해서 지을 수 없는 경우라면, 甲은 12억 원을 지급해야 한다.

① ㄱ ② ㄷ ③ ㄱ, ㄴ
④ ㄴ, ㄷ ⑤ ㄱ, ㄴ, ㄷ

10. <견해>에 대한 분석으로 옳은 것만을 <보기>에서 있는 대로 고른 것은?

X국의 경우, 회사는 영업양도를 통해 물건, 권리를 포함한 영업재산 일체를 이전할 수 있다. 이때 영업재산 일체란 물건뿐 아니라, 기존에 근로자와 체결된 고용계약 관계 등을 포괄하는 개념이다.

영업양도를 하기 위해선 주주총회에서 출석한 주주의 의결권 3분의 2 이상과 전체 의결권의 3분의 1 이상의 동의가 필요하다. 한편 회사의 이사회는 이사 과반수 출석과 출석이사 과반수 찬성으로 회사의 중요자산을 양도할 수 있다. 이때 주주총회의 결의는 필요하지 않다.

<사례>

X국의 P회사는 호텔숙박업을 하는 회사이다. P회사는 소유하고 있는 유일한 호텔을 양도하려 한다. 이후 P회사는 다른 호텔을 매수하여 기존의 직원들로 사업을 계속할 예정이다. 한편, P회사의 이사회는 총 9명으로 구성되어 있고 의결권 있는 주식의 수는 100주이다.

<견해>

A : 회사의 존속에 기초가 되는 재산을 양도할 경우 결국 회사는 영업의 폐지나 중단을 하게 되므로 이는 실질적으로 영업양도와 같다. 따라서 이 경우 중요자산 양도의 요건과 함께 영업양도의 요건도 갖춰야 한다. 다만, 재산을 양도할 당시에 회사가 영업을 이미 중단하고 있던 상태라면 주주총회 결의는 필요 없다.

B : 영업양도와 중요자산 양도는 분명히 다른 개념이다. 회사의 존속에 기초가 되는 재산을 양도한다고 해서 반드시 영업양도의 요건을 갖추어야 할 필요는 없다. 계약 내용에 따른 거래대상이 단순히 '자산'에 불과한지 아니면 포괄적인 이전이 수반되는지를 살펴봐서 후자의 경우만을 영업양도로 보아야 한다.

<보 기>

ㄱ. P회사의 이사회에 5명의 이사가 참석하여 3명의 이사가 동의한 경우, B에 따르면 호텔의 양도는 가능하다.

ㄴ. P회사가 영업을 계속 하고 있는 상황에서 40주를 가지고 있는 갑과 20주를 가지고 있는 을이 주주총회에 출석하지 않은 경우, A에 따르면 호텔의 양도는 불가능하다.

ㄷ. P회사가 호텔을 양도할 당시 호텔의 영업을 이미 중단하고 있었다면, A와 B 모두 주주총회 결의 없이 이사회의 결의만으로 호텔의 양도가 유효할 수 있다고 볼 것이다.

① ㄱ ② ㄴ ③ ㄱ, ㄷ
④ ㄴ, ㄷ ⑤ ㄱ, ㄴ, ㄷ

11. 다음으로부터 추론한 것으로 옳은 것만을 <보기>에서 있는 대로 고른 것은?

X국은 노인이나 어린아이, 질병 및 기타 사정으로 인하여 보호를 요하는 자를 보호의무자가 유기한 경우에 유기죄로 처벌한다. 유기란 보호를 요하는 자를 보호받지 못하는 상태에 두는 행위를 의미한다. 보호의무자란 법률상 부모 및 배우자이다. 한편 보호의무자가 보호를 요하는 상황이 발생하였는지에 대하여 잘못 인식하거나, 자신이 보호의무자의 지위에 있는지에 대하여 잘못 인식하는 경우가 발생하기도 한다. 전자의 경우 보호의무자를 유기죄로 처벌하지 않으나, 후자의 경우에는 보호의무자를 유기죄로 처벌한다.

그리고 X국은 보호를 요하는 자를 보호해야 할 보호의무자가 보호의무를 이행하지 아니한 경우에 의무위반죄로 처벌한다. 단, 의무위반죄에서는 자신에게 보호의무가 있는지의 여부에 대해 잘못 인식한 경우에는 처벌하지 않는다. 대부분의 범죄는 의무를 위반한 행위이기 때문에 의무위반죄는 신체를 움직이는 행위가 없는 경우에만 제한적으로 적용된다. 가령, 자신이 보호해야 할 사람이 폭행당하고 있음을 알면서도 아무것도 하지 않은 채 지켜본 경우에는 의무위반죄로 처벌받는다.

<사례>

갑과 을은 2017년 3월 1일에 동거를 시작하였고, 2019년 2월 24일에 혼인신고를 하였다. 이후, 을은 2020년 5월 17일에 병을 출산하였고, 그로부터 한 달 후에 갑과 을이 병의 출생신고를 하였다.

<보 기>

ㄱ. 갑은 2017년 7월 20일에 을이 심혈관질환으로 인해 급성 통증이 발생하여 도움을 요하는 상태에 있는 것을 보았으나 을을 두고 친구를 만나러 나간 경우, 갑을 유기죄로 처벌할 수 없다.

ㄴ. 갑이 병을 자신의 친자가 아니라고 착각하여 2020년 10월 3일에 병을 보육원 앞에 두고 집으로 돌아온 경우, 갑을 유기죄로 처벌할 수 있지만 의무위반죄로 처벌할 수는 없다.

ㄷ. 병이 2020년 8월 9일에 질식하여 숨을 쉬고 있지 않고 있었으나 을이 이를 보고 병이 엎드려 자고 있는 것으로 착각하여 아무런 조치도 취하지 않아 병이 사망하였을 경우, 을을 유기죄로 처벌할 수 있다.

① ㄱ ② ㄷ ③ ㄱ, ㄴ
④ ㄴ, ㄷ ⑤ ㄱ, ㄴ, ㄷ

12. 다음으로부터 추론한 것으로 옳은 것만을 <보기>에서 있는 대로 고른 것은?

X국은 헌법재판소를 두고 있으며 정치질서에 중대한 위해를 끼칠 가능성이 있는 정당을 헌법재판소가 심판하여 해산하는 정당해산심판을 두고 있다. 최근 X국 헌법재판소는 A정당에 대한 정당해산심판을 승인하였다. 그런데 헌법재판소가 정당해산심판을 인용할 시 해산될 정당에 속해있는 국회의원들의 의원직 유지와 관련하여 아래와 같이 <견해>가 나뉘었다.

X국의 국회의원 선거제도는 비례대표 의원만을 선출하는 비례대표제, 지역구 의원만을 선출하는 지역구선거제, 비례대표 의원과 지역구 의원을 모두 선출하는 지역구·비례 혼용제 중 어느 하나를 채택하고 있다. X국 헌법재판소가 누구의 <견해>를 따라 해당 문제를 처리하였는지에 대해서는 알려지지 않았다.

<견해>

갑 : 모든 국회의원은 각자가 국민을 대표하는 헌법상 지위를 가지고 있으므로 소속정당이 해산되더라도 국회의원직은 유지된다.

을 : 다른 나라들의 경우를 살펴보니, 비례대표 의원은 정당의 대표성이 강하므로 소속정당이 해산되면 의원직을 상실하나, 지역구의원은 지역대표성이 있으므로 정당이 해산되더라도 의원직이 유지된다. 우리도 이를 따르는 것이 옳다.

병 : 국회의원은 해당 정당의 강령을 기반으로 국민의 선택을 받은 사람들로써 정당의 중추이다. 따라서 정당이 해산되면 모든 국회의원은 의원직이 상실된다.

<보 기>

ㄱ. X국이 지역구 의원을 선출하지 않는 선거제를 채택하고 있고, A정당의 모든 의원이 의원직을 상실하였다면, X국 헌법재판소가 누구의 견해를 따랐는지 확정할 수 있다.

ㄴ. X국이 지역구·비례 혼용제를 채택한 국가이고, A정당의 일부 의원은 의원직을 상실하였지만 일부 의원은 의원직이 유지되었다면, X국 헌법재판소는 을의 견해를 따랐을 것이다.

ㄷ. A정당의 의원직 유지에 대해 갑, 을, 병 중 두 명의 견해가 일치하였다면, X국의 선거제는 지역구선거제일 것이다.

① ㄱ ② ㄴ ③ ㄷ
④ ㄱ, ㄴ ⑤ ㄱ, ㄷ

13. 다음 논쟁에 대한 분석으로 옳은 것만을 <보기>에서 있는 대로 고른 것은?

갑 : 미적 속성은 작품에 실재하여 감상자로 하여금 미적 판단을 하게 하거나 미적 감정을 느끼게 하는 어떤 것이다. A가 작품 X를 감상하면서 '비장함'을 지각하였다면, 이는 X가 '비장함'을 일으키는 미적 속성을 실제로 가지고 있기 때문이다. B가 X를 관람하면서 '비장함'을 지각하지 못했다면 그가 미적 속성을 지각하는 과정에서 실수했거나 작품을 감상하는 소양이 부족하기 때문일 것이다.

을 : 사람들이 X를 감상하면서 '비장함'이라는 동일한 감정을 느끼는 것은 그들에게 형성되어 있는 미적 감수성이 그 작품을 감상할 때 비슷하게 반응했기 때문이지 X가 '비장함'을 일으키는 미적 속성을 실제로 가지고 있기 때문이 아니다. B가 X를 감상하면서 '비장함'을 지각하지 못했다면 B가 형성한 미적 감수성이 타인과 다르기 때문일 수 있다. 미적 속성은 감상자가 작품과의 관계 속에서 형성하는 미적 감수성의 반응 결과이지 감상자와 관계없이 작품에 독립적으로 존재하는 것이 아니다.

갑 : 특정 미적 속성이 작품에 실재한다고 해서 반드시 감상자와 독립적으로 존재하는 것은 아니다. 예컨대 표준적 관찰조건에서 토마토가 빨갛지만 다른 관찰조건에서는 다른 색으로 지각될 수 있다. 하지만 토마토를 빨갛게 보이게 하는 속성이 토마토에 없는 것은 아니다. 작품의 미적 속성 역시 표준적인 관찰조건에서 지각되는 것으로 작품에 실재하는 것이라고 보아야 한다.

을 : 감상자의 상황에 따라 '빨간색'을 지각할 때 실수할 수 있지만 미적 속성을 지각할 때는 실수할 수 없다. 따라서 색과 관련된 것은 대상의 물질적 속성이 될 수 있지만, 미적 속성과 관련된 것은 대상의 물질적 속성이 될 수 없다.

<보 기>

ㄱ. 작품에 대한 미적 속성이 작품에 실재한다는 사실에 갑은 동의할 것이고, 을은 동의하지 않을 것이다.
ㄴ. 동일한 작품에 대해 감상자마다 미적 판단이 다를 수 있다는 사실에 갑과 을 모두 동의할 것이다.
ㄷ. 작품의 관찰조건에 따라 감상자의 미적 속성에 대한 지각 여부가 달라진다는 사실에 갑은 동의할 것이고, 을은 동의하지 않을 것이다.

① ㄱ ② ㄷ ③ ㄱ, ㄴ
④ ㄴ, ㄷ ⑤ ㄱ, ㄴ, ㄷ

14. 다음 논쟁에 대한 분석으로 옳은 것만을 <보기>에서 있는 대로 고른 것은?

살인범에게 쫓기는 친구가 나의 집에 숨어 있다. 그런데 친구를 쫓던 살인범이 집으로 찾아와 나에게 친구의 행방을 묻는다. 이때 내가 친구의 목숨을 구하기 위해 선의의 거짓말을 하는 것이 도덕적으로 정당화될 수 있겠는가? A, B, C는 아래와 같이 주장한다.

A : 보편타당한 도덕원칙에 따르면 누구나 거짓말을 하거나 거짓 약속을 해서는 안 된다. 도덕원칙을 지킬 경우 사회가 원활하게 유지될 수 있다. 따라서 거짓말과 같이 도덕원칙을 손상시키는 행위를 할 경우 사회의 원활한 유지를 해치게 된다. 따라서 이 경우 살인범에게 진실을 말해야 도덕적으로 정당하다.

B : 원칙은 이 원칙에 내재하는 위험이 아무리 크더라도 결코 포기되어서는 안 된다. 우리는 진실을 들을 권리가 있는 사람에게만 진실을 말할 의무가 있고, 이것이 원칙이다. 그리고 타인을 살해하고자 하는 사람은 진실을 들을 권리가 없다. 따라서 나는 살인범에게 진실을 말할 의무가 없으므로 거짓말은 도덕적으로 정당하다.

C : 사회의 질서 유지를 해치거나 붕괴시킬 위험이 큰 행위일 경우 허용될 수 없다는 것이 약속된 원칙이다. 따라서 약속된 원칙이라도 그 원칙을 지킴으로 인해 나를 포함한 내 주변 사람들을 죽음에 이르게 할 가능성이 있을 경우, 그 원칙은 사회의 질서 유지를 해치는 원칙이다.

<보 기>

ㄱ. "원칙을 지키는 데 있어 예외를 허용할 수 없다."는 것에 A는 동의할 것이지만 B는 동의하지 않을 것이다.
ㄴ. 친구에게는 자신을 위해 살인범에게 거짓말을 하도록 나에게 요구할 권리가 없다면, A와 B는 같은 결론에 도달한다.
ㄷ. 내가 내 친구의 목숨을 구하기 위해 선의의 거짓말을 한 것에 대해, A는 나의 거짓말이 정당하지 않다고 볼 것이지만 B와 C는 정당하다고 볼 것이다.

① ㄴ ② ㄷ ③ ㄱ, ㄴ
④ ㄱ, ㄷ ⑤ ㄴ, ㄷ

15. 다음 논쟁을 분석한 것으로 옳은 것만을 <보기>에서 있는 대로 고른 것은?

A : 전능한 신이 존재한다면, 미래에 어떤 사물이 세계에 존재하게 될지를 모두 알고 있을 것이다. 그렇다면 세계에 우연성이란 존재하지 않을 것이다. 우연성은 어떤 사물의 존재 여부가 미결정으로 남아있는 상태를 전제하기 때문이다. 예컨대 어떤 사람이 특정한 이유에 의해 미래에 태어나기로 되어 있다면, 이 사람의 존재는 우연이 아닌 필연이다. 전능한 신은 이처럼 미래에 나타날 모든 사물의 존재 여부를 이미 알고 있다. 따라서 전능한 신의 사고 안에서는 우연성이 존재하지 않는다.

B : 세계에 존재하는 사물은 수많은 다른 요인의 영향 아래에 놓여있다. 따라서 어떤 사물의 존재 여부가 결정되어 있다고 하더라도, 그것이 존재하는 방식과 양태에 대해서는 무수히 많은 가능성이 존재한다. 예를 들어 어떤 씨앗이 존재하더라도 그것이 싹을 틔워서 열매를 맺게 될지 혹은 다른 동물의 먹이로 쓰일지 등은 그때마다의 주변 상황에 의해서 달라질 것이다. 따라서 전능한 신이 존재한다는 명제와 세계에 우연성이 존재한다는 명제는 서로 배타적이지 않다.

C : 존재하는 것 중에는 그것 자체가 우연성을 포함하며, 우연성이 사라지는 경우 그 존재 자체가 사라지는 것들이 있다. 인간의 자유의지가 이러한 존재의 범주에 속한다. 예컨대 내가 자유의지를 가지고 있다면, 나의 행위로 미래에 존재하거나 존재하지 않을 수 있는 어떤 사물을 생각할 수 있다. 그래서 현재 시점에서는 그 사물의 존재 여부가 아직 미결정 상태에 놓여있다고 보아야 할 것이다. 따라서 인간과 같이 자유의지를 가진 존재를 생각한다면, 세계에 우연성이 존재한다고 보아야 한다.

<보 기>

ㄱ. A의 주장이 참이라면, 세계에 우연성이 존재하지 않을 경우 전능한 신이 존재한다.

ㄴ. B의 주장이 참이라면, 전능한 신이라도 미래 사물의 존재 방식 및 양태를 모두 예견하지는 못한다.

ㄷ. A의 주장이 참이고 C의 논증이 타당하다면, 전능한 신이 존재하는 경우 인간의 자유의지는 존재하지 않으며, 인간의 자유의지가 존재하는 경우 전능한 신이 존재하지 않는다.

① ㄱ ② ㄴ ③ ㄱ, ㄷ
④ ㄴ, ㄷ ⑤ ㄱ, ㄴ, ㄷ

16. 다음 글로부터 추론한 것으로 옳은 것만을 <보기>에서 있는 대로 고른 것은?

학술지에 투고된 논문의 게재 여부를 결정하는 심사 상황을 생각해 보자. 심사위원들은 각자 투고된 논문을 검토하고 연구 주제의 적절성, 연구 방법의 정합성, 연구 결과의 발전성을 항목별로 심사한다. 가령 심사위원은 투고 논문의 적절성, 정합성, 발전성에 대해 합격 또는 불합격 판정을 하는데, 연구 주제의 적절성이나 연구 방법의 정합성 가운데 하나라도 불합격 판정을 내린 심사위원은 연구 결과의 발전성에 대해서는 판정하지 않고 해당 항목은 불합격 판정을 내린 것과 동일하게 간주한다. 두 개 이상의 항목에서 합격 판정을 내린 심사위원은 논문이 게재가능하다고 판단한 것으로 본다.

세 명의 심사위원이 투고된 논문 A에 대해 내린 판단은 각각 달랐다. 심사위원 1은 논문 A의 발전성에 대해 합격 판정을 내렸다. 심사위원 2는 논문 A의 정합성에 대해서만 불합격 판정을 내렸다. 심사위원 3은 논문 A의 적절성에 대해서만 불합격 판정을 내렸다. 이 경우 논문 A의 게재 여부에 대해 어떤 결정을 내리는 것이 옳을까?

각 항목에 대해서 다수의 심사위원들이 내린 판단을 따른다는 원칙을 받아들이는 경우를 고려해보자. 만약 각 항목에 대해서 서로 다른 판단을 내리는 심사위원의 수가 같다면, 심사위원회의 위원장인 심사위원 1의 판단에 따르기로 하자. 그렇다면 우리는 논문 A가 학술지에 게재된다고 판단해야 한다. 두 가지 항목에서 두 명의 심사위원이 합격 판정을 내렸기 때문이다. 그럼에도 불구하고 논문 A는 게재가 불가하다고 판단해야 하는 ㉠ 곤란한 상황에 도달한다. 왜냐하면 이 심사에서 논문 A가 게재 가능하다고 판단한 심사위원은 한 사람뿐이기 때문이다.

<보 기>

ㄱ. 논문의 적절성이나 정합성 항목에 대해 불합격 판정을 한 심사위원도 발전성 항목에 대한 판단을 하도록 하는 규정에 따른다면, ㉠은 발생하지 않았을 것이다.

ㄴ. 만약 다른 조건은 동일한데 심사위원 2가 논문 A의 정합성에 대해 합격 판정을 내렸더라면, ㉠은 발생하지 않았을 것이다.

ㄷ. 만약 다른 조건은 동일한데 심사위원 한 명을 추가하여 네 명이 심사하도록 하더라도 ㉠이 발생할 수 있을 것이다.

① ㄱ ② ㄴ ③ ㄱ, ㄷ
④ ㄴ, ㄷ ⑤ ㄱ, ㄴ, ㄷ

17. 다음 글로부터 추론한 것으로 옳지 않은 것은?

> '수반적 사고'는 법적인 가치판단에 있어서도 사용되고 있다. 판결에 있어 선례를 고려하는 것이 그 예이다. 가령 법원이 어떤 중혼 계약에 대해 반가치 판단을 내렸는데, 실질이 같은 다른 중혼 계약에 대해서 반가치 판단을 내리지 않는다면, 모순적인 결과가 발생한다. 어떤 계약을 구성하는 요소들이 일련의 사실로 구성되어 있고, 다른 계약이 동일한 사실로 구성되어 있다면, 두 계약의 이름이 어떠한가에 상관없이 동일한 판단을 내려야 한다. 다시 말해, 수반적인 관계란 어떤 가능세계에서 두 대상이 동일한 속성을 가지고 있기 때문에 서로 모순되는 판단을 내릴 수 없는 관계를 의미한다.
>
> 다음 예에서 ⓐ와 ⓒ는 자기모순적인 진술이다. 이런 의미에서 수반적 사고는 ⓐ와 같은 가치판단이나 ⓒ와 같은 사실판단 모두에 공통적으로 적용된다. 그러나 ⓑ는 자기모순적이지 않다. 따라서 이름을 지어 붙이는 문제, 즉 명명의 문제에는 수반적 사고가 적용되지 않는다.
>
> ⓐ 803호는 훌륭한 방이다.
> 703호의 속성은 803호의 모든 속성과 동일하다.
> 그러나 703호는 훌륭한 방이 아니다.
> ⓑ 803호의 이름은 오리엔탈 블루방이다.
> 703호의 속성은 803호의 모든 속성과 동일하다.
> 그러나 703호의 이름은 오리엔탈 블루방이 아니다.
> ⓒ 803호는 6면체의 방이다.
> 703호의 속성은 803호의 모든 속성과 동일하다.
> 그러나 703호는 6면체의 방이 아니다.

① 어떤 가능세계 안에서 2개의 집단이 필연적으로 수반적 관계를 가지는 것은 아니다.
② ⓐ에서 '703호는 훌륭한 방이다'라는 것은 '703호와 완전히 동일한 모든 속성을 가진 803호가 훌륭하다.'라는 것과 수반적 관계에 있다.
③ ⓒ에서 '703호는 6면체의 방이 아니다'라는 것은 '703호와 완전히 동일한 모든 속성을 가진 803호가 6면체의 방이다'라는 것과 수반적 관계에 있지 않다.
④ 어떤 가능세계에서 용기 있고 관용적이며 정직한 어떤 사람은 좋은 사람이지만, 다른 가능세계에서 그런 사람은 어느 누구도 좋은 사람이 아닐 수 있다.
⑤ 일정한 사실들로 동일하게 구성된 도급계약들에 대해서 각 계약의 명칭이 서로 다른 경우 법원은 중혼 계약과 달리 수반적 사고에 구속되지 않아도 된다.

18. 다음 논쟁에 대한 분석으로 옳은 것만을 <보기>에서 있는 대로 고른 것은?

> 철학자 A는 어떤 행위가 도덕적 가치를 가지기 위해서는 감정적 동기가 아니라 어떤 행위가 의무라는 이성적 인식이 요건이 된다고 주장하였다. A의 주장에 대해 다음과 같은 논쟁이 있다.
>
> 갑 : A는 도덕적 행위에서 감정적 동기가 차지하는 역할을 지나치게 저평가하고 있다. A의 주장을 받아들일 때 우리는 동정심에 의해 타인을 도우려는 사람의 행위가 도덕적 가치를 가지지 않는다고 보아야 하나 이는 우리의 윤리적 직관에 비추어볼 때 맞지 않는다. 감정적 동기인 동정심에 의해 타인을 도운 행위는 도덕적 가치를 가진다고 보아야 한다.
>
> 을 : A는 도덕적 행위에 어떤 감정적 동기도 개입해서는 안 된다고 주장하는 것이 아니다. A의 주장은, 어떤 사람의 행위가 도덕적 가치를 가진다는 것은 그 사람이 가진 다른 동기와는 별개로, 의무에 대한 이성적 인식이 그 행위를 촉발하게 되었음을 의미한다. 따라서 어떤 사람이 의무에 대한 이성적 인식에 따라 행위하더라도, 이와 함께 여전히 다른 동기들이 존재할 수 있다. 따라서 동정심에 의해 타인을 돕는 사람의 행위 역시 도덕적 가치를 가질 수 있다.
>
> 병 : A의 주장은 어떤 행위가 도덕적 가치를 가지기 위해서는 행위자가 어떤 행위를 실행하는 순간 도덕적 의무에 대해 인식하고 있어야만 한다는 것이다. 예컨대 동정심이 많은 사람도, 가령 더욱 급한 의무로 말미암아 지금 이 사람을 돕는 것이 오히려 도덕적 의무에 위배된다고 판단하는 경우 그를 돕지 않을 것이다. 즉, 동점심이 있는 사람이 타인을 돕는 행위는 자신의 행위가 도덕적 의무에 위배되지 않는다는 인식을 전제했기 때문이다. 이처럼 어떤 사람이 행위에 있어서 도덕적 의무에 대해 인식하고 있었기 때문에 A의 주장에 따라 그의 행위는 도덕적 가치를 가진다고 판정되어야 한다.

<보 기>

ㄱ. 어떤 행위가 감정적 동기에 따라 일어난 경우, 그 행위는 갑에 따르면 이성적 인식에 따라 일어난 행위가 아니지만, 을에 따르면 이성적 인식에 따라 일어난 행위이다.
ㄴ. 갑과 병에 따르면, 동정심을 가진 사람은 타인을 돕는 행위를 하며 이 행위는 도덕적 가치를 가진다.
ㄷ. 을과 병에 따르면, 어떤 사람의 행위가 도덕적 가치를 가진다면, 그 사람은 의무에 대한 인식을 가지고 있을 것이다.

① ㄱ ② ㄴ ③ ㄷ
④ ㄱ, ㄴ ⑤ ㄴ, ㄷ

19. 다음 논쟁을 분석한 것으로 옳은 것만을 <보기>에서 있는 대로 고른 것은?

갑 : '올바름'과 '좋음' 중에서 좋음이 더 근본적인 가치이다. 왜냐하면 우리는 어떤 좋은 것(X)을 먼저 생각한 다음, X가 내포한 좋음을 더욱 증진시키는 다른 어떤 것(Y)을 올바르다고 판단하기 때문이다. 예컨대 날이 잘 선 칼은 물건을 잘 자를 수 있다는 점에서 좋은 칼이다. 그런데 누군가 이 칼의 칼날을 일부러 무디게 만들어서 더이상 날카롭지 않게 하였다면, 무디게 만든 행위는 올바르지 않은 행위이다. 도한 우리가 육체적인 향락을 좋은 것이라고 판단한다면, ㉠ 향락의 양을 더 증진시킬 것으로 기대되는 다른 수단들을 올바르다고 판정할 수 있을 것이다.

을 : 하지만 '좋음'을 어떻게 정의해야 하는지의 문제가 있다. 만약 어떤 것을 좋다고 할 보편적인 기준이 존재하지 않는다면, 올바름에 대한 보편적 기준 역시도 세울 수 없다. 그러나 좋음의 보편적인 정의가 존재한다고 보기 어려움에도 우리는 올바름의 기준에 대해서는 보편적으로 합의하고 있다. 이는 우리가 좋음과 별개로 올바름에 대한 판단 기준을 가지고 있음을 의미한다. 예컨대 비도덕적인 행위에 대해서 우리는 그 행위가 올바르지 않다고 말한다. 그러나 그것이 우리가 비도덕적인 행위를 좋지 않은 행위라고 판단하기 때문은 아니다. 즉, 비도덕적인 행위가 좋지 않은 행위라는 판단 없이도 우리는 충분히 그것이 옳지 않다고 말할 수 있다.

<보 기>

ㄱ. 만약 갑이 어떤 행위가 올바르지 않다고 판단하였다면 그 행위는 어떤 좋음을 증진시키지 않은 것이며, 어떤 행위가 올바르다고 판단했다면 그 행위는 어떤 좋음을 증진시킨 것이다.

ㄴ. 을에 따르면, ㉠은 올바르지 않다.

ㄷ. 을에 따르면, 누군가가 어떤 행위를 비도덕적이라고 판단했다면, 그는 그 행위가 좋지 않다고 판단했을 것이다.

① ㄱ ② ㄴ ③ ㄱ, ㄷ
④ ㄴ, ㄷ ⑤ ㄱ, ㄴ, ㄷ

20. 다음 논쟁을 분석한 것으로 옳은 것만을 <보기>에서 있는 대로 고른 것은?

X종교의 교인들은 X종교만이 참된 종교이며 그 외의 모든 종교는 거짓이라고 주장한다. 이러한 극단적인 주장도 하나의 입장으로서 존중받아야 하는지, 즉 X종교의 교인들과 같이 타자를 불관용하는 구성원에 대해서도 관용의 태도를 보여야 하는지를 두고 다음과 같은 논쟁이 벌어졌다.

A : 어떤 사람이 타인의 어떤 행동에 대해 반대할 명분을 가지려면, 타인의 행동이 그가 지키는 원칙에 부합하지 않아야만 한다. 그가 타인의 행동에 반대하여 하지 말라거나 혹은 해줄 것을 요청할 때, ㉠ 그가 자신의 원칙을 성실히 지키고 있다면 그의 요청은 호소력을 띠고, 그가 자신의 원칙을 성실히 지키지 않는다면, 그의 요청은 호소력을 띠지 않는다. 그가 자신이 성실하게 지키고 있는 원칙을 타인도 지켜야 한다고 주장할 때, 적어도 그 자신은 그 원칙이 모든 사람에게 보편타당하다고 믿고 있어야만 하기 때문이다. 그러나 타인의 주장도 하나의 입장으로써 존중하지 않는 사람, 즉 타인을 관용하지 않는 사람은 그 자신이 이미 관용의 원칙을 보편타당하게 받아들이지 않고 있다. 따라서 X종교의 교인들과 같이 타자를 불관용하는 구성원에 대해서 관용의 태도를 보일 필요가 없다.

B : 그러나 우리는 모든 사람이 자신의 종교를 선택함에 있어 어떠한 제약도 경험하지 않기를 바라며, 이는 X종교에 대해서도 마찬가지다. 심지어 X종교의 교인들마저도 '어떤 사람도 자신의 종교를 바꾸도록 강제되어서는 안 된다.'는 원칙에 동의할 것이다. 따라서 X종교가 다른 종교의 교인들로 하여금 X종교로 개종하는 것을 강제하는 데 이르지 않은 한 X종교의 교인들 역시 자신의 믿음을 고수할 수 있다. 즉, X종교조차도 하나의 입장으로서 우리 사회에 존재할 권리를 가지며 우리는 관용의 태도를 보여야만 한다.

<보 기>

ㄱ. 만약 갑이 을에게 '공동주택에서 뛰어서는 안 된다.'는 원칙을 지켜달라고 요청했지만, 을이 이를 보편타당하게 받아들이지 않는다면, A에 따를 때 갑의 요청은 호소력이 없다.

ㄴ. 만약 또 다른 종교 Y에 속한 교인들이 X종교의 교인들을 강제로 Y로 개종시키려고 한다면, A와 B 모두에 따를 때 Y종교의 교인들은 X종교의 교인들을 관용하지 않은 것이다.

ㄷ. B는 X종교에 대해 관용의 태도를 보여야만 하는지의 문제를 판별하는 데 있어 ㉠에 반대한다.

① ㄴ ② ㄷ ③ ㄱ, ㄴ
④ ㄱ, ㄷ ⑤ ㄴ, ㄷ

21. 다음 글에 대한 분석으로 옳은 것만을 <보기>에서 있는 대로 고른 것은?

A는 어떤 법칙에 따른 과학적 설명이나 추론이든 아무리 성공적이라 하더라도 그 이면에는 어떤 가정이 포함되어 있다고 주장한다. 즉, ㉠ 어떤 법칙이든 그 법칙을 이용하여 성공적으로 어떤 현상을 설명하거나 성공적으로 어떤 현상에 대해 과학적 추론을 한다면, 그 법칙은 타당성을 가진다는 것이다. 가령 ㉡ 물리 법칙을 이용해 성공적으로 물리 현상을 설명하였다면, 그 물리 법칙은 타당성을 가진다. ㉢ 물리학자들은 물리 법칙을 이용해 성공적으로 물리 현상을 설명한다. 또한 ㉣ 물리학자들은 법칙의 하나인 사유 규칙을 이용하여 성공적으로 물리 현상에 대한 과학적 추론을 한다.

이에 대해 B는 그 타당한 법칙의 기원에 대하여 성공적인 과학적 설명 또는 과학적 추론이 토대를 두고 있는 타당한 법칙의 기원에 대해 의문을 던질 수 있어야 한다고 주장한다. 즉, B는 ㉤ 어떤 법칙이든 그 법칙을 이용하여 성공적으로 어떤 현상을 설명하거나 성공적으로 어떤 현상에 대해 과학적인 추론을 한다면, 그 법칙의 기원은 신의 존재 또는 논리학 공리 중 하나밖에 없다고 보며 이와 더불어 B는 ㉥ '물리학자들이 물리 법칙을 이용하여 성공적으로 물리 현상을 설명하였으며, 신의 존재가 그 법칙의 기원이다.'는 주장을 받아들인다.

<보 기>

ㄱ. ㉡, ㉢, ㉣로부터 ㉠이 도출된다.
ㄴ. ㉣, ㉤으로부터 '사유 규칙의 기원은 신의 존재 또는 논리학 공리 중 하나이다'가 도출된다.
ㄷ. ㉢, ㉤, ㉥으로부터 '물리 법칙의 기원은 논리학 공리가 될 수 없다'가 도출된다.

① ㄱ ② ㄴ ③ ㄱ, ㄷ
④ ㄴ, ㄷ ⑤ ㄱ, ㄴ, ㄷ

22. 다음 논증을 분석한 것으로 옳은 것만을 <보기>에서 있는 대로 고른 것은?

(1) '물은 H_2O이다'는 필연적으로 참이다.
(2) 물은 H_2O가 아닌 것으로 밝혀질 수 있다.

A : '물'은 H_2O로 구성되어 있는 화합물을 지칭하는 자연종 명사이다. 화합물들은 서로 다른 화학적 구성을 통해 구분되기 때문에, H_2O로 구성된 액체는 물이고, 그렇지 않은 액체는 물이 아니다. 이런 이유에서 '물은 H_2O이다'는 필연적으로 참이며 모든 가능세계에서 물은 H_2O이다. 따라서 어떤 가능세계에 H_2O로 구성되어 있지 않은 어떤 화합물이 있다면 우리는 이 화합물을 물이라고 말할 수 없다. (1)과 (2)가 모두 참이라고 가정하면 "만일 '물은 H_2O이다'가 이 세계에서 참이라면, 물은 H_2O가 아닌 것으로 밝혀질 수 있다."가 도출되므로 (1)과 (2)는 양립 불가능하다.

B : (1)은 필연적으로 참이다. 그러나 (2)는 필연적으로 참인 것에 대한 오류가능성을 말하는 것이 아니고, 개념의 수정가능성을 의미하는 것이다. 즉 현재 우리가 갖고 있는 물 개념에 따르면, '물은 H_2O이다.'는 'x는 물이다 → x는 H_2O이다'는 '물'의 의미(개념)를 부분적으로 구성해주는 언어규칙이다. 하지만 우리는 유한한 인식주체이기 때문에 화합물의 화학적 구성에 관한 우리의 판단이 잘못되었을 수 있고, 물이 H_2O가 아닌 것으로 밝혀지는 경우를 상상할 수 있다. 따라서 '물이 H_2O가 아닌 것은 불가능하다'라는 필연성 주장과 '물은 H_2O가 아닌 것으로 밝혀질 수 있다'라는 수정가능성 주장을 동시에 정당하게 주장할 수 있다.

<보 기>

ㄱ. A에 따르면 어떠한 가능세계에서도 H_2O가 아닌 것으로 밝혀지는 '물'은 존재할 수 없지만, B에 따르면 어떤 가능세계가 존재하여 H_2O가 아닌 것으로 밝혀진 '물'과 (1)에서의 '물'이 서로 다를 수 있다.
ㄴ. A에 따르면 필연적으로 참인 명제에 대해 그것의 오류가능성이 있다는 명제는 양립할 수 없지만, B에 따르면 양립 가능하다.
ㄷ. (1)이 'x는 물이다 → x는 H_2O이다'는 언어규칙을 의미하는 것이며 이 언어규칙이 변경될 가능성을 배제할 수 없다는 주장이 옳다면, B는 강화된다.

① ㄱ ② ㄴ ③ ㄱ, ㄷ
④ ㄴ, ㄷ ⑤ ㄱ, ㄴ, ㄷ

23. 다음 글을 분석한 것으로 옳은 것만을 <보기>에서 있는 대로 고른 것은?

수지는 오비디우스의 『변신 이야기』를 읽고 오비디우스와 동시대에 활동했던 호라티우스가 그 책을 적었을 수도 있겠다는 믿음을 가지게 되었다. 그래서 수지는 정후에게 ㉠ "만약 오비디우스가 『변신 이야기』를 안 썼으면, 다른 누군가가 썼다."고 주장하였다. 정후는 여러 사료와 증거를 통해 『변신 이야기』가 틀림없이 오비디우스의 책이라는 정보를 알고 있었기에, ㉡ "만약 오비디우스가 『변신 이야기』를 안 썼으면, 아무도 안 썼다."라고 주장하였다. 정후가 확신에 찬 것을 보고, 수지는 자신도 『변신 이야기』를 누군가는 썼고 그것이 오비디우스라는 정보는 익히 알고 있지만, 그럼에도 만약에 오비디우스가 쓰지 않았더라면 누가 썼을까라는 가정적인 상황을 생각해 볼 의도였다며 ㉢ "만약 오비디우스가 『변신 이야기』를 쓰지 않았더라면, 다른 누군가가 썼을 것이다."라고 주장하였다.

㉠과 ㉡은 우리가 일상적으로 사용하는 'A이면 B이다'라는 조건문의 형태를 띠고 있다. 조건의 진위를 파악하는 ㈎ 방식에 따르면, A가 참이면서 B가 거짓인 경우를 제외한 모든 경우에 'A이면 B이다'는 참이 된다. 그런데 ㉢도 일반적인 조건문으로 볼 수 있을 것인가? 우선 오비디우스가 『변신 이야기』를 썼다는 것은 객관적으로 논란의 여지가 없는 사실이고, 또한 이 정보를 수지와 정후뿐 아니라 우리 모두 잘 알고 있다고 가정해보자. 이때 ㉠과 ㉡은 논의할 가치가 없는 조건적 주장이다. 왜냐하면 조건이 성립하지 않는 것이 명백한 상황에서 조건의 귀결을 논하는 것은 별 가치가 없는 일이기 때문이다. 그러나 의미적 측면에서 ㉢은 ㉠이나 ㉡과 같은 조건문과는 차이가 있다. ㉢은 실제로는 오비디우스가 『변신 이야기』를 썼지만, 그럼에도 이 사실이 성립하지 않는다는 것을 참으로 가정할 때, 어떤 결론을 추론할 수 있는지를 논하는 것이다. 이러한 방식을 ㈏ 방식이라고 한다.

<보 기>

ㄱ. 정후가 가진 정보가 참이라는 것을 아는 사람이 ㈎의 방식을 적용할 경우 ㉠을 거짓이라고 판단할 것이다.

ㄴ. 수지가 가진 정보가 참이라는 것을 아는 사람이 ㈎와 ㈏를 적용할 경우 ㉢의 진위를 동일하게 판단할 것이다.

ㄷ. 『변신 이야기』를 저술하면서 수집한 자료와 정리 등 오비디우스만이 작성할 수 있는 사료가 발견되었고 그것이 참이라는 것을 아는 사람이 ㈏를 적용하면 ㉢을 거짓이라고 판단할 수 있다.

① ㄱ ② ㄴ ③ ㄷ
④ ㄱ, ㄴ ⑤ ㄴ, ㄷ

24. 다음 글을 평가한 것으로 옳은 것만을 <보기>에서 있는 대로 고른 것은?

정전(正典)이란 학교 교과과정 속에서 공인된 텍스트나 해석 혹은 모방할 만한 가치가 있다고 널리 인정받은 텍스트를 뜻한다.

이러한 정전을 분석하는 두 가지 방법이 있다. 첫 번째는 ㉠ 기본주의자의 입장이다. 기본주의자들은 텍스트 안에 기초적인 근거 또는 기본 원칙이 있다고 보고, 정전 텍스트가 보편불변의 절대적인 어떤 가치를 체현하고 있다고 주장한다. 두 번째 접근법은 ㉡ 반(反)기본주의의 입장인데, 이들은 텍스트 자체에 정전 선별의 근거가 있는 것이 아니고, 정전으로 선별된 텍스트는 어느 특정한 시대의 특정한 그룹 혹은 사회집단의 이익이나 관심을 반영한 것이라고 주장한다.

반기본주의자의 입장에 따르게 되면 고전이 된 텍스트 자체에는 본래의 의미 따위는 전혀 없고, 그것은 다음 소유자에 의해 의미가 채워지기를 기다리는 빈 상자에 지나지 않는다고 단정해 버리는 문제가 있다. 정전을 형성해 온 개개의 텍스트들은 어떤 일정한 윤리적 또는 미적 가치를 함유함과 동시에 관용어구와 같은 외형적인 특징을 갖추고 있으며, 이러한 특징들이 다양한 가치관과 결부되어 정전이나 전통의 구축 및 재구축 과정에 커다란 영향을 끼쳐 왔다.

반기본주의자 갑은 정전 텍스트의 이념적 또는 문화적인 가치가 텍스트 자체에 있는 것이 아니라, 이들 텍스트에 가치를 부여하는 과정 및 제도나 기관에 있다고 주장한다. 정전의 성격은 작품 자체에 고유한 것이 아니라, 그 전달에 있어서 고유한 것이며, 학교와 같은 제도나 기관과의 관계에서 고유하다는 것이다.

<보 기>

ㄱ. 보편적으로 정전에 속한다고 받아들여지는 여러 텍스트들을 모두 포괄할 수 있는 하나의 가치관이 존재하지 않는다면, ㉠은 약화된다.

ㄴ. 어떤 시대 t1에 정전으로 선별된 텍스트가 그 다음 시대인 t2에도 정전으로서의 자격을 유지하였다는 사례는 ㉡을 약화한다.

ㄷ. 어떤 텍스트가 정전으로 선별되는 과정을 주관할 수 있는 기관과 제도 모두 구체적으로 특정하는 것이 불가능하다면, 갑의 주장은 약화되지만 ㉡은 약화되지 않는다.

① ㄱ ② ㄷ ③ ㄱ, ㄴ
④ ㄴ, ㄷ ⑤ ㄱ, ㄴ, ㄷ

25. 다음 글에 대한 평가로 옳은 것만을 <보기>에서 있는 대로 고른 것은?

동일한 사건을 한 번 경험하는 일과 반복적으로 경험하는 일에는 차이가 있다. 반복 경험은 정신 안에 습관을 형성하도록 한다. 인과관계가 만일 이성에 의해서 일반화된다면 그 관계를 처음 보았을 때나 오랜 경험 후에나 동일하게 참으로 인정될 것이다. 그러나 실제로 우리들은 한 번의 경험을 통하여 그 인과관계를 일반화하지 않고 아주 오랜 경험과 실험을 거쳐 일반화한다. 처음 발생하였을 때 원인이 되는 사건에서 결과를 산출하는 힘이 발견되지 않다가 반복하여 경험하면 이 힘이 나타나는 것도 아니고, 처음에는 두 사건이 연결되어 있지 않다가 반복하여 발생하면 점진적으로 연결되는 것도 아니다. 사건 자체는 자연의 질서의 일부로서, 처음 발생하였을 때나 여러 차례 발생하였을 때나 변화가 없다.

우리가 경험하는 사건이란 인상이므로, 인상들은 모두가 독립적이고 연결되어 있지 않다. 따라서 반복적인 경험 후에 변화하는 것은 주관의 태도이다. 습관을 통하여 연결되는 것은 사건들의 인상이 아니라 관념들이다. 두 사건의 관념들이 처음에는 연결되어 있지 않다가, 반복적인 경험에 의해 형성된 습관을 통하여 연결된 것이다. 이러한 설명은 인과관계에 있는 두 사건과 단순히 시간적인 선후관계를 유지해온 두 사건들 사이의 관계를 구별할 수 있는 결정적인 기준이 없다는 문제점이 있다. 그럼에도 불구하고 반복적인 경험에 의한 습관에 기댈 수 있는 것은, 습관이 우리의 주관에 형성되는 것이기는 하지만, 임의로 형성되는 것은 아니기 때문이다. 그것은 자연의 질서에 상응하도록 형성되는 것이다.

<보 기>

ㄱ. 이 글에 따르면, 습관의 형성을 통한 일반화는 이성에 의해 이루어진다.
ㄴ. 이 글에 따르면, 자연의 질서는 우리의 반복적인 경험에 의해 변하지 않는다.
ㄷ. 우리가 반복 경험을 통해 선후 관계를 알게 된 두 사건이 사실은 인과관계를 가지는 것으로 밝혀진다면, 이 글의 논지는 약화된다.

① ㄱ ② ㄴ ③ ㄱ, ㄷ
④ ㄴ, ㄷ ⑤ ㄱ, ㄴ, ㄷ

26. 다음으로부터 추론한 것으로 옳은 것만을 <보기>에서 있는 대로 고른 것은?

우리가 책 하나를 파괴한다는 것은 이성 그 자체를 죽이는 것이고 이는 마음속에 있는 하나님의 형상을 죽이는 것이다. 이 세상에서는 많은 사람들이 세상에 짐이 되면서 살고 있다. 그러나 책은 그렇지 않다. 책은 뛰어난 영혼의 고귀한 생혈이며 그리고 책은 한 생명이 죽은 후에도 그 정신을 영원히 간직하고 비장해 두는 것이다. 예나 지금이나 죽은 생명을 다시 살릴 수 없다는 것은 진리이며 책을 죽인다는 것은 그 이상의 손실이 없을 만큼 큰 손실이며 한 시대의 혁명들도 흔히 진리의 거부로 생긴 이러한 손실을 회복하지 못하며 이렇게 진리가 거부된 속에서는 어떤 나라든 더욱 나쁜 상태에 빠지게 되기 때문이다. 그렇기 때문에 우리가 글을 쓰거나 책을 출판하는 일과 같은 노고를 박해한다는 것이 책 속에 보존되고 축적되어 있는 인간의 지혜로운 삶을 얼마나 파괴하는 것인가에 대해 깊이 성찰하여야 한다.

- 존 밀턴, 『언론 출판 자유에 대한 선언』 -

<보 기>

ㄱ. 진리의 거부로 생긴 손실을 회복하기 위해서는 책을 만들어내야 할 것이다.
ㄴ. 나쁜 상태에 빠진 나라는 책을 하나 이상 파괴했을 것이다.
ㄷ. 국가는 인간의 출판 행위를 방해해서는 안 될 것이다.

① ㄱ ② ㄷ ③ ㄱ, ㄴ
④ ㄴ, ㄷ ⑤ ㄱ, ㄴ, ㄷ

27. 다음으로부터 추론한 것으로 옳은 것만을 <보기>에서 있는 대로 고른 것은?

<그래프>는 변동환율제도를 채택하고 있는 갑국의 대내균형 및 대외균형을 달성하기 위한 환율과 정부지출의 조합을 나타낸 것이다. XX선과 YY선은 각각 대내균형(완전고용수준)과 대외균형(경상수지 균형)을 달성하기 위한 환율 수준과 정부지출 규모의 조합이다. 최초 A점에서 대내균형과 대외균형을 달성하고 있다고 가정하고 환율의 변동이 있을 경우 두 선 상의 변화를 살펴볼 수 있다. A점에서 환율이 e_1으로 상승할 때 수출은 증가, 수입은 감소하게 되어 총수요는 증가한다. 인플레이션은 실업률이 완전고용수준보다 낮을 경우 발생하는데, 환율이 e_1으로 상승할 때 인플레이션이 발생한다. 이때 정부는 정부지출을 줄여 총수요를 감소시킴으로써 인플레이션을 해소하고 대내균형(완전고용수준)을 이룬다. 이러한 변화를 거쳐 XX선 상의 B점에 도달한다. 그리고 YY선의 경우, A점에서 환율이 e_1으로 상승할 때 수출은 증가, 수입은 감소한다. 수출에서 수입을 뺀 값이 경상수지이므로 이 경우 경상수지는 흑자가 된다. 이때 정부가 정부지출을 증가시켜 총수요가 증가하여 국민소득이 증가하게 되고, 이로 인해 수입이 증가되어 경상수지는 균형을 이루게 된다. 이러한 변화를 거쳐 YY선 상의 C점에 도달한다.

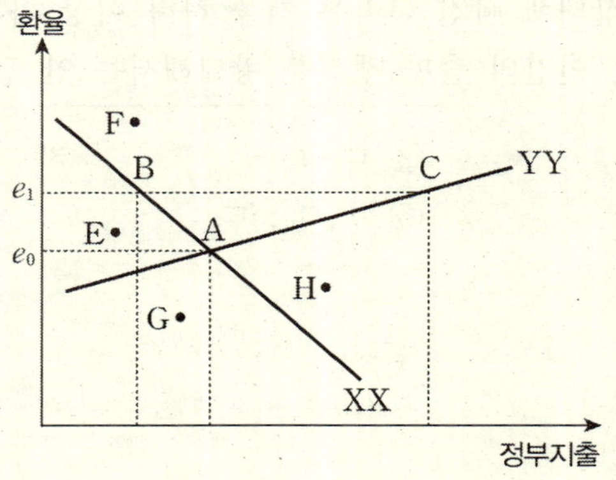

<그래프>

<보 기>

ㄱ. G점에 있다면 갑국의 경상수지는 적자를 기록하고 있다.
ㄴ. F점에 있다면 갑국의 실업률은 완전고용수준보다 높고 경상수지는 흑자일 것이다.
ㄷ. H점에 있다면 갑국이 정부지출을 줄이고 환율을 낮추어야 대내균형 및 대외균형 모두를 달성할 수 있다.

① ㄱ　② ㄴ　③ ㄱ, ㄷ　④ ㄴ, ㄷ　⑤ ㄱ, ㄴ, ㄷ

28. ㉠~㉢에 대한 평가로 적절한 것만을 <보기>에서 있는 대로 고른 것은?

'공평함'에 대한 지향은 우리의 본능일까, 아니면 사회적 규범에 따라 학습된 결과물일까? 이러한 물음에 답하기 위하여 원숭이를 두고 실험을 해보았다.

우선 원숭이의 선호도를 조사하기 위하여, 호두와 포도의 두 가지의 먹이를 제시하고 둘 중 하나를 선택하도록 하였다. 원숭이들은 모두 두 가지 먹이가 제시되었을 때에 포도를 선택하였다. 이는 원숭이의 음식물에 대한 선호도는 우리의 그것과 비슷해서, ㉠당도가 높은 먹이를 더 선호한 것으로 볼 수 있다.

위 실험 이후 A, B 두 마리의 원숭이에게 각각 20개의 토큰을 주고 토큰과 먹이를 교환할 수 있도록 하였다. 이 과정에서 A에게는 토큰 1개당 오이 한 조각을 주고, B에게는 토큰 1개당 딸기 한 조각을 주었다. 처음에는 A에게 오이를 준 후 B에게는 딸기를 건네고 A가 이를 지켜보도록 하였다. A는 B가 딸기를 받는 것을 보기 전에는 오이를 받고도 매우 기뻐했으나, B가 딸기를 받는 것을 본 이후에는 재차 오이를 받자 오이를 반쯤 먹고 던져버렸다. 이후 B에게 딸기를 한 번 더 건네고 A가 이를 지켜보도록 하였더니, A는 토큰과 먹이를 교환하는 것을 거부하였다. 그러나 두 원숭이에게 모두 오이를 주었을 때에는 두 원숭이는 모두 이상 없이 토큰과 오이를 20회에 걸쳐 교환하였다. ㉡이는 토큰 1개를 실험자에게 내어주는 동일한 행위를 하였음에도, 자신은 오이를 받고 다른 원숭이는 딸기를 받는 것을 불공평하다고 느끼고 이에 거부감을 느꼈기 때문으로 해석할 수 있다.

이처럼 '공평함'에 대한 지향은 인간 사회만이 갖고 있는 사회적 규범에 따라 단순 학습된 결과물이 아니라, 공동생활을 하는 동물의 본능임을 알 수 있다. 이는 ㉢공평함을 지향하는 것이 공동생활의 유지와 생존에 더 유리하기 때문일 것이다.

<보 기>

ㄱ. 원숭이는 치아가 약하기 때문에 단단한 먹이보다는 부드러운 먹이를 더 선호한다면, ㉠은 약화된다.
ㄴ. 오이에는 딸기보다 불용성 식이섬유가 많아 원숭이가 같은 양을 먹더라도 일찍 포만감을 느낀다면, ㉡은 약화된다.
ㄷ. 인간사회에서는 절대적인 평등을 지향한 공동생활이 몰락하고 성과에 따라 차등화된 보상을 받는 공동생활이 더 부흥하였다는 사실은 ㉢을 약화한다.

① ㄱ　② ㄷ　③ ㄱ, ㄴ　④ ㄴ, ㄷ　⑤ ㄱ, ㄴ, ㄷ

29. 다음 글에 대한 평가로 옳은 것만을 <보기>에서 있는 대로 고른 것은?

> 만일 어떤 사람이 악취가 매우 심한 어떤 음식 쓰레기를 먹고 있다고 가정해보자. 대부분의 사람들은 그 광경을 보고 혐오감을 가진다. 이때의 혐오감은 생존적 혐오감이다. 이러한 혐오감은 다양한 표정과 몸짓으로 표현되는 인간의 보편적 감정이다. 이는 혐오감의 기능이 신체를 질병으로부터 보호하는 것이기 때문이며, 혐오의 경험은 인류의 진화 결과이기 때문이다. 혐오의 경험은 오염된 식품을 만지거나 섭취하는 것을 피하도록 진화되었는데, 이러한 혐오감 덕분에 병원균이나 독소가 함유된 물질을 섭취할 가능성이 현저히 줄어든다.
>
> 그런데 우리는 자신과 자신의 공동체 문화나 관습과 이질적인 문화를 접할 때도 혐오감을 느낀다. 이에 대해 다른 문화를 애초에 자신보다 미개한 것으로 여기는 권력 때문이라는 ㉠ 권력적 혐오 가설이 우세하였다. 권력이 큰 집단이나 사람일수록 타문화를 혐오스러운 것으로 멸시한다는 것이다. 하지만 이 역시 생존을 위해 진화된 결과라는 가설이 제시되었다. ㉡ 생존적 혐오감 가설에 따르면 사람은 유사한 자극에 직면했을 때, 질병과 무관한 자극보다는 질병과 관련된 자극에 더 강한 혐오감을 느낄 것이며, 이러한 혐오감의 작용방식은 다양한 문화권에 걸쳐 유사하게 나타난다. 모든 사람은 자기 자신과 자녀를 질병으로부터 보호해야 하는 역할을 떠안은 만큼 생식능력이 저하되지 않은 사람은 저하된 사람보다 질병과 관련된 자극에 더 강한 혐오감을 느낄 것이다. 낯선 사람들은 새로운 병원균을 퍼뜨릴 가능성이 있으므로, 사람들은 가까운 친척이나 공동체보다 낯선 사람들과 접촉할 때 더욱 강한 혐오감을 느낀다.

<보 기>

ㄱ. 권력을 가진 사람이 다른 문화에 혐오감을 느끼는 가장 큰 원인은 권력을 갖지 못한 사람이 다른 문화를 받아들여서 자신의 권력에 위협이 될 것이라고 생각했기 때문이었다는 사실은 ㉠을 강화한다.

ㄴ. 나이가 많을수록 더 큰 권력이 주어지는 사회에서 다른 문화를 처음 접했을 때 소년과 청년이 노인보다 더 큰 혐오감을 느꼈다는 사실은 ㉠을 약화한다.

ㄷ. 불임인 사람이 불임이 아닌 사람에 비하여 낯선 이민자에 대한 혐오감을 훨씬 크게 느꼈다는 사실은 ㉡을 약화한다.

① ㄱ ② ㄴ ③ ㄱ, ㄷ
④ ㄴ, ㄷ ⑤ ㄱ, ㄴ, ㄷ

30. 다음 글을 평가한 것으로 옳은 것만을 <보기>에서 있는 대로 고른 것은?

> 효율성임금이론은 높은 임금이 노동자의 생산성을 높인다는 이론으로 크게 두 개의 모델로 나뉜다. 두 모델 모두 기업이 노동자들을 완벽하게 감독하는 것은 불가능하다는 현실에서 비롯되었다. A모델은 노동자는 가능한 적게 일하려 한다고 가정한다. 그리고 노동시장은 실업이 있는 상태와 없는 상태가 존재한다. 노동자의 입장에서는 태업을 선택했을 때 태업이 발각되어 해고를 당할 위험이 있다. 하지만 만약 노동시장에 실업이 거의 없는 경우라면, 해고당한 노동자들은 다른 일자리를 찾을 수 있을 것이고 태업에 따른 위험은 사라진다. 이 때문에 기업은 노동자가 태업을 선택하는 것을 방지하기 위하여 추가적인 인센티브를 제공한다. 더 높은 임금을 받은 후에도 작업을 게을리 할 유인이 있지만 기업이 노동자들을 항상 감시하는 것보다, 적발 시 해고한다는 원칙하에 임금을 높임으로써 노동자 스스로 태업할 유인을 줄이는 것이 더 생산적이라는 것이다.
>
> 반면 B모델에 따르면 노동자는 자신이 맡은 일을 해내야 한다는 의무감을 가지고 있다. 이 의무감은 처우의 공정성에 대한 인식에 따라 조정된다. 처우가 불공정하다고 생각된다면 노동자들은 의무감을 전혀 느끼지 못하고 태업을 하게 될 것이다. 반면 처우가 충분히 공정하다고 생각되면 그들은 사용자가 정한 목표를 함께 추구할 것이다. 따라서 기업의 입장에서는 노동자들이 공정한 처우를 받고 있다고 느끼게 만드는 것이 중요하다. 이를 위해서는 노동의 수요와 공급이 일치하는 지점보다 높은 임금을 지급해야 한다.
>
> 두 모델 모두 기업이 노동자들을 완벽하게 감독하는 것이 불가능하다는 현실에서 비롯되었다. 그리고 인센티브로 노동생산성을 높이는 것을 선택함에 따라 실제 임금은 노동의 공급과 수요가 일치하는 균형임금 수준보다 더 높아지므로 잉여 노동 공급에 의한 실업이 필연적으로 발생하게 된다.

<보 기>

ㄱ. 기업이 노동자들을 완벽하게 감독하는 것이 불가능하므로 노동생산성을 기준으로 생산성이 높은 노동자 일부에게만 높은 인센티브를 준다면, A모델과 B모델 모두에 따를 때 잉여 노동 공급에 의한 실업은 발생하지 않을 것이다.

ㄴ. 만약 같은 액수의 추가 인센티브 지급을 하더라도 태업을 억제하는 것보다 처우가 공정하다는 노동자의 인식을 형성하는 것이 더 어렵다면, 기업은 A모델에 따를 때보다 B모델에 따를 때 노동자에게 더 많은 인센티브를 지급해야 할 것이다.

ㄷ. 만약 실업이 없는 시장에 있는 어떤 기업이 균형임금수준보다 더 높은 임금을 지급하다가 균형임금수준으로 임금을 지급하자 노동자들의 태업이 늘어나 생산성이 이전보다 하락하였다면, A모델의 주장은 강화되고, B모델의 주장은 약화된다.

① ㄱ ② ㄴ ③ ㄷ
④ ㄱ, ㄴ ⑤ ㄱ, ㄷ

31. 다음으로부터 추론한 것으로 옳은 것만을 <보기>에서 있는 대로 고른 것은?

금융경제학자들은 리스크를 두 가지 큰 유형으로 나눈다. 첫 번째 유형은 특정 자산에만 따르는 고유 리스크이다. 예를 들어 어떤 기업 A에서 갑자기 경영진의 비리 문제가 발생할 경우, 이것은 다른 주식이 아닌 기업 A의 주식에만 영향을 끼치는 요소이므로 고유 리스크에 해당한다. 두 번째 유형은 개별 자산에 국한되지 않고 더 광범위한 시스템에 영향을 미치는 체계적 리스크이다. 금융위기와 같이 시장 전체가 함께 폭락하거나 폭등하여 모든 주식의 가격이 동시에 변하는 것이 대표적인 예이다. 이런 체계적 리스크 사건은 전염병으로 인한 경제 대혼란이나, 기업에 영향을 끼칠 만한 선거 결과로 인해 발생하는 경우가 많다. 고유 리스크에 비해 체계적 리스크는 관리하기가 훨씬 어려우며, 그 부정적인 측면은 잠재적으로 훨씬 더 위험한 결과를 초래한다. 금융 전문가들은 체계적 리스크를 관리하기 위해서 시장 베타라 불리는 특정 지수를 이용한다. 시장 베타는 특정 주식의 가격이 나머지 주식의 가격에 얼마만큼 연동되는지를 수치화한 것인데, 시장 베타가 높을수록 해당 주식의 가격이 다른 주식의 가격에 더 많이 연동되는 것으로 파악할 수 있다.

<보 기>

ㄱ. 조류 독감으로 인해 닭을 판매하는 기업 B의 주가가 폭락한 사례는 체계적 리스크에 의한 가격 변동에 해당한다.
ㄴ. 기업 A가 올해 구매한 부동산 사업 부지의 가격이 갑자기 폭락한 사례는 체계적 리스크에 의한 가격 변동에 해당한다.
ㄷ. 주식 X의 가격은 1,000원이고 시장 베타 지수가 낮고, 주식 Y의 가격은 1,000원이고 시장 베타 지수가 높고 다른 특성은 주식 X와 Y가 동일하다면, 세계 증시가 호황일 경우에 주식 Y의 가격의 변동폭은 주식 X의 변동폭보다 클 것이다.

① ㄱ ② ㄴ ③ ㄱ, ㄷ
④ ㄴ, ㄷ ⑤ ㄱ, ㄴ, ㄷ

32. 다음으로부터 추론한 것으로 옳은 것만을 <보기>에서 있는 대로 고른 것은?

우리가 실제로 경험하는 것과 기억하는 것은 같지 않은데, 이것은 경험하는 자아와 기억하는 자아가 일치하지 않기 때문이다. 사람들이 실제로 경험하는 고통의 크기는 그것을 경험하는 시간과 단위시간당 고통을 곱한 것의 총합이다. 고통스러운 X검사를 받는 환자가 실제로 경험하는 고통의 총 크기를 측정하는 실험을 예로 들어보자. 이때 환자는 검사하는 중에 1분마다 그 순간에 느끼는 고통의 정도를 0부터 10 사이의 숫자로 보고한다. 10분의 검사에서 만약 환자가 첫 5분에 느낀 고통의 크기가 8이고 그 뒤에 느낀 고통의 크기가 5라면, 환자가 실제로 경험한 고통의 크기는 40과 25를 더한 65가 된다. 그런데 이 실험에서 환자들이 기억하는 고통의 크기는 그들이 실제로 경험한 고통의 크기에 비례하지 않았다. 환자들의 기억은 정점과 종점 원칙과 지속 시간 무시의 원칙에 의해 결정되었다. 정점과 종점 원칙은 환자들이 기억하는 고통의 강도는 그들이 최악의 고통의 순간에 보고한 고통과 검사가 끝날 때 보고한 고통의 평균이라는 것이다. 만약 어떤 환자가 매긴 최악의 고통 점수가 8점이고 마지막에 매긴 점수가 6점이라면, 이 환자는 고통의 정도를 7점이라고 기억한다. 지속 시간 무시의 원칙의 경우에는 검사가 지속된 시간이 환자들의 고통 평가에 어떤 식으로도 영향을 미치지 않는다는 것이다. 이 두 가지 원칙으로 인해서 사람들은 실제로 경험한 사건을 왜곡해서 기억한다.

<보 기>

ㄱ. X검사를 받는 환자가 기억하는 고통을 줄이려는 의사는 환자의 고통이 최고조에 이를 때의 크기를 낮추는 방법보다 전 과정의 지속 시간을 최소화하는 방법을 선택할 것이다.
ㄴ. X검사를 받는 시간이 서로 다른 두 환자가 실제로 경험한 고통의 크기가 같은 경우가 있을 수 있다.
ㄷ. X검사를 받은 환자 갑과 을이 경험한 정점과 종점의 고통 점수가 모두 같고 갑의 검사 시간이 더 긴 경우, 갑이 실제로 경험한 고통이 을이 실제로 경험한 고통보다 더 클 것이다.

① ㄱ ② ㄴ ③ ㄱ, ㄷ
④ ㄴ, ㄷ ⑤ ㄱ, ㄴ, ㄷ

33. 다음 논쟁을 평가한 것으로 옳은 것만을 <보기>에서 있는 대로 고른 것은?

A : 민주정부가 구성되기 이전, 왕조국가였던 P국의 외교정책은 전적으로 왕에 의해 결정되었고 P국 국민들은 외교정책 결정에 개입할 수 없었다. 그러나 민주화된 오늘날의 P국에서는 사실상 국민들이 외교정책을 결정한다. P국의 국민들은 다양한 방식으로 외교정책 결정에 개입할 수 있다. P국의 국민들은 헌법이 인정하는 몇몇 사안에 대해서는 국민투표를 통해 직접적인 결정권을 행사할 수 있다. 또한 선거에서 자신들이 지지하는 외교정책을 공약으로 내세운 정치세력을 우선적으로 선택하고, 이 정치세력이 당선되도록 결정적으로 영향력을 행사한다. 만약 외교정책결정자들이 국민들이 국민투표로 결정한 외교정책을 실시하지 않는 경우 법적인 책임을 져야 한다. 그리고 법적인 책임까지는 지지 않는 경우라 하더라도 다음 선거에서 국민들의 선택을 받지 못하는 정치적 책임을 추궁 당하게 된다. 그 결과 정치인들과 정부관료들은 외교정책에 대한 국민의 판단을 따를 수밖에 없다.

B : 민주화된 P국에서는 국민들이 외교정책을 결정하고 있는 것처럼 보인다. P국민의 여론이 외교정책 결정에 미치는 것 같아 보여도 외교정책의 최종 결정권자는 외교전문가나 관료들이어서 여론은 결정력이 없다. 외교정책에 관한 P국 국민들의 국민투표는 이러한 외교정책 결정자들이 이미 결정해 놓은 것들을 사후에 형식적으로 승인하는 것일 뿐이다. P국 국민들이 국민투표를 통해 어떤 외교정책에 대해 반대하더라도 새로운 대안 역시 외교정책 결정자들에 의해 마련될 뿐이다. 또한 지금까지 P국에서 치러진 선거 결과를 보면 P국 국민들은 구체적인 공약에 따라 자신이 지지하는 정치세력을 결정하는 것이 아니라, 자신이 선호하는 정치세력의 공약은 무조건 지지하는 투표행태를 보이고 있다. 따라서 외교정책 결정에 대해 정치적 책임을 추궁 당하는 일도 좀처럼 나타나지 않는다.

<보 기>

ㄱ. A와 B 모두 P국에서는 국민들에게 외교정책에 대한 관여할 수 있는 권한이 제도적으로 인정되고 있다는 데 견해를 같이한다.
ㄴ. P국의 국민 X가 외교정책은 갑 정당의 공약을 선호하지만, 경제정책과 교육정책은 을 정당의 공약을 선호하여 결과적으로 을 정당에게 투표하였다는 사실은 A를 강화한다.
ㄷ. P국의 외교정책 결정자들은 특정 국가를 대상으로 한 외교정책을 수립할 때 그 특정국가에 대한 P국 국민들의 여론을 자료로만 사용한다는 사실은 B를 약화한다.

① ㄱ ② ㄷ ③ ㄱ, ㄴ
④ ㄴ, ㄷ ⑤ ㄱ, ㄴ, ㄷ

34. 다음으로부터 추론한 것으로 옳은 것만을 <보기>에서 있는 대로 고른 것은?

가 교수는 문제 1과 문제 2의 두 문제로 구성된 기말고사를 출제하고 그 채점 결과로 성적을 산출한다. 각 문제의 채점 결과는 정답, 오답, 무응답 중 하나만 가능하다. 각 문제의 배점은 아래 표와 같고, 오답에 대해서는 반드시 1점 이상의 점수를 감점하지만, 감점의 크기는 알려지지 않았다. 단, 정답에 부여된 점수보다 감점이 크지는 않다. 교수는 각 학생에게 A, B, C, D 중 하나의 성적을 부여하기 위해 각 성적을 받을 수 있는 점수 범위를 미리 정한 뒤, 성적을 산출하였다. 성적은 A, B, C, D 순서로 높으며, 각 성적을 받을 수 있는 점수의 범위는 성적 간에 겹치지 않는다. 성적별 점수의 범위 중 가장 낮은 점수가 높을수록 높은 성적을 받는다.

	문제 1	문제 2
정답	+3	+5
오답		
무응답	0	0

<성적 산출 결과>

○ 문제 1과 문제 2의 채점 결과가 모두 정답인 학생은 A를 받았다.
○ 문제 1과 문제 2의 채점 결과가 모두 오답인 학생은 D를 받았다.
○ 문제 2에 응답하지 않은 학생은 C를 받았다.
○ 문제 1의 채점 결과가 오답이고 문제 2의 채점 결과가 정답인 학생은 B를 받았다.

<보 기>

ㄱ. 두 문제 중 적어도 한 문제를 맞추었다면 C를 받을 가능성이 있다.
ㄴ. 문제 1의 채점 결과가 정답이고 문제 2의 채점 결과가 오답이면 A를 받을 가능성이 있다.
ㄷ. A를 받았다면 두 문제 중 적어도 한 문제의 채점 결과는 정답이다.

① ㄱ ② ㄴ ③ ㄱ, ㄷ
④ ㄴ, ㄷ ⑤ ㄱ, ㄴ, ㄷ

35. 다음으로부터 추론한 것으로 옳은 것만을 <보기>에서 있는 대로 고른 것은?

> A재단이 주최하는 세미나에는 참여자의 자리 배치에 대해 다음과 같은 규칙이 마련되어 있다. 각 규칙은 번호가 큰 순서대로 우선순위를 가지고 적용된다. 예를 들어, 3번 규칙과 5번 규칙에 동시에 해당하는 경우 5번 규칙을 우선적으로 적용한다. 둘 이상의 규칙에 해당하는 참여자에 대해 규칙 간 모순이 발생하지 않는다면 해당 규칙 전부를 적용한다.
>
> [규칙]
> 1. A재단 세미나에 처음으로 참여한 자는 라 구역에 배정하지 않는다.
> 2. 세미나 기획팀에 소속된 자는 다 구역에 배정하지 않거나 가 구역에 배정한다.
> 3. A재단에 1백만 원 이상의 기금을 출원한 자는 나 구역과 다 구역 중 한 곳에 배정한다.
> 4. A재단의 이사단에 소속된 자는 다 구역에 배정한다.
> 5. 발표자는 가 구역과 나 구역 중 한 곳에 배정한다.
>
> <상황>
> 발표자가 아닌 갑은 A재단 세미나에 처음으로 참여하려 한다. 갑은 지난 1월 A재단에 2백만 원의 기금을 출원하였다.

<보 기>

ㄱ. 갑이 A재단 이사단 소속이라면 다 구역에 앉을 것이다.
ㄴ. 갑이 A재단 이사단과 세미나 기획팀 각각에 모두 소속되지 않았다면 나 구역에 앉을 것이다.
ㄷ. 갑이 세미나 기획팀 소속이라면 다 구역에 앉지 않을 것이다.

① ㄱ ② ㄷ ③ ㄱ, ㄴ
④ ㄴ, ㄷ ⑤ ㄱ, ㄴ, ㄷ

36. 다음으로부터 추론한 것으로 옳지 않은 것은?

> 어느 회사의 진급 심사에는 업무 실적 점수, 교육 점수, 다면 평가 점수가 영향을 미친다. 각 점수는 A등급, B등급, C등급, D등급으로 나누어지며 한 분야의 점수라도 D등급을 맞게 되면 진급 심사에서 사전탈락하게 된다. 교육 점수에서 A등급을 받은 사람은 평균 독서량이 월 5권 이상이며, 다면 평가 점수에서 B등급 이상을 받은 사람은 모두 40세 이상인 것으로 나타났다. 연봉이 4천만 원 이상인 사람은 누구도 업무 실적 점수에서 D등급을 맞지 않았다. 평균 출퇴근 시간이 1시간 이상인 사람은 업무 실적 점수가 모두 C등급 이하였으며, 하루 3시간 이상 공부를 하는 사람은 모두 업무 실적 점수 또는 교육 점수 중 1개 분야 이상은 A등급을 받았고, 그 중 두 분야 모두 A등급을 받은 사람은 모두 35~40세인 것으로 나타났다. 세 분야의 등급 중 A등급 또는 B등급이 하나도 없다면 세 분야 중 하나는 반드시 D등급인 것으로 나타났다. 이 회사에 다니는 갑의 평균 출퇴근 시간은 1시간 30분이었다.

① 갑이 38세이고, 진급 심사에서 사전탈락하지 않았다면 다면 평가 점수는 C등급이었을 것이다.
② 갑이 43세이고, 업무 실적 점수가 D등급이 아닌 경우, 하루 3시간 이상 공부하지 않았다면, 진급 심사에서 사전 탈락 했을 가능성이 있다.
③ 갑이 45세이고, 연봉이 5천만 원이며, 하루 3시간 이상 공부를 한다면 적어도 진급 심사에서 사전탈락하지는 않았을 것이다.
④ 갑이 33세이고, 하루 3시간 이상 공부했다면 갑의 평균 독서량은 월 5권 이상이다.
⑤ 갑이 47세라면, 세 분야 모두 A등급을 받았을 가능성은 없으나 2개의 분야에서 A등급을 받았을 가능성은 있다.

37. 다음으로부터 ㉠이 참임을 알 수 있는 A~D의 얼굴색 조합으로 적절한 것은?

돌리는 세계에서 최초로 복제된 양이다. 한 마리의 양에 있는 모든 세포는 각각 크기나 기능은 다르지만, 동일한 유전체를 가지고 있다. 양이 가진 유기체로서의 모든 특성과 성질, 각 세포의 기능은 유전체에 있는 정보를 토대로 수행되며, 유전체는 세포의 핵 속에 들어 있다. 또한 생식 과정에서 수정란이 만들어지면 유전체는 더 이상 변화하지 않는다. 따라서 이론적으로는 양의 체세포에서 핵을 추출하여 다른 양의 핵을 제거한 난자에 집어넣고, 이를 수정란으로 하여 태아 단계와 출산을 거쳐 키우면 원본과 동일한 한 마리의 양을 만들어내는 것이 가능하다. 과학자들은 양 A로부터 난자를 꺼내어, 그 속의 핵을 완전히 제거하였다. 그리고 양 B의 젖샘세포에서 핵을 꺼내어 A의 핵이 제거된 난자에 집어넣어 수정란을 만들었다. 이 수정란을 양 C의 자궁에 착상시켜 태아 단계와 출산을 거쳐 완전한 한 마리의 양 D를 만들어냈다.

이렇게 태어난 양 D가 정말 성공적으로 복제된 양인지를 증명하는 문제가 남아있다. 양이 출산하는 순간에 복제양 여부를 바로 알 수 있도록 과학자들은 양 A, B, C를 주의 깊게 선택했다. 그래서 복제 과정에서 실수를 한 경우에는 A 또는 C의 유전체에 의한 얼굴색의 양이 나오고, 복제에 성공한 경우에는 B의 유전체에 의한 얼굴색의 양이 태어나도록 만들었다. 양의 얼굴색은 100% 유전체에 의해 결정된다. 각 양에서 젖샘세포 및 난자를 꺼내는 과정에서는 실험 실수가 없다고 전제한다. ㉠ <u>A, B, C, D의 얼굴색을 확인한 결과, 자연적 출생일 가능성 없이 D가 인위적으로 복제된 양임을 확인할 수 있었다</u>.

① A는 검은 얼굴, B는 흰 얼굴, C는 검은 얼굴, D는 흰 얼굴
② A는 검은 얼굴, B는 검은 얼굴, C는 검은 얼굴, D는 검은 얼굴
③ A는 검은 얼굴, B는 흰 얼굴, C는 흰 얼굴, D는 검은 얼굴
④ A는 흰 얼굴, B는 검은 얼굴, C는 흰 얼굴, D는 흰 얼굴
⑤ A는 흰 얼굴, B는 흰 얼굴, C는 검은 얼굴, D는 검은 얼굴

38. 다음으로부터 추론한 것으로 옳은 것만을 <보기>에서 있는 대로 고른 것은?

잎면적 지표란 한 식물이 가진 전체 잎의 윗부분 표면적을 그 식물이 자라는 땅의 면적으로 나눈 값이다. 이때 땅의 면적은 그 식물의 줄기를 중심으로 하여 줄기로부터 가장 멀리 뻗어나간 잎의 끝부분까지의 거리를 반지름으로 하는 원의 면적으로 한다.

식물은 잎을 통해 빛을 흡수할 경우 광합성을 한다. 식물이 많은 빛을 흡수할수록 광합성으로 생산하는 영양분의 양(광합성량)이 늘어난다. 식물이 최종적으로 보유하는 영양분의 양이 곧 농업생산량이 되므로 잎면적 지표는 농업생산량을 가늠할 수 있는 요소 중 하나이다. 잎면적 지표를 통해 그 식물이 얼마나 많은 빛을 흡수할 수 있는가를 대략적으로 알 수 있기 때문이다. 이때 하나의 잎은 존재하는 것만으로도 생존을 위해 일정량의 영양분을 소모한다.

<조건>

식물은 새로운 잎을 만들어낼 때 그 식물이 받아들일 수 있는 빛의 양을 극대화할 수 있는 방향과 거리를 선택한다. 태양이 어느 각도에서 비추더라도 다른 잎에 가려서 항상 그늘 아래에 존재하여 빛을 받지 못하는 잎이 발생하는 시점은 잎면적 지표가 7에 도달했을 때이다. 식물의 생장이 일정 수준에 이르러 다른 잎에 가려서 항상 그늘 아래 존재하는 잎이 발생하기 시작하면 줄기로부터 가장 멀리 뻗어나간 잎보다 더 멀리 뻗어나가는 잎을 만들어내지 않는다. 광합성을 위해 필요한 모든 조건이 풍족하고 광합성 이외의 다른 경로로 영양분을 흡수하지 않는다고 가정한다.

<보 기>

ㄱ. 식물이 새로운 잎을 만들어낼 때마다 잎면적 지표는 일정하게 증가한다.
ㄴ. 잎면적 지표가 7인 식물과 잎면적 지표가 14인 식물은 농업생산량 측면에서 동일하다.
ㄷ. 두 식물이 자라는 땅의 면적이 동일한 경우, 잎면적 지표가 1인 식물은 잎면적 지표가 0.5인 식물보다 광합성량이 더 많다.

① ㄴ ② ㄷ ③ ㄱ, ㄴ
④ ㄱ, ㄷ ⑤ ㄱ, ㄴ, ㄷ

39. 다음 글로부터 추론한 것으로 옳은 것만을 <보기>에서 있는 대로 고른 것은?

행성 X에서 발생하는 지진파의 종류에는 Q파와 W파가 있다. Q파와 W파 모두 직진만을 하며, Q파는 액체와 고체를 모두 통과하는 데 비해 W파는 고체만을 통과한다. 모든 지진파에는 (+) 위상, (−) 위상 두 가지 종류가 있는데, 상대적으로 밀도가 작은 매질에서 상대적으로 밀도가 큰 매질로 지진파가 진행할 경우 지진파의 위상이 바뀐다. 그 외에는 지진파의 위상이 바뀌지 않는다. 한편, 액체층은 고체층보다 밀도가 더 작으며, 서로 다른 두 고체 매질 또는 액체 매질의 경우 행성의 중심부에 가까울수록 밀도가 더 크다.

과학자 갑은 Q파와 W파를 활용하여 행성 X의 내부를 파악하고자 한다. 과거 연구에 따르면 행성 X는 총 4개의 층으로 구성되어 있으며, 각 층은 각각 동일한 매질로 구성되어 있다. 갑은 아래 그림과 같이 A층의 한 지점에서 0°~90°의 모든 방향으로 (+) 위상을 가진 Q파와 (−) 위상을 가진 W파를 발생시켜, 반대편 A층에 도달한 각 (가)~(라) 구간의 지진파의 위상이 어떻게 바뀌는지를 조사하였다. 그 결과 W파의 경우 (가)와 (나) 구간에는 전달되지 않았고, (다)와 (라) 구간에는 전달되었다. 그리고 Q파의 경우는 아래의 표와 같았다.

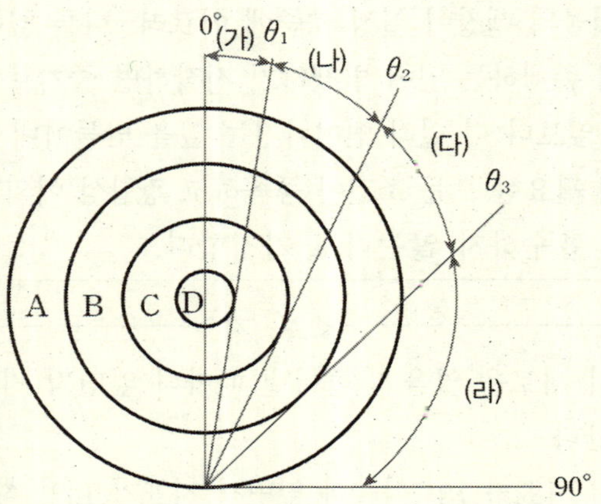

구 간	(가)	(나)	(다)	(라)
Q파	(−)	(+)	?	(+)

<보 기>

ㄱ. (다) 구간에 도달하는 Q파의 위상은 (+)이다.
ㄴ. (나) 구간에 도달하는 Q파의 위상은 두 번 바뀐다.
ㄷ. Q파가 D층을 지날 때 (+) 위상이다.

① ㄱ ② ㄴ ③ ㄷ
④ ㄱ, ㄴ ⑤ ㄴ, ㄷ

40. 다음 글로부터 추론한 것으로 옳은 것만을 <보기>에서 있는 대로 고른 것은?

물질이 가지는 전기적 성질에는 양전하와 음전하가 있다. 서로 다른 전하를 띤 물질 사이에서는 서로 끌어당기는 인력이 작용하고, 같은 전하를 띤 물질 사이에서는 서로 밀어내는 척력이 작용한다. 이때 각 물질의 전하량이 클수록 인력이나 척력의 힘도 강해진다.

DNA 분자는 뉴클레오티드가 사슬처럼 연결되어 있는 거대한 고분자이다. 뉴클레오티드는 인산, 디옥시리보스, 염기가 연결되어 있는 분자로서, DNA의 유일한 구성 물질이다. 인산이 음전하를 가지고 있어서 DNA 분자는 전해질 내에서 음전하를 띤다. DNA를 구성하는 뉴클레오티드의 수와 분자량은 비례한다.

젤 전기영동은 DNA의 전기적 성질을 이용해 DNA를 분리하는 기술로 대표적인 것은 아가로즈 젤을 이용한 전기영동이다. 전해질에 잠겨있는 사각형 아가로즈 젤의 한쪽 모서리 부근에 얕고 좁은 홈을 판다. 홈이 형성된 방향의 모서리를 위쪽, 반대쪽 모서리를 아래쪽으로 부른다. 젤의 위쪽 끝과 아래쪽 끝에 서로 다른 극의 전극을 연결한 뒤 홈 내부에 DNA를 넣어주면 된다. 홈에 넣은 DNA는 전기적 힘에 의해 홈의 반대편 모서리로 이동하면서 아가로즈 젤을 통과해야 한다. 현미경으로 보면, 아가로즈 젤은 아주 미세한 거미줄이 겹겹이 쌓여있는 형태의 그물 구조를 가지고 있다. DNA 자체가 갖는 전하량의 차이는 DNA와 전극 사이의 힘에 영향을 미쳐 전하량이 클수록 DNA의 이동속도가 빠르다. 그러나 그보다는 DNA 크기 자체의 차이가 DNA의 이동에 훨씬 더 강한 영향을 미친다. 이 때문에 DNA의 크기가 클수록 아가로즈 젤의 그물형 구조를 통과할 때 더 많은 저항을 받아 이동하는 데 더 많은 시간이 걸린다.

<보 기>

ㄱ. 같은 젤을 이용한 전기영동을 할 경우, 분자량이 작은 DNA가 분자량이 큰 DNA보다 더 적은 거리를 이동할 것이다.
ㄴ. 젤의 아래쪽으로 DNA가 움직이게 하려면 젤의 아래쪽에 양전하를 띠는 전극을 연결해야 한다.
ㄷ. 다른 조건이 동일하다면 젤의 아래쪽에 연결하는 전극이 갖는 전하량이 커지더라도 DNA의 이동속도는 동일할 것이다.

① ㄱ ② ㄴ ③ ㄱ, ㄷ
④ ㄴ, ㄷ ⑤ ㄱ, ㄴ, ㄷ

* 확인 사항
○ 문제지와 답안지의 해당란에 필요한 내용을 정확하게 표기했는지 확인하십시오.

〈문제출제〉
메가로스쿨 언어논리연구소

2026학년도 법학적성시험 대비

제3회 파이널

LEGAL • EDUCATION • ELIGIBILITY • TEST

실전 모의고사

제2교시 추리논증

총 40문항 10:45~12:50(125분)

수험생 유의사항

1. 문제지를 받은 후 시험 시작 시간까지 문제 내용을 보아서는 안 됩니다.
2. 시험 시작 즉시 과목편철 순서, 문제누락 여부, 인쇄상태 이상 유무 등을 확인한 후 문제지에 성명을 기재하시기 바랍니다.
3. 시험 시작 후 문제를 주의 깊게 읽고 문항의 취지에 가장 적합한 하나의 정답만을 고르시기 바랍니다.

메가로스쿨

제 2 교시

추리논증

성 명 | |

메가로스쿨

○ 이 문제지는 **40문항**으로 구성되어 있습니다. 문항 수를 확인하십시오.
○ 문제지의 해당란에 성명을 정확히 쓰십시오.
○ 답안지에 응시 번호와 답을 표기할 때에는 답안지 오른편에 있는 '답안지 작성시 반드시 지켜야 하는 사항'에 따라 표기하십시오.
○ 답안지의 필적확인란에 해당 문구를 정자로 기재하십시오.

1. <견해>에 대한 분석으로 옳은 것만을 <보기>에서 있는 대로 고른 것은?

X국은 "피고인이 스스로 변호인을 구할 수 없을 때에는 법률이 정하는 바에 의하여 국가가 변호인을 붙인다."라고 국선 변호인 제도를 법으로 규정하고 있다. 국선 변호인을 선정하는 것이 법적으로 어떠한 의미를 가지는지에 대해 세 견해가 제시되고 있다.

<견해>

A : 국선 변호인의 선정은 법원의 명령에 해당한다. 즉, 법원이 특정한 자에게 변호인의 자격을 부여하는 공권적 의사표시를 하는 것이다. 법원은 국선 변호인을 선정하는 과정에서 선정되는 변호인의 동의를 요하지 않으며, 선정된 변호인은 법원의 해임 명령이 없는 한 사임할 수 없다. 또한 피고인도 국선 변호인 선정에 불복할 수 없다.

B : 국선 변호인의 선정은 법원의 일방적 의사표시에 의해 이루어지며, 선정된 변호인은 법원의 허가 없이 사임할 수 없다. 그러나 국선 변호인과 피고인의 신뢰관계가 이루어져야 충실한 변호를 할 수 있으므로 국선 변호인 선정 시 해당 변호사의 동의를 요한다. 또한, 피고인은 행정쟁송을 통해 국선 변호인 취소를 할 수 있다.

C : 국선 변호인의 선정은 법원과 국선 변호인 사이에 체결되는 일종의 공법상 계약이다. 그러므로 민법상 제3자를 위한 계약에 준하는 것으로 본다. 국선 변호인 선정을 하기 위해서는 법원의 청약을 해당 변호사가 승낙하는 과정을 거쳐야 한다. 또한, 공법상 계약이므로 국선 변호인은 일방적 의사표시에 의해 사임이 가능하며, 피고인의 일방적 의사표시에 의한 국선 변호인 취소도 가능하다.

<보 기>

ㄱ. 국선 변호인이 선정된 이후, 국선 변호인 본인의 결정만으로 국선 변호인의 사임이 가능하다는 데에 A와 B는 반대하고, C는 찬성할 것이다.
ㄴ. B와 C는 국선 변호인 선정 시 변호인의 의사 반영 여부에 대해서는 같은 의견이나, 국선 변호인에 대한 피고인의 취소 가능 여부에 대해서는 다른 의견이다.
ㄷ. 변호인이 피고인을 위하여 변호하려는 의사가 없을 경우 실질적인 변호를 기대할 수 없다고 보는 견해는 C보다 A를 지지한다.

① ㄱ ② ㄴ ③ ㄱ, ㄷ
④ ㄴ, ㄷ ⑤ ㄱ, ㄴ, ㄷ

2. [규정]을 <사례>에 적용한 것으로 옳은 것만을 <보기>에서 있는 대로 고른 것은?

[규정]

제1조 국내 소재 자회사의 행위로 피해자가 발생하였을 때, 다음의 각 호 중 하나에 해당하는 경우에는 손해배상책임은 외국 소재 모회사에게만 있어, 외국 소재 모회사는 피해자들에게 직접 배상해야 한다.
1. 자회사와 모회사의 장부가 같이 관리되고 이사회 회의, 세무신고 등의 업무를 같이 수행할 경우
2. 자회사와 모회사가 공동의 사업에 참여하는 관계에 있고 모회사가 주주로서의 통상적인 권한을 넘어 자회사의 경영에 지속적으로 감독 및 관여해 온 경우

제2조 국내 소재 자회사의 행위로 피해자가 발생하였을 때, 제1조의 각 호에 해당하지 않으면서 다음의 각 호 중 하나에 해당하는 경우에는 외국에 소재한 모회사는 자회사와 함께 피해자들에게 손해배상해야 한다.
1. 국내에 소재한 자회사 및 사무소가 한 행위를 모회사가 통상적으로 감독한 분야인 경우
2. 자회사의 피해자가 발생하게 한 행위에 대해 모회사가 알았거나 알 수 있었을 경우

제3조 ① 제1조에 의한 손해배상소송의 관할법원은 자회사의 대표 주소지 관할법원으로 한다.
② 제2조에 의한 손해배상소송의 관할법원은 자회사 소재지 관할 법원으로 한다.

<사례>

A는 국내 가 지역에 소재한다. A의 대표인 갑은 주소지가 국내의 나 지역이다. A의 모회사인 B는 일본의 다 지역에 소재하며, A는 B의 자회사이다. A와 B는 공동으로 국내 표백제 및 살균제 사업에 참여하고 있고 세무신고를 같이한다. B는 A에 일반적인 주주로서 권한을 행사하며 표백제 유통에 관한 통상적인 사항을 감독하고 있다. A가 판매한 표백제와 살균제로 인해 국내 피해자들이 발생하였다.

<보 기>

ㄱ. A와 B가 회사 장부를 따로 관리하고 있다면, A는 표백제로 인한 피해자들에게 배상의무를 지지 않는다.
ㄴ. B가 A의 회사 장부와 자신의 회사 장부를 같이 관리하고 이사회 회의, 세무신고 등의 업무를 같이 수행하였고, B가 A의 살균제 판매를 알지 못했다면, A는 살균제로 인한 피해자들에게 배상의무를 지지 않는다.
ㄷ. 갑이 B에게 모든 A의 살균제 유통 현황을 공유하여 A와 B가 공동으로 살균제 사업을 하였고, B가 주주로서의 통상적인 권한을 넘어 A의 경영에 지속적으로 감독 및 관여해 온 경우, 살균제로 인한 피해의 손해배상소송의 관할법원은 나 지역의 관할법원으로 한다.

① ㄱ ② ㄴ ③ ㄱ, ㄷ
④ ㄴ, ㄷ ⑤ ㄱ, ㄴ, ㄷ

3. [규정]으로부터 추론한 것으로 옳은 것만을 <보기>에서 있는 대로 고른 것은?

> [규정]
> 제1조 ① 도로를 굴착하여 물건이나 시설 등을 신설·변경하려는 사람은 도로관리청에 사업계획서를 첨부하여 도로점용허가를 신청하여야 한다.
> ② 제1항에도 불구하고 다음 각 공사에 대해서는 사업계획서를 첨부하지 않는다.
> (1) 천재지변이나 돌발적인 사고로 인한 긴급복구공사
> (2) 굴착부분의 길이가 10미터 이하이고 너비가 3미터 이하인 굴착공사
> 제2조 ① 제1조에 따른 도로점용허가신청이 있을 경우 도로관리청은 도로점용허가 여부를 결정하여 통보하여야 한다.
> ② 신설도로에 대해서는 그 신설시부터 3년 이내에는 제1항의 허가를 하지 못한다. 단, 다음 각 공사에 대해서는 그러하지 아니하다.
> (1) 제1조 제2항 (1)호에 따른 공사의 경우. 단 상업시설은 제외한다.
> (2) 군사상 필요한 경우
> (3) 전기 또는 통신이 연결되지 않아 긴급하게 이를 연결하는 공사를 하는 경우
> ③ 제2항에도 불구하고 도로 신설 이전부터 도로의 지하에 있던 시설물의 관리행위의 경우 도로관리위원회의 심사를 거쳐 도로점용허가를 할 수 있다.

<보 기>

ㄱ. 갑이 2020년에 개설시기가 2018년인 도로에 길이 200미터, 너비 5미터로 굴착하여 군용 통신케이블을 설치하고자 할 경우, 사업계획서를 첨부하여 도로관리청에 도로점용허가를 신청하여 도로점용허가를 받을 수 있다.

ㄴ. 을이 2021년에 통신 속도의 개선을 위하여 개설시기가 2019년인 도로를 길이 5미터, 너비 2미터로 굴착하여 광케이블을 추가 매설하고자 하는 경우, 사업계획서를 첨부하지 않고 도로관리청에 도로점용허가를 신청하여 도로점용허가를 받을 수 있다.

ㄷ. 병이 2021년에 건축시기가 1999년인 지하상가에 발생한 홍수 침수 피해를 긴급복구하기 위하여 2020년에 개설된 지하상가 위의 도로를 굴착하고자 하는 경우, 도로관리청에 사업계획서를 첨부하여 도로점용허가를 신청하여야 도로관리위원회의 심사를 거쳐 도로점용허가를 받을 수 있다.

① ㄱ ② ㄴ ③ ㄱ, ㄷ
④ ㄴ, ㄷ ⑤ ㄱ, ㄴ, ㄷ

4. 다음 글로부터 추론한 것으로 옳지 않은 것은?

> 범죄가 여러 개의 국가에 걸쳐 실행된 경우 어느 국가가 관할권을 갖는가가 문제될 수 있다. X, Y, Z 세 국가는 다음 [규칙]에 따라 형사관할권을 결정하기로 하였다.
>
> [규칙]
> (1) 범죄의 전부 또는 일부가 자국에서 실행되고 범죄자가 자국에 체류 중인 경우 범죄자가 체류 중인 국가가 형사관할권을 갖는다.
> (2) 자국에서 범죄가 실행되지는 않았으나 범죄의 결과에 영향을 받아 자국민 또는 자국에 피해가 발생한 국가는 범죄자가 자국에 체류 중인 경우 형사관할권을 갖는다.
> (3) 범죄가 자국에서 실행되지는 않았으나 2인 이상의 범죄자가 함께 범죄를 모의한 행위가 자국에서 이뤄진 경우, 해당 모의를 한 사람 중에 자국민이 있다면 그 범죄자에 대한 형사관할권은 범죄자 국적국의 국가가 갖는다.
> (4) 한 범죄자에 대한 형사관할권은 여러 국가가 가질 수 있다.
>
> <사실관계>
> X, Y, Z 3개국은 모두 위조품을 판매하는 행위와 폭행 행위를 처벌한다. 그리고 여러 개의 범죄가 성립하는 경우 각 범죄에 대한 형사관할권은 따로 결정한다.
> 위조상품 유통조직 총책인 갑(X국적)은 대규모의 위조품을 Z국에서 판매하기 위하여 X국에서 부하 을(Y국적)을 만나 판매 계획에 관하여 모의하였다. 이후 Z국에서 위조품을 판매하던 갑과 을은 경쟁자인 병(Z국적)과 마찰을 빚었다. 이에 갑과 을은 Z국에서 병을 폭행할 계획을 모의하였다. 이후 을 혼자 Y국에 머무르고 있던 병을 찾아가 계획대로 폭행하였다.

① 갑이 세 국가 중 어디에 체류하든지 X국은 갑의 위조품 판매 범죄에 대한 형사관할권을 가진다.
② Y국은 갑의 병에 대한 폭행죄와 관련하여 갑에게 형사관할권을 행사할 수 없다.
③ 을이 Z국에 체류 중인 경우 Z국은 을의 위조품 판매 범죄와 관련한 형사관할권을 가진다.
④ 갑과 을의 병에 대한 폭행 범죄와 관련하여, 이들이 Y국에 체류 중이라면 Y국에서 형사관할권을 가지며 이들이 X국에 체류 중이라면 X국에서 형사관할권을 가진다.
⑤ 만약 갑과 을이 Z국적을 가졌다면, 이들이 세 국가 중 어디에 체류하든지 Z국은 갑과 을의 병에 대한 폭행 범죄에 대한 형사관할권을 가진다.

5. [규정]에 대한 <견해>를 <사례>에 적용한 것으로 옳은 것만을 <보기>에서 있는 대로 고른 것은?

[규정]

제1조 버스노선을 운영하는 자가 인가를 받지 않고 버스 노선을 운영할 시 최대 5,000만 원의 과징금을 부과한다.

제2조 버스노선을 운영하는 자가 인가를 받은 노선을 임의로 변경하여 운영할 시 최대 3,000만 원의 과징금을 부과한다.

제3조 과징금이 부과되는 위반행위를 여러 개 한 자에 대해서는 과징금의 상한액이 가장 큰 위반행위에 그 상한액에 2분의 1을 가중한 액수를 상한으로 과징금을 부과한다. 단, 여러 개의 위반행위 각각에 대하여 한번도 과징금을 부과한 적이 없는 때에 한하여 해당 조항을 적용한다.

<견해>

갑 : 하나의 위반행위에 과징금을 부과할 당시, 다른 위반행위도 이미 이루어졌고 그 위반행위에 대해 과징금을 부과한 적이 없는 경우, 위반행위에 대한 과징금은 [규정] 제3조에 따라 부과한다.

을 : 하나의 위반행위에 과징금을 부과할 당시, 행정청이 인지했음에도 과징금을 부과하지 않았던 다른 위반행위도 있었던 경우, 다른 위반행위에 대해서는 과징금을 부과할 수 없다. 반면, 하나의 위반행위에 과징금을 부과할 당시, 행정청이 인지하지 못했던 다른 위반행위가 있었던 경우에는 두 위반행위에 대한 과징금은 [규정] 제3조에 따라 부과한다.

병 : [규정] 제3조는 과징금이 부과되는 여러 위반행위를 동시에 한 자에 대해서 적용된다. 시기가 다른 별개의 위반행위에 대해서는 제3조와는 별도로 각 위반행위에 대한 과징금을 부과할 수 있다.

<사례>

P회사는 2015년에 ㉠ 인가를 받지 않고 버스노선을 운영하다가 2016년에 인가를 받아 2017년까지 인가 받은 노선으로 운영하다가 2018년에 인가 받은 노선을 ㉡ 임의로 변경하여 운영하였다.

<보 기>

ㄱ. 행정청이 2016년에 ㉠에 대해 5,000만 원의 과징금을 부과한 경우, 2019년에 ㉡에 대해 3,000만 원의 과징금을 부과할 수 있는지에 대해, 갑, 을, 병은 같은 의견일 것이다.

ㄴ. 행정청이 2019년에 ㉡에 대해 과징금을 부과하는 과정에서 ㉠을 최초로 적발한 경우, 갑은 ㉠에 대해서도 과징금을 부과할 수 있다는 데 동의하지만 을은 그렇지 않다.

ㄷ. 행정청이 2018년에 ㉠을 알면서도 과징금을 부과하지 않았고, 2019년에 ㉡에 대해 과징금을 부과하면서 ㉠에 대해서도 과징금을 부과하려는 경우, 을보다 병에 따를 때 부과할 수 있는 과징금의 총액이 더 클 것이다.

① ㄱ ② ㄴ ③ ㄷ

④ ㄱ, ㄴ ⑤ ㄱ, ㄷ

6. 다음으로부터 추론한 것으로 옳은 것만을 <보기>에서 있는 대로 고른 것은?

[규정]

제1조 선박의 진행방향을 기준으로 선체의 오른쪽을 선박의 우현, 선체의 왼쪽을 선박의 좌현이라 한다.

제2조 2척의 선박이 제3조에 해당하지 않는 경우로서 접근하여 충돌할 위험이 있는 때에는 다음 각 방법에 따라 항행해야 한다.

(1) 각 선박이 다른 쪽 현에 바람을 받고 있는 경우 좌현에 바람을 받고 있는 선박이 다른 선박의 진로를 피하여야 한다.

(2) 두 선박이 서로 같은 현에 바람을 받고 있는 경우에는 바람이 불어오는 쪽에 더 가까운 선박이 다른 선박의 진로를 피하여야 한다.

제3조 2척의 선박이 마주치게 되어 충돌의 위험이 있을 때에는 각 선박이 다른 선박의 좌현 쪽을 지나갈 수 있도록 침로를 우현 쪽으로 변경하여야 한다. 이때 선박은 다른 선박을 배의 앞부분(船首)에서 볼 수 있는 경우로서 두 선박의 방향이 일직선을 이루는 때에 마주치는 상태에 있는 것으로 본다.

제4조 2척의 선박이 서로의 진로를 가로지르는 경우로서 충돌의 위험이 있을 때에는 다른 선박을 우현 쪽에 두고 있는 선박이 그 다른 선박의 진로를 피하여야 한다.

<사례>

다음과 같이 A~E 선박이 운항을 하고 있다. 점선은 각 선박의 진로이다. 바람은 서쪽에서 동쪽으로 불고 있다.

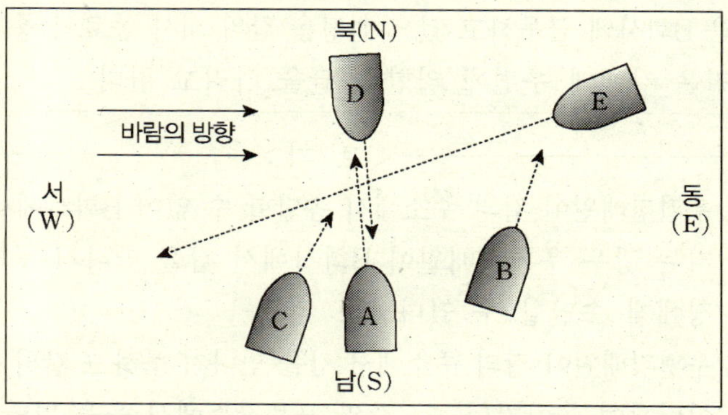

<보 기>

ㄱ. 선박 A와 선박 C가 충돌할 위험이 있을 때, 선박 C가 선박 A의 진로를 피하여야 한다.

ㄴ. 선박 B와 선박 E가 충돌할 위험이 있을 때, 선박 E가 선박 B의 진로를 피하여야 한다.

ㄷ. 선박 A와 선박 D가 충돌할 위험이 있을 때, A는 서쪽으로, D는 동쪽으로 침로를 변경하여야 한다.

ㄹ. 선박 E가 선박 D 및 A와 충돌할 위험이 있는 경우, 선박 E는 선박 D의 진로를 피하여야 하고, 선박 A는 선박 E의 진로를 피하여야 한다.

① ㄱ, ㄴ ② ㄱ, ㄹ ③ ㄴ, ㄷ

④ ㄴ, ㄹ ⑤ ㄷ, ㄹ

7. [규정]을 <사례>에 적용한 것으로 옳은 것만을 <보기>에서 있는 대로 고른 것은?

> [규정]
> 제1조 송달은 특별한 규정이 없으면 송달받을 사람에게 한다. 우편에 의한 송달은 우편집배원이 한다.
> 제2조 송달은 받을 사람의 주소 · 거소 · 영업소 또는 사무소(이하 "주소등"이라 한다)에서 한다. 다만, 송달받을 사람의 주소등을 알지 못하거나 그 장소에서 송달할 수 없는 때에는 송달받을 사람이 고용 · 위임 그 밖에 법률상 행위로 취업하고 있는 다른 사람의 주소등(이하 "근무장소"라 한다)에서 송달할 수 있다.
> 제3조 송달받을 사람의 주소등 또는 근무장소가 국내에 없거나 알 수 없는 때에는 그를 만나는 장소에서 송달할 수 있다. 주소등 또는 근무장소가 있는 사람의 경우에도 송달받기를 거부하지 아니하면 만나는 장소에서 송달할 수 있다.
> 제4조 송달받을 사람의 주소등에서 송달받을 사람을 만나지 못한 때에는 동거인에게 송달할 수 있고, 근무장소에서 송달받을 사람을 만나지 못한 때에는 함께 근무하는 피용자, 종업원 등에게 송달할 수 있다.
> 제5조 송달받을 사람의 주소등에서 서류를 송달받을 사람 또는 동거인이 정당한 사유 없이 송달받기를 거부하는 때에는 송달할 장소에 서류를 놓아둘 수 있다.
>
> <사례>
> 갑은 국내 A시에 주소를 두고 배우자인 을과 함께 거주하고 있다. 갑은 B회사에 근무하고 있으며 정은 갑의 회사 동료인 종업원이다. 법원은 갑에게 우편에 의한 송달을 하려고 한다.

<보 기>

ㄱ. 우편집배원이 갑의 주소에서 송달할 수 없어 B회사에서 송달하려는 경우 우편집배원이 B회사에서 갑을 만나지 못하였다면 정에게 송달할 수 있다.

ㄴ. 우편집배원이 갑의 주소에서 갑을 만나지 못하고 갑의 주소지를 이탈하여 돌아가던 중 갑의 근무장소에서 을을 만난 경우 그 장소에서 을이 송달받기를 거부하지 아니하면 을에게 송달할 수 있다.

ㄷ. 우편집배원이 갑의 주소에서 송달할 수 없어 B회사에서 송달하려는 경우 우편집배원이 B회사에서 갑을 만나지 못하고 정이 정당한 사유 없이 송달받기를 거부하는 때에는 B회사에 서류를 놓아둘 수 있다.

① ㄱ ② ㄴ ③ ㄱ, ㄷ
④ ㄴ, ㄷ ⑤ ㄱ, ㄴ, ㄷ

8. 다음으로부터 추론한 것으로 옳은 것만을 <보기>에서 있는 대로 고른 것은?

> [규정]
> 제1조 타인의 사무를 처리하는 자가 그 임무에 관하여 부정한 청탁을 받고 재물 또는 재산상의 이익을 취득하거나 제3자로 하여금 이를 취득하게 한 때에는 5년 이하의 징역 또는 1천만원 이하의 벌금에 처한다.
>
> <원칙>
> 1. '부정한 청탁'은 반드시 업무상 배임의 내용이 되는 정도에 이를 필요는 없고, 청탁이 사회상규 또는 신의성실의 원칙에 반하는 것을 내용으로 하면 충분하다.
> 2. '제3자'에는 '사무처리를 위임한 사람'이 포함되지 않는다.
> 3. 제3자가 사무처리를 위임한 사람의 생활비 등을 부담하고 있는 경우에 그 제3자가 재물 또는 재산상 이익을 받음으로써 그만큼 지출을 면하게 되는 경우에는 제3자가 재물 또는 재산상 이익을 받은 것을 사무처리를 위임한 사람이 직접 받은 것과 같기 때문에, 부정한 청탁에 해당하지 않는다.
>
> <사례>
> A는 갑에게 A의 사무처리를 위임하였는데, 갑은 그 임무에 관하여 을로부터 청탁을 받고 병으로 하여금 재산상의 이익을 취득하게 하여 그만큼의 지출을 면하게 하였다.

<보 기>

ㄱ. 제1원칙에 따르면 을의 청탁이 업무상 배임에 해당하지 않는 경우 갑은 처벌되지 않는다.

ㄴ. 제2원칙에 따르면 A와 병이 동일인일 경우 갑은 처벌되지 않는다.

ㄷ. 제3원칙에 따르면 A와 을이 동일인이고, 병이 을의 생활비를 부담하고 있는 경우에는 갑은 처벌되지 않는다.

① ㄱ ② ㄴ ③ ㄱ, ㄷ
④ ㄴ, ㄷ ⑤ ㄱ, ㄴ, ㄷ

9. 다음으로부터 추론한 것으로 옳은 것만을 <보기>에서 있는 대로 고른 것은?

간이공판절차란 피고인이 공판정에서 공소사실에 대해 자백하는 경우 증거조사를 간이화하고 적용되는 조건을 완화하여 심리를 신속하게 진행할 수 있도록 하는 공판절차이다. 이때, 자백이란 피고인의 공소사실이 범죄에 해당하는 것을 인정할 뿐만 아니라 정당방위와 같이 위법이 아니라고 규정할만한 특별한 사유, 즉 위법성을 조각하는 사유가 없었음을 인정하는 것을 의미한다.

간이공판절차가 인정되기 위해선 1심 재판정에서 피고인이 자백해야 한다. 1심에서 자백했다면 2심에서 번복하더라도 간이공판절차의 효력에는 영향이 없다. 자백은 피고인의 자백만이 유효하므로 변호인이 대신 자백하는 것은 인정되지 않는다.

한편, 피고인의 자백이 신빙성이 없다고 인정되거나, 변경된 공소사실에 대하여 피고인이 부인한 경우와 같이 간이공판절차로 심판하는 것이 현저히 부당하다고 인정될 때에는 재판부는 검사의 의견을 들어 간이공판절차를 철회하여야 한다.

<보 기>

ㄱ. 갑이 검사와의 면담에서 자신의 폭행사실을 자백하고 위법성을 조각하는 사유가 없었음을 인정하였더라도 1심 재판정에서 이 사실을 부정하는 경우, 재판부는 갑의 재판을 간이공판절차로 진행할 수 없다.

ㄴ. 을은 1심 재판정에서 자신이 A를 때린 것은 인정하지만 A가 B를 때리고 있어 B를 구하고자 한 행동이므로 정당방위에 해당한다는 주장을 하였다. 을의 주장이 신빙성이 있다고 인정될 경우, 재판부가 간이공판절차를 진행하는 것은 위법하다.

ㄷ. 병은 1심 재판정에서 자신이 모욕죄를 범했으며, 위법성을 조각하는 사유가 없었음을 인정하였다. 간이공판절차가 개시된 상황에서 병이 2심에서 명예훼손죄로 변경된 공소사실에 대해 1심과 일관되게 모욕죄에 대해서만 인정하였다면, 병의 진술이 신빙성이 있다고 인정될 경우 간이공판절차 효력에는 영향이 없다.

① ㄱ　② ㄷ　③ ㄱ, ㄴ　④ ㄴ, ㄷ　⑤ ㄱ, ㄴ, ㄷ

10. <견해>에 대한 분석으로 옳은 것만을 <보기>에서 있는 대로 고른 것은?

[규정]

제1조(밀매죄) ① 국유의 물건을 몰래 판매한 자는 7년간 유배형에 처한다.

② 3품 이상의 품계를 받은 고위직 관리가 국유의 물건을 몰래 판매한 때에는 20년간 유배형에 처한다. 그리고 4품 이하의 품계를 받은 관리가 국유의 물건을 몰래 판매한 때에는 10년간 유배형에 처한다.

제2조(공범) 범행의 실행에 도움을 준 자는 공범의 죄책을 지고, 범행을 직접 실행한 자와 같은 죄로 처벌한다.

<견해>

신하A: 2품의 관리 윤판서는 국가 소유의 도자기를 몰래 판 사실이 적발되었으므로 제1조 제2항에 따라 처벌해야 합니다. 그리고 그의 동생 윤서생은 직업이 없는 자인데 윤판서의 범행을 위해 망을 봐주는 등 윤판서의 범행에 도움을 주었습니다. 한편 윤판서의 친구 유제학은 4품의 관리인데, 그는 윤판서의 범행에 필요한 매매 장소를 제공하였습니다. 이들의 도움 없이는 윤판서의 범행이 실행되지 않았을 것이므로 이들 모두를 윤판서의 공범으로 보아 윤판서와 같게 처벌해야 할 것입니다.

신하B: 제2조가 제정된 것은 다른 사람의 범행을 알고서도 그 범행이 실행되도록 도움을 준 공범의 죄질이 절대 가볍지 않다는 것을 상기시키기 위한 취지였습니다. 그런데 윤서생을 20년의 유배형으로 처벌하는 것은 직접 밀매를 실행하였다고 가정했을 경우보다 그 형이 무겁습니다. 따라서 다른 사람의 범행을 알고 그 범행의 실행에 도움을 준 자는 밀매의 실행자임을 가정하였을 때 받을 수 있는 최대형으로 처벌해야 할 것입니다. 그러나 범행 사실을 알지 못하고 도운 자에 대해서는 공범의 성립이 어려울 것입니다.

<보 기>

ㄱ. 윤서생과 유제학은 모두 신하A에 따르는 것보다 신하B에 따르는 것이 유리하다.

ㄴ. [규정]의 핵심 취지가 같은 범행이라도 관리의 신분이 있는 자가 관리의 신분이 없는 자보다 엄중하게 처벌되는 것이라고 보는 사람은 신하B보다 신하A를 지지할 것이다.

ㄷ. 만약 유제학이 윤판서의 도자기 매매가 불법임을 알지 못한 채 합법적으로 매매 장소를 제공했다면, 신하A와 신하B는 모두 유제학을 처벌하지 못한다는 데 동의할 것이다.

① ㄱ　② ㄴ　③ ㄱ, ㄷ　④ ㄴ, ㄷ　⑤ ㄱ, ㄴ, ㄷ

11. [규정]을 <사례>에 적용한 것으로 옳은 것만을 <보기>에서 있는 대로 고른 것은?

[규정]

제1조 공작물의 설치 또는 보존의 하자로 인하여 타인에게 손해를 가한 때에는 공작물의 점유자가 손해를 배상할 책임이 있다. 그러나 공작물의 점유자가 손해의 방지에 필요한 주의를 게을리 하지 아니한 때에는 공작물의 소유자가 손해를 배상할 책임이 있다.

제2조 제1조의 경우에 공작물의 점유자 또는 소유자는 그 손해의 원인에 대한 책임이 있는 자에 대하여 타인에게 배상한 손해배상액을 청구할 수 있다.

<사례>

A는 B가 소유하고 있는 횟집에 대하여 B와 임대차 계약을 체결하고 횟집의 점유자가 되어 영업을 시작하였다. 그런데 A가 횟집을 운영하고 있던 도중 갑자기 횟집 간판에 화재가 발생하여 이웃하고 있던 C 소유의 주택에 불이 옮겨 붙게 되었으며, 이로 인하여 C 소유 주택의 일부가 파손되는 손해가 발생하였다. 그 간판은 A가 B로부터 임차를 받은 횟집에 포함된 공작물로서, 기존에 B에 의하여 설치된 것을 A가 점유하여 그대로 이용하고 있던 중이었다. 화재의 원인은 간판 속의 전선이 잘못 연결되어 있었던 하자로 인한 것임이 밝혀졌다.

<보 기>

ㄱ. [규정] 제1조에 의하여 B에게 C에 대한 손해배상책임이 인정된다면, A가 화재 발생을 방지하기 위하여 필요한 주의를 게을리 하지 않았을 것이다.

ㄴ. 만약 간판의 소유자가 A이고 간판의 하자가 그 설치업자인 D의 과실로 인한 것이었음이 밝혀진 상태에서 제1조에 의하여 A가 C에게 손해를 배상하였다면, A는 C에게 배상한 금액을 D에게 청구할 수 있다.

ㄷ. A가 화재 발생을 방지하기 위하여 필요한 주의를 게을리하지 않았고 간판의 하자가 그 설치업자인 D의 과실로 인한 것이었음이 밝혀졌다면, A와 B는 C에게 손해를 배상할 책임이 없다.

① ㄱ ② ㄷ ③ ㄱ, ㄴ
④ ㄴ, ㄷ ⑤ ㄱ, ㄴ, ㄷ

12. 다음으로부터 추론한 것으로 옳은 것만을 <보기>에서 있는 대로 고른 것은?

[규정]

A : 타인의 업무를 방해한 자는 금고 1년 이하 또는 벌금 100만 원 이하에 처한다. 단, B가 적용되는 경우에 A는 적용되지 않는다.

B : 공무를 집행하는 공무원에 대하여 폭행 또는 협박을 가한 자는 금고 3년 이하 또는 벌금 300만 원 이하에 처한다.

<견해>

갑 : 업무를 방해하는 행위에는 업무를 집행중인 자에 대한 폭행 또는 협박이 포함된다. B는 업무를 방해하는 행위 중에서 공무를 집행하는 공무원에 대한 폭행, 협박을 무겁게 벌하는 규정이다. 따라서 공무를 집행하는 공무원에 대하여 폭행 또는 협박을 가한 경우에는 B가 적용된다.

을 : 업무를 방해하는 행위에는 업무를 집행중인 자에 대한 폭행 또는 협박이 포함된다. B는 업무 중 공무를 방해하는 행위를 무겁게 벌하는 규정이므로, 공무를 방해한 경우에는 B가 적용된다.

병 : 업무를 방해한 행위란 업무집행자에 대한 폭행, 협박 이외의 수단으로 업무를 방해한 경우만을 의미한다. B는 업무 중에서 공무에 대한 방해 행위로 업무집행자에 대한 폭행, 협박 행위를 벌하는 규정이다. 공무를 집행하는 공무원에 대하여 폭행 또는 협박을 가한 경우에는 B가 적용된다.

<보 기>

ㄱ. 갑에 따르면, 공무를 집행중인 공무원에 대하여 폭행 또는 협박 이외의 행위로 업무를 방해한 경우 B가 적용된다.

ㄴ. 을에 따르면, 공무를 집행중인 공무원에 대하여 폭행 또는 협박 이외의 행위로 업무를 방해한 경우 A가 적용된다.

ㄷ. 병에 따르면, 공무를 집행중인 공무원에 대하여 폭행 또는 협박 이외의 행위로 업무를 방해한 경우 A가 적용된다.

① ㄱ ② ㄷ ③ ㄱ, ㄴ
④ ㄴ, ㄷ ⑤ ㄱ, ㄴ, ㄷ

13. 다음 글로부터 추론한 것으로 옳은 것만을 <보기>에서 있는 대로 고른 것은?

> 좋은 공동체를 만들기 위해서는 일정한 정책을 채택해야 할 필요가 있으며, 그 구성원들은 여기에 따라 행동할 의무를 가진다. 이를 '구속력 있는 결정'이라 하는데, 구속력 있는 결정을 내리는 과정은 의제 선정과 산출 결정의 두 단계가 분석적으로 구분 가능해야 한다. 구속력 있는 결정 중 하나인 민주적 과정은 어떤 근거에 의하여 정당화될 수 있을까?
>
> 모든 인간은 도덕적 자율을 실현할 수 있는 능력이 있다. 즉, 도덕적 가치의 준거를 스스로 세워 그에 맞춰 행동할 수 있다. 이기심이나 사회적 강압에 의해 행동할 때와 달리, 도덕적 자율을 실현하려는 자에게는 자신이 선택한 법 아래 자신을 통치하는 자유가 가장 중요할 것이다. 민주적 과정은 구속력 있는 결정의 대상이 되는 사람들의 실행 가능한 자기 결정의 범위를 최대화하기 때문에 그 법의 대상이 되는 사람들의 도덕적 자율을 최대한으로 존중한다는 점에서 정당화될 수 있다.
>
> 그렇다면 민주적 과정은 어떠한 기준을 갖춰야 하는가? 우선 '피지배자들의 효과적 참여', '충분한 정보의 제공' 등, 추상적인 기준들을 생각해볼 수 있을 것이다. 그러나 그러한 기준들에 근거하여 어떠한 결정 규칙도 직접 도출할 수 없다는 것에 유의해야 한다. 해당 기준들은 어떠한 결정이 '민주적'인가를 가늠할 수 있는 이상향만을 제시할 뿐, 이상이 현실화된 결정 규칙을 구체적으로 제시하지는 않기 때문이다.

<보 기>

ㄱ. 의제 선정과 산출 결정 단계를 분석적으로 구분할 수 없는 어떠한 과정도 민주적 과정으로 볼 수 없다.

ㄴ. 모두가 납득하는 도덕적 행위를 요구하는 X법이 존재할 경우, 도덕적 자율을 실현하지 않는 사람은 X법을 지키지 않을 것이다.

ㄷ. 민주적 과정이 갖춰야 할 기준들을 받아들이는 사람은 결정 규칙으로서 다수결 또한 받아들일 것이다.

① ㄱ ② ㄷ ③ ㄱ, ㄴ
④ ㄴ, ㄷ ⑤ ㄱ, ㄴ, ㄷ

14. 다음 글에 대한 평가로 옳은 것만을 <보기>에서 있는 대로 고른 것은?

> ㉠ 선호 공리주의자들은 절대적인 도덕적 척도 또는 행복의 최대화라는 기준이 아니라 '각 개인의 도덕적 선호 충족'으로부터 공리를 정의한다. 이에 따르면 '최대 다수의 최대 행복'이라는 공리의 원칙보다는 '각 사람을 하나로 계산하되 어떤 사람도 하나 이상으로 계산하지 말라'는 공정성의 원칙이 더욱 중요시된다. 어떤 행위의 정의로움은 그것이 여러 도덕적 주관들이 가진 선호를 얼마나 폭넓게 충족시키는지에 따라 결정된다.
>
> 모든 사람의 도덕적 선호를 동등하게 고려한다면, 이는 각 사람의 도덕적 기준을 객관적으로 평가하는 제3의 기준을 용인하지 않음을 의미한다. 그러나 개인의 도덕적 선호가 항상 올바른 방향으로 나타나는 것은 아니며, 따라서 정의롭지 않은 도덕적 선호를 검출 및 배제하는 장치가 여전히 필요할 것이다. 선호 공리주의자들은 계산에 포함되는 선호의 외연을 가능한 한 넓히라는 원칙을 설정한다. 다시 말해, 이들은 다수 입장을 도덕적 상식으로 규정하고 이와 반대되는 방향을 비도덕적인 것으로 규정함으로써, 여러 개인의 선호 이외의 권위적 기준을 세우지 않고도 지나치게 주관적인 선호를 배제할 수 있다고 주장한다. 예컨대 특정 입장을 대변하는 몇몇 집단의 선호만을 고려하는 경우와 건전한 상식을 갖춘 시민 일반의 선호를 고려하는 경우를 비교하면, 전자보다는 후자가 더욱 우리의 도덕적 상식에 부합한다는 것이다.

<보 기>

ㄱ. 전통적으로 임신중절을 부정적으로 생각하는 사회에서 임신중절의 도덕성에 대한 사회적 논의를 할 경우에 임신 중절을 한 경험이 있는 여성의 의견이 가장 중요하게 고려되어야 한다는 주장이 옳다면, 이는 ㉠의 입장을 약화하지 않는다.

ㄴ. 권위주의적 전통을 가진 사회에서 성장한 노년층은 상대적으로 다른 구성원들에 비해 권위주의에 대한 도덕적 거부감을 적게 느낀다는 사실은 ㉠의 입장을 약화하지 않는다.

ㄷ. 건전한 상식에 따라 판단하는 사람은 누구나 도덕적인 것을 선호한다는 주장이 옳다면, 이는 ㉠의 입장을 약화하지 않는다.

① ㄱ ② ㄴ ③ ㄱ, ㄷ
④ ㄴ, ㄷ ⑤ ㄱ, ㄴ, ㄷ

15. 다음으로부터 추론한 것으로 옳은 것만을 <보기>에서 있는 대로 고른 것은?

인공지능 알파는 피실험자들에게 내용물을 볼 수 없는 상자 A와 백만 원이 든 투명한 상자 B를 주고, 상자 A를 선택하거나 상자 A와 B 모두를 선택하도록 하였다.

알파는 피실험자가 상자 A만을 선택하는 경우 A에 천만 원을 넣어놓고, 둘 다 선택하는 경우 A를 비워놓는다. 실험이 진행되는 동안 알파는 피실험자의 선택에 따른 상자 A에 천만 원을 넣는 경우와 아무것도 넣지 않는 경우를 바꾸지 않는다. 알파가 피험자의 선택에 따라 상자 A에 천만 원을 넣을 수도 있고 그렇지 않을 수도 있다는 사실은 알파만 알고 있는 사실이다.

관찰자 갑, 을, 병이 참관한 가운데 진행한 몇 차례의 반복실험에서 상자 A만을 선택한 사람들은 모두 천만 원을 얻었고, 둘 다 선택한 사람은 백만 원밖에 얻지 못했다. 관찰자 갑과 을은 각각 다음과 같이 결론을 내렸다.

갑 : 지금까지 몇 차례의 반복된 실험에서 단 한 번도 어긋남 없이 상자 A만 선택한 사람들이 더 큰 돈을 얻었다. 따라서 나는 상자 A만을 선택해야 한다.

을 : 상자 A에서 천만 원이 나올 때도 있고 아닐 때도 있다. 만약 상자 A에 천만 원이 있는데 내가 두 상자 모두를 선택한다면 나는 천백만 원을 얻을 것이고 A만 선택한다면 천만 원을 얻을 것이다. 만약 상자 A에 천만 원이 없는데 내가 두 상자 모두를 선택한다면 나는 백만 원을 얻을 것이고 A만 선택한다면 나는 아무것도 얻지 못할 것이다. 따라서 나는 어떤 경우에도 두 상자 모두를 선택해야 한다.

<보 기>

ㄱ. 갑이 결론을 내린 후에도 추가적인 실험을 진행하여 상자 A만을 선택한 사람들은 모두 천만 원을 얻었고, 둘 다 선택한 사람은 백만 원밖에 얻지 못했다면, 갑의 결론은 강화된다.

ㄴ. 을이 자신의 결론에 따라 상자를 선택한다면, 을은 상자를 선택할 때마다 백만 원을 얻는다.

ㄷ. "피험자의 선택에 따라 알파는 상자 A에 천만 원을 넣거나, 넣지 않는다."라는 사실을 안다면, 병은 큰 금액을 얻기 위해서는 상자 A만을 선택해야 한다고 결론내릴 것이다.

① ㄱ ② ㄷ ③ ㄱ, ㄴ
④ ㄴ, ㄷ ⑤ ㄱ, ㄴ, ㄷ

16. 다음 논쟁을 분석한 것으로 옳은 것만을 <보기>에서 있는 대로 고른 것은?

존재하는 것들은 모두 본질을 가진다. 본질이란 본래적이며 그것과 떨어질 수 없는 속성을 의미한다. 본질은 정의를 통해 언어적 형식으로 표현된다. 즉, 인간을 '생각하는 동물'로 정의한다면, 인간이라는 존재의 본질은 곧 생각하는 동물이다. 그렇다면 어떤 존재([X])와 그것의 본질({X})은 같은 것인가 혹은 다른 것인가? 이에 대해 다음과 같은 논쟁이 있다.

A : [X]와 {X}가 서로 같은 것이라고 해보자. 그리고 여기 빨간색의 사과가 하나 있다고 할 때, 우리는 이것이 사과이며 또는 빨간 사과라고도 말할 수 있다. 하지만 어떻게 말하든 둘은 같은 존재이다. 그러나 {사과}와 {빨간 사과}는 서로 같지 않다. {빨간 사과}를 자기의 본질로 취하는 사물은 모두 빨간색이어야 하지만 {사과}의 경우엔 그렇지 않기 때문이다. 따라서 [X]와 {X}는 서로 다른 것이다

B : [X]와 {X}는 서로 같은 것이다. 우리는 어떤 존재의 본질을 알게 될 때 비로소 그 존재를 알았다고 말한다. 따라서 {X}와 [X]가 서로 다른 것이라고 하면 이러한 앎의 가능성 전부를 부정하는 결과를 낳는다. [X]와 전혀 다른 것을 알고서 [X]를 알았다고 말할 수는 없기 때문이다.

C : [X]와 {X}가 서로 다른 것이라고 가정해보자. 예컨대 {생각하는 동물}이 있다면, [인간]이 아닌 것도 있다. 다음으로 {존재}를 생각하여 위와 똑같이 정리하면, {존재}가 존재한다면, [존재]가 아닌 것도 존재한다. 그런데 이 세상에 [존재]가 아닌 것은 존재하지 않는다. 따라서 {존재}가 존재하지 않는다는 것을 알 수 있다. 그리고 우리는 어떤 것이 {X}를 자기의 본질로 취해야만, "어떤 것은 X이다"는 판단을 내릴 수 있다. 즉, "어떤 것이 존재한다"는 판단을 내릴 수 있으려면 어떤 것이 {존재}를 자기의 본질로 취해야 한다. 이처럼 [X]와 {X}가 서로 다른 것이라고 가정하면 우리는 "어떤 것이 존재한다"는 판단을 내릴 수 없다는 불합리한 귀결에 도달한다. 따라서 [X]와 {X}는 서로 같은 것이다.

<보 기>

ㄱ. A, B, C 모두 "어떤 전제로부터 모순된 귀결이 도출된다면 어떤 전제의 반대는 참이다."라는 원리를 전제한다.

ㄴ. 진술 "P와 Q가 같다"로부터 "P와 Q는 모든 면에서 일치한다"가 타당하게 도출되지 않는다면, A는 약화된다.

ㄷ. 인간이 '언어를 통해 사회를 구성하는 동물'을 본질로 취하더라도 "어떤 것은 인간이다"라는 판단을 내릴 수 있다면, C는 약화된다.

① ㄱ ② ㄷ ③ ㄱ, ㄴ
④ ㄴ, ㄷ ⑤ ㄱ, ㄴ, ㄷ

17. 다음 논쟁에 대한 분석으로 옳은 것만을 <보기>에서 있는 대로 고른 것은?

갑 : 우리가 살아가는 것이 가치 있는지를 판단할 때 사람들은 사는 동안의 행복 및 고통의 가치와 죽음으로 인해 발생하는 행복 및 고통의 가치를 각각 계산한 후 그것을 비교하여 삶의 가치를 평가한다. 하지만 살아가는 것의 가치를 알기 위해서는 이러한 기계적인 계산 이상의 작업이 필요하다. 삶 이후에 죽음이 따른다는 사실이 우리에게 주는 긍정적인 상호효과가 존재하기 때문이다. 모두 언젠가 죽을 것이라는 운명으로 인해 인간의 삶은 한정돼 있다. 이로 인해 우리의 삶에는 희소성이 나타나며 우리는 희소한 이 삶을 더 가치 있는 것으로 바라보아야 한다. 무엇인가가 수량적으로, 시간적으로 아주 희소할 경우 우리는 그것에 대단히 높은 가치를 부여해야 한다. 따라서 기계적인 계산에 의한 결과에 비해 실제로 우리는 삶을 더 가치 있는 것으로 바라보아야 한다.

을 : 인간은 매우 짧은 시간을 살다가 죽음을 맞이한다. 삶은 인간에게 많은 즐거움을 선사하지만, 얼마 지나지 않아 그것을 모두 도로 빼앗아 버린다. 이것은 마치 배고픈 사람에게 진수성찬을 차려주고 딱 한 숟가락만 맛보게 하고는 상을 치워 버리는 꼴이다. 사실 음식을 맛보는 것은 긍정적인 일이므로 그 자체로는 문제가 없다. 하지만 여기서 우리는 음식을 맛보는 것과 그 음식을 빼앗기는 것을 하나로 생각해야 한다. 그러면 맛만 보고 빼앗기는 것보다는 차라리 맛도 보지 않은 편이 나을 것이라는 생각이 들 수 있다. 즉, 결과가 동일하더라도 그 결과가 있기까지의 과정에 대해서도 고려해야 한다. 삶도 마찬가지로 잠깐의 즐거움을 경험하고 모든 것을 빼앗기는 것보다는 처음부터 존재하지 않은 것이 낫다고 생각할 수 있다.

병 : 황제의 삶이나 농부의 삶이나 모두 가치 있는 삶이다. 그런데 한때는 황제였으나 농부가 되어버린 사람의 삶은 일평생 농부였던 사람의 삶보다 비극적이다. 우리가 어떤 것을 평가하기 위해서는 그것을 포함한 전체적인 관점에서 살펴보아야 한다. 우주의 모든 생명체를 알 수 없으나 적어도 이 지구에서 인간은 특별한 존재이다. 즉, 다른 생명체와는 달리 인간은 우주에 대해 상상하고 스스로의 존재 가치를 고민하는 존재이다. 하지만 이런 인간도 그 최후는 다른 생명체와 똑같이 썩어가는 살덩이가 될 뿐이다. 우리 모두가 이러한 비극의 주인공이므로 인간의 삶은 다른 생명체의 그것보다 더욱 비참한 것이 된다.

<보 기>

ㄱ. 삶의 가치는 기계적인 계산에 의한 결과로 판단할 수 있다는 주장에 갑과 을은 동의하지 않을 것이다.

ㄴ. 인간의 삶을 가치 있게 만드는 것은 영생이라는 것에 대해 갑과 병은 동의할 것이다.

ㄷ. 삶이 가져다주는 가치에 비해 죽음이 빼앗아 가는 가치가 더 크다는 것에 대해 을과 병은 동의할 것이다.

① ㄱ ② ㄴ ③ ㄱ, ㄷ
④ ㄴ, ㄷ ⑤ ㄱ, ㄴ, ㄷ

18. ㉠에 대한 반론이 될 수 있는 것만을 <보기>에서 있는 대로 고른 것은?

사람들은 누구나 10년 전의 나와 현재의 내가 동일하다고 믿는다. 속성을 기준으로 동일성을 판단하는 '유형적 동일성'에 따르면 10년 전과 현재의 나는 신체와 같은 물리적 속성이 같으므로 동일하다. 수(數)를 기준으로 삼는 '사례적 동일성'에 따르면 10년 전부터 나는 유일한 한 명이었으므로 동일하다. 두 기준 중 동일성을 판단하는 데 결정적인 기준은 무엇인가?

동일성을 정하는 결정적인 요소가 유형적 동일성이라고 해보자. 이에 따르면 동일하다는 것은 물리적 속성이 동일한 것이다. 하지만 가령 오케스트라 A가 2024년 1월 1일에 바흐의 교향곡을 공연한 공연 W가 있고, 공연 W의 실황을 녹음한 레코드 W가 있다고 해보자. 동일성의 기준이 물리적 속성이라면, 레코드 W와 공연 W는 전체 소리가 같으므로 두 존재는 서로 동일하다고 해야 한다. 그러나 두 존재가 동일하다면 레코드 W가 울리는 모든 장소에서 오케스트라 A가 공연 W를 하고 있다고 해야 한다. 하지만 오케스트라 A가 동시에 여러 장소에서 공연 W를 연주하는 것은 불가능하다. 이런 반례를 피하기 위해서 이 견해를 수정할 필요가 있다. 즉, 부수적 속성과 주요 속성을 구분하여 주요 속성이 유사해야 동일하다고 할 수 있다는 것이다. 이 ㉠<u>수정된 견해</u>에 따르면 공연 W는 레코드 W와 동일하지 않다. 왜냐하면 공연 W는 오케스트라 A가 관객을 향해 연주한 소리여서 주요 속성이 '관객의 눈앞에서 연주함'이지만, 레코드 W는 이러한 주요 속성을 결여하고 있기 때문이다.

<보 기>

ㄱ. 오케스트라 A가 공연 W에서 연주한 곡을 녹음실에서 여러 번에 걸쳐 녹음한 레코드 X가 있다. ㉠에 따르면 공연 W와 레코드 X는 동일하다. 하지만 공연 W와 레코드 X는 다르다고 해야 한다. 공연 W는 완전히 재현 가능하지 않지만 레코드 X는 언제나 재현 가능하기 때문이다.

ㄴ. '복제'는 '원본이 아님'을 뜻한다. 누군가가 공연 W의 전체 소리를 복제하여 공연 Z를 했다고 상상해 보자. ㉠에 따르면, 둘 모두 '관객의 눈앞에서 연주 한' 공연이므로 공연 W와 공연 Z는 동일하다. 하지만 공연 W는 원본이고 공연 Z는 복제이므로 둘은 동일하지 않다. 둘을 동일하다고 한다면 복제와 원본은 모순적인 개념이 된다.

ㄷ. 신체의 주요 속성이 장기라고 할 때 내가 정기적으로 나의 장기들을 복제하여 누군가에게 이식한다고 하자. 장기를 전부 이식한 뒤 나는 죽었고 나의 모든 장기가 이식된 사람은 살아 있다. ㉠에 따르면, 장기를 이식받아 생존한 사람과 죽은 나는 동일한 사람이라고 해야 한다. 그러나 죽었다는 것은 생존하지 않는다는 것이므로 죽음과 생존은 동시에 성립할 수 없다.

① ㄱ ② ㄴ ③ ㄱ, ㄷ
④ ㄴ, ㄷ ⑤ ㄱ, ㄴ, ㄷ

19. 다음 논증에 대한 분석으로 옳은 것만을 <보기>에서 있는 대로 고른 것은?

> 갑 : 정의(正義)란 본래 타인에게 빚진 바가 있다면 그대로 돌려주라는 원칙이다. 사회는 선행을 하는 사람에게 빚을 진다고 할 수 있으며, 해악을 끼치는 사람은 사회에 빚을 진다고 할 수 있다. 범죄자에게 그에 맞는 형사적 처벌을 가함이 정의롭게 여겨지는 이유는 이와 같다.
>
> 을 : 정의는 그 자체로 그리고 모든 상황에서 좋은 것이다. 그러나 채무 이행이 반드시 모든 상황에서 좋게 여겨지지는 않는다. 가령 심신미약 상태인 친구가 과거에 맡겨둔 총기를 찾으러 왔을 때 그것을 내어주는 것이 과연 정의에 부합한다고 말할 수 있는가? 즉, 어떤 행위가 정의롭기 위해선 그것이 초래하는 결과 역시 바람직한 것으로 여겨질 수 있어야 한다.
>
> 병 : 정의란 각 사람에게 합당한 몫을 배분하라는 요청이다. 갑이 말하는 일반적 채무 관계 및 형사 처벌의 사례에선 명시된 내용대로 집행하는 편이 합당하지만, 을의 특수 사례에선 상황을 참작하는 편이 더 합당할 것이다. 또한 전쟁 상황에선 아군을 돕고 적군에게 피해를 입히는 것이 합당하다. 반면 을이 기준 삼는 이른바 '바람직한 결과'는 갈등 상황에서의 정의로운 행위를 판별하는 데엔 부적합하다. 한쪽에겐 바람직한 결과를 가져오기에 정의로운 것이 반대 쪽에겐 그렇지 않기 때문이다.

<보 기>

ㄱ. 위법적 행위에 대한 처벌과 마찬가지로 선행에 대해 그에 상응하는 보상이 주어지는 것이 정의롭다는 진술이 타당하다 하더라도 갑의 주장은 강화되지 않는다.

ㄴ. 바람직한 결과를 바라는 의도에서 행해진 선의의 거짓말은 설령 그것이 바람직한 결과를 낳지 못했더라도 정의롭다는 진술이 타당하다면 을의 주장은 약화된다.

ㄷ. 전쟁 상황에 놓인 쌍방이 모두 정의롭다고 여길 수 있는 행위가 존재한다는 진술이 타당하다면 병의 주장은 약화된다.

① ㄱ ② ㄷ ③ ㄱ, ㄴ
④ ㄴ, ㄷ ⑤ ㄱ, ㄴ, ㄷ

20. 다음 논쟁에 대한 분석으로 옳은 것만을 <보기>에서 있는 대로 고른 것은?

> 갑 : 자아는 우리가 감정이나 감각을 느낄 때 그 활동을 수행하는 주체이다. 자아는 물질로 구성되지 않으며, 물질로 구성된 신체와 구별되는 별개의 존재이다. 예를 들어, 의식을 잃은 상태를 생각해 보자. 이는 신체는 살아있지만, 자아가 활동하지 않는 상태로 볼 수 있다. 이처럼 자아와 신체가 독립적으로 활동할 수 있으므로, 둘은 서로 다른 존재로 보아야 한다.
>
> 을 : 그렇다면 자아가 신체 없이 독립적으로 감각 활동을 수행할 수 있어야 할 것이다. 그러나 감각 기관은 신체에 속해 있으며, 외부 세계의 물질적 현상으로부터 자극 없이 자아의 감각 활동은 일어나지 않는다. 따라서 감각 활동에 있어서 자아는 신체에 의존적이라고 보아야 한다.
>
> 병 : 자아는 심리적 현상이 일어날 때 그것을 일으키는 주체로 가정된다. 예를 들어, 감각 활동에서 우리는 어떤 감각을 느낄 때 그것을 나의 자아가 수행한다고 생각한다. 다만 감각 활동이 일어난다는 사실은 경험적으로 확인되지만, 자아의 존재는 그렇지 않다. 자아가 본래 어떤 것인지는 아무도 알 수 없다.
>
> 정 : 자아는 현재의 나를 과거의 나와 동일한 사람으로 여길 수 있게 하는 근거이다. 인간의 신체는 끊임없이 물질 대사를 통해 세포를 교체하므로 일정 시간이 지나면 신체는 완전히 다른 세포들로 구성된다. 그러나 우리는 과거의 나와 현재의 나를 다른 사람으로 간주하지 않는다. 이는 우리가 과거의 자아를 현재도 동일하게 가지고 있기 때문이다. 반대로 사고로 과거의 자아를 잃게 되면 우리는 과거의 나와 현재의 나를 다른 존재로 여기게 된다. 따라서 과거의 나와 현재의 나를 동일한 사람으로 여기기 위해서는 자아의 존재를 인정할 수밖에 없다.

<보 기>

ㄱ. 병은 감각 활동을 수행하는 자아 없이는 감각 활동 자체도 존재할 수 없다는 주장을 받아들일 것이다.

ㄴ. 을은 자아는 활동하는데 신체는 죽어있는 상태가 가능하다는 주장에 반대할 것이다.

ㄷ. 우리가 끊임없이 감각 활동을 수행한다는 사실이 우리가 자신을 과거의 자신과 같은 사람으로 믿는 근거이기도 하다면, 갑과 정은 자아의 존재를 인정할 수 있을 것이다.

① ㄱ ② ㄴ ③ ㄱ, ㄷ
④ ㄴ, ㄷ ⑤ ㄱ, ㄴ, ㄷ

21. 다음 논쟁을 분석한 것으로 옳은 것만을 <보기>에서 있는 대로 고른 것은?

A: 개인선, 즉 개인의 이익을 추구할 때는 다수의 사람들이 하나의 카테고리 하에서도 서로 다른 양의 이익을 가질 수 있다. 그러나 개인선과는 달리 국가적 차원에서 공동선의 이익은 불가분성을 띈다. 예를 들어 국민을 외부의 위협으로부터 보호하는 국방 서비스는 일단 구축되면 모든 국민이 이를 동등하게 누린다. 이와 같은 불가분성 때문에 무임승차의 문제가 발생한다. 공동선은 해당 사회에 속한 모든 사람에게 동일한 혜택을 주는 것이므로 부당한 방법으로 자신의 기여분을 철회한 사람을 특정하여 공동선의 이익을 향유하는 것에서 배제하는 것이 불가능하다. 또한 공동선의 훼손으로 말미암아 발생하는 손해 역시 모든 사람에게 동등하게 가해지기 때문에, 한 사람이 무임승차하더라도 전체의 관점에서는 큰 손실이 발생하지 않는다. 따라서 어느 정도의 무임승차는 방임할 수밖에 없다.

B: 국가적 차원에서 공동선은 그것을 추구하는 사람뿐만 아니라 타인들에게도 이롭다는 점에서 개인선과 다르다. 예를 들어 예방 접종의 경우, 자신을 감염으로부터 보호함과 동시에 타인의 전염율도 낮출 수 있다. 따라서 공동선은 그것을 추구하는 것이 개인의 입장에서 오히려 손해를 유발하는 경우에도 여전히 추구할 가치가 있다. 가령 오·폐수의 무단 방류는 개인에게 다소의 경제적 이익을 선사할 수 있지만, 이로 인해 발생하는 환경오염은 공동체 전체에 악영향을 끼치므로 금지된다. 그러나 개인들은 공동선의 추구가 자신에게 이익이 되지 않는 경우 추구할 유인을 느끼지 못한다. 이 때문에 무임승차의 문제가 발생한다. 공동체적 합의에 의해 모든 사람이 공동선을 추구하고, 타인이 추구하는 공동선이 자신에게도 이익을 준다는 확신을 주지 않고서는 무임승차 문제를 막을 수 없으며, 개인들을 공동선의 추구에 참여시키기 어렵다. 따라서 무임승차를 하는 사람에게 형벌을 부과하여 공동선을 위한 행위를 하게 해야 한다.

<보 기>

ㄱ. 국가적 차원에서의 공동선이 아닌 사적 이익 극대화를 위한 집단인 이익 단체에서도 무임승차의 문제가 발생한다는 주장이 타당하다면, 이는 A를 약화한다.
ㄴ. 국가적 차원에서의 공동선으로 여겨지는 어떤 가치가 훼손되었을 때 특정 계층의 사람들이 더욱 큰 피해를 입는다는 것이 옳다면, 이는 A를 약화하고 B를 강화한다.
ㄷ. 무임승차를 불명예로 여기며, 이로 말미암아 공동선의 촉진에 기꺼이 참여하는 사람들의 공동체가 존재한다면, 이는 A를 강화하지만 B를 약화한다.

① ㄱ ② ㄴ ③ ㄱ, ㄷ
④ ㄴ, ㄷ ⑤ ㄱ, ㄴ, ㄷ

22. 다음 글에 대한 분석으로 옳은 것만을 <보기>에서 있는 대로 고른 것은?

선택은 믿음이거나 욕망이다. 선택이 욕망이라면, 선택은 바람이거나 욕구이거나 분노에서 비롯할 것이다. 우선 ㉠ 선택이 바람에서 비롯한다고 해보자. 우리는 어떤 것이 불가능하다는 것을 안다면 선택하지 않는다. 그렇기에 우리가 무엇인가를 바란다면 그것은 불가능하지 않다는 것일 테다. 그런데 실제로 우리가 바라는 것들 중에는 불가능한 것들이 많다. 가령 불사의 존재로 죽지 않기를 바라는 것이 그러하다. 따라서 선택은 바람에서 비롯하는 것이 아니다. 그렇다면 선택은 욕구나 분노일까? ㉡ 선택이 욕구나 분노에서 비롯한다고 해보자. 누구나 경험했듯이 욕구나 분노에는 늘 고통이 동반된다. 그렇기에 선택이 욕구나 분노에서 비롯한다면 선택에는 역시 언제나 고통이 동반될 것이다. 하지만 무엇인가를 선택하는 것은 즐거움인 경우가 있기에 선택이 언제나 고통을 동반한다고 할 수 없다. 따라서 선택은 욕구나 분노에서 비롯한 것이 아니다.

<보 기>

ㄱ. 이 글에 따르면, 선택은 믿음이다.
ㄴ. 이 글에서 ㉠과 ㉡을 반박하는 방식은 전제가 참임을 가정할 때 불합리한 귀결로 이어진다는 것을 보이는 방식으로서 동일하다.
ㄷ. ㉠과 ㉡이 사실이라면, 선택은 믿음이 아니다.

① ㄱ ② ㄷ ③ ㄱ, ㄴ
④ ㄴ, ㄷ ⑤ ㄱ, ㄴ, ㄷ

23. 다음 글로부터 추론한 것으로 옳은 것만을 <보기>에서 있는 대로 고른 것은?

> 현명함이란 무엇인가? 현명함의 본성을 규정하기 위해 이를 다른 사고 능력들과 대조할 필요가 있다.
>
> 우선 현명함은 학문적 인식과 구분된다. 이 구분의 근거는 각자에 연관된 대상이 근원적으로 다르다는 사실이다. 학문적 인식은 달리 있을 수 없는 것, 즉 영원하고 필연적인 진리를 대상으로 한다. 반면 현명함은 달리 있을 수 있는 것, 즉 인간의 선택에 따라 다른 방식으로 실현될 수 있는 것을 대상으로 한다. 학문적 인식이 불변의 진리를 파악하게 해주는 지적 능력이라면, 현명함은 이럴 수도 있고 저럴 수도 있는 여러 가능한 행위들 중에서 최선의 행위를 골라낼 수 있도록 해주는 지적 능력이다.
>
> 현명함은 기술과도 구분된다. 이 구분은 각각에 관련된 활동의 차이로부터 나온다. 간단히 말하면, 현명함은 '실천함'에 관한 것인 반면, 기술은 '만듦'에 관한 것이다. 달리 있을 수 있는 것에는 '만들어지는 것'과 '실천되는 것'이 있다. 그런데 만듦과 실천함은 다르다. 만듦의 경우, 만듦의 목적은 만드는 과정과 독립되어 존재할 수 있고 또 독립되어 평가될 수 있는 어떤 대상이나 상태이다. 가령 집 짓는 일의 목적은 집 짓는 과정이 시작되기 전에 분명히 정해져 있다. 그리고 집이 완성되고 나면, 그것이 잘 지어진 집인지 아닌지의 평가는 집이 어떤 과정으로 지어졌는지와 독립되어 판정될 수 있다. 만듦의 경우, 만듦의 과정 평가는 그 결과 평가에 종속적이지만, 결과 평가는 과정 평가와 독립되어 행해질 수 있다.
>
> 반면 '실천함'이라는 활동의 경우에는 사정이 전혀 다르다. 단순히 "그가 잘 실천했는가?"를 평가할 때, 이 물음에 대한 답은 그 행위자가 주어진 상황에서 어떤 방식으로 행위했는가를 고려하지 않고서는 절대로 판단될 수 없다. 실천함에는 미리 한정되고 고정되어 있는 목표가 존재하지 않기 때문이다. 실천함의 목표는 단순히 어떤 것을 잘 하는 것이며, 이 경우 무엇을 실천할 것인가와 어떻게 실천할 것인가의 구분이 근원적으로 존재하지 않는다. 주어진 상황이 제기하는 '어떻게'의 요구에 올바르게 대응하는 것 자체가 그 행위의 목적을 이루는 일이 되기 때문이다.

<보 기>

ㄱ. 장인에 의해 만들어진 어떤 것은 학문적 인식의 대상이 되지 않는다.

ㄴ. 직각삼각형에서 직각을 끼고 있는 두 변의 제곱의 합은 빗변의 길이의 제곱과 같다는 정의를 파악하기 위해서는 현명함이 필요하다.

ㄷ. 어떤 실천 행위가 잘 실천했다고 평가되었다면 목표 없이 주어진 상황에 알맞게 대응하였더라도 행위의 목적을 달성한 것이다.

① ㄱ　② ㄴ　③ ㄱ, ㄷ　④ ㄴ, ㄷ　⑤ ㄱ, ㄴ, ㄷ

24. 다음 글에 대한 평가로 옳은 것만을 <보기>에서 있는 대로 고른 것은?

> 표현의 자유란 자신의 사상 또는 의견을 언어나 비언어적인 수단을 통하여 불특정 다수에게 표명하거나 전달할 수 있는 자유, 즉 표현을 자유롭게 유통시킬 수 있는 권리를 말한다. 표현의 자유는 헌법이 보장하는 인간의 존엄과 가치를 유지하고 행복추구권을 실현하는 데 필수불가결한 도구이며 정신적 자유의 핵심이다.
>
> 표현의 자유가 논리적인 전제로 삼고 있는 것은 인간의 이성에 대한 확고한 믿음이다. 즉 이성에 따른 인간의 행위는 궁극적으로 인간 사회에 바람직한 결과를 산출할 것이며, ㉠ <u>표현이란 인간의 이성이 행하는 가장 중요한 행위 중 하나</u>이므로 어떠한 통제 없이 자유롭게 시장에서 유통되어야 한다는 것이다.
>
> 표현의 자유를 통해 바람직한 성과를 창출하려면 ㉡ <u>표현물의 자유로운 시장이 합리적으로 작동하며 전제의 진실성과 논리의 적합성이 높은 표현물이 살아남는다는 것</u>을 인정해야 한다. 자본주의 사회에서는 상품이 시장에서의 경쟁을 통하여 선택되는 것과 마찬가지로, 사상도 공개시장에서 자유로운 경쟁과 선택을 통하여 자기교정과정을 거쳐 살아남는다. 표현물들이 시장에서 거래되고 유통되면 서로 다른 전제와 논리를 가진 진술들은 마찰을 빚거나 충돌하고, 전제의 진실성과 논리의 적합성을 사회적으로 평가받을 수 있는 기회를 가질 수 있다. 그럴 경우 전제의 진실성과 논리의 적합성이 떨어지는 주장이 점점 사회적 영향력을 상실하게 되고 진실성과 적합성이 강한 진술들은 영향력을 점점 확보할 것이다.
>
> 반면 ㉢ <u>권력의 통제에 의해 사상의 자유로운 공개시장이 제약된다면 시장의 자정기능이 미흡하게 작동되어 최선의 결과를 얻지 못한다</u>. 결국 건전하고 바람직한 문화를 창출하는 최선의 방법은, 사회 구성원들이 자신의 삶에서 느낀 바를 솔직하게 표현하며 이러한 표현물을 자유롭게 유통시키는 것뿐이다.

<보 기>

ㄱ. 인간이 아닌 생물에서도 이성적 표현에 해당하는 행위가 나타난다는 A의 추론은 ㉠을 약화한다.

ㄴ. 사회 구성원들은 전제의 진실성과 논리의 적합성 이외의, 여러 기준에 의해 표현물을 선택한다는 B의 이론은 ㉡을 약화한다.

ㄷ. 권력의 통제가 없었는데도 시장의 자정기능이 발휘되지 못한 사례에 대한 C의 연구는 ㉢을 약화한다.

① ㄱ　② ㄴ　③ ㄱ, ㄷ　④ ㄴ, ㄷ　⑤ ㄱ, ㄴ, ㄷ

25. 다음 논증의 구조를 가장 적절하게 분석한 것은?

> ㉠ 우리는 자연현상을 합리적으로 이해하기 위해 목적 개념을 사용해 왔다. 가령 ㉡ '개구리는 왜 앞다리에 비해 기이할 정도로 튼튼한 뒷다리를 가졌는가'라는 질문에 대해 '그것이 개구리의 생존에 유리하기 때문이다'라고 답하는 사람은 개구리의 신체 구조가 생존이라는 목적에 맞추어져 있다고 말하는 셈이다. ㉢ 그보다 더 나은 설명 방식이 존재하지 않는 경우, 우리는 이와 같은 자연에 대한 목적론적 접근을 합리적인 대안으로 인정해야만 한다. ㉣ 그에 대해 아예 아무런 설명도 가능하지 않은, 단적으로 불가사의한 자연현상의 존재는 곧 이성의 파산을 의미하기 때문이다. ㉤ 실제로 자연에는 목적론적 접근을 제외하면 그에 대한 어떠한 납득할 만한 설명도 불가능한 현상들이 존재한다. 따라서 ㉥ 우리는 일부 자연현상들이 특정한 목적을 실현하려는 동기에서 발생했음을 합리적으로 인정할 수 있다. 그러나 ㉦ 문제는 자연현상들이 스스로 특정한 목적의 표상에 따라 발생했다고 말할 수는 없다는 점이다. ㉧ 이러한 능력은 이성적, 의식적 존재의 전유물이기 때문이다. 따라서 ㉨ 자연현상들이 특정한 목적에 따라 발생할 수 있기 위해선 이를 조율하는 이성적이면서 초자연적 능력을 지닌 존재, 즉 신이 자연의 이면에 존재해야만 한다. 그 말인즉, ㉩ 우리는 자연현상으로부터 신의 존재에 대한 합리적 확신에 도달할 수 있다.

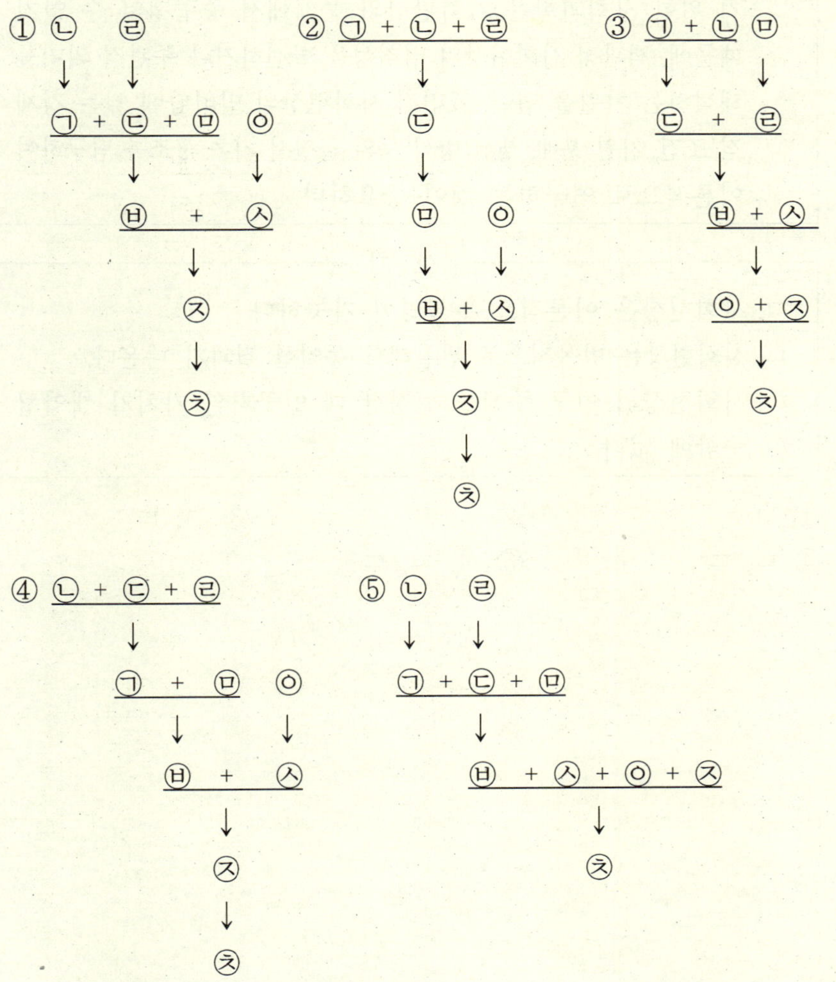

26. 다음 논쟁에 대한 분석으로 옳은 것만을 <보기>에서 있는 대로 고른 것은?

> 갑1 : 노예제가 역사적으로 오래 유지된 것은 본디 자유인에 적합한 천성을 가진 사람과 노예에 적합한 천성을 가진 사람이 있기 때문이다. 이때 후자의 사람을 노예로 하는 것은 부정의하지 않다.
>
> 을1 : 그것은 원인과 결과를 혼동한 것이다. 노예제가 존재한다는 것은 단지 자유인으로서의 천성을 발휘하지 못하도록 강압하는 힘, 즉 지배자로 인해 존재한다는 것이다. 노예의 존재는 부조리한 사회 질서의 결과일 뿐 노예제를 정당화하는 근거로 쓰일 수는 없다. 어떠한 사회 질서도 힘에 근거해서는 안 되는데, 누구도 지배자의 자리를 영구히 유지할 만큼 충분히 강할 수 없으며, 피지배자로 격하되는 순간 그 질서에 아무도 동의하지 않을 것이기 때문이다. 즉, 사회 질서는 힘이 아니라 구성원들의 동의를 얻을 때에만 정당한 것이 된다. 특히 노예제는 노예가 자신의 자유를 양도하는 것에 동의하지 않으면 성립하지 않는다. 양도는 무상으로 주거나 대가를 받고 판매하는 행위인데, 자신의 자유를 무상으로 준다는 것은 비이성적이기 때문에 있을 수 없는 일이다. 또한 이에 대해 어떤 대가를 받는다고 하더라도 자유라는 근본적 권리를 양도할 수 있는 대가란 사실상 존재하지 않는다.
>
> 갑2 : 전쟁에서 패배한 사람을 살려주는 대신 그의 자유를 탈취하고 노예로 삼는 것은 가능하다. 전쟁에서는 서로 생명을 걸고 다투므로 생명을 빼앗는 것도 용인되는데, 패배한 쪽은 자유를 내주는 대신 생명을 보존하는 것을 대가로 선택할 수 있고, 이는 상호 합의에 근거한 것이다.
>
> 을2 : 전쟁은 국가 간의 다툼일 뿐 개인 간 관계가 아니다. 전쟁에서 상대방의 생명을 빼앗을 수 있는 것은 그가 무기를 들고 있는 순간에 한정되며, 무기를 내려놓는 순간 두 사람은 평등한 개인으로 돌아간다. 따라서 전쟁을 하는 동안 누군가가 상대방에게서 무언가를 빼앗기로 하였어도, 전쟁이 끝나면 누구에게도 죽일 권리뿐만 아니라 노예로 만들 권리를 인정할 수 없는 것이다.

<보 기>

ㄱ. 노예에 적합한 천성을 타고난 사람이 실제로 존재한다면, 을1은 약화된다.
ㄴ. 갑2는 무상으로 주거나 대가를 받고 판매하는 양도 방식 이외에 제3의 방식이 존재한다는 점을 들어 을1을 반박한다.
ㄷ. 국가 간의 전쟁이 아닌 개인 간의 다툼에서 상대방의 생명을 빼앗는 것이 목격되었다면, 을2는 약화된다.

① ㄱ　② ㄴ　③ ㄱ, ㄷ
④ ㄴ, ㄷ　⑤ ㄱ, ㄴ, ㄷ

27. 다음으로부터 추론한 것으로 옳은 것만을 <보기>에서 있는 대로 고른 것은?

주식시장에서 매도와 매수 주문은 실제로 실시간으로 이루어지는 것이 아니라, 하루의 거래를 시작하는 '개장'시부터 거래를 끝내는 '폐장'시까지의 거래를 폐장 후에 종합하여 처리한다. 이를 '청산'이라고 한다. 청산의 방법에는 세 가지가 있다.

A 방법은 주식을 사는 주문과 파는 주문을 포함한 모든 거래에 대하여 폐장 후에 실제로 주식을 이전하거나 금전을 이전하는 방식에 의하여 청산하는 방법이다. 예컨대 갑이 X주식 10주를 1주당 10만 원에 을로부터 매수하였다가 병에게 1주당 20만 원에 5주를 매도하였다고 할 때에, 폐장 후에 을로부터 갑에게 X주식 10주를 이전시키고 갑으로부터 을에게 100만 원을 이전시키며, 갑으로부터 병에게 X주식 5주를 이전시키고 병으로부터 갑에게 100만 원을 이전시킨다.

B 방법은 동일한 당사자 사이에 거래가 있는 경우 매도와 매수주문에 따라 주식과 금전의 소유가 오고가는 것을 서로 차감한 뒤 최종액만을 이전하는 방식이다. 예컨대 갑이 X주식 10주를 1주당 10만 원에 을로부터 매수하였다가 다시 을에게 5주를 1주당 20만 원에 매도한 경우, 폐장 후에 갑이 을에게 지급하였던 100만 원과 을이 갑에게 다시 지급한 100만 원은 차감하고, 을의 X주식 5주만을 갑에게 이전한다.

C 방법은 청산업자가 모든 거래의 거래상대방이 되어 개별 매도·매수 주문에 대하여 주식과 금전이 오고 가는 것을 차감하는 방식이다. 예컨대 갑이 주식시장에서 X주식 10주를 1주당 10만 원에 매수하였다가 다시 5주를 20만 원에 매도하였고, 을이 주식시장에서 Y주식 20주를 1주당 5만 원에 매수하였다가 다시 20주를 1주당 3만 원에 매도하였다면, 그 매도와 매수의 상대방은 청산업자가 되어, 청산업자가 갑의 주식계좌에 X주식 5주를 추가하고, 을의 현금계좌에서 40만 원을 차감한다.

<보 기>

ㄱ. A 방법에 의할 경우 주식 또는 금전을 이전시켜야 하는 횟수는 C 방법에 의할 경우의 횟수에 비하여 더 많거나 같다.

ㄴ. 개장 시부터 폐장 시까지 동일한 당사자 사이에는 단 한 번씩의 거래만이 발생한다면 B 방법은 A 방법과 결과적으로 동일하다.

ㄷ. 주식의 거래가 활발하지 못하고 청산업자가 충분한 양의 현금과 주식을 미리 보유하고 있지 않다면, C 방법에 의할 경우 청산이 불가능할 수 있다.

① ㄱ ② ㄴ ③ ㄱ, ㄷ
④ ㄴ, ㄷ ⑤ ㄱ, ㄴ, ㄷ

28. A~C 모두와 양립할 수 있는 것만을 <보기>에서 있는 대로 고른 것은?

A: 사회과학의 출발은 "우리가 알고 있는 지식이 과연 확실한 근거를 가지고 있는가?"에 대한 질문에서 시작된다. 즉, 지식이 형성되는 과정을 탐구해야 한다. 또한 자연과학은 모든 과학의 표준이므로 사회현상도 일종의 자연현상으로 바라보아야 한다. 따라서 연구 주제 선정을 비롯한 연구방법도 엄격한 절차로 관찰하고 그 결과 또한 수량적인 자료로 표현해야 하며, 수량적이고 통계적인 분석으로 이론적인 의미를 탐구해야 한다.

B: 사회과학은 인간의 사회를 탐구하는 학문이다. 자연현상과는 달리 사회현상은 주관적 인식, 상호주관적 의미해석, 상황규정, 의미의 상호이해를 바탕으로 일어나는 역동적인 과정에서 생성된다. 그러므로 사회현상을 이론적으로 연구하는 방법도 연구대상의 성질에 맞아야 한다. 역동적인 과정 속에서 생성되는 사회현상은 자연현상처럼 일정한 법칙성이 나타나지 않기 때문에 이미 존재하는 자연의 법칙을 발견하여 설명하는 것만으로는 충분하지 않다. 즉, 지속적으로 관찰하고 기록하며 의미를 해석하는 일이 더 중요하다.

C: 사회과학은 더 나은 세상을 만들기 위해 사람들이 현재의 여건에 변화를 시도할 때 기여해야 하는 학문이다. 특정 변화를 유도하기 위한 사회과학은 가치판단의 문제에서 중립적일 수 없기 때문에, 객관적 사회현상의 법칙성을 발견하거나 주관적 의미를 해석하는 차원을 넘어, 표면적 사회현상의 밑바탕에 있는 경제적 조건, 자원 분배, 생산 방식 등의 물질적 기초 구조를 탐구하여 이론적으로 연구하는 것이 중요하다.

<보 기>

ㄱ. 사회현상은 이론적으로 설명이 가능하다.

ㄴ. 사회현상은 반복적으로 관찰해도 동일한 결과가 나온다.

ㄷ. 사회현상의 연구 주제를 선정할 때 연구자의 가치가 개입될 수밖에 없다.

① ㄱ ② ㄴ ③ ㄱ, ㄷ
④ ㄴ, ㄷ ⑤ ㄱ, ㄴ, ㄷ

29. 다음 글에 대한 평가로 옳은 것만을 <보기>에서 있는 대로 고른 것은?

P국에서는 30년 전과 비교할 때 65세 이상 고령자 층에서 치매환자의 수가 증가하였다. 이 문제의 원인에 대해 견해 A와 B가 있다.

A : 유해한 오염물질들 중 일부는 여러 경로를 통해 사람의 몸에 들어와 일정량 이상 축적되는데 이것이 치매를 유발한다. 그런데 지난 30년간 P국은 급격한 산업화를 이루었고, 그 과정에서 유해한 각종 오염물질들이 대기와 토양, 강물로 배출되었다. 그래서 치매를 유발하는 유해물질에 노출되는 빈도와 체내에 흡수되는 유해물질의 양도 크게 증가하여 치매를 발병시키는 수준까지 인체에 축적되었다. 그 결과 65세 이상 고령자 층에서 치매환자의 수가 증가한 것이다.

B : 오염물질 중에 치매를 유발하는 유해물질이 포함되어 있다는 증거는 없다. 나이를 먹으면 신체와 함께 뇌도 노화하여 뇌 기능에 문제가 생길 확률이 높아지는데, 이 중 대표적인 증상이 치매이다. 그런데 신체의 노화와 달리 뇌의 노화는 개인의 생활 습관이나 건강 상태 등에 따라 그 속도가 크게 달라지지 않는다. 그래서 일정한 연령이 되면 누구에게나 치매가 발병할 수 있다. P국은 산업화를 통해 경제가 발전하였고, 그 효과로 국민들의 생활수준이 높아져 평균 수명도 66세에서 80세로 늘어났다. 과거에는 치매가 발병하기 쉬운 연령에 도달하기 전에 사망하는 사람들이 많았다. 그러나 지금은 치매가 발병하기 쉬운 고령자 층이 많아져 치매환자의 수도 증가한 것처럼 보이는 것이다.

<보 기>

ㄱ. 매년 배출되는 오염물질의 양이 산업화 중반까지는 가파르게 증가하였으나 10년 전 강력한 환경 규제가 실시되면서 그 증가율이 점차 줄어들고 있다는 사실은 A를 약화한다.

ㄴ. 65세 미만의 중장년층에서 치매환자 수가 30년 전에 비해 두 배 이상 많아졌다는 사실은 A를 강화한다.

ㄷ. 치매 발병 시점의 평균 연령이 30년 전에는 63세였는데 최근에는 72세로 높아졌다는 사실은 B를 강화한다.

① ㄴ ② ㄷ ③ ㄱ, ㄴ
④ ㄱ, ㄷ ⑤ ㄱ, ㄴ, ㄷ

30. 다음 글을 읽고 추론한 것으로 옳은 것만을 <보기>에서 있는 대로 고른 것은?

사람의 소득과 소비와의 관계에 대해서 일반적으로 소비는 소득의 양에 비례하여 증가한다고 평가한다. 가령 소득의 50%를 소비하고 나머지를 저축한다고 하면 '0.5×소득'이 소비가 된다. 위 0.5와 같이 소득에서 소비가 차지하는 비중을 '한계소비성향'이라고 한다.

그렇다면 이러한 한계소비성향은 어떻게 결정될까? A견해는 현재의 소득에 의하여 한계소비성향이 영향을 받는다고 한다. 가령 정부가 재정정책으로 자금을 시중에 풀어 일시적으로 명목소득이 100만 원에서 200만 원으로 늘어난다면, 사람들은 기존에 저축하던 금액을 유지하면서 소비를 늘린다는 것이다. 물론 모든 사람의 명목소득이 늘어난다면 사회에서 생산되는 상품의 양이 증가하지 않는 이상, 장기적으로 물가 역시 상승할 것이기 때문에 실질적인 소득은 증가하지 않는다. 즉 장기적으로는 100개의 바나나가 생산되는 사회에서 유통되는 돈이 두 배가 된다고 하여 바나나를 200개를 먹을 수 있게 되지는 않는다. 바나나의 값이 두 배가 될 것이기 때문이다. 하지만 이러한 물가의 상승효과는 명목소득 증가효과보다 늦게 나타나기 때문에, 일시적으로나마 한계소비성향을 증가시켜 경기를 활성화할 수 있다고 한다.

반면 B견해는 평생 동안 벌 수 있는 소득의 평균에 의하여 한계소비성향이 영향을 받는다고 한다. 이 견해에 따르면 정부가 재정정책으로 자금을 시중에 풀어도 사람들은 결국 장래에는 물가가 상승할 것으로 예상하기 때문에 현재 저축의 비중을 줄이고 소비를 늘리면 이는 미래에 해야 할 소비를 현재로 앞당기는 것에 불과하여, 굳이 소비의 비중을 늘리지 않는다는 것이다. 이러한 견해에 따르면 정부의 재정정책은 한계소비성향에 영향을 미치지 못하기 때문에, 경기활성화에는 도움이 되지 않는다고 한다.

<보 기>

ㄱ. A견해에 비해 B견해에 따를 때, 명목소득의 증가와 물가상승 사이의 시간적 간격이 더 짧다.

ㄴ. A견해에 비해 B견해는 소비자가 상대적으로 장기적인 관점에서 소비를 결정할 것으로 전제하고 있다.

ㄷ. A견해에 따를 때, 정부가 시중에 자금을 푼 경우 그로 인하여 사회에서 생산되는 상품의 양이 증가한다면 경기활성화의 효과가 있을 것이다.

① ㄱ ② ㄷ ③ ㄱ, ㄴ
④ ㄴ, ㄷ ⑤ ㄱ, ㄴ, ㄷ

31. 다음으로부터 추론한 것으로 옳은 것만을 <보기>에서 있는 대로 고른 것은?

옵션이란 미리 정해진 조건에 따라 일정 기간 내에 상품이나 유가증권 등의 특정 자산을 사거나 팔 수 있는 권리를 말한다. 옵션의 종류는 특정 시기에 물건을 정해진 금액으로 팔 수 있는 권리인 풋옵션과 특정 시기에 물건을 정해진 금액으로 살 수 있는 권리인 콜옵션이 있다. 옵션매매계약이 체결되면 옵션 매도자와 옵션 매수자에게 특정 자산을 사거나 파는 권리가 부여된다. 이에 따라 옵션 매수자는 옵션계약에 명시된 사항을 이행하도록 옵션 매도자에게 요구하거나 요구하지 않을 수 있는 조건부청구권을 가지게 된다. 이때, 옵션을 행사할 권리는 의무가 아니라 선택권이므로, 거래당사자의 이해에 따라 불리한 경우에는 옵션을 행사할 권리를 포기할 수도 있다.

예를 들어 한 달 뒤에 금 1g을 5,000원에 살 수 있는 콜옵션을 3,000원에 매수했을 경우, 실제로 한 달 뒤에 금 1g의 시세가 10,000원이라면 콜옵션을 행사하여 이익을 얻을 수 있고, 반대로 금 1g의 시세가 4,000원이라면 콜옵션을 행사하지 않음으로써 손해를 최소한으로 줄일 수 있다.

<보 기>

ㄱ. 갑이 2주 후에 금 1g을 6,000원에 팔 수 있는 풋옵션을 1,000원에 매수하여 구매한 지 2주 후에 금 1g을 판매한 경우, 판매시점에 금 1g의 시세가 5,000원이라면 갑은 손해를 볼 것이다.

ㄴ. 을이 1개월 후에 금 1g을 5,500원에 살 수 있는 콜옵션과 금 1g을 5,500원에 팔 수 있는 풋옵션을 각각 1,000원에 매수한 경우, 1개월 후 금 1g의 시세가 7,500원 이상이라면 을은 이익을 볼 것이다.

ㄷ. 병이 1년 후에 금 1g을 7,000원에 살 수 있는 콜옵션을 정에게 3,000원을 받고 매도하였고 1년 후 금 1g의 시세가 9,000원인 경우, 정이 콜옵션을 행사하면 정은 1,000원의 손해를 볼 것이다.

① ㄱ ② ㄷ ③ ㄱ, ㄴ
④ ㄴ, ㄷ ⑤ ㄱ, ㄴ, ㄷ

32. 다음 글로부터 추론한 것으로 옳은 것만을 <보기>에서 있는 대로 고른 것은?

중앙은행은 경기변동의 폭을 줄여 경기를 안정화하기 위하여 통화정책을 수립하여 실행한다. 이러한 통화정책은 목표에 따라 두 가지 유형으로 나눌 수 있다.

유형 A는 물가만을 목표변수로 하여 물가의 안정을 유일한 목표로 통화정책을 전개하는 방식이다. 즉 중앙은행이 일정한 시기에 목표하는 물가수치를 정해놓고, 다른 중간목표를 설정함이 없이 그러한 물가 수준을 달성하기 위해 물가 수준과 밀접한 연관이 있는 금리 또는 통화량을 조정하는 것이다. 유형 A는 물가 수준이 높으면 경제의 총 생산량도 높고, 물가 수준이 낮으면 경제의 총 생산량도 낮다는 점을 전제한다. 이 때문에 물가만을 조절하는 것으로 충분하다는 것이다. 예컨대 물가가 목표치보다 낮은 경우에는 금리를 낮추면 저축량이 줄고 소비가 늘어나 물가가 상승하며, 동시에 기업의 투자도 증가하여 낮은 수준이었을 경제의 총 생산량도 증가한다. 유형 A의 통화정책은 단일한 지표를 목표변수로 하기 때문에 통화정책의 방향이 명확하고 안정적인 특징을 갖는다.

유형 B는 물가가 아닌 명목 GDP를 목표변수로 하여 통화정책을 전개하는 방식이다. 명목 GDP는 경제 내 총 생산량에 물가 수준을 곱한 값이다. 즉 중앙은행이 단순히 물가 수준에 기초해서만 목표를 세우는 것이 아니라, 목표하는 경제 내 총생산량과 목표하는 물가 수준을 모두 정하고 통화정책을 전개하는 것이다. 이는 유형 A의 통화정책이 경기안정화에 한계가 있다는 점, 즉 유형 A가 전제하고 있는 물가가 상승하는 경우에는 경제의 총 생산량도 증가한다는 명제가 반드시 옳지는 않다는 점에 대한 반성적 차원에서 등장한 통화정책의 유형이다. 그리고 경제 내 총생산량과 물가 수준을 모두 고려하기 때문에, 물가 수준만 고려한 유형 A에 비해 더 빠른 효과가 나타날 수 있다. 그러나 유형 B의 경우 목표변수가 두 가지여서 정책의 방향이 모호하고 불확실하여 일관되지 못하고 수시로 변동하게 될 위험이 있다.

<보 기>

ㄱ. 기업의 생산을 위한 원자재 가격이 상승하는 경우 등 물가가 상승하면서 오히려 경제의 총 생산이 감소하는 때에는 유형 A보다 유형 B의 통화정책에 의해 경기를 조절하는 것이 더 적절할 수 있다.

ㄴ. 경기가 중앙은행의 통화정책의 방향이 바뀔 때마다 이에 매우 민감하게 반응하여 큰 등락폭을 보이는 경우, 유형 A보다 유형 B의 통화정책에 의해 경기를 조절하는 것이 더 적절할 수 있다.

ㄷ. 금리 또는 통화량을 조정하였을 때 물가가 변동하는 속도가 느리다면 유형 A보다 유형 B의 통화정책에 의해 경기를 조절하는 것이 더 적절할 수 있다.

① ㄱ ② ㄴ ③ ㄷ
④ ㄱ, ㄴ ⑤ ㄱ, ㄷ

33. 다음 글로부터 추론한 것으로 옳은 것만을 <보기>에서 있는 대로 고른 것은?

공장에서의 만들어지는 결과물은 공장의 이익이 되지만, 그 과정에서 발생하는 오염물질은 공장의 피해뿐만 아니라 사회 전체에 피해를 입힌다. 이를 해결하기 위해 정부는 직접규제의 방법을 취할 수 있다. 그러나 정부는 직접규제가 아니라 시장을 개설하는 방법을 선택할 수도 있다. 정부가 최적의 오염배출량을 설정하고 각 공장이 오염물질을 배출할 때는 필요한 만큼의 오염배출권을 구입하도록 한다. 그리고 오염배출권이 시장에서 자유롭게 거래되도록 허용한다. 이 경우 각 공장마다 오염물질을 줄이는 비용이 다르기 때문에 직접규제보다 적은 사회적 비용으로 정책 목표를 달성할 수 있게 된다. 예를 들어 오염저감비용이 공장 X는 톤당 1만 원이고 공장 Y는 톤당 4만 원인 상황이라고 가정하자. 만약 공장 Y가 공장 X로부터 톤당 2만 원에 오염배출권을 구매한다면, 공장 Y는 톤당 2만 원의 비용을 줄일 수 있고 공장 X는 톤당 1만 원의 오염배출권 수익을 얻을 수 있다. 또한 공장 X와 공장 Y를 합하면 톤당 1만 원의 비용을 줄일 수 있다.

<상황>

공장 A, B의 오염물질 배출량과 오염저감비용은 아래의 표와 같다. 정부는 현재 총 120톤의 오염물질 배출량을 80톤으로 줄이기 위해 1장당 1톤씩의 오염물질을 배출할 수 있는 오염배출권을 각 공장에게 40장씩을 무료로 배부하였다. 공장은 오염배출권을 가진 한도 내에서만 오염물질을 배출할 수 있으므로, 이를 초과하는 오염물질은 각 공장이 자체적으로 줄여야 한다. 각 공장은 오염배출권 거래를 통해 손해를 보지는 않으려고 한다.

공장	오염물질 배출량(톤)	오염저감비용(만 원/톤)
A	50	10
B	70	20

<보 기>

ㄱ. 오염배출권을 거래할 수 없게 하였다면, 각 공장의 오염저감비용의 합은 700만 원이다.

ㄴ. 오염배출권 거래 결과 공장 B가 70톤의 오염물질을 배출한다면, 오염배출권 거래 전에 비해 각 공장의 오염저감비용의 합은 증가한다.

ㄷ. 오염배출권 거래가 허용되어 공장 B가 공장 A로부터 오염배출권을 10장 구매한다면, 오염배출권의 1장당 가격은 11만 원일 수 있다.

① ㄱ ② ㄴ ③ ㄷ
④ ㄱ, ㄴ ⑤ ㄱ, ㄷ

34. 다음으로부터 추론한 것으로 옳은 것만을 <보기>에서 있는 대로 고른 것은?

P연구소는 A팀과 B팀으로 구성되어 있으며, 팀별로 각 팀의 구성원이 수행한 과제 난도의 총합을 기준으로 다음과 같이 특별상여금을 지급한다.

90 이상 100 이하	70 이상 90 미만	40 이상 70 미만	0 이상 40 미만
4,500만 원	3,500만 원	1,500만 원	500만 원

P연구소 각 팀의 구성원 개인이 최대한 수행할 수 있는 과제의 난도(이하 최대 과제 난도라 한다)는 팀장 1명이 25, 선임연구원 1명은 20, 전임연구원 1명은 15, 인턴 1명은 10이며, 주어진 과제별 난도는 다음과 같다.

과제	가	나	다	라	마	바	사	아
난도	20	19	17	13	11	10	6	4

P연구소의 A팀은 팀장 1명, 선임연구원 2명, 전임연구원 1명, 인턴 1명으로 구성되어 있고, B팀은 팀장 1명, 전임연구원 3명, 인턴 1명으로 구성되어 있다.

이때 각 팀은 다음 조건을 만족시키며 과제를 선정한다.

○ 각 팀의 구성원 개인은 적어도 1개의 과제를 맡으며, 최대 과제 난도를 넘지 않는다면 2개 이상의 과제도 맡을 수 있다. 단, 1개의 과제를 2명 이상이 함께 맡는 것은 불가능하다.
○ 각 팀은 동일한 과제를 최대 2개까지 선정할 수 있고, 각 팀이 선정한 과제는 서로 중복될 수 있다.

<보 기>

ㄱ. A팀은 가 과제 2개와 다, 라, 마, 사, 아 과제 각 1개씩을 선정할 수 있다.

ㄴ. B팀은 라, 마, 바, 아 과제를 각 2개씩 선정할 수 있다.

ㄷ. A팀이 지급받은 특별상여금이 4,500만 원이라면 A팀은 반드시 나, 사 과제를 선정하였을 것이다.

ㄹ. B팀이 선정한 과제 중 2번 이상 선정된 과제가 없다면 B팀은 최대 1,500만 원의 특별상여금을 받을 수 있다.

① ㄱ, ㄴ ② ㄱ, ㄹ ③ ㄴ, ㄷ
④ ㄴ, ㄹ ⑤ ㄷ, ㄹ

35. 다음으로부터 추론한 것으로 옳은 것은?

체육중학교 학생들은 월요일부터 목요일까지 매일 다른 운동 수업을 듣는다. 하루에 최대 두 가지 운동 수업을 들을 수 있으며, 이 경우 오전, 오후로 나누어 각각 다른 수업을 듣는다. 체육중학교 학생들이 들을 운동 수업은 수영, 농구, 배구, 태권도, 탁구, 합기도, 유도로 모두 7가지이다. 수업 일정을 정하는 데 다음 <조건>을 적용하고자 한다.

<조건>
- ○ 탁구 수업을 들은 후, 그 다음 수업으로 농구 수업을 듣지만, 두 수업을 반드시 같은 날에 들을 필요는 없다.
- ○ 합기도, 유도, 탁구 수업은 태권도 수업을 듣고 나서 듣는다.
- ○ 배구 수업을 들은 후, 그 다음 수업으로 태권도 수업을 듣지만, 두 수업을 반드시 같은 날에 들을 필요는 없다.
- ○ 수영과 농구는 같은 요일에 수업이 배정되어 있다.
- ○ 배구 수업을 듣고, 이틀 후에 농구 수업을 듣는다.

① 탁구 수업은 화요일에 배정된다.
② 수영 수업을 들은 후에 농구 수업을 듣는다.
③ 태권도 수업을 들은 다음 날 수영 수업을 듣는다.
④ 배구 수업과 태권도 수업은 같은 요일에 듣는다.
⑤ 합기도 수업은 목요일에 배정된다.

36. 다음으로부터 추론한 것으로 옳은 것만을 <보기>에서 있는 대로 고른 것은?

갑, 을, 병, 정은 6개의 구슬 중 하나씩 갖는다. 구슬은 빨간색, 주황색, 노란색의 세 가지 색깔이 있다. 다음은 구슬을 가진 후 갑, 을, 병, 정 간의 <대화>이다. 정은 항상 거짓만 말하며, 갑, 을, 병은 항상 참만 말한다.

<대화>
갑 : "내가 가장 먼저 구슬을 가져갔고, 남아 있는 구슬 중 내가 가져간 구슬이랑 같은 색깔의 구슬은 없다."
을 : "나는 빨간색 구슬을 가져갔다."
병 : "나는 정이 구슬을 가지고 간 다음 곧바로 정과 같은 색깔의 구슬을 가져갔다."
정 : "나는 노란색 구슬을 가져갔다."

<보 기>

ㄱ. 갑이 가져간 구슬의 색깔이 주황색이라면, 병이 가져간 구슬의 색깔은 빨간색이다.
ㄴ. 갑이 구슬을 가져가지 전에 남아 있는 노란색 구슬의 개수가 2개라면 노란색 구슬을 가져간 사람은 없다.
ㄷ. 갑이 구슬을 가져가기 전에 남아 있는 빨간색 구슬의 개수가 3개라면 갑은 노란색 구슬을 가져간다.

① ㄱ ② ㄷ ③ ㄱ, ㄴ
④ ㄴ, ㄷ ⑤ ㄱ, ㄴ, ㄷ

37. 다음으로부터 추론한 것으로 옳은 것만을 <보기>에서 있는 대로 고른 것은?

인간의 수면 단계는 비렘 수면과 렘 수면으로 나눌 수 있다. 그동안 수면은 학습과 기억력 증강에 도움이 되는 것으로 밝혀졌지만, 인간이 잠을 자면서도 학습이 가능한지는 알 수 없었다. 과학자 갑은 인간은 수면 중에도 특정 냄새에 킁킁거리는 반응을 할 수 있으며, 인간은 수면 중에도 깨어 있는 것처럼 좋은 냄새는 깊이 들이마시려고 하고 나쁜 냄새에는 냄새를 맡지 않으려고 한다고 주장하였다. 갑은 인간이 수면 중에 학습이 가능하다는 가설을 검증하기 위해 다음 두 가지 실험을 계획하였다.

[실험 1]
피험자의 머리에 전극판을 붙여 수면 상태를 컴퓨터로 확인한다. 피험자가 잠을 자면 잠에서 깨지 않도록 소리 S를 내고 좋은 냄새 또는 좋지 않는 냄새를 맡게 하는 P동작을 한다. 그 후에 소리 S를 냈더니 냄새를 맡게 하지 않았는데도 냄새를 맡은 것과 비슷한 호흡 반응을 보였다. 다음 날, 피험자는 수면 중 있었던 일에 대해 기억하지 못했고, 깨어 있는 피험자에게 소리 S만을 들려줬다. 어떤 냄새도 나지 않았는데도 피험자의 호흡 반응은 수면 중 냄새를 맡았을 때와 비슷하였다. 가령, 잠을 잘 때 소리 S를 낸 다음 좋지 않은 냄새를 맡게 했던 피험자는, 수면 중이든 다음 날 깨어 있는 중이든 소리 S를 내면 무의식적으로 숨을 얕게 들이마셔 냄새를 맡지 않으려고 하였다.

[실험 2]
[실험 1]을 마친 후, 피험자 전체를 새로 선발하여 [실험 1]과 같은 방법으로 두 번째 실험을 다음과 같이 실시하였다. 피험자 집단을 A, B, C, D로 나누어서 A집단은 렘 수면 때 P동작 후 비렘 수면을 거치게 한 다음 깨웠고, B집단은 렘 수면 때 P동작 후 비렘 수면기 이전에 깨웠다. C집단은 비렘 수면기 때 P동작을 하고 렘 수면을 거치게 한 다음 깨웠고, D집단은 비렘 수면기 때 P동작을 하고 렘 수면기 이전에 깨웠다. 그 다음 날 소리 S를 낸 결과, [실험 1]과 같이 호흡 반응이 수면 중 냄새를 맡았을 때와 비슷한 집단은 A집단뿐이었으며, B, C, D집단은 어느 누구도 호흡 반응이 유의미할 정도로 비슷하지 않았다.

<보 기>

ㄱ. 비수면 중에 특정 자극이 주어졌을 때 숨을 깊이 들이마시는 사람은 수면 중 좋은 냄새를 맡았던 경험이 있을 것이다.
ㄴ. 갑의 가설이 옳다면, [실험 1]에서 소리 S를 처음에 냈을 때는 렘 수면기였을 것이다.
ㄷ. [실험 2]에서 C집단에게 비렘 수면기 때 P동작을 하고 렘 수면기 때 소리 S를 낼 경우, C집단의 호흡 반응이 A집단의 호흡 반응과 같을 것이다.

① ㄱ　② ㄴ　③ ㄱ, ㄴ
④ ㄱ, ㄷ　⑤ ㄴ, ㄷ

38. 다음으로부터 추론한 것으로 옳은 것만을 <보기>에서 있는 대로 고른 것은?

분자분광학은 분자의 구조를 전자기파를 이용해 파악하는 분야이다. 유기분자는 그것을 구성하는 화학 결합에 따라 특정한 파장 영역의 빛을 흡수하게 되는데, 흡수하는 파장 영역에 따라서 그 분자를 구성하는 화학결합의 종류와 그 분자의 정체도 파악될 수 있다.

<실험>
아래 다섯 종류의 분자(A~E)는 각자가 특이한 화학결합을 가지고 있어서 각기 다른 파장 영역의 전자기파를 흡수하며, 분자별 흡수하는 전자기파의 영역은 다음과 같다.

분자	흡수하는 파장대 영역
A	100~200
B	150~300
C	300~400
D	400~500
E	500~600

<표>

화학자 갑은 위 <표>를 참고하여 4개의 시험관(I~IV)에 존재하는 분자의 종류를 분광학적 방법을 통해 알아보고자 한다. 하나의 시험관에는 위의 5개 분자 중 두 종류의 분자가 포함되어 있으며, 갑은 네 종류의 시험관 중 두 개의 시험관을 섞어 혼합된 시험관에 전자기파를 가하여 시험관 내 물질들이 흡수하는 파장 영역을 조사해 다음과 같은 결과를 얻게 되었다. 이때 흡수하는 파장대 영역은 존재하는 물질의 양과는 상관없이 물질의 존재에 따라서만 달라진다.

	혼합한 시험관	흡수하는 파장대 영역
실험 1	I + II	100~400
실험 2	II + III	150~500
실험 3	I + IV	100~300, 500~600
실험 4	III + IV	100~200, 300~600

<보 기>

ㄱ. 시험관 I은 A를 포함할 것이다.
ㄴ. 시험관 I과 III을 혼합하여 전자기파를 가하면, 100~500 파장영역의 빛이 모두 흡수될 것이다.
ㄷ. 시험관 II와 IV를 혼합하여 전자기파를 가하면, 100~500 파장영역의 빛이 모두 흡수될 것이다.

① ㄴ　② ㄷ　③ ㄱ, ㄴ
④ ㄱ, ㄷ　⑤ ㄱ, ㄴ, ㄷ

39. 다음으로부터 추론한 것으로 옳은 것만을 <보기>에서 있는 대로 고른 것은?

선별 검사는 질병 증상 발현 전 해당 질병의 발병 여부를 확인하는 검사이다. 선별 검사는 질병의 조기 진단으로 환자의 생존율을 높일 수 있어야 효과가 인정된다. 한 연구진은 암 선별 검사법으로 알려진 진단법 X가 암 A와 암 B의 선별 검사로서 의미가 있는지를 파악하기 위해, 증상 발현 전 선별 검사를 자발적으로 시행하여 두 암 중 하나의 암이 발병한 것으로 진단받은 환자군(이하 실험군)의 생존율과 각각의 암 증상에 의해 병원에 내원한 후 두 암 중 하나의 암이 발병한 것으로 진단받은 군(이하 대조군)의 생존율을 비교해 보았다. 그 결과 실험군이 대조군에 비해 유의미하게 더 높은 생존율을 보였다. 이를 근거로 연구진은 진단법 X가 두 암에 대한 예방 효과가 있다고 결론을 내렸다.

암 A와 암 B 모두 시간이 지남에 따라 제1기에서 제4기로 진행한다. 두 암이 발병했을 때 생존율은 제4기로 갈수록 감소하는데, 두 암의 병기에 따른 생존율은 아래의 표와 같다.

	제1기 (초기)	제2기	제3기	제4기 (말기)
암 A	90	80	70	65
암 B	10	10	10	10

발병 초기에서 말기로 진행하는 속도는 암 B보다 암 A가 더 느린데 암 B의 경우 초기에서 말기로 단기간에 진행하는 것으로 알려졌다. 또한 두 암은 모두 제4기가 시작될 때 비로소 증상이 나타나기 시작한다.

한편 자신의 질병에 대한 관심도가 높은 사람들이 검사에 대해서 더 적극적이며, 또한 증상 발현 전후 불문하고 치료에 더 충실하여 그렇지 않은 사람에 비해 건강이 더 좋은 것으로 나타났다.

<보 기>

ㄱ. 대조군에 비해 실험군에 암 A가 발병한 환자의 비율이 높을수록 진단법 X의 효과가 과대평가될 수 있다.

ㄴ. 실험군에 비해 대조군에 암 B가 발병한 환자의 비율이 높을수록 진단법 X의 효과는 과소평가될 수 있다.

ㄷ. 실험군 중 자신의 질병에 대한 관심도가 높은 사람들의 비율이 높을수록 진단법 X의 효과가 과대평가될 수 있다.

① ㄱ ② ㄴ ③ ㄱ, ㄷ
④ ㄴ, ㄷ ⑤ ㄱ, ㄴ, ㄷ

40. 다음 글로부터 추론한 것으로 옳은 것만을 <보기>에서 있는 대로 고른 것은?

기체의 평형 부피란 기체 덩어리 외부에서 기체 덩어리에 가해지는 압력과 기체 자체의 내부압력이 평형을 이루는 지점에서의 기체 부피를 의미하며, 압력의 균형이 유지되는 한 그 부피도 불변한다. 그러나 이 두 압력 간의 균형이 깨지는 지점에서 기체의 부피는 변하게 되는데, 내부압력이 더 크면 기체의 부피는 증가하고, 외부압력이 더 크면 기체의 부피는 감소한다. 기체의 내부압력은 기체 알갱이들이 기체 덩어리와 외부가 이루는 경계부에 얼마나 빠르게 충돌하느냐에 의해 결정되는데, 기체 알갱이들의 운동에너지가 클수록 충돌 속도도 빠르고 따라서 압력도 커지게 된다. 기체 알갱이들의 운동에너지 총합은 기체 덩어리의 내부에너지와 동일한데, 이 내부에너지는 기체 덩어리의 온도에 정비례하는 값이다. 한편, 외부압력을 일정하게 유지한 상태에서 기체의 온도를 낮추게 될 경우 기체의 부피는 온도 감소에 대해 일정한 비율로 감소하게 된다. 이러한 사실은 샤를에 의해서 처음으로 밝혀졌다. 샤를은 온도가 계속 감소하게 될 경우 부피 감소 추세를 바탕으로 영하 273.15℃에서는 모든 기체 덩어리의 부피가 0이 될 것이라고 추론한 바 있다. 이 온도를 가리켜 샤를은 절대0도라고 명명했다. 현대에는 이 절대0도에서 기체 덩어리의 부피가 0이 된다는 주장은 받아들여지지 않지만, 이 온도에서 모든 기체 알갱이는 완전히 정지하는 것으로 알려져서, 이 절대0도는 기체 입자가 완전히 정지하는 온도로 새롭게 정의되었다.

<보 기>

ㄱ. 샤를과 달리 현대에는 절대0도에서 모든 기체 덩어리의 내부에너지를 0으로 볼 것이다.

ㄴ. 외부 압력을 일정하게 유지한 상태에서 기체의 내부에너지를 감소시킬 경우 기체 부피는 감소한다.

ㄷ. 기체의 온도를 높이면서 기체의 부피를 일정하게 유지시키기 위해서는 외부 압력을 증가시켜야 한다.

① ㄱ ② ㄷ ③ ㄱ, ㄴ
④ ㄴ, ㄷ ⑤ ㄱ, ㄴ, ㄷ

* 확인 사항
○ 문제지와 답안지의 해당란에 필요한 내용을 정확하게 표기했는지 확인하십시오.

〈문제출제〉
메가로스쿨 언어논리연구소

2026학년도
법학적성시험 답안지

①교시 언어이해 / ②교시 추리논증

성 명	
수 험 번 호	

0	0	0	0	0	0	0
1	1	1	1	1	1	1
2	2	2	2	2	2	2
3	3	3	3	3	3	3
4	4	4	4	4	4	4
5	5	5	5	5	5	5
6	6	6	6	6	6	6
7	7	7	7	7	7	7
8	8	8	8	8	8	8
9	9	9	9	9	9	9

문제유형 표 기 란
홀수형
짝수형

※ 수험번호 끝자리가 홀수인 응시자는 반드시 홀수형 문제지를, 짝수인 응시자는 반드시 짝수형 문제지를 풀어야 함.

※ 결시자 표기 및 감독관 날인란		
결시자 표 기	컴퓨터용 사인펜으로 수험번호와 옆란 표기	
감독관 날 인	본인확인 및 수험번호의 정확한 표기 확인	
	수험번호 끝자리와 문제유형 동일 확인	

문번	답		란		
1	1	2	3	4	5
2	1	2	3	4	5
3	1	2	3	4	5
4	1	2	3	4	5
5	1	2	3	4	5
6	1	2	3	4	5
7	1	2	3	4	5
8	1	2	3	4	5
9	1	2	3	4	5
10	1	2	3	4	5
11	1	2	3	4	5
12	1	2	3	4	5
13	1	2	3	4	5
14	1	2	3	4	5
15	1	2	3	4	5

문번	답		란		
16	1	2	3	4	5
17	1	2	3	4	5
18	1	2	3	4	5
19	1	2	3	4	5
20	1	2	3	4	5
21	1	2	3	4	5
22	1	2	3	4	5
23	1	2	3	4	5
24	1	2	3	4	5
25	1	2	3	4	5
26	1	2	3	4	5
27	1	2	3	4	5
28	1	2	3	4	5
29	1	2	3	4	5
30	1	2	3	4	5

문번	답		란		
31	1	2	3	4	5
32	1	2	3	4	5
33	1	2	3	4	5
34	1	2	3	4	5
35	1	2	3	4	5
36	1	2	3	4	5
37	1	2	3	4	5
38	1	2	3	4	5
39	1	2	3	4	5
40	1	2	3	4	5

※ 아래 문구를 **'필적확인란'**의 빈칸에 정자로 기재하시오.

법학전문대학원은 여러분을 기다리고 있습니다.	
필 적 확인란	

답안 작성시 반드시 지켜야 하는 사항

아래 사항은 전 교시에 모두 해당되는 것입니다.

1. 답란은 반드시 컴퓨터용 사인펜만을 사용하여 "▮"와 같이 검게 표기해야 합니다.

2. 수험번호란에는 아라비아숫자로 기록하고, 해당란에 "▮"와 같이 검게 표기해야 합니다.

3. 수험번호 끝자리가 홀수인 응시자는 반드시 홀수형 문제지를, 짝수인 응시자는 반드시 짝수형 문제지를 배부받아 풀어야 합니다.

4. '필적확인란'을 반드시 기재해야 합니다.

5. 수정테이프를 이용하여 답란 수정은 가능하나, 수정테이프가 떨어지는 등 불완전한 수정처리로 인해 발생되는 모든 책임은 수험생에게 있으니 주의 바랍니다.

위 사항을 지키지 않아 발생하는 불이익은 응시자에게 있습니다.

2026학년도 법학적성시험 답안지

①교시 언어이해 / ②교시 추리논증

성 명	
수 험 번 호	
0 0 0 0 0 0 0	
1 1 1 1 1 1 1	
2 2 2 2 2 2 2	
3 3 3 3 3 3 3	
4 4 4 4 4 4 4	
5 5 5 5 5 5 5	
6 6 6 6 6 6 6	
7 7 7 7 7 7 7	
8 8 8 8 8 8 8	
9 9 9 9 9 9 9	

문제유형 표 기 란
홀수형
짝수형

※ 수험번호 끝자리가 홀수인 응시자는 반드시 홀수형 문제지를, 짝수인 응시자는 반드시 짝수형 문제지를 풀어야 함.

※ 결시자 표기 및 감독관 날인란		
결시자 표 기	컴퓨터용 사인펜으로 수험번호와 옆란 표기	
감독관 날 인	본인확인 및 수험번호의 정확한 표기 확인	
	수험번호 끝자리와 문제유형 동일 확인	

문번	답				란
1	1	2	3	4	5
2	1	2	3	4	5
3	1	2	3	4	5
4	1	2	3	4	5
5	1	2	3	4	5
6	1	2	3	4	5
7	1	2	3	4	5
8	1	2	3	4	5
9	1	2	3	4	5
10	1	2	3	4	5
11	1	2	3	4	5
12	1	2	3	4	5
13	1	2	3	4	5
14	1	2	3	4	5
15	1	2	3	4	5

문번	답				란
16	1	2	3	4	5
17	1	2	3	4	5
18	1	2	3	4	5
19	1	2	3	4	5
20	1	2	3	4	5
21	1	2	3	4	5
22	1	2	3	4	5
23	1	2	3	4	5
24	1	2	3	4	5
25	1	2	3	4	5
26	1	2	3	4	5
27	1	2	3	4	5
28	1	2	3	4	5
29	1	2	3	4	5
30	1	2	3	4	5

문번	답				란
31	1	2	3	4	5
32	1	2	3	4	5
33	1	2	3	4	5
34	1	2	3	4	5
35	1	2	3	4	5
36	1	2	3	4	5
37	1	2	3	4	5
38	1	2	3	4	5
39	1	2	3	4	5
40	1	2	3	4	5

※ 아래 문구를 **'필적확인란'**의 빈칸에 정자로 기재하시오.

법학전문대학원은 여러분을 기다리고 있습니다.	
필 적 확인란	

답안 작성시 반드시 지켜야 하는 사항

아래 사항은 전 교시에 모두 해당되는 것입니다.

1. 답란은 반드시 컴퓨터용 사인펜만을 사용하여 "▮"와 같이 검게 표기해야 합니다.

2. 수험번호란에는 아라비아숫자로 기록하고, 해당란에 "▮"와 같이 검게 표기해야 합니다.

3. 수험번호 끝자리가 홀수인 응시자는 반드시 홀수형 문제지를, 짝수인 응시자는 반드시 짝수형 문제지를 배부받아 풀어야 합니다.

4. '필적확인란'을 반드시 기재해야 합니다.

5. 수정테이프를 이용하여 답란 수정은 가능하나, 수정테이프가 떨어지는 등 불완전한 수정처리로 인해 발생되는 모든 책임은 수험생에게 있으니 주의 바랍니다.

위 사항을 지키지 않아 발생하는 불이익은 응시자에게 있습니다.

2026학년도
법학적성시험 답안지

①교시 **언어이해** / ②교시 **추리논증**

성 명	
수 험 번 호	

0	0	0	0	0	0	0
1	1	1	1	1	1	1
2	2	2	2	2	2	2
3	3	3	3	3	3	3
4	4	4	4	4	4	4
5	5	5	5	5	5	5
6	6	6	6	6	6	6
7	7	7	7	7	7	7
8	8	8	8	8	8	8
9	9	9	9	9	9	9

문제유형 표 기 란

- 홀수형
- 짝수형

※ 수험번호 끝자리가 홀수인 응시자는 반드시 홀수형 문제지를, 짝수인 응시자는 반드시 짝수형 문제지를 풀어야 함.

※ 결시자 표기 및 감독관 날인란

결시자 표 기	컴퓨터용 사인펜으로 수험번호와 옆란 표기	
감독관 날 인	본인확인 및 수험번호의 정확한 표기 확인	
	수험번호 끝자리와 문제유형 동일 확인	

문번	답				란
1	1	2	3	4	5
2	1	2	3	4	5
3	1	2	3	4	5
4	1	2	3	4	5
5	1	2	3	4	5
6	1	2	3	4	5
7	1	2	3	4	5
8	1	2	3	4	5
9	1	2	3	4	5
10	1	2	3	4	5
11	1	2	3	4	5
12	1	2	3	4	5
13	1	2	3	4	5
14	1	2	3	4	5
15	1	2	3	4	5

문번	답				란
16	1	2	3	4	5
17	1	2	3	4	5
18	1	2	3	4	5
19	1	2	3	4	5
20	1	2	3	4	5
21	1	2	3	4	5
22	1	2	3	4	5
23	1	2	3	4	5
24	1	2	3	4	5
25	1	2	3	4	5
26	1	2	3	4	5
27	1	2	3	4	5
28	1	2	3	4	5
29	1	2	3	4	5
30	1	2	3	4	5

문번	답				란
31	1	2	3	4	5
32	1	2	3	4	5
33	1	2	3	4	5
34	1	2	3	4	5
35	1	2	3	4	5
36	1	2	3	4	5
37	1	2	3	4	5
38	1	2	3	4	5
39	1	2	3	4	5
40	1	2	3	4	5

※ 아래 문구를 **'필적확인란'**의 빈칸에 정자로 기재하시오.

법학전문대학원은 여러분을 기다리고 있습니다.

필 적 확인란	

답안 작성시 반드시 지켜야 하는 사항

아래 사항은 전 교시에 모두 해당되는 것입니다.

1. 답란은 반드시 컴퓨터용 사인펜만을 사용하여 "●"와 같이 검게 표기해야 합니다.

2. 수험번호란에는 아라비아숫자로 기록하고, 해당란에 "●"와 같이 검게 표기해야 합니다.

3. 수험번호 끝자리가 홀수인 응시자는 반드시 홀수형 문제지를, 짝수인 응시자는 반드시 짝수형 문제지를 배부받아 풀어야 합니다.

4. '필적확인란'을 반드시 기재해야 합니다.

5. 수정테이프를 이용하여 답란 수정은 가능하나, 수정테이프가 떨어지는 등 불완전한 수정처리로 인해 발생되는 모든 책임은 수험생에게 있으니 주의 바랍니다.

위 사항을 지키지 않아 발생하는 불이익은 응시자에게 있습니다.

2026학년도
법학적성시험 답안지

①교시 언어이해 / ②교시 추리논증

성 명						
수 험 번 호						
0	0	0	0	0	0	0
1	1	1	1	1	1	1
2	2	2	2	2	2	2
3	3	3	3	3	3	3
4	4	4	4	4	4	4
5	5	5	5	5	5	5
6	6	6	6	6	6	6
7	7	7	7	7	7	7
8	8	8	8	8	8	8
9	9	9	9	9	9	9

문제유형 표 기 란
⃝ 홀수형
⃝ 짝수형

※ 수험번호 끝자리가 홀수인 응시자는 반드시 홀수형 문제지를, 짝수인 응시자는 반드시 짝수형 문제지를 풀어야 함.

※ 결시자 표기 및 감독관 날인란		
결시자 표 기	컴퓨터용 사인펜으로 수험번호와 옆란 표기	⃝
감독관 날 인	본인확인 및 수험번호의 정확한 표기 확인	
	수험번호 끝자리와 문제유형 동일 확인	

문번	답			란
1	① ②	③	④	⑤
2	① ②	③	④	⑤
3	① ②	③	④	⑤
4	① ②	③	④	⑤
5	① ②	③	④	⑤
6	① ②	③	④	⑤
7	① ②	③	④	⑤
8	① ②	③	④	⑤
9	① ②	③	④	⑤
10	① ②	③	④	⑤
11	① ②	③	④	⑤
12	① ②	③	④	⑤
13	① ②	③	④	⑤
14	① ②	③	④	⑤
15	① ②	③	④	⑤

문번	답			란
16	① ②	③	④	⑤
17	① ②	③	④	⑤
18	① ②	③	④	⑤
19	① ②	③	④	⑤
20	① ②	③	④	⑤
21	① ②	③	④	⑤
22	① ②	③	④	⑤
23	① ②	③	④	⑤
24	① ②	③	④	⑤
25	① ②	③	④	⑤
26	① ②	③	④	⑤
27	① ②	③	④	⑤
28	① ②	③	④	⑤
29	① ②	③	④	⑤
30	① ②	③	④	⑤

문번	답			란
31	① ②	③	④	⑤
32	① ②	③	④	⑤
33	① ②	③	④	⑤
34	① ②	③	④	⑤
35	① ②	③	④	⑤
36	① ②	③	④	⑤
37	① ②	③	④	⑤
38	① ②	③	④	⑤
39	① ②	③	④	⑤
40	① ②	③	④	⑤

※ 아래 문구를 **'필적확인란'**의 빈칸에 정자로 기재하시오.

법학전문대학원은 여러분을 기다리고 있습니다.	
필 적 확인란	

답안 작성시 반드시 지켜야 하는 사항

아래 사항은 전 교시에 모두 해당되는 것입니다.

1. 답란은 반드시 컴퓨터용 사인펜만을 사용하여 "▮"와 같이 검게 표기해야 합니다.

2. 수험번호란에는 아라비아숫자로 기록하고, 해당란에 "▮"와 같이 검게 표기해야 합니다.

3. 수험번호 끝자리가 홀수인 응시자는 반드시 홀수형 문제지를, 짝수인 응시자는 반드시 짝수형 문제지를 배부받아 풀어야 합니다.

4. '필적확인란'을 반드시 기재해야 합니다.

5. 수정테이프를 이용하여 답란 수정은 가능하나, 수정테이프가 떨어지는 등 불완전한 수정처리로 인해 발생되는 모든 책임은 수험생에게 있으니 주의 바랍니다.

위 사항을 지키지 않아 발생하는 불이익은 응시자에게 있습니다.

메가로스쿨

2026학년도
법학적성시험 답안지

①교시 언어이해 / ②교시 추리논증

성 명						
수 험 번 호						
0	0	0	0	0	0	0
1	1	1	1	1	1	1
2	2	2	2	2	2	2
3	3	3	3	3	3	3
4	4	4	4	4	4	4
5	5	5	5	5	5	5
6	6	6	6	6	6	6
7	7	7	7	7	7	7
8	8	8	8	8	8	8
9	9	9	9	9	9	9

문제유형 표 기 란
⬯ 홀수형
⬯ 짝수형

※ 수험번호 끝자리가 홀수인 응시자는 반드시 홀수형 문제지를, 짝수인 응시자는 반드시 짝수형 문제지를 풀어야 함.

※ 결시자 표기 및 감독관 날인란		
결시자 표기	컴퓨터용 사인펜으로 수험번호와 옆란 표기	⬯
감독관 날인	본인확인 및 수험번호의 정확한 표기 확인	
	수험번호 끝자리와 문제유형 동일 확인	

문번	답				란
1	1	2	3	4	5
2	1	2	3	4	5
3	1	2	3	4	5
4	1	2	3	4	5
5	1	2	3	4	5
6	1	2	3	4	5
7	1	2	3	4	5
8	1	2	3	4	5
9	1	2	3	4	5
10	1	2	3	4	5
11	1	2	3	4	5
12	1	2	3	4	5
13	1	2	3	4	5
14	1	2	3	4	5
15	1	2	3	4	5

문번	답				란
16	1	2	3	4	5
17	1	2	3	4	5
18	1	2	3	4	5
19	1	2	3	4	5
20	1	2	3	4	5
21	1	2	3	4	5
22	1	2	3	4	5
23	1	2	3	4	5
24	1	2	3	4	5
25	1	2	3	4	5
26	1	2	3	4	5
27	1	2	3	4	5
28	1	2	3	4	5
29	1	2	3	4	5
30	1	2	3	4	5

문번	답				란
31	1	2	3	4	5
32	1	2	3	4	5
33	1	2	3	4	5
34	1	2	3	4	5
35	1	2	3	4	5
36	1	2	3	4	5
37	1	2	3	4	5
38	1	2	3	4	5
39	1	2	3	4	5
40	1	2	3	4	5

※ 아래 문구를 **'필적확인란'**의 빈칸에 정자로 기재하시오.

법학전문대학원은 여러분을 기다리고 있습니다.	
필 적 확인란	

답안 작성시 반드시 지켜야 하는 사항

아래 사항은 전 교시에 모두 해당되는 것입니다.

1. 답란은 반드시 컴퓨터용 사인펜만을 사용하여 "▮"와 같이 검게 표기해야 합니다.

2. 수험번호란에는 아라비아숫자로 기록하고, 해당란에 "▮"와 같이 검게 표기해야 합니다.

3. 수험번호 끝자리가 홀수인 응시자는 반드시 홀수형 문제지를, 짝수인 응시자는 반드시 짝수형 문제지를 배부받아 풀어야 합니다.

4. '필적확인란'을 반드시 기재해야 합니다.

5. 수정테이프를 이용하여 답란 수정은 가능하나, 수정테이프가 떨어지는 등 불완전한 수정처리로 인해 발생되는 모든 책임은 수험생에게 있으니 주의 바랍니다.

위 사항을 지키지 않아 발생하는 불이익은 응시자에게 있습니다.

2026학년도
법학적성시험 답안지

①교시 언어이해 / ②교시 추리논증

성 명						
수 험 번 호						
0	0	0	0	0	0	0
1	1	1	1	1	1	1
2	2	2	2	2	2	2
3	3	3	3	3	3	3
4	4	4	4	4	4	4
5	5	5	5	5	5	5
6	6	6	6	6	6	6
7	7	7	7	7	7	7
8	8	8	8	8	8	8
9	9	9	9	9	9	9

문제유형 표 기 란
⬯ 홀수형
⬯ 짝수형

※ 수험번호 끝자리가 홀수인 응시자는 반드시 홀수형 문제지를, 짝수인 응시자는 반드시 짝수형 문제지를 풀어야 함.

※결시자 표기 및 감독관 날인란		
결시자 표기	컴퓨터용 사인펜으로 수험번호와 옆란 표기	⬯
감독관 날 인	본인확인 및 수험번호의 정확한 표기 확인	
	수험번호 끝자리와 문제유형 동일 확인	

문번	답				란
1	1	2	3	4	5
2	1	2	3	4	5
3	1	2	3	4	5
4	1	2	3	4	5
5	1	2	3	4	5
6	1	2	3	4	5
7	1	2	3	4	5
8	1	2	3	4	5
9	1	2	3	4	5
10	1	2	3	4	5
11	1	2	3	4	5
12	1	2	3	4	5
13	1	2	3	4	5
14	1	2	3	4	5
15	1	2	3	4	5

문번	답				란
16	1	2	3	4	5
17	1	2	3	4	5
18	1	2	3	4	5
19	1	2	3	4	5
20	1	2	3	4	5
21	1	2	3	4	5
22	1	2	3	4	5
23	1	2	3	4	5
24	1	2	3	4	5
25	1	2	3	4	5
26	1	2	3	4	5
27	1	2	3	4	5
28	1	2	3	4	5
29	1	2	3	4	5
30	1	2	3	4	5

문번	답				란
31	1	2	3	4	5
32	1	2	3	4	5
33	1	2	3	4	5
34	1	2	3	4	5
35	1	2	3	4	5
36	1	2	3	4	5
37	1	2	3	4	5
38	1	2	3	4	5
39	1	2	3	4	5
40	1	2	3	4	5

※ 아래 문구를 **'필적확인란'**의 빈칸에 정자로 기재하시오.

법학전문대학원은 여러분을 기다리고 있습니다.	
필 적 확인란	

답안 작성시 반드시 지켜야 하는 사항

아래 사항은 전 교시에 모두 해당되는 것입니다.

1. 답란은 반드시 컴퓨터용 사인펜만을 사용하여 "⬮"와 같이 검게 표기해야 합니다.

2. 수험번호란에는 아라비아숫자로 기록하고, 해당란에 "⬮"와 같이 검게 표기해야 합니다.

3. 수험번호 끝자리가 홀수인 응시자는 반드시 홀수형 문제지를, 짝수인 응시자는 반드시 짝수형 문제지를 배부받아 풀어야 합니다.

4. '필적확인란'을 반드시 기재해야 합니다.

5. 수정테이프를 이용하여 답란 수정은 가능하나, 수정테이프가 떨어지는 등 불완전한 수정처리로 인해 발생되는 모든 책임은 수험생에게 있으니 주의 바랍니다.

위 사항을 지키지 않아 발생하는 불이익은 응시자에게 있습니다.

2026학년도
법학적성시험 답안지

①교시 언어이해 / ②교시 추리논증

성 명						
수 험 번 호						
0	0	0	0	0	0	0
1	1	1	1	1	1	1
2	2	2	2	2	2	2
3	3	3	3	3	3	3
4	4	4	4	4	4	4
5	5	5	5	5	5	5
6	6	6	6	6	6	6
7	7	7	7	7	7	7
8	8	8	8	8	8	8
9	9	9	9	9	9	9

문제유형 표 기 란
홀수형
짝수형

※ 수험번호 끝자리가 홀수인 응시자는 반드시 홀수형 문제지를, 짝수인 응시자는 반드시 짝수형 문제지를 풀어야 함.

※ 결시자 표기 및 감독관 날인란		
결시자 표 기	컴퓨터용 사인펜으로 수험번호와 옆란 표기	
감독관 날 인	본인확인 및 수험번호의 정확한 표기 확인	
	수험번호 끝자리와 문제유형 동일 확인	

문번	답				란
1	1	2	3	4	5
2	1	2	3	4	5
3	1	2	3	4	5
4	1	2	3	4	5
5	1	2	3	4	5
6	1	2	3	4	5
7	1	2	3	4	5
8	1	2	3	4	5
9	1	2	3	4	5
10	1	2	3	4	5
11	1	2	3	4	5
12	1	2	3	4	5
13	1	2	3	4	5
14	1	2	3	4	5
15	1	2	3	4	5

문번	답				란
16	1	2	3	4	5
17	1	2	3	4	5
18	1	2	3	4	5
19	1	2	3	4	5
20	1	2	3	4	5
21	1	2	3	4	5
22	1	2	3	4	5
23	1	2	3	4	5
24	1	2	3	4	5
25	1	2	3	4	5
26	1	2	3	4	5
27	1	2	3	4	5
28	1	2	3	4	5
29	1	2	3	4	5
30	1	2	3	4	5

문번	답				란
31	1	2	3	4	5
32	1	2	3	4	5
33	1	2	3	4	5
34	1	2	3	4	5
35	1	2	3	4	5
36	1	2	3	4	5
37	1	2	3	4	5
38	1	2	3	4	5
39	1	2	3	4	5
40	1	2	3	4	5

※ 아래 문구를 **'필적확인란'**의 빈칸에 정자로 기재하시오.

법학전문대학원은 여러분을 기다리고 있습니다.	
필 적 확인란	

답안 작성시 반드시 지켜야 하는 사항

아래 사항은 전 교시에 모두 해당되는 것입니다.

1. 답란은 반드시 컴퓨터용 사인펜만을 사용하여 "▮"와 같이 검게 표기해야 합니다.

2. 수험번호란에는 아라비아숫자로 기록하고, 해당란에 "▮"와 같이 검게 표기해야 합니다.

3. 수험번호 끝자리가 홀수인 응시자는 반드시 홀수형 문제지를, 짝수인 응시자는 반드시 짝수형 문제지를 배부받아 풀어야 합니다.

4. '필적확인란'을 반드시 기재해야 합니다.

5. 수정테이프를 이용하여 답란 수정은 가능하나, 수정테이프가 떨어지는 등 불완전한 수정처리로 인해 발생되는 모든 책임은 수험생에게 있으니 주의 바랍니다.

위 사항을 지키지 않아 발생하는 불이익은 응시자에게 있습니다.

2026학년도
법학적성시험 답안지

①교시 언어이해 / ②교시 추리논증

성 명						
수 험 번 호						
0	0	0	0	0	0	0
1	1	1	1	1	1	1
2	2	2	2	2	2	2
3	3	3	3	3	3	3
4	4	4	4	4	4	4
5	5	5	5	5	5	5
6	6	6	6	6	6	6
7	7	7	7	7	7	7
8	8	8	8	8	8	8
9	9	9	9	9	9	9

문제유형 표기란
▯ 홀수형
▯ 짝수형

※ 수험번호 끝자리가 홀수인 응시자는 반드시 홀수형 문제지를, 짝수인 응시자는 반드시 짝수형 문제지를 풀어야 함.

※ 결시자 표기 및 감독관 날인란		
결시자 표기	컴퓨터용 사인펜으로 수험번호와 옆란 표기	▯
감독관 날인	본인확인 및 수험번호의 정확한 표기 확인	
	수험번호 끝자리와 문제유형 동일 확인	

문번	답				란
1	1	2	3	4	5
2	1	2	3	4	5
3	1	2	3	4	5
4	1	2	3	4	5
5	1	2	3	4	5
6	1	2	3	4	5
7	1	2	3	4	5
8	1	2	3	4	5
9	1	2	3	4	5
10	1	2	3	4	5
11	1	2	3	4	5
12	1	2	3	4	5
13	1	2	3	4	5
14	1	2	3	4	5
15	1	2	3	4	5

문번	답				란
16	1	2	3	4	5
17	1	2	3	4	5
18	1	2	3	4	5
19	1	2	3	4	5
20	1	2	3	4	5
21	1	2	3	4	5
22	1	2	3	4	5
23	1	2	3	4	5
24	1	2	3	4	5
25	1	2	3	4	5
26	1	2	3	4	5
27	1	2	3	4	5
28	1	2	3	4	5
29	1	2	3	4	5
30	1	2	3	4	5

문번	답				란
31	1	2	3	4	5
32	1	2	3	4	5
33	1	2	3	4	5
34	1	2	3	4	5
35	1	2	3	4	5
36	1	2	3	4	5
37	1	2	3	4	5
38	1	2	3	4	5
39	1	2	3	4	5
40	1	2	3	4	5

※ 아래 문구를 **'필적확인란'**의 빈칸에 정자로 기재하시오.

법학전문대학원은 여러분을 기다리고 있습니다.	
필 적 확인란	

답안 작성시 반드시 지켜야 하는 사항

아래 사항은 전 교시에 모두 해당되는 것입니다.

1. 답란은 반드시 컴퓨터용 사인펜만을 사용하여 "▮"와 같이 검게 표기해야 합니다.

2. 수험번호란에는 아라비아숫자로 기록하고, 해당란에 "▮"와 같이 검게 표기해야 합니다.

3. 수험번호 끝자리가 홀수인 응시자는 반드시 홀수형 문제지를, 짝수인 응시자는 반드시 짝수형 문제지를 배부받아 풀어야 합니다.

4. '필적확인란'을 반드시 기재해야 합니다.

5. 수정테이프를 이용하여 답란 수정은 가능하나, 수정테이프가 떨어지는 등 불완전한 수정처리로 인해 발생되는 모든 책임은 수험생에게 있으니 주의 바랍니다.

위 사항을 지키지 않아 발생하는 불이익은 응시자에게 있습니다.

2026학년도 법학적성시험 답안지

①교시 언어이해 / ②교시 추리논증

성 명	
수 험 번 호	

0	0	0	0	0	0	0
1	1	1	1	1	1	1
2	2	2	2	2	2	2
3	3	3	3	3	3	3
4	4	4	4	4	4	4
5	5	5	5	5	5	5
6	6	6	6	6	6	6
7	7	7	7	7	7	7
8	8	8	8	8	8	8
9	9	9	9	9	9	9

문제유형 표 기 란
홀수형
짝수형

※ 수험번호 끝자리가 홀수인 응시자는 반드시 홀수형 문제지를, 짝수인 응시자는 반드시 짝수형 문제지를 풀어야 함.

※ 결시자 표기 및 감독관 날인란		
결시자 표 기	컴퓨터용 사인펜으로 수험번호와 옆란 표기	
감독관 날 인	본인확인 및 수험번호의 정확한 표기 확인	
	수험번호 끝자리와 문제유형 동일 확인	

문번	답				란
1	1	2	3	4	5
2	1	2	3	4	5
3	1	2	3	4	5
4	1	2	3	4	5
5	1	2	3	4	5
6	1	2	3	4	5
7	1	2	3	4	5
8	1	2	3	4	5
9	1	2	3	4	5
10	1	2	3	4	5
11	1	2	3	4	5
12	1	2	3	4	5
13	1	2	3	4	5
14	1	2	3	4	5
15	1	2	3	4	5

문번	답				란
16	1	2	3	4	5
17	1	2	3	4	5
18	1	2	3	4	5
19	1	2	3	4	5
20	1	2	3	4	5
21	1	2	3	4	5
22	1	2	3	4	5
23	1	2	3	4	5
24	1	2	3	4	5
25	1	2	3	4	5
26	1	2	3	4	5
27	1	2	3	4	5
28	1	2	3	4	5
29	1	2	3	4	5
30	1	2	3	4	5

문번	답				란
31	1	2	3	4	5
32	1	2	3	4	5
33	1	2	3	4	5
34	1	2	3	4	5
35	1	2	3	4	5
36	1	2	3	4	5
37	1	2	3	4	5
38	1	2	3	4	5
39	1	2	3	4	5
40	1	2	3	4	5

※ 아래 문구를 **'필적확인란'**의 빈칸에 정자로 기재하시오.

법학전문대학원은 여러분을 기다리고 있습니다.	
필 적 확인란	

답안 작성시 반드시 지켜야 하는 사항

아래 사항은 전 교시에 모두 해당되는 것입니다.

1. 답란은 반드시 컴퓨터용 사인펜만을 사용하여 "▮"와 같이 검게 표기해야 합니다.

2. 수험번호란에는 아라비아숫자로 기록하고, 해당란에 "▮"와 같이 검게 표기해야 합니다.

3. 수험번호 끝자리가 홀수인 응시자는 반드시 홀수형 문제지를, 짝수인 응시자는 반드시 짝수형 문제지를 배부받아 풀어야 합니다.

4. '필적확인란'을 반드시 기재해야 합니다.

5. 수정테이프를 이용하여 답란 수정은 가능하나, 수정테이프가 떨어지는 등 불완전한 수정처리로 인해 발생되는 모든 책임은 수험생에게 있으니 주의 바랍니다.

위 사항을 지키지 않아 발생하는 불이익은 응시자에게 있습니다.

2026학년도 법학적성시험 답안지

①교시 언어이해 / ②교시 추리논증

성 명						
수 험 번 호						
0	0	0	0	0	0	0
1	1	1	1	1	1	1
2	2	2	2	2	2	2
3	3	3	3	3	3	3
4	4	4	4	4	4	4
5	5	5	5	5	5	5
6	6	6	6	6	6	6
7	7	7	7	7	7	7
8	8	8	8	8	8	8
9	9	9	9	9	9	9

문제유형 표 기 란
홀수형
짝수형

※ 수험번호 끝자리가 홀수인 응시자는 반드시 홀수형 문제지를, 짝수인 응시자는 반드시 짝수형 문제지를 풀어야 함.

※결시자 표기 및 감독관 날인란		
결시자 표 기	컴퓨터용 사인펜으로 수험번호와 옆란 표기	
감독관 날 인	본인확인 및 수험번호의 정확한 표기 확인	
	수험번호 끝자리와 문제유형 동일 확인	

문번	답				란
1	1	2	3	4	5
2	1	2	3	4	5
3	1	2	3	4	5
4	1	2	3	4	5
5	1	2	3	4	5
6	1	2	3	4	5
7	1	2	3	4	5
8	1	2	3	4	5
9	1	2	3	4	5
10	1	2	3	4	5
11	1	2	3	4	5
12	1	2	3	4	5
13	1	2	3	4	5
14	1	2	3	4	5
15	1	2	3	4	5

문번	답				란
16	1	2	3	4	5
17	1	2	3	4	5
18	1	2	3	4	5
19	1	2	3	4	5
20	1	2	3	4	5
21	1	2	3	4	5
22	1	2	3	4	5
23	1	2	3	4	5
24	1	2	3	4	5
25	1	2	3	4	5
26	1	2	3	4	5
27	1	2	3	4	5
28	1	2	3	4	5
29	1	2	3	4	5
30	1	2	3	4	5

문번	답				란
31	1	2	3	4	5
32	1	2	3	4	5
33	1	2	3	4	5
34	1	2	3	4	5
35	1	2	3	4	5
36	1	2	3	4	5
37	1	2	3	4	5
38	1	2	3	4	5
39	1	2	3	4	5
40	1	2	3	4	5

※ 아래 문구를 **'필적확인란'**의 빈칸에 정자로 기재하시오.

법학전문대학원은 여러분을 기다리고 있습니다.	
필 적 확인란	

답안 작성시 반드시 지켜야 하는 사항

아래 사항은 전 교시에 모두 해당되는 것입니다.

1. 답란은 반드시 컴퓨터용 사인펜만을 사용하여 "▮"와 같이 검게 표기해야 합니다.

2. 수험번호란에는 아라비아숫자로 기록하고, 해당란에 "▮"와 같이 검게 표기해야 합니다.

3. 수험번호 끝자리가 홀수인 응시자는 반드시 홀수형 문제지를, 짝수인 응시자는 반드시 짝수형 문제지를 배부받아 풀어야 합니다.

4. '필적확인란'을 반드시 기재해야 합니다.

5. 수정테이프를 이용하여 답란 수정은 가능하나, 수정테이프가 떨어지는 등 불완전한 수정처리로 인해 발생되는 모든 책임은 수험생에게 있으니 주의 바랍니다.

위 사항을 지키지 않아 발생하는 불이익은 응시자에게 있습니다.

2026학년도 LEET 대비

메가로스쿨

파이널 실전 모의고사

추리논증 | 해설집

메가로스쿨

성공을 위한 러닝메이트,
메가로스쿨

메가로스쿨은 2008년부터 현재까지
로스쿨 수험생들과 함께
합격의 꿈을 이뤄가고 있습니다.

왜?
파이널 실전 모의고사 인가?

LEET를 이기는 확실한 방법,
메가로스쿨 언어논리연구소가 제안합니다.

실전 모의고사 (3회)	LEET보다 더 LEET 같은 본고사 난이도의 실전 모의고사
불LEET 모의고사 (2회)	LEET보다 더 어려운 최상 난이도의 불LEET 모의고사
상세한 해설	최종 점검을 위한 체계적이고 상세한 해설
OMR 카드	시간 안배 등 실전 연습이 가능한 본고사와 동일한 구성의 OMR 카드 5+5 구성

LEET 전문가

메가로스쿨 언어논리연구소

여러 단계의 문항 개발 및 검증 시스템을 구축하여 합격을 위한 최적의 길을 제시합니다.

1 LEET의 **'본질에 접근하는'** 세 가지 분석

LEET 성적 데이터 분석	• 상위권부터 하위권까지 5단계 분류 내용/유형별 응답률 분석 • 본고사 변별도, 각 문항 선택지별 정답률 분석 • 상위권과 하위권을 가른 유형 추출 심층 분석
문항 심층 분석	• 문항별 난이도, 정오답 출제 원리 • 선택지의 구조, 제시된 정보량 • 정답 도출에 필요한 정보의 수 등
LEET 외 적성시험까지 분석	• 사고력을 측정하는 적성시험 분석 - PSAT 문항 변화 추이, 대학수학능력시험 국어과목, M/DEET 언어추론 등

2 LEET에 **'가장 가까운 문항'** 개발

- 기출문제 해설집, 잘고른 300제 등 LEET 기출문항 및 LEET 유사 적성시험을 분석한 교재 출간
- 1년간 3,960건 논문 분석 (2024년 기준, 논문 다운로드, 검색, 초록이용 수)
- 2010~2025학년도 전국모의고사 누적 80회차 진행의 문항 개발
- 2025학년도 전국모의고사 응시생 수 23,225명(회차당 약 3,318명)의 검증된 모의고사 개발

LEET 등 적성시험 콘텐츠 개발 누적 비용 **약 50억 원**

LEET 문항 개발 및 검증 누적 문항 **약 20,000개**

3 10개 중 1개만 살아남는 **'7단계 문항 검증 시스템'**

연구소 출제와 2단계 검증
문항 50% 제거

- 언어논리연구소 연구원의 문항 출제
  (이전 LEET 분석 + 관련 논문들 분석 + 1회 모의고사 출제에 6,608 시간 소요)
- 1차 검증 – 석박사급 검토자의 문항 검토
- 2차 검증 – 법학전문대학원협의회 기준에 따른 적합성 점검

↓

수험생 출신의 외주 검수
문항 20% 제거

- 전공별, 성적별, n수생과 초시생 등의 기준으로 선발된 수험생 평가
- 수험생 평가에 따른 심층 인터뷰
- 연구소만의 노하우를 바탕으로 한 검수 시스템으로 문항 교체, 선택지 변별도 조정, 정보량 증감 등의 수정 작업

↓

교수진/로스쿨 합격자의 수험 적합성 검토
문항 5% 제거

- 메가로스쿨 교수진의 LEET 적합성 검토 및 결과 반영
- 최상위권 로스쿨 합격자 외부 검토

↓

연구소장 최종 승인 후 LEET 수험생에게 제공

로스쿨 합격의 핵심

LEET 제대로 알기

점점 높아지는 LEET 반영비율
법학전문대학원 합격의 당락은 LEET로 결정된다!

구성

추리논증은 일상적 소재와 다양한 분야의 학문적인 소재를 활용하여 법학전문대학원 교육에 필요한 추리 능력과 논증 능력을 측정한다.

내용 영역	논리학수학	인문	사회	과학기술	법규범
	명제화된 언어와 수리적 정보에 대한 탐구	철학, 역사, 언어 등 인간의 본질과 문화에 대한 탐구	사회 현상에 대한 탐구	자연 현상, 기술 공학에 대한 탐구	법학, 규범, 윤리에 대한 탐구

문항 유형	언어 추리	모형 추리	논증 분석	논쟁 및 반론	논증 평가 및 문제 해결
	언어로 진술된 정보나 원리로부터 새로운 정보를 추론하는 유형	기호, 수, 그래프 등과 같은 비언어적 정보로부터 새로운 정보를 추론하는 유형	지문에 나타난 정보 재구성 및 정보분석 능력을 측정하는 유형	둘 이상의 견해의 논쟁 상황에서 논증 비교 분석 및 비판 능력을 측정하는 유형	논증에 대하여 종합적으로 평가할 수 있는 능력을 측정하는 유형

출제 경향

법학적성시험 개선에 따라 2019학년도부터 총 문항이 40문항으로 늘어나면서 내용 영역 면에서 '법규범' 영역이 비중 있게 출제되고 있다. 이에 비해 '논리학수학' 영역의 경우 2019학년도부터 '모형 추리'의 문항유형으로 출제되고 있으며, 3~4문항 정도 출제된다. 그리고 문제 해결 과정도 간결해지는 경향을 보인다. 문항 유형 면에서는 '언어 추리' 유형의 비중이 가장 높다. 다만 최근에는 추리 유형과 논증 유형이 골고루 출제되고 있어, 이에 따라 '논쟁 및 반론'이나 '논증 평가 및 문제 해결' 유형의 비중도 낮지 않은 편이다.

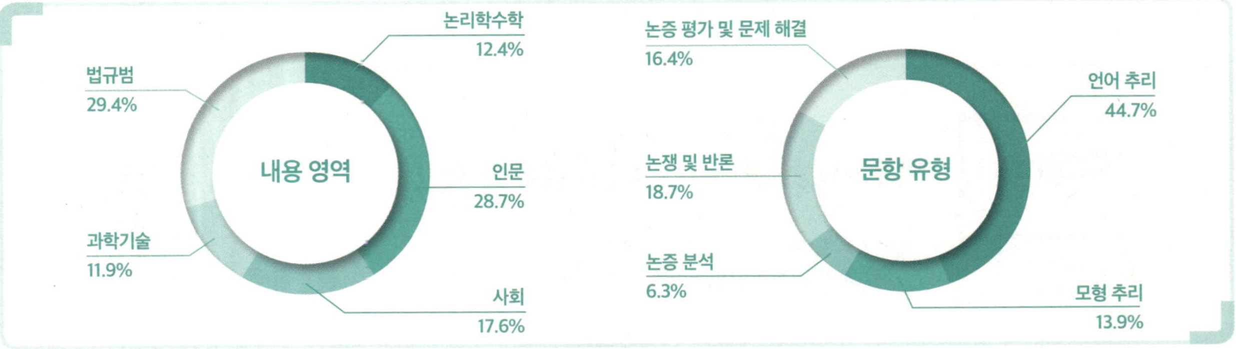

LEET 본고사의 바로미터가 되는

메가로스쿨 모의고사

난이도 유사성

가장 최근에 치러진 2025학년도 대비 메가로스쿨 전국모의고사의 경우, LEET 본고사 4개년 평균과 매우 높은 일치율을 보이고 있다. 메가로스쿨 전국모의고사는 LEET 수험생이 자신의 실력을 점검하고 평가하기 위해 가장 적합한 실전 대비용 콘텐츠라고 할 수 있다.

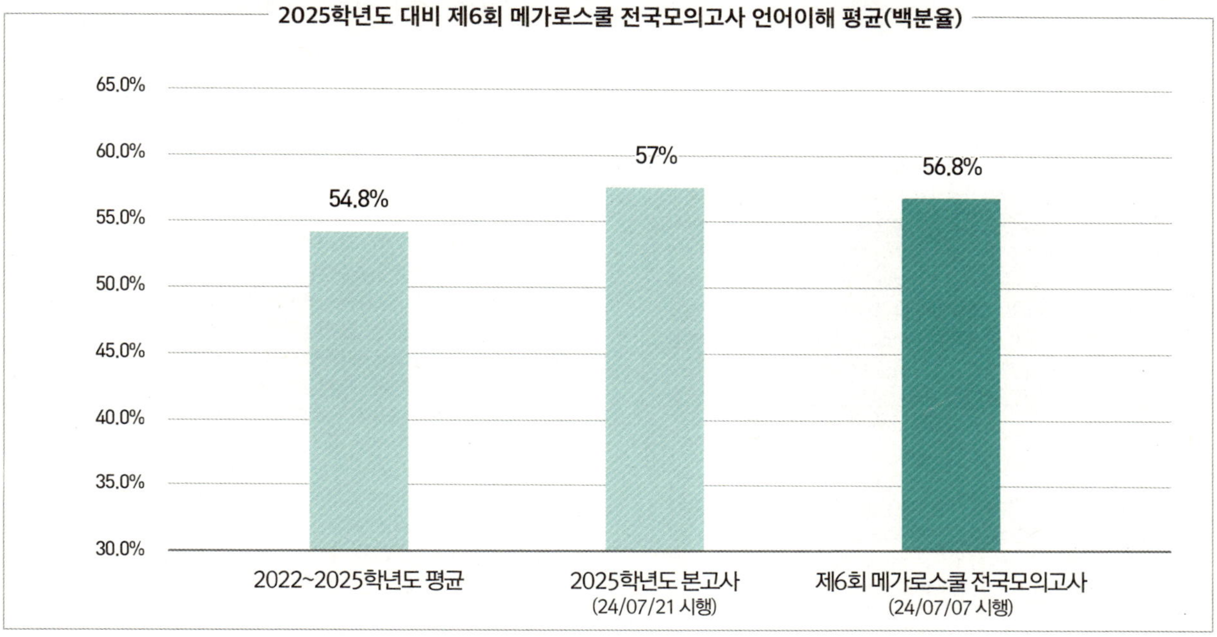

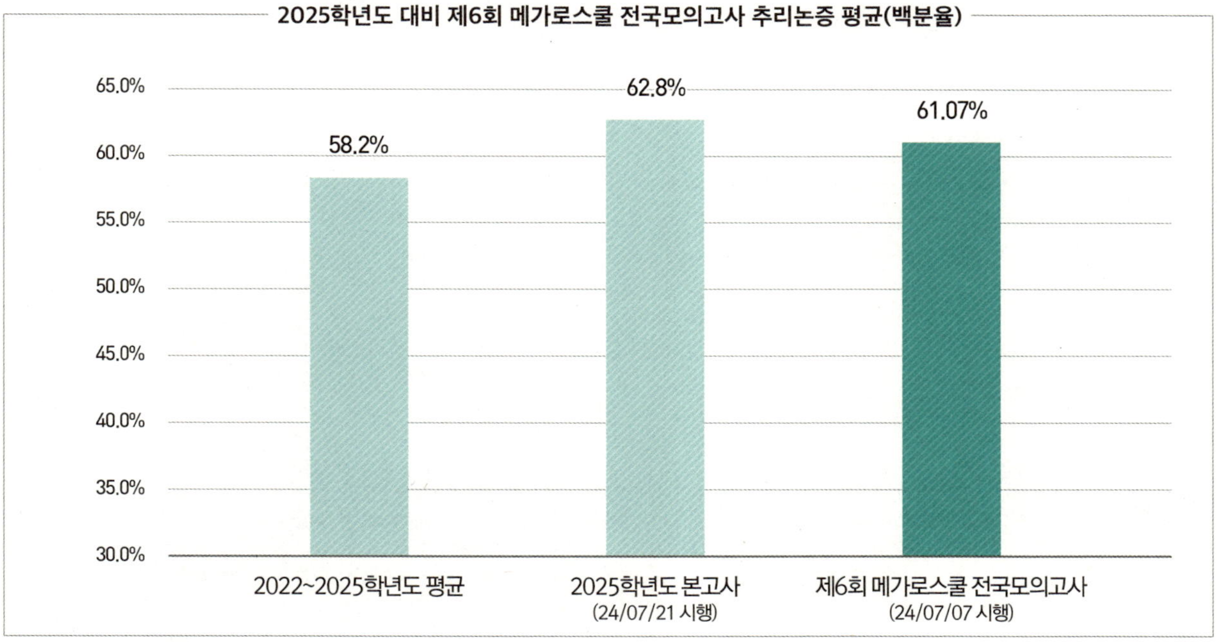

메가로스쿨 모의고사와

2025학년도 LEET 문항의 높은 유사성

LEET 본고사 제시문 및 선택지 구성 원리와 높은 유사성

메가로스쿨 전국모의고사와 LEET 본고사 문항을 내용과 구성면에서 상세 비교했을 때에도 높은 유사성을 보이고 있다.

언어이해

적중 문항 분석

[LEET 본고사] 2025학년도 언어이해 (24/07/21 시행)

보조생식술의 발전에 따라 난임 부부도 자기 생식세포를 이용한 체외수정으로 배아를 생성한 뒤 이를 모체에 이식하여 임신할 수 있게 되었다. 이 발전은 시술 뒤에 남은 배아를 어떻게 처리할 것인지에 대한 윤리적 논란도 유발하였다. 잔여 배아를 예외 없이 폐기해야 한다는 견해와, 난치병 연구를 위해 사용할 수 있게 해야 한다는 견해가 맞서고 있는 것이다.

이와 관련하여 독일에서는 배아보호법을 제정하였다. 이 법은 대다수 국가의 법령들처럼 임신을 목적으로 하지 않는 배아의 생성을 애초에 불허하고 있지만, 다른 나라의 입법례와는 달리 가급적 잔여 배아 자체가 만들어지지 않게 하는 것이 최선이라는 시각을 반영한 ㉠ 엄격한 기준을 규정하여 배아 생성자의 자기결정권을 제한한다. 이에 따르면 1회의 시술 주기 내에 난자를 3개까지만 수정시킬 수 있고, 같은 시술 주기 내에 배아를 3개까지만 이식할 수 있다. 게다가 1회의 시술 주기 내에 이식할 배아의 수보다 많이 난자를 수정시켜서는 안 되고, 이식 후 배아의 온전한 착상 전에 그것을 채취해도 안 된다.

<중략>

그 결과 모든 배아를 일단 착상시킨 후 가장 건강한 하나만을 남기고 나머지 한두 개는 모체에서 제거하는 일이 종종 일어난다. 그래서 법제 개선을 촉구하는 독일학술원의 성명에서는 잔여 배아 보존이 가능하게 하고 배아 생성자가 그 기간을 결정하도록 하자고 제안하였다.

한국 법에서도 출산을 목적으로 할 때만 생식세포를 제공하여 배아를 생성할 수 있다. 일단 배아가 생성되면, 이식 횟수의 결정, 배아의 보존 여부, 난치병 연구를 위한 사용 여부 등에 대해 배아 생성자에게 의사 결정을 맡긴다. 다만 배아의 보존 기간은 5년 이내로만 정할 수 있고, 이 기간이 지나면 잔여 배아는 배아 생성자의 의사와 무관하게 원칙적으로 폐기해야 한다.

<후략>

㉠에 대한 해석으로 가장 적절한 것은?

① 1회의 시술 주기 내에는 3개의 한도 내에서 이식할 배아의 수만큼만 난자를 수정시킬 수 있다.

② 배아 생성자의 요청이 있어도 이미 착상된 배아를 모체에서 분리하는 것이 엄격히 금지된다.

…

[메가로스쿨 전국모의고사] 2025학년도 언어이해 (24/06/09 시행)

인간 유전자가 특허 대상이 될 수 있는지는 특허권에 관한 주된 논쟁거리이다. 인간 유전자를 연구하는 방법은 두 가지가 있는데, 첫째는 DNA를 세포로부터 분리하는 것이고, 둘째는 DNA 염기 서열이 단백질 합성에 사용되는 엑손과 그렇지 않은 인트론으로 구분된다는 점을 이용하여 인트론을 포함하지 않는 cDNA를 합성하는 방법이다.

<중략>

판결의 관건은 분리된 DNA와 cDNA가 자연의 산물인지 그렇지 않은지였다. ㉠ 뉴욕남부지방법원의 1심 판결은 7개의 특허 모두 자연에 존재하는 DNA와 상당한 차이가 없는 것을 특허 대상으로 삼는다는 점에서 특허적격을 부정하였다. 반면 ㉡ 연방순회항소법원은 자연으로부터 분리된 BRCA 1, 2는 체내의 유전자와 상당한 차이가 있고, 인간의 개입으로 유전자를 분리·정제한 것은 자연의 유전자와는 구별되어야 하고, 분리된 DNA에 대한 특허는 오랜 기간 받아들여졌다는 점에서 7개 모두의 특허적격을 인정하였다.

㉢ 연방대법원은 분리된 DNA를 포함하는 특허 청구항은 무효, cDNA를 포함하는 특허 청구항은 유효로 판결했다. 먼저 분리된 DNA에 대해서는 이것이 자연의 산물이며, 특허 대상에 속하지 않는 성공적 발견에 불과하다고 보았다. 해당 특허는 두 유전자에 관한 지식의 새로운 적용을 언급하거나, 유전 정보를 바꾸거나 새로 만들지 않았고, DNA 분리 과정은 이미 잘 알려진 과정이라는 점을 지적하였다.

<후략>

㉠~㉢에 대한 추론으로 적절하지 않은 것은?

② ㉡은 판결 근거에 있어서 DNA의 특허에 관한 관행을 고려하였다.

…

④ ㉠과 ㉡의 판결이 달랐던 것은 'DNA의 분리·정제'가 무엇인지에 대한 기준을 다르게 설정하였기 때문이다.

…

상세분석

두 제시문 모두 의학적 주제와 관련한 법적 쟁점과 견해 차이를 다루고 있다. LEET 본고사에서는 체외수정 및 배아 이식 후 남은 잔여 배아의 처리와 관련한 독일과 한국 법의 차이를, 메가로스쿨 전국모의고사에서는 인간 유전자 특허권 인정 여부에 관한 특허법 해석에서의 견해 차이를 제시하였다. 두 주제 모두 법적/도덕적 지위에 관한 논쟁으로서 시의성 있는 주제에 해당한다. LEET 본고사와 메가로스쿨 전국모의고사는 논쟁적이고 시의성 있는 주제에 관한 쟁점과 견해를 비교하면서, 제시문의 핵심 쟁점에 관한 입장을 파악하도록 요구하되, 제시문 표현을 그대로 사용하기보다 선택지의 표현이 어떤 내용을 지시하는지 추론할 것을 요구했다는 점에서 제시문 및 선택지 구성의 세부적 유사성이 상당히 높다고 할 수 있다.

추리논증

적중 문항 분석

[LEET 본고사] 2025학년도 추리논증(24/07/21 시행)

[규칙]을 <사례>에 적용한 것으로 옳은 것은?

[규칙]
(1) 내란죄 또는 살인죄를 범한 죄인은 사형에 처하고 그 배우자는 유배한다.
(2) 강도죄를 범한 죄인은 유배형에 처하고 그 배우자가 자원하면 함께 유배한다.
(3) 사형에 처한 죄인은 사면이 선포되면 유배형에 처하고 그 배우자가 자원하면 함께 유배한다. 다만, 내란죄를 범한 죄인의 배우자는 자원하지 않더라도 죄인과 함께 유배한다.
(4) 죄인과 그 배우자를 함께 유배하는 경우에는 같은 곳에 유배한다.
(5) 유배지로 이송되던 죄인이 도망하더라도 함께 이송되던 배우자는 계속 이송한다.
(6) 유배형에 처한 죄인은 사면이 선포되면 석방한다. 그 죄인이 유배지로 이송되던 중이면 함께 이송되던 배우자도 석방한다. 다만, 유배지로 이송되던 중 도망한 죄인에 대하여 선포된 사면은 죄인과 그 배우자에게 효력이 없다.
(7) 사면이 선포되기 전에 유배지로 이송되던 중 도망한 죄인이 사면이 선포된 후에 사망한 것으로 확인되는 경우 자원하여 유배된 배우자는 석방한다.

<사례>
갑은 내란죄로 사형, 을과 병은 살인죄로 사형, 정과 무는 강도죄로 유배형에 각각 처해졌다. 갑, 을, 병에게 사형이 집행되기 전에 갑, 을, 병, 정, 무 모두에 대하여 사면이 선포되었다. 이후 병이 유배지로 이송되던 중 병에 대하여 추가로 사면이 선포되었다. 정과 무는 사면이 선포되기 전에 유배지로 이송되던 중 도망하였는데, 사면이 선포된 후 정은 체포되었고 무는 사망한 것으로 확인되었다.

① 갑의 배우자는 자원하지 않으면 갑과 함께 유배되지 않는다.
② 을의 배우자는 자원하지 않더라도 을과 같은 곳에 유배된다.
③ 병의 배우자는 병과 함께 유배지로 이송되던 중이었다면 석방된다.
④ 정의 배우자는 자원하여 정과 함께 유배되었다면 석방된다.
⑤ 무의 배우자는 무와 함께 유배되었더라도 석방되지 않는다.

[메가로스쿨 전국모의고사] 2025학년도 추리논증(24/06/23 시행)

[규정]을 <사례>에 적용한 것으로 옳은 것만을 <보기>에서 있는 대로 고른 것은?

[규정]
제1조 송달은 특별한 규정이 없으면 송달받을 사람에게 한다. 우편에 의한 송달은 우편집배원이 한다.
제2조 송달은 받을 사람의 주소·거소·영업소 또는 사무소(이하 "주소등"이라 한다)에서 한다. 다만, 송달받을 사람의 주소등을 알지 못하거나 그 장소에서 송달할 수 없는 때에는 송달받을 사람이 고용·위임 그 밖에 법률상 행위로 취업하고 있는 다른 사람의 주소등(이하 "근무장소"라 한다)에서 송달할 수 있다.
제3조 송달받을 사람의 주소등 또는 근무장소가 국내에 없거나 알 수 없는 때에는 그를 만나는 장소에서 송달할 수 있다. 주소등 또는 근무장소가 있는 사람의 경우에도 송달받기를 거부하지 아니하면 만나는 장소에서 송달할 수 있다.
제4조 송달받을 사람의 주소등에서 송달받을 사람을 만나지 못한 때에는 동거인에게 송달할 수 있고, 근무장소에서 송달받을 사람을 만나지 못한 때에는 함께 근무하는 피용자, 종업원 등에게 송달할 수 있다.
제5조 송달받을 사람의 주소등에서 서류를 송달받을 사람 또는 동거인이 정당한 사유 없이 송달받기를 거부하는 때에는 송달할 장소에 서류를 놓아둘 수 있다.

<사례>
갑은 국내 A시에 주소를 두고 배우자인 을과 함께 거주하고 있다. 갑은 B회사에 근무하고 있으며 정은 갑의 회사 동료인 종업원이다. 법원은 갑에게 우편에 의한 송달을 하려고 한다.

<보기>
ㄱ. X우편집배원이 갑의 주소에서 송달할 수 없어 B회사에서 송달하려는 경우 우편집배원이 B회사에서 갑을 만나지 못하였다면 정에게 송달할 수 있다.
ㄴ. 우편집배원이 갑의 주소에서 갑을 만나지 못하고 갑의 주소지를 이탈하여 돌아가던 중 갑의 근무장소에서 을을 만난 경우 그 장소에서 을이 송달받기를 거부하지 아니하면 을에게 송달할 수 있다.
ㄷ. 우편집배원이 갑의 주소에서 송달할 수 없어 B회사에서 송달하려는 경우 우편집배원이 B회사에서 갑을 만나지 못하고 정이 정당한 사유 없이 송달받기를 거부하는 때에는 B회사에 서류를 놓아둘 수 있다.

상세분석 두 문항 모두 주어진 [규정]을 <사례>에 적용할 때 무엇이 추론될 수 있는지를 판단하여야 하는 원리 적용 유형의 문항이다. 특히 두 문항 모두 [규정]과 <사례>를 제시하여 ①~⑤번 선지 또는 <보기>를 올바르게 판단할 수 있는지 묻고 있다는 점에서 문제 구성 방식이 유사하며, [규정]의 일반 조항뿐만 아니라 예외 조항까지 고려하여 답을 도출해야 한다는 점에서 문제 해결 과정이 유사하다.

이처럼 메가로스쿨 전국모의고사는 LEET 대비에 최적화된 문항임이 증명되었으며, 수험생들에게 선택이 아닌 필수라고 자부할 수 있다.

LEET 파이널 실전 모의고사

교재구성

교재 구성

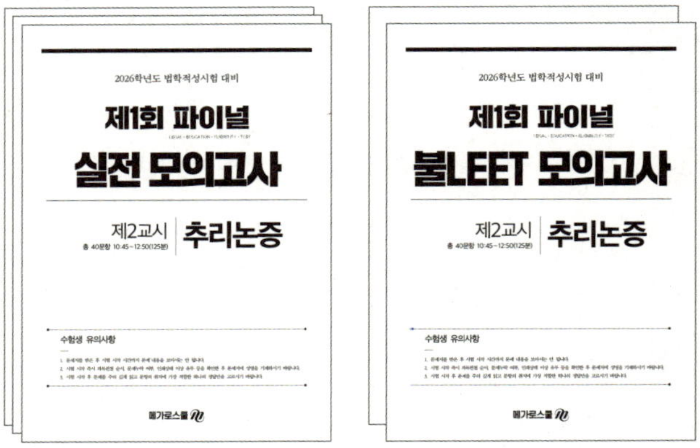

LEET 실전 감각을 올리는 모의고사 5회분

문항 유형 및 난이도는 물론, 시험지 크기와 재질까지
'본고사를 그대로 재현한 모의고사' 5회분 구성

LEET보다 더 LEET 같은 실전 모의고사 3회

실전 대비를 위한
메가로스쿨 언어논리연구소의 본고사 난이도 문제

LEET보다 더 어려운 불LEET 모의고사 2회

합격을 결정짓는
최상의 난이도로 구성된 불LEET 문제

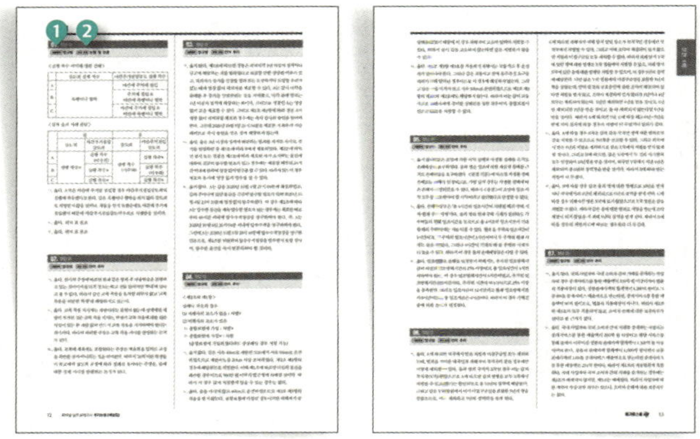

빈틈없는 마무리를 위한 해설집

메가로스쿨 언어논리연구소의 상세하고 꼼꼼한 해설

1 내용 영역

법학전문대학원협의회 분류 기준에 따라
제시문의 소재 및 내용 구분

2 문항 유형

법학전문대학원협의회 분류 기준에 따라
각 문항의 유형을 구분

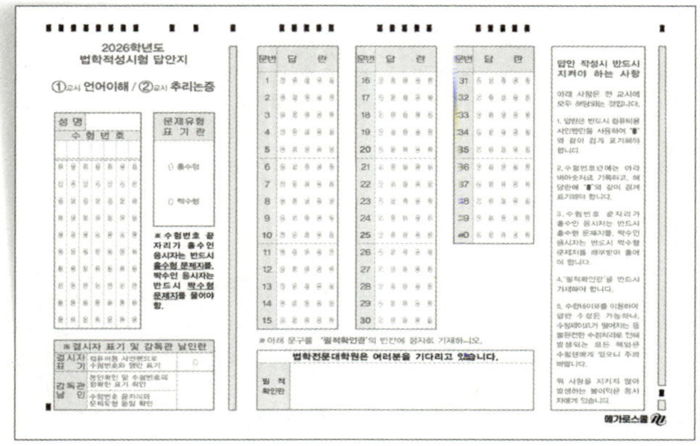

본고사와 동일한 구성의 OMR 카드

모의고사도 본고사처럼!
시간안배와 마킹연습이 가능한 OMR 카드 수록
기본 5회 + 연습용 5회 추가 증정

Quick Answers
추리논증

실전 1회

01 ⑤	02 ⑤	03 ①	04 ⑤	05 ④	06 ⑤	07 ⑤	08 ①	09 ④	10 ③	11 ③	12 ④	13 ③	14 ①	15 ①
16 ⑤	17 ⑤	18 ②	19 ②	20 ②	21 ⑤	22 ⑤	23 ④	24 ②	25 ③	26 ②	27 ④	28 ①	29 ③	30 ①
31 ⑤	32 ③	33 ④	34 ①	35 ④	36 ④	37 ②	38 ③	39 ⑤	40 ①					

실전 2회

01 ③	02 ⑤	03 ③	04 ④	05 ①	06 ③	07 ④	08 ③	09 ③	10 ③	11 ③	12 ②	13 ⑤	14 ②	15 ④
16 ④	17 ⑤	18 ③	19 ①	20 ①	21 ④	22 ③	23 ③	24 ②	25 ②	26 ②	27 ①	28 ①	29 ④	30 ②
31 ③	32 ②	33 ①	34 ③	35 ①	36 ③	37 ①	38 ②	39 ⑤	40 ②					

실전 3회

01 ①	02 ④	03 ①	04 ④	05 ⑤	06 ②	07 ①	08 ④	09 ③	10 ①	11 ③	12 ②	13 ①	14 ④	15 ⑤
16 ③	17 ①	18 ④	19 ④	20 ④	21 ①	22 ③	23 ③	24 ②	25 ①	26 ①	27 ⑤	28 ①	29 ①	30 ④
31 ②	32 ⑤	33 ⑤	34 ④	35 ①	36 ③	37 ②	38 ③	39 ③	40 ④					

불LEET 1회

01 ②	02 ①	03 ②	04 ③	05 ②	06 ④	07 ②	08 ①	09 ③	10 ④	11 ⑤	12 ④	13 ①	14 ④	15 ③
16 ④	17 ④	18 ③	19 ②	20 ④	21 ④	22 ②	23 ③	24 ③	25 ④	26 ①	27 ①	28 ②	29 ①	30 ③
31 ③	32 ⑤	33 ④	34 ⑤	35 ②	36 ③	37 ②	38 ⑤	39 ⑤	40 ②					

불LEET 2회

01 ②	02 ③	03 ①	04 ②	05 ①	06 ④	07 ③	08 ②	09 ②	10 ④	11 ①	12 ②	13 ②	14 ③	15 ③
16 ④	17 ④	18 ②	19 ①	20 ②	21 ⑤	22 ①	23 ④	24 ④	25 ③	26 ④	27 ①	28 ⑤	29 ③	30 ⑤
31 ③	32 ①	33 ②	34 ④	35 ③	36 ⑤	37 ①	38 ①	39 ④	40 ①					

01. 정답 ⑤

내용 영역 법규범 문항 유형 논쟁 및 반론

<실행 착수 시기에 대한 견해>

	강도죄 실행 착수	야간주거침입강도 실행 착수
A	폭행이나 협박	야간에 주거에 침입
B		주거에 침입 & 야간에 폭행이나 협박
C		야간에 주거에 침입 & 야간에 폭행이나 협박

<갑과 을의 사례 판단>

	갑		을	
	강도죄	야간주거침입강도죄	강도죄	야간주거침입강도죄
A	실행 착수×	실행 착수(미수죄)	실행 착수(미수죄)	실행 착수×
B		실행 착수×		실행 착수(미수죄)
C		실행 착수×		실행 착수×

ㄱ. 옳다. A국은 야간에 주거를 침입할 경우 야간주거침입강도죄의 실행에 착수했다고 본다. 갑은 폭행이나 협박을 하지 않아 강도죄로 처벌받지 않을 것이나, 재물을 얻지 못했음에도 야간에 주거에 침입했기 때문에 야간주거침입강도미수죄로 처벌받을 것이다.

ㄴ. 옳다. 위의 표 참조

ㄷ. 옳다. 위의 표 참조

02. 정답 ⑤

내용 영역 법규범 문항 유형 언어 추리

ㄱ. 옳다. 선지의 주장에 따르면 현재 갑은 방과 후 자율학습을 진행하고 있는 것이어서 물리적 장소는 학교 건물 안이지만 '학내'에 있다고 볼 수 없다. 따라서 갑은 교복 착용을 유지할 의무가 없고 '교복 착용을 위반한 학생'에 해당하지도 않는다.

ㄴ. 옳다. 교복 착용 지시에는 재량이라는 표현이 없는데 징계에만 재량이 부가된 것은 교복 착용 지시는, 학생이 교복 착용에 대한 위반 사실이 있는 한 재량 없이 반드시 교복 착용을 지시하여야 한다는 의미이다. 따라서 이러한 주장은 교복 착용 지시를 찬성하는 근거가 된다.

ㄷ. 옳다. 교복에 체육복도 포함된다는 주장은 체육복을 입어도 규정을 위반한 것이 아니라는 것을 의미한다. 따라서 '교복'이란 학생들이 학교에서 입도록 규정에 따라 정해진 옷이라는 주장은, 갑에 대한 징계 지시를 반대하는 논거가 된다.

03. 정답 ①

내용 영역 법규범 문항 유형 언어 추리

ㄱ. 옳지 않다. 제1조에 따르면 경찰은 피의자가 3년 이상의 징역이나 금고에 해당하는 죄를 범하였다고 의심할 만한 상당한 이유가 있고, 피의자가 증거를 인멸할 염려 또는 도망하거나 도망할 우려가 있는 때에 영장 없이 피의자를 체포할 수 있다. A는 갑이 마약을 판매한 후 증거를 인멸하려는 것을 지켜봤고, 마약 판매 범죄는 4년 이상의 징역에 해당하는 죄이다. 그러므로 경찰인 A는 영장 없이 갑을 체포할 수 있다. 그리고 제1조 제2항에 따라 경찰 A가 영장 없이 피의자를 체포한 경우에는 즉시 검사의 승인을 얻어야 한다. 그런데 2020년 10월 5일 21시 04분은 체포한 지 하루가 지난 때이므로 즉시 승인을 얻은 것에 해당하지 않는다.

ㄴ. 옳다. 을은 3년 이상의 징역에 해당하는 범죄를 저지른 자이고, 증거를 인멸하던 중 제1조에 따라 B에게 체포되었다. 제2조에 따르면 검사 또는 경찰은 제1조에 따라 체포된 자가 소지하는 물건에 대하여 긴급히 압수할 필요가 있는 경우에는 체포한 때부터 24시간 이내에 한하여 영장 없이 압수를 할 수 있다. 따라서 B는 이 경우 체포와 동시에 영장 없이 압수를 할 수 있다.

ㄷ. 옳지 않다. A는 갑을 2020년 10월 4일 21시 04분에 체포하였고, 갑의 주머니에 있던 물건을 긴급히 압수할 필요가 있어 2020년 10월 4일 23시 10분에 영장 없이 압수하였다. 이 경우 제2조에 따라 A는 압수한 물건을 계속 압수할 필요가 있는 경우에는 체포한 때로부터 48시간 이내에 압수수색영장을 청구하여야 한다. 즉, A는 2020년 10월 6일 21시 04분 이내에 압수수색을 청구하여야 한다. 그런데 A는 2020년 10월 6일 23시 10분에 압수수색영장을 청구하였으므로, 제2조를 위반하여 압수수색영장을 발부받지 못할 것이며, 압수한 물건을 즉시 반환하여야 할 것이다.

04. 정답 ⑤

내용 영역 법규범 문항 유형 언어 추리

<제2조의 제1항>

상해나 파손의 경우

(1) 피해자의 고소가 없음 : 처벌×

(2) 피해자의 고소가 있음

○ 종합보험에 가입 : 처벌×

○ 종합보험에 가입× : 처벌

(종합보험에 가입하였더라도 중상해일 경우 처벌 가능)

ㄱ. 옳지 않다. 갑은 시속 40km로 제한된 도로에서 시속 65km로 운전하였으므로 제한속도를 20km 이상 초과하였다. 제2조 제3항의 경우에 해당하므로 처벌한다. 이때 제1조에 따르면 타인의 물건을 파손한 경우이므로 500만 원 이하의 벌금형에 처해질 것이다. 따라서 이 경우 갑이 처벌받지 않을 수 있는 경우는 없다.

ㄴ. 옳다. 술을 마시지 않고 40km로 운전하였으므로 제2조 제3항의

적용을 받지 않는다. 종합보험에 가입된 경우이지만 피해자가 중상해를 입었기 때문에 이 경우 피해자의 고소가 있어야 처벌할 수 있다. 따라서 을이 갑을 고소하지 않는다면 갑은 처벌받지 않을 수 있다.

ㄷ. 옳다. 제2조 제3항 제3호를 적용하기 위해서는 교통사고 후 운전자가 달아나야 한다. 그러나 갑은 교통사고 전에 음주측정 요구를 피하기 위해 달아난 경우이므로 이 경우에 해당하지 않는다. 그리고 갑은 술을 마시지 않고 시속 50km로 운전하였으므로 제2조 제3항의 제1호와 제2호에도 해당하지 않는다. 따라서 이는 갑이 교통사고로 피해자에게 경미한 상해만을 입힌 경우이며, 종합보험이 있으므로 갑을 처벌할 수 없다.

05. 정답 ④

내용 영역 법규범 문항 유형 언어 추리

ㄱ. 옳지 않다. 갑은 조망에 의한 이익 침해와 사생활 침해를 근거로 손해배상을 요구하였다. 을과 병은 일조에 의한 재산권 침해를 근거로 손해배상을 요구하였다. <판결 기준>에 따르면 사생활 침해 손해로도 손해가 인정되므로, 가령 갑의 경우는 사생활 침해에 따른 손해가 인정되었을 수 있다. 따라서 <판결>이 조망과 일조 이익 모두를 보호받아야 할 이익이라고 판단했다고 단정할 수 없다.

ㄴ. 옳다. 손해배상금은 '총 4시간의 일조시간이 기대될 때의 주택 시세-현재 주택 시세'이다. 을과 병의 현재 주택 시세가 같더라도 각 주택들의 현재 일조시간을 모르므로 총 4시간의 일조시간이 기대될 때의 주택 시세는 서로 다를 수 있다. 현재 을 주택의 일조시간이 1시간이고, 병 주택의 일조시간이 3시간이어서 두 주택의 현재 시세는 같을 수 있다. 그러나 4시간이 기대될 때 을 주택의 시세가 더 높을 수 있다. 따라서 이 경우 둘의 손해배상금은 다를 수 있다.

ㄷ. 옳다. 일조방해로 손해를 인정받기 위해서는, 추가된 일조방해시간이 이전의 일조방해시간의 25% 이상이고, 총 일조시간이 4시간 이하여야 한다. 이 경우 일조방해시간이 6시간이었고, 추가된 일조방해시간은 2시간이다. 추가된 시간이 약 1/3이므로 25% 이상을 충족한다. 그리고 일조시간이 12시간이고 현재 일조방해시간이 8시간이므로 총 일조시간은 4시간이다. 따라서 이 경우 가해건물에 의한 손해가 인정된다.

06. 정답 ⑤

내용 영역 법규범 문항 유형 언어 추리

ㄱ. 옳다. A에 따르면 외국에서 받은 처벌과 미결구금일 모두 제외하는데, 범죄를 저지른 내국인과 피해자의 국적국이 같은 경우에만 이렇게 제외할 수 있다. 을과 병의 국적이 X국인 경우 이는 갑의 국적국(X국)과 같으므로 A에 따르면 갑의 범행을 모두 X국에서 처벌할 수 있고, 형기는 합산되므로 총 10년의 징역에 해당한다. 그리고 갑은 Y국 법원에서 이미 미결구금일을 포함한 5년의 형을 살았으므로, 이를 제외하고 5년의 징역만을 받게 된다.

C에 따르면 피해자가 피해 당시 있던 장소가 국적국인 경우에만 국적국에서 처벌할 수 있다. 그리고 이때 조약이 체결되어 있지 않으면 처벌과 미결구금일 모두 제외할 수 없다. 따라서 피해 당시 Y국에 있던 병에 대한 범행은 X국 법원에서 처벌할 수 없고, 피해 당시 X국에 있던 을에 대한 범행만 처벌할 수 있으며, 이 경우 5년의 징역에 해당한다. 다만 갑은 Y국 법원에서 미결구금일을 포함한 5년의 형을 살았는데, 만약 판결의 상호승인에 관한 조약이 체결되어 있다면 처벌을 받지 않고, 조약이 체결되어 있지 않다면 1년이나 4년 모두는 제외되지 않는다. 1년만 제외되면 4년을 받을 것이고, 4년만 제외되면 1년을 받을 것이고, 둘 다 제외되지 않는다면 5년을 받을 것이다. 따라서 A에 따르면 5년, C에 따를 때는 0년~5년을 받게 되어 전자에 따를 경우가 처벌이 더 무겁거나 양자가 같다.

ㄴ. 옳다. A에 따를 경우 X국은 갑과 같은 국적인 병에 대한 범죄로만 갑을 처벌할 수 있으므로 5년형을 선고할 수 있다. 그리고 외국에서 받은 5년의 처벌을 제외하므로 갑은 X국에서 처벌을 받지 않게 될 것이다. 그리고 B에 따르면, 갑은 X국에서 두 건의 사기범죄 모두 인정되어 10년형을 받을 것이며, 외국인 Y국에서 지낸 4년은 제외되어 총 6년의 징역형을 받을 것이다. 따라서 B에 따라 받는 처벌이 더 무겁다.

ㄷ. 옳다. B에 따를 경우 갑은 을과 병에 대한 범행으로 10년을 받게 되나 외국에서의 4년이 제외되므로 6년의 징역을 받게 된다. C에 따를 경우 피해자인 병은 X국에 있지 않았으므로 X국 법원은 갑을 처벌할 수 없다. 따라서 갑은 을에 대한 범죄로 처벌을 받는데 조약 체결이 되지 않았을 시 최대 5년의 징역을 받게 된다. 따라서 B에 따를 경우의 처벌이 C에 따르는 경우보다 더 무겁다.

07. 정답 ⑤

내용 영역 법규범 문항 유형 언어 추리

ㄱ. 옳지 않다. 국외 사업자와 국내 소비자 간의 거래를 중개하는 사업자의 경우 중개서비스를 통한 매출액이 100억 원 이상이어야 법률의 적용대상이 된다. 상품판매가액의 합계액이 1,200억 원이고 그중 8%를 중개서비스 매출액으로 받는다면, 중개서비스를 통한 매출액이 96억 원이므로, 법률의 적용대상이 아니다. 따라서 제2조와 제3조가 모두 적용되지 않고, 소비자 손해에 대한 보증의무가 있다고 볼 근거가 없다.

ㄴ. 옳다. 국내 사업자와 국외 소비자 간의 거래를 중개하는 사업자는 중개서비스를 통한 매출액이 200억 원 이상이고 해당 서비스를 통해 판매가 이루어진 상품의 판매가액 합계액이 1,500억 원 이상이어야 한다. 상품의 판매가액 합계액이 1,600억 원이면서 상품 판매가액의 14%를 중개서비스 매출액으로 받는다면 중개서비스를 통한 매출액은 224억 원이다. 따라서 제1조의 적용범위에 포함된다. 국내 사업자와 국외 소비자 간의 거래를 중개하는 경우에는 제2조가 배제되지 않지만, 제3조는 배제된다. 따라서 사업자에 대한 계약서 작성 · 교부 의무는 있으나, 소비자 손해에 대한 보증의

무는 없다.

ㄷ. 옳다. 국내 사업자와 국내 소비자 간의 거래를 중개하는 사업자는 중개서비스를 통한 매출액이 100억 원 이상이고 해당 서비스를 통해 판매가 이루어진 상품의 판매가액 합계액이 1,000억 원 이상이어야 한다. 상품 판매 가액의 1%를 중개서비스 매출액으로 받고 상품판매가액 합계액이 1조 원인 경우, 중개서비스를 통한 매출액은 100억 원이고, 제1조의 적용범위에 포함된다. 국내 사업자와 국내 소비자 사이의 거래를 중개하는 경우에는 제2조와 제3조가 배제된다고 볼 근거가 없으므로, 사업자에 대한 계약서 작성 · 교부 의무와 소비자 손해에 대한 보증의무가 모두 있다.

08. 정답 ①

내용 영역 **법규범** 문항 유형 **논쟁 및 반론**

ㄱ. 옳다. A는 단순히 혼인관계가 파탄된 경우에 무조건 친자추정을 배제하겠다는 것이 아니라, 본문과 같이 '혼인관계가 이미 파탄되어 장기간 별거 중인데, 그로부터 300일 이상이 경과한 경우'와 같이 혼인관계가 파탄에 이르고 객관적으로도 친자로 보기 어려운 경우에 친자추정이 깨어진다고 보고 있는 것이다. 혼인성립 후 250일 만에 자녀를 출산하였으나, 혼인성립 시로부터 150일이 지난 시점에 혼인관계가 파탄에 이르렀다면, 결국 혼인파탄 후 100일이 지난 시점에 자녀를 출산하였다는 것이므로, 친자로 볼 개연성이 상당히 높은 경우에 해당한다. 따라서 친자추정은 깨어지지 않는다. B에 따르더라도 마찬가지로 X국 친족법에 따라 친자추정이 깨어지지 않는다.

ㄴ. 옳지 않다. 이 경우 별거개시일로부터 최장 임신기간으로 여겨지는 300일을 훨씬 초과한 최소 390일 이후에 출생하였으므로 객관적으로 친자로 보기는 어려우나, 혼인관계가 정상적인 상태라면 A에 따르면 친생자 규정이 깨어진다고 보기 어렵다.

ㄷ. 옳지 않다. 무정자증 환자라도 6%의 임신가능성이 있는 경우라면 이를 두고 '절대적으로 친자관계일 수 없는 경우'에 해당한다고 볼 수 없어 B에 따르더라도 이러한 사실만으로는 친자추정이 깨어지지 않는다.

09. 정답 ④

내용 영역 **법규범** 문항 유형 **언어 추리**

ㄱ. 옳다. 제1조 제1호에 의하면 배우자에 부정한 행위가 있었을 때 이혼을 청구할 수 있으며, 제2조에 의하면 제1조 제1호의 사유는 부부의 일방이 이를 안 날로부터 6개월, 그 사유 있은 날로부터 2년을 경과한 때에는 이혼을 청구하지 못한다고 한다. 이 경우, 2020년 6월에 을이 부정한 행위를 하였는데, 갑은 이 사실을 2021년 12월에 알게 되었으므로, 6개월이 지나지 않았다면 2022년 4월에는 갑이 가정법원에 이혼을 청구할 수 있다.

ㄴ. 옳다. 을의 직계존속인 병이 갑으로부터 심히 부당한 대우를 받았으므로, 제1조 제3호에 따라 을은 가정법원에 이혼을 청구할 수 있다. 제1조 제1호와 제4호는 이혼을 청구할 수 있는 기간에 제한이 있으나, 제3호는 기간 제한 규정이 없으므로, 2022년 10월에 을은 가정법원에 이혼을 청구할 수 있다.

ㄷ. 옳다. 제1조 제4호의 혼인을 계속하기 어려운 중대한 사유가 발생한 경우, 제3조에 의하면 제1조 제4호의 사유는 부부의 다른 일방이 이를 안 날로부터 6개월, 그 사유 있은 날로부터 2년을 경과하면 이혼을 청구하지 못한다. 갑은 2022년 1월에 을이 혼인을 계속하기 어려운 중대한 행동을 했다는 사실을 알게 되었는데, 2022년 3월에 용서한 것과 상관없이 갑은 2022년 7월까지 가정법원에 이혼을 청구할 수 있으므로, 갑은 2022년 5월에 가정법원에 이혼을 청구할 수 있다.

ㄹ. 옳지 않다. 갑의 어머니 정이 2022년 8월부터 갑에게 심히 부당한 대우를 하였는데, 이는 을의 배우자의 직계존속이 배우자에게 심히 부당한 대우를 한 것이므로, 제1조의 어느 호에도 해당하지 않는 경우이다. 따라서 을은 갑에 대해 가정법원에 이혼을 청구할 수 없다.

10. 정답 ③

내용 영역 **법규범** 문항 유형 **논증 평가 및 문제 해결**

ㄱ. 옳다. 피의자들이 협의를 부인하는 주된 이유가 협의를 부인할 경우에 무죄판결을 받을 가능성이 높다고 생각하기 때문이라면, 피의자가 자신의 범죄를 인정하더라도 향후 재판에서 형량이 확연하게 줄어들 것이라는 확신이 없어서 피의자들이 혐의를 일단 부인하는 경우가 대부분이라는 갑의 견해는 약화될 것이다.

ㄴ. 옳다. 을은 X국은 범죄의 범위 제한 없이 유죄답변협상을 인정하고 있어서 강력범죄에 대해서도 낮은 형량으로 처벌을 받아 피해자 보호가 이루어지지 못하고 있다는 비판이 있다고 본다. 그런데 실제로 강력범죄를 저지른 피의자들이 유죄답변협상제도를 이용하여 가볍게 처벌받은 뒤 피해자에게 보복하는 사례가 증가하고 있다면, 을의 견해는 강화될 것이다.

ㄷ. 옳지 않다. 병은 이 제도가 도입되면 수사기관이 수사에 집중하기보다는 피의자의 개인정보 중 약점을 수집해서 협상력을 강화하는 시도만을 하게 될 것이라고 본다. 그런데 Y국에서 수사기관이 정보수집기관의 업무도 겸하고 있어 일반 국민의 사생활 등 개인정보를 광범위하게 수집 · 보유하고 있다면, 이러한 병의 예상이 실제로 나타날 가능성이 있는 것이므로 병의 견해는 약화되지 않을 것이다.

11. 정답 ③

내용 영역 법규범 문항 유형 언어 추리

ㄱ. 옳다. A는 한 처벌방식의 사회적 이익이 처벌을 하지 않을 때나 다른 처벌방식보다 더 크면 해당 처벌방식은 정당하다고 주장한다. A에 따라 범죄자에게 범행보다 더욱 무겁게 처벌하기 위해서는 처벌하지 않을 때나 다른 처벌방식으로 처벌을 할 때보다 사회적 이익이 더 커야 한다.

ㄴ. 옳다. B는 처벌은 도덕적 균형의 상태를 유지하기 위해 언제나 범행에 상응하는 수준이어야 한다고 주장한다. 자신의 죄를 뉘우치는 범죄자에게 가벼운 처벌을 내린다면, 이는 범행에 상응하는 수준의 처벌을 내리지 않는 것을 의미한다. 따라서 B에 따르면, 자신의 범죄를 뉘우치는 범죄자라도 그 범행에 상응하는 수준보다 가볍게 처벌해서는 안 된다.

ㄷ. 옳지 않다. C는 처벌이 정당화되기 위해서는 범죄자의 교화와 일반인의 범행 예방을 모두 만족시켜야 한다. 범죄자의 얼굴을 방송을 통해 전국적으로 공개하여 일반인들에게 경각심을 불러일으킨 것은 일반인의 예방의 효과를 가져오는 경우이다. 그리고 이것이 범죄자를 교화시켰는지에 대해서는 제시하고 있지 않다. 따라서 C에 따르면 이 경우 처벌이 정당화된다고 단정할 수 없다.

12. 정답 ④

내용 영역 법규범 문항 유형 논쟁 및 반론

ㄱ. 옳지 않다. A는 Y법 제1조에 대해서만 의견을 제시하고 있으며, X법 제2조와 Y법 제1조의 관계에 대한 의견은 드러내지 않았다. 따라서 A가 X법 제2조가 Y법 제1조에 우선하는 특별규정이라는 견해에 동의한다는 것은 옳지 않다. 또한 C는 X법 제2조는 출연자와 재단법인 사이의 관계를, Y법 제1조는 재단법인과 제3자의 관계를 규율하는 것으로 보며, X법 제2조와 Y법 제1조의 관계에 대한 의견은 드러내지 않았다. 따라서 C가 X법 제2조가 Y법 제1조에 우선하는 특별규정이라는 의견에 동의한다는 것은 옳지 않다.

ㄴ. 옳다. 갑이 자신 소유의 P부동산을 출연하고 관련 절차를 모두 준수하여 Q재단법인이 성립된 상황이다. B는 등기되지 않았더라도 설립자가 출연한 부동산은 재단법인이 성립한 때 재단법인의 재산이 된다고 보기 때문에 Q재단법인에 P부동산의 소유권이 있다고 본다. C는 출연자와 재단법인 사이에는 법인 성립시기에 부동산 소유권이 이전되는 것으로 보기 때문에 Q재단법인에 P부동산의 소유권이 있다고 본다. 즉, B와 C는 설립자인 갑과 Q재단법인 사이에서 P부동산 소유권이 Q재단법인에 있다고 볼 것이다.

ㄷ. 옳다. Q재단법인이 성립하였으나 P부동산의 소유권이전등기가 되지 않은 상황이다. A는 등기 후에 재단법인의 재산이 된다는 입장이므로 이 경우 갑이 P부동산의 소유권자라고 볼 것이다. B는 재단법인 성립 시 재단법인의 재산이 된다는 입장이므로 Q재단법인이 P부동산의 소유권자라고 볼 것이다. C는 제3자와의 관계에서는 등기하여야 재단법인이 효력을 주장할 수 있다는 입장이므로 Q재단법인으로 등기하지 않은 P부동산의 소유권자은 갑에게 있다고 볼 것이다.

13. 정답 ③

내용 영역 법규범 문항 유형 논쟁 및 반론

각 견해를 정리하면 다음과 같다.

구 분	을에 대한 처벌 여부를 정하는 기준
A	행위자의 의도만 있었을 경우 : 미수 행위자의 의도 + 행위의 결과 : 처벌
B	행위의 결과
C	행위자의 의도

ㄱ. 옳다. B는 행위의 결과로 처벌 여부를 결정한다. 이 경우 결과적으로 갑의 법익이 보호되었다. 따라서 B는 이 경우와 <사례> 모두 을을 갑에 대한 상해죄로 처벌할 수 없다고 볼 것이다.

ㄴ. 옳다. C는 행위자의 의도로 처벌 여부를 결정한다. 을은 병이 갑이 아니라는 사실에 화가 나 홧김에 병에게 상해를 가하였다. 이때 을은 병을 상해할 의도가 있었던 것이므로 을을 병에 대한 상해죄로 처벌해야 한다는 데 동의할 것이다.

ㄷ. 옳지 않다. A는 을이 병을 갑으로 착각하여 상해하였지만 갑을 상해하려는 의도가 있었으므로 을을 갑에 대한 상해 미수범으로 처벌해야 한다고 본다. 이 경우 을은 갑을 보호하려는 의도로 병을 상해하였으므로 A는 을을 갑에 대한 상해 미수범으로 처벌해야 한다는 데 동의한다고 볼 수 없다.

14. 정답 ①

내용 영역 인문 문항 유형 언어 추리

ㄱ. 옳다. '의심의 이득' 원칙이 전제하고 있는 것은 동물들이 고통을 느끼는지 그렇지 못한지 모르는 상황이다. 만약 과학적으로 동물들이 고통을 느끼지 못한다는 것이 확증된 사실이라면 의심의 이득 원칙을 적용할 전제 사실이 사라지는 것이어서 해당 원칙을 적용하기 어려울 것이다. 마찬가지로 '손해의 최소화' 원칙도 동물이 고통을 느낀다고 가정했을 때의 손해와 느끼지 못한다고 가정했을 때의 손해를 비교해 보는 원칙이다. 따라서 동물이 고통을 느끼지 못하는 경우에는 '손해의 최소화' 원칙 역시 적용하기 어려울 것이다.

ㄴ. 옳지 않다. '손해의 최소화' 원칙은 동물을 죽였을 때 그 동물에게 가해지는 손해와, 동물을 죽이지 않았을 때 자신이 누리지 못하는 손해를 비교하는 것이다. 사람의 생명을 보전하기 위해 모기 같은 곤충을 죽이는 것은 동물을 죽이지 않아서 사람의 생명을 보전하지 못하는 손해와 비교한다면 동물을 죽이는 것이 더 손해를 최소화하는 방법일 수 있다.

ㄷ. 옳지 않다. '의심의 이득' 원칙은 고통을 유발할지 모르는 행동이라도 고통을 느끼는 것보다 더 나은 결과가 있다면, 고통을 유발하는 행위라도 해야 한다고 본다. 따라서 약물 주입 행위가 물고기의 고통을 유발할 수 있다고 하더라도 이상행동의 치료가 된다면, 물고기에게 모르핀 주입 행위를 해야 한다.

15. 정답 ①

내용 영역 인문 문항 유형 언어 추리

<갑의 주장>

갑에 따르면 보일러 수리기사는 오전에 도착하거나 오후에 도착하므로 둘 중 어느 하나를 선택했을 때 승리할 확률도 1/2이고 패할 확률도 1/2이다.

<을의 주장>

을은 '후회 비용'을 선택에 포함시켜 계산한다. 을에 따르면, 후회 비용은 시간이 지나 정오를 향해 갈수록 커진다. 시간이 지날수록 오전을 선택한 사람의 이길 가능성이 낮아지는 만큼 오후를 선택한 사람의 이길 가능성은 높아진다. 따라서 오전을 선택한 사람에게만 후회 비용이 생기므로, 후회 비용을 줄일 수 있는 오후에 거는 것이 더 나은 선택이다.

ㄱ. 옳지 않다. 요일 5개 중 1개를 무작위로 점검하므로 결석했을 때 적발될 확률은 1/5이다. 월요일에 결석하든 금요일에 결석하든, 5개 요일 중 1개이므로 확률은 동일하다. 따라서 갑은 어느 날이라도 상관없다고 할 것이다. 을에 따르면 시간이 흘러갈수록 후회 비용이 발생한다. 만약 금요일에 결석하고자 할 경우, 월요일에 출석 점검을 하지 않는다면 금요일에 확인할 확률이 높아지므로 시간이 지날수록 후회 비용이 커질 것이다. 따라서 을은 금요일을 선택하지 않을 것이다.

ㄴ. 옳다. 100개의 구슬 중 먼저 50개를 꺼낸 쪽을 A그룹, 나중에 꺼낸 50개를 B그룹이라고 한다면, 두 그룹 중 한 군데에 흰 구슬이 있다. 2개 중 한 군데에 흰 구슬이 있으므로 이길 확률은 1/2로 동일하다. 따라서 갑은 어느 쪽도 더 선호하지 않을 것이다. 그러나 을의 경우 먼저 꺼낸 A그룹에서 구슬이 나올 것(오전에 보일러 기사가 올 것이다)을 선택한 경우, 구슬을 꺼내 시간이 지날수록 후회 비용이 커진다고 볼 것이다. 따라서 을은 처음 50개를 꺼내는 구슬에서 흰 구슬이 '안 나온다' 쪽을 선택할 것이다.

ㄷ. 옳지 않다. 갑에 따르면 오전과 오후 중 보일러 수리 기사가 언제 올지는 1/2의 확률로 동일하다. 따라서 변형된 상황이 제시된 ㄷ의 경우, 오전을 선택했을 시 받을 수 있는 상금의 기댓값은 6,000원(12,000원의 1/2)이고 오후는 5,000원(10,000원의 1/2)이 된다. 둘 모두 상금이 더 큰 쪽을 선택한다고 하였으므로 갑은 상금의 기댓값이 높은 오전을 선택할 것이다. 을에 따르면, 기댓값에서 후회 비용을 줄일 수 있는 선택이 더 나은 선택이다. 그러나 이 경우 후회 비용이 어느 정도인지 알 수 없으므로 을이 반드시 오전을 선택할 것이라 보기 어렵다.

16. 정답 ⑤

내용 영역 인문 문항 유형 논쟁 및 반론

ㄱ. 옳다. A는 온과 냉, 건과 습 중 두 가지의 성질이 끌어당기는 힘을 가지는데, 따뜻한 성질과 축축한 성질은 서로 끌어당기므로 여름철의 뜨겁고 축축한 공기가 하늘에 뭉쳐서 구름을 만들고, 이 구름이 비를 만들기 때문에 여름철에 비가 많이 온다고 본다. 즉, A는 차가운 성질과 건조한 성질이 서로 끌어당기는 힘을 가지기 때문에 추운 날씨에는 강수량이 적게 나타날 것이라고 볼 것이다. 따라서 일 년 내내 추운 기후가 유지되는 극지방에선 강수량이 적게 나타난다는 사실은 A를 약화하지 않는다.

ㄴ. 옳다. ㉠의 의미는 스스로 움직일 수 있는 것은 오로지 생명을 가진 존재들뿐이며, 공기는 생명을 가진 존재가 아니기 때문에 스스로 움직일 수 없다는 것이다. 그런데 생명을 가지지 않은 존재인 천체들이 항상 같은 궤도를 따라 운동하며 이를 운동시킬 수 있는 다른 생물 존재를 생각할 수 없다는 사실은 생명을 가진 존재가 아닌 천체들이 스스로 움직일 수 있다는 것을 의미하므로, ㉠을 약화한다.

ㄷ. 옳다. C는 자신에게 좋은 것을 성취하겠다는 의도에 따라 일어나는 인간의 노동 행위를 통해 자연현상인 여름철의 호우를 설명하고 있다. 따라서 인간 행위의 동기에서 자연 현상의 원인을 유추할 수 없다는 주장은 C의 주장을 약화한다. 반면, B는 인간 행위의 동기에서 자연 현상의 원인을 유추하지 않았으므로, 특정한 의도를 따르는 인간 행위와 그렇지 않은 자연 현상을 동일 선상에서 비교할 수 없다는 주장은 B를 약화하지 않는다.

17. 정답 ⑤

내용 영역 인문 문항 유형 논증 평가 및 문제 해결

ㄱ. 옳다. ㉡은 하위 규범인 실정법이 상위 규범인 자연법을 따르지 않아, 정당하지 않거나 양심에 어긋나는 행위를 하도록 명령하는 경우에 그 실정법에 불복하는 것이 의무라고 한다. 그러나 어떤 법이 불합리하다고 느껴 그것에 불복하는 행위를 할 수 있는 것과, 그것에 불복하는 행위를 해야만 하는 것은 다르다. 만약 불합리한 법이라도 그것에 불복해야만 하는 의무 자체가 존재하지 않는다면, 자연법에 따른 불복의무를 주장할 수 없다.

ㄴ. 옳다. 제시문에서는 자연법과 실정법이 구별되는 이유로 보편적 구속력을 제시하고 있다. 자연법은 영구 불변하고 모든 인간에게 구속력을 발휘하는 반면, 실정법은 국가 구성원에게 적용 범위가 국한되고 입법 권력의 의지에 따라 변경 또는 폐기가 가능하다고 보며, 자연법에는 실정법의 한계로부터 자유로워 실정법보다 우월한 규범이라고 제시되어 있다. 따라서 이 논증은 보편적 구속력이 있는 규범이 가변적이고 일부 인간에게만 영향을 미치는 규범보다 더 상위 규범이라는 것을 전제하고 있음을 알 수 있다.

ㄷ. 옳다. 제시문은 자연법의 특징인 영원 불변성 및 모든 인간에의 적용을 전제하고 있다. ㄷ에 제시된 사실은 자연법의 특징 중 하나인 영원 불변성을 반박하기 때문에, 이는 제시문의 논증을 약화한다.

18. 정답 ②

내용 영역 인문 문항 유형 논쟁 및 반론

ㄱ. 옳지 않다. 우선 B는 개체와 속성 모두 실체로서 존재한다고 서술한다. 반면 A는 개체와 속성이 모두 실체로서 존재한다는 주장에 반대한다. 그 이유는 속성이 실체로서 존재한다고 가정할 때 도출되는 귀결이 이치에 닿지 않기 때문이다. 그러나 A가 개체를 실체로서 인정하는지의 문제는 제시문에서는 알 수 없다.

ㄴ. 옳지 않다. A와 B 사이의 차이는 Q, 즉 속성이 실체로서 존재하는지의 문제에 한정된다. 실체와 속성 사이의 관계 및 이를 기술하는 방식에 대해서는 두 사람의 견해에 유의미한 차이가 존재하지 않는다.

ㄷ. 옳다. A에 따르면, '빨간 색임'과 '빨간 색이 아님' 모두 사고될 수 있으나 이로부터 이들이 실체라는 결론을 이끌어낼 수는 없다. 반면 B는 '사고될 수 있음'으로부터 '실체로서 존재함'을 이끌어낸다.

19. 정답 ②

내용 영역 인문 문항 유형 언어 추리

ㄱ. 옳지 않다. 글쓴이는 법적 판결의 주체(A)가 최상위 명령권자(B)와 같거나 그보다 많은 힘을 가지고 있어야만 A의 판결에 의해 B를 탄핵하는 것이 가능하지만, 이는 B의 정의에 어긋나므로 모순이라고 주장한다. 그러나 이것이 오로지 B만을 법적 판결의 주체로 상정하는 것은 아니다.

ㄴ. 옳다. 국민은 입법 권력의 주체이다. 그러나 이에 의해 최상위 명령권자에 대한 저항을 자기 자신에게 명령할 수 없다. 따라서 입법 권력은 그러한 저항을 명령할 수 없다.

ㄷ. 옳지 않다. 글쓴이는 최상위 명령권자는 (최상위의 정의에 의해) 자기에 대한 저항을 명령하는 공법을 제정할 수 없으며, 따라서 어떠한 공법에 의해서도 최상위 명령권자에 대한 저항을 정당화할 수 없다고 주장한다. 하지만 이것이 최상위 명령권자만이 공법 제정의 주체라는 점을 함축하는 것은 아니다.

20. 정답 ②

내용 영역 인문 문항 유형 언어 추리

ㄱ. 옳지 않다. 어떤 조건문의 전건의 주어가 '모든 도깨비'이며 전건이 참인 경우, 후건이 거짓일 경우에는 그 조건문은 거짓이다. 따라서 고전 논리학자와 현대 논리학자 모두 전건의 주어가 '모든 도깨비'인 조건문이 항상 참이라고 판단하는 것은 아니다.

ㄴ. 옳지 않다. '모든 도깨비'에 대해서 현대 논리학자는 도깨비라는 종의 개념 및 이와 관련된 논리적 연관관계를 표명하는 명제로서 유의미하기 때문에, 오류가 없어 진위를 판정할 수 있을 것으로 본다.

ㄷ. 옳다. (2)가 참인 경우, 고전 논리학자들과 현대 논리학자들 모두 적어도 하나 이상의 도깨비가 존재한다고 볼 것이므로, 존재함축의 문제가 발생하지 않는다. 따라서 이 경우 고전 논리학자들과 현대 논리학자 모두 오류가 없어 진위를 판정할 수 있을 것으로 본다.

21. 정답 ⑤

내용 영역 인문 문항 유형 논증 분석

주어진 논증의 구조는 아래와 같다.

- 결론 : ㉠ 도덕적 심성을 지닌 사람이라면 아마도 신이 존재한다는 결론에 기꺼이 동의할 것이다.
- 근거 : ㉡, ㉢
  ㉡ 우리는 도덕적 세계 질서를 구현해줄 신이 존재하기를 바라거나 또는 이러한 목적을 불가능한 것으로 포기해야만 한다.
  ㉢ 그것이 어렵다 하여 포기하는 사람은 진정한 의미에서 도덕적 심성을 지닌 사람이라고 볼 수 없다.
- ㉡의 근거 : ㉣, ㉤, ㉥, ㉦
  ㉣ 이런[=도덕적 심성을 지닌] 사람들은 세계의 이상적 상태에 대한 당위적 물음, 즉 이 세계가 현재 어떤 상태인지를 넘어 궁극적으로 어떤 상태가 되어야 하는지에 대한 물음을 진지하게 받아들인다.
  ㉤ 도덕적 이상 세계의 필요조건 중 하나는 도덕성과 행복의 정확한 비례이다.
  ㉥ 인간 스스로의 역량에 의해 덕과 복의 비례를 이루기란 요원해 보인다.
  ㉦ 이 모든 것이 신에게는 가능하다.
- ㉤의 근거 : ㉧
  ㉧ 현실에서는 때로 부도덕한 사람이 더욱 큰 행복을 누리기도 하지만, 우리의 도덕적 감수성에 따르면 이는 전혀 정당하지 않게 느껴지기 때문이다.
- ㉢의 근거 : ㉨
  ㉨ 도덕적 목적은 본디 그것의 실현 가능성과 상관없이, 오로지 그것이 옳다는 이유에서 우리에게 부과된다.
- ㉥의 근거 : ㉩, ㉪
  ㉩ 모든 사람에게 그의 도덕성에 맞춰 행복을 배분하기 위해서 필요한 역량의 크기는 이미 인간적 수단을 통해 이룰 수 있는 수준을 넘어서기 때문이다.
  ㉪ 우리는 각 사람의 도덕성을 정확히 측정할 척도를 가지고 있지도 않다.

22. 정답 ⑤

내용 영역 인문 문항 유형 논증 평가 및 문제 해결

① 옳지 않다. 갑의 주장은 다음과 같다.

(전제1) -생략된 전제	언어가 단어와 문장 구성 규칙으로 이루어져 있는 논리적 체계라면, 발화가 진행된 상황적 문맥에 대한 파악이 없어도 언어는 명확한 소통 수단이 될 수 있다.
전제2	언어는 단어와 문장 구성 규칙으로 이루어져 있는 논리적 체계이다.
결론	발화가 진행된 상황적 문맥에 대한 파악이 없어도 언어는 명확한 소통 수단이 될 수 있다.

이러한 갑의 주장에 대해, 을은 전제2를 받아들이더라도 전제1을 부정하여 자신의 주장을 유지할 수 있다. 즉, 언어가 논리적 체계라고 해서 명확한 소통 수단이 될 수 있다는 것을 부정한다. 이에 을은 언어에 대한 의미 파악이 언어 자체만으로 불충분하며 발화자의 의도가 필요하다는 본다. 즉, 언어 자체가 논리적이더라도 그에 발화자의 의도가 더해질 경우 의미가 달라질 수 있다는 것이다. 따라서 언어가 논리적인 체계라는 것은 을의 주장과 양립 가능하므로 이는 을을 약화하지 않는다. 병은 언어를 사전적으로 동일한 의미로 번역해낼 수 있더라도 해당 언어가 지닌 문화에 대한 이해가 필요하다는 주장을 한다. 언어가 논리적이더라도 문화에 대한 이해가 필요하다는 것이므로 이 역시 병과 양립 가능하므로 병을 약화하지 않는다.

② 옳지 않다. 을에 따르면 언어의 의미는 발화자의 의도를 파악하지 않고서는 명확히 알 수 없다. 즉, 언어의 의미를 명확히 알기 위해서는 언어 자체만으로는 불충분하며 발화자의 의도도 함께 파악해야 한다. 그런데 발화자의 의도를 알면 발화자의 문장을 이해할 수 있다는 것은 을의 주장과 양립 가능하므로 을을 약화하지 않는다. 즉, 발화 문장을 이해해야만 의도를 알 수 있다는 것은, 의도를 안다면 발화 문장을 이해할 수 있다는 것과 의미가 같다. (의도 파악 → 문장 이해)

그리고 갑이 언어의 체계만 이해한다면 의미를 이해할 수 있다는 주장에 대해 을은 의사소통은 발화자의 의도를 이해했는가에 달려 있다고 한다. (의도 파악 → 문장 이해 / ~의도 파악 → ~문장 이해) 따라서 의도를 이해했다면 문장을 이해할 수 있지만, 의도를 이해하지 못했다면 문장을 이해할 수 없다. 을의 주장이 약화되기 위해서는 발화자의 의도를 이해했음에도 문장을 이해하지 못하거나, 발화자의 의도를 이해하지 못했는데도 문장을 이해하는 경우이다. 그런데 ②는 의도를 파악하면 문장을 이해할 수 있다고 하였으므로 을을 약화하지 못한다.

③ 옳지 않다. 갑은 언어 자체가 논리적 체계이므로 그 자체로 언어의 의미 파악이 가능하다고 보기 때문에 언어의 의미가 확정되는 것이 언어 자체에 의한 것이 아니라는 주장은 갑을 약화할 것이다.

병의 경우 언어 자체만으로는 그 의미 파악이 불가능하기 때문에 언어 자체 외에 문화적 이해가 필요하다고 본다. 이때 이 주장이 '발화자의 문화에 대한 이해만 있으면 문장에 대한 의미 파악이 가능하다'는 것을 함축하지 않으며, 발화자의 문화에 대한 이해 외에 수용자가 어떻게 받아들였는지 까지도 의미 파악의 조건에 포함시킬 수 있다. 따라서 수용자가 발화자의 의도를 어떻게 이해했느냐에 달려 있다는 주장은 병을 약화하지 않는다.

④ 옳지 않다. 갑은 언어가 단어와 문장의 논리성으로 구성된 논리 체계라고 하며, 언어를 논리 오류 없이 구사한다면 명확한 의사소통을 할 수 있다고 주장한다. 이때 갑은 언어에 한해 의사소통이 가능한지 여부를 주장하고 있는 것이지, 언어의 범위를 벗어난 몸짓표현만으로 서로의 의사를 이해할 수 있는지의 여부를 밝히고 있지 않다. 따라서 이 경우 갑은 약화되지 않을 것이다.

⑤ 옳다. 병에 따르면 해당 언어가 지닌 문화에 대한 이해가 없는 수용자는 결코 그 문장의 의미를 정확히 파악해 낼 수 없다는 것이다. 이 주장은 '해당 문화권에 속한 사람이라면 누구나 해당 언어가 지닌 문화에 대한 이해가 있다'는 것을 함축하지 않는다. 따라서 동일 문화권에 속한 구성원끼리도 서로가 발화한 문장의 의미를 파악하지 못할 가능성이 있는 것이므로, 그러한 경우가 있다는 주장은 병의 주장을 약화하지 않는다.

23. 정답 ④

내용 영역 인문 문항 유형 논증 평가 및 문제 해결

ㄱ. 옳다. 갑에 따르면, 예술적 창작은 예술가가 특정한 직관을 형성한 순간 이미 완료되며, 이를 어떤 형식에 따라 표현하는지의 문제는 단지 부차적인 것에 불과하다. 이 경우 해당 작가가 주제의식을 형성한 순간이 바로 예술적 창작에 해당한다.

ㄴ. 옳지 않다. 을은 비평가들에게 예술적으로 의미 있는 형식을 취했다고 여겨지는 것이 곧 예술 작품이라고 정의한다. 따라서 예술 작품이면서 그러한 형식을 취하지 못한 것은 없다.

ㄷ. 옳다. 갑은 표현 형식과 상관없이 예술적 직관이 취해진 순간 창작이 완료되었다고 생각한다. 따라서 갑은 표현 형식이 어떤 것이 예술 작품으로 간주되어야 하느냐는 문제와 무관하다고 볼 것이다. 병은 인공적인 사물이 예술계에서 예술적 감상의 후보로 간주되느냐에 따라 그것을 작품으로 보거나 그렇지 않을 수 있다고 주장한다. 따라서 병 역시 특정 형식을 취했는지의 여부가 예술 작품의 필요조건이 아니라고 볼 것이다.

24. 정답 ②

내용 영역 인문 문항 유형 논증 평가 및 문제 해결

ㄱ. 옳지 않다. 논증에 따르면 인간은 상대방이 못에 찔렸을 때 그의 통증에 대해 추측만 할 수 있다. 따라서 상대방이 못에 찔렸을 때 통증을 느낀다는 것이 직접지가 아님을 보이지 않는 한 주장을 반박하기 어렵다.

ㄴ. 옳다. 논증은 외부 세계를 부정하고 있는 것이 아니며, 외부 세계를 인정하고 있다. 따라서 외부 세계를 인정해야 한다는 주장과 양립 가능하다.

ㄷ. 옳지 않다. 논증은 사람의 신경 구조가 유사한지 혹은 다른지와 무관하게 직접지로 알 수 있는 것은 나의 통증뿐이라고 주장한다. 따라서 세상에 존재하는 것이 확실하다고 말할 수 있는 마음은 유일하게 나의 마음밖에 없다고 본다. 이는 '사람의 신경 구조가 모두 유사하므로 한 사람이 통증을 느낀다면 다른 사람도 통증을 느낀다'와 무관하므로, 약화시킨다고 볼 수 없다.

25. 정답 ③

내용 영역 인문　문항 유형 논쟁 및 반론

제시문의 내용을 요약하면 다음과 같다.

	처벌 가능 여부	도덕적 정당 여부
갑	○	○
을	○	×
병	×	○

ㄱ. 옳다. 위 참고

ㄴ. 옳다. 갑은 상황의 위급함에 따라 법의 적용에 예외를 둘 수 없다고 보고, 을은 법률에서 금지하고 있는 행위는 처벌을 받아야 한다고 본다. 갑의 견해에서 폭행죄의 처벌 대상이 되는 행위는 곧 법률에서 금지하고 있는 행위가 되므로, 을의 견해에서도 모두 처벌의 대상이 된다.

ㄷ. 옳지 않다. 을은 규칙에 부합하는 경우를 도덕적으로 정당한 행위로 보고, 병은 규칙을 어기더라도 중대한 목적을 성취한다면 도덕적으로 정당한 행위로 본다. 그러나 병이 규칙에 부합하는 행위를 도덕적으로 정당하지 않은 행위라고 보는 것은 아니다.

26. 정답 ②

내용 영역 사회　문항 유형 논증 평가 및 문제 해결

ㄱ. 옳지 않다. A는 망 중립성 규제에 찬성하는 입장으로, 망 중립성 규제를 폐지하는 경우 콘텐츠제공사업자는 불공정한 경쟁 환경에 놓일 것으로 본다. 그 결과 선택권을 상실한 이용자의 효용은 감소할 것이고, 콘텐츠제공사업자들의 혁신을 촉진하지 못하여 사회적 후생은 감소할 것이라고 한다. 따라서 망 중립성 폐지로 인해 콘텐츠제공사업자들의 프리미엄 서비스 제공과 이용자의 기반이 확대되었다는 연구 결과는 A를 강화하지 않는다.

ㄴ. 옳지 않다. B는 망 중립성 규제에 반대하는 입장으로, 인터넷망사업자의 경제적 권리의 보호가 필요하고, 망 중립성 규제를 유지할 경우 과도한 경제적 비용이 발생할 것으로 본다. 콘텐츠제공사업도 하는 인터넷망사업자가 경쟁 콘텐츠제공사업자에게 차별적인 트래픽 전송을 통해 시장경쟁원리를 저해했다는 연구 결과는 A의 입장을 뒷받침하는 것으로서, A를 강화하지만 B를 강화하지 않는다.

ㄷ. 옳다. 무차별원칙의 규제에서 차별적 체제로 변화한다는 것은 망 중립성 규제를 폐지한다는 것으로서, 망 중립성 규제를 폐지할 경우 콘텐츠제공사업자들의 혁신을 촉진하여 사회적 후생이 증가하였다는 연구 결과는 이는 B 주장의 핵심 논지와 일치하므로 B를 약화하지 않는다.

27. 정답 ④

내용 영역 사회　문항 유형 언어 추리

ㄱ. 옳다. 첫 번째 실험에서 파란색 구슬이 30개보다 적고, 노란색 구슬은 30개보다 많다고 생각하여 A를 선택한 사람은 빨간색 구슬과 노란색 구슬의 합이 60개보다 많다고 생각할 것이므로, 두 번째 실험에서는 C를 선택하는 것이 합리적이다.

ㄴ. 옳다. 엘스버그의 역설은 사람들이 모호한 상황을 회피하려는 성향을 갖고 있기 때문에 나타나는 것이다. 단지에 총 90개의 구슬이 있다는 것을 아는 경우에는 두 번째 실험에서 방식 D의 노란색 구슬과 파란색 구슬의 합은 60개로 결정되므로 확률을 계산할 수 있다. 그런데 만약 단지에 있는 구술의 총 개수는 알려지지 않은 채 빨간색 구슬이 30개 들어 있다는 정보만 주어졌다면, 노란색 구슬과 파란색 구슬의 합을 알 수 없으므로 확률 또한 계산할 수 없게 된다. 이때는 방식 D 또한 모호하므로 엘스버그의 역설이라고 말할 수 없다.

ㄷ. 옳지 않다. 제시문에 따르면 투자자들은 우선적으로 불확실성을 제거한 이후 수익률과 리스크의 비율에 따라 투자를 결정한다. 만약 자국과 외국에서 수집할 수 있는 정보에서 불확실성을 확실히 제거할 수 있다면, 투자자들은 수익률과 리스크의 비율에 따라 투자를 결정할 것이다. 따라서 투자자들이 수익률만을 고려하여 투자하지 않을 것이다.

28. 정답 ①

내용 영역 사회　문항 유형 논증 평가 및 문제 해결

ㄱ. 옳다. <주장>에 의하면 최고경영자가 낙관적일 때, 주식 시장은 합병의 위험성을 크게 보고 합병에서 매수 기업의 주가는 크게 타격을 입게 된다. 굉장히 낙관적인 A기업의 최고경영자 갑이 B기업을 인수하기로 발표했을 경우, <주장>에 따르면 매수 기업인 A기업의 주가는 크게 타격을 입어 하락할 것이다. 실제로 1월에 비해 3월의 A기업 주가는 크게 하락했으므로 <주장>은 강화된다.

ㄴ. 옳지 않다. <주장>에 따르면 최고경영자가 낙관적일 때 주식 시장은 합병의 위험성을 크게 보고 합병을 발표하였을 때 매수 기업의 주가는 크게 하락한다. 따라서 만약 최고경영자가 낙관적이고 합병을 발표하였는데도 주가가 하락하지 않는다면 <주장>은 약화될 것이다. 또한 <주장>에 따르면 최고경영자가 낙관적이지 않을 경우 합병을 발표하더라도 주가는 크게 하락하지 않을 것이다. 따라서 최고경영자가 낙관적이지 않은데도 합병을 발표했을

때 주가가 크게 하락한다면 <주장>은 약화될 것이다. 을은 낙관적이지 않으며 4월에 합병을 발표하자 5월에 주가가 크게 상승하였다. 따라서 이는 <주장>을 약화하지 않는다.

ㄷ. 옳지 않다. 을이 수상을 하는 경우, 낙관적이지 않은 최고경영자가 언론에서 상을 받게 될 경우는 애초에 낙관적이지 않으므로 언론에서 상을 받더라도 피해가 더 심각해지는지 판단할 수 없다. 따라서 이 경우 을이 상을 받아 B기업의 주가가 크게 상승한 경우는 <주장>에 영향을 주지 않아 <주장>은 약화되지 않는다. 그리고 갑이 수상을 하는 경우, <주장>에 의하면 낙관적인 최고경영자가 언론에서 상을 받으면 주가는 떨어질 것이다. 따라서 낙관적인 최고경영자인 갑이 4월에 상을 받았는데 이후에 주가가 떨어지지 않고 상승하였다는 것은 <주장>을 약화한다. 따라서 어떤 경우는 약화하지만 어떤 경우는 약화하지 않으므로 언제나 약화하는 것이 아니다.

29. 정답 ③

내용 영역 사회 문항 유형 논쟁 및 반론

ㄱ. 적절하다. A의 주장은 인간이 서로 다른 독립적인 대안을 개별적이고 독립적으로 비교한다는 것이고 B의 주장은 인간이 서로 다른 대안을 평가할 때, 다른 대안으로부터 영향을 받는다는 것이다. 변형된 실험의 결과, Q'에 의하여 Q에 대한 평가가 떨어지지 않고, P와 Q에 대한 피험자의 평가가 유지되는 것으로 나타났다면, 이러한 결과는 개별 대안에 대한 평가는 다른 대안의 영향을 받는다는 B의 주장을 약화한다.

ㄴ. 적절하지 않다. 피험자가 대안들을 개별적으로 평가한다면 동일하게 평가하는 P와 Q를 여전히 동일하게 평가할 것이고, 그에 비해 흠결이 있는 대안인 Q'는 P와 Q에 비해 상대적으로 낮게 평가할 것이다. 따라서 P와 Q의 선호 비율은 동일하게 유지될 것이지만, Q'의 선호 비율은 P와 Q에 비해 낮을 것이다.

ㄷ. 적절하다. 변형된 실험에서 B의 실험과 동일한 결과가 나왔다면 독립적으로 제시된 대안 사이에서도 영향을 받는다고 볼 수 있지만, P와 Q의 평가가 동일한 정도로 나타났다면 B의 실험 결과가 대안들이 독립적으로 제시되지 않았기 때문이라고 볼 수 있다.

30. 정답 ①

내용 영역 사회 문항 유형 논증 평가 및 문제 해결

ㄱ. 옳지 않다. 갑은 사람들에게 다가올 위험성의 정도를 판별하기가 쉽지 않아서 A국의 보험사는 모든 사람들에게 높은 보험료를 책정하며, 이로 인해 자신에게 위험이 닥칠 가능성이 크다고 생각하는 사람들만 보험에 가입하게 되는 문제가 생긴다고 본다. 그런데 A국 사람들이 어려움을 겪을 가능성이 그들의 소득 수준과 상관관계가 있다는 조사 결과가 있다면, 이는 보험회사가 개인별로 위험의 정도를 판단할 수 있는 기준이 있다는 것이므로, 보험사는 사람들의 소득 수준을 조사하여 개인의 위험성의 정도를 파악할 수 있다. 따라서 이러한 조사 결과는 갑의 주장을 강화하지 않는다.

ㄴ. 옳다. 갑은 A국에는 의사들의 의료 행위에 대한 감시나 확인이 어려우므로, 의료보험이 제공될 경우 병원이 보험회사를 상대로 허위 보험 청구를 하거나 환자에게 과도한 진료비를 청구할 수 있다고 본다. 그런데 A국에서 병원에 입원을 하지 않아도 되는 환자에게도 장기 입원을 권유하는 사례가 빈번하다는 사실은 갑이 예상한 부정 수급의 문제에 해당하는 사례가 자주 발생한다는 것이다. 따라서 이러한 조사 결과는 갑의 주장을 강화한다.

ㄷ. 옳지 않다. 기상청이 공식적으로 발표하는 강수량을 기준으로 하여 날씨 보험이 성공적으로 운영되고 있다는 조사 결과가 있더라도, 이는 갑이 주장하는 역선택의 문제와 부정 수급의 문제와 관련 없는 내용이다. 따라서 이러한 조사 결과는 갑의 주장을 약화하지 않는다.

31. 정답 ⑤

내용 영역 사회 문항 유형 언어 추리

ㄱ. 옳다. 초콜릿 함량 속성 값의 평균 효용값은 '높음'이 4.5, '중간'이 3.5, '낮음'이 2.5이다. 크런치 함량 속성 값의 평균 효용값은 '높음'이 5이고, '낮음'이 2이다. 이에 따른 신제품 X 후보들의 제품 효용값은 다음과 같다.

	초콜릿 함량	크런치 함량	제품 효용값	선호순위	효용값
(1)	높음(4.5)	높음(5)	9.5	1	6
(2)	중간(3.5)	높음(5)	8.5	2	5
(3)	낮음(2.5)	높음(5)	7.5	3	4
(4)	높음(4.5)	낮음(2)	6.5	4	3
(5)	중간(3.5)	낮음(2)	5.5	5	2
(6)	낮음(2.5)	낮음(2)	4.5	6	1

이때 제품 효용값에 따른 순위가 소비자 A의 선호순위와 일치하므로 신제품 X를 구성하는 속성의 효용 가중치는 소비자 A의 선택 과정을 잘 반영한다.

ㄴ. 옳다. (1)~(6)에 대한 소비자 B의 선호순위가 순서대로 3, 2, 4, 5, 1, 6이고, 각각의 효용값을 '10에서 선호순위 값을 차감한 값'으로 한 경우는 다음과 같다.

	초콜릿 함량	크런치 함량	선호순위	효용값
(1)	높음	높음	3	7
(2)	중간	높음	2	8
(3)	낮음	높음	4	6
(4)	높음	낮음	5	5
(5)	중간	낮음	1	9
(6)	낮음	낮음	6	4

이때 초콜릿 함량이 속성 값의 평균 효용값은 '높음'이 6, '중간'이 8.5, '낮음'이 5, 크런치 함량이 속성 값의 평균 효용값은 '높음' 이 7, '낮음'이 6이다. 그리고 이 평균 효용값이 각 속성 값의 효용 가중치가 되므로, 초콜릿 함량의 '높음, 중간, 낮음'의 효용 가중치는

각각 6, 8.5, 5가 되고, 크런치 함량의 '높음, 낮음'의 효용 가중치는 각각 7, 6이 된다.

ㄷ. 옳다. 소비자 A의 선호 조사 결과에 '포장지의 색'이라는 속성을 추가하고 그 속성의 값을 '어두움, 밝음'이라고 하면, 다음과 같이 총 12개의 신제품 후보가 가능하다. 이때 A의 선호도와 효용값을 정하는 방법은 앞선 조사와 동일하지만 초콜릿 함량과 크런치 함량의 속성 값이 모두 같은 경우에는 포장지가 어두운 제품을 더 선호하였다면, 선호순위와 효용값은 다음과 같다.

	초콜릿 함량	크런치 함량	포장지 색	선호순위	효용값
(1)	높음	높음	어두움	1	12
(2)	중간	높음	어두움	3	10
(3)	낮음	높음	어두움	5	8
(4)	높음	낮음	어두움	7	6
(5)	중간	낮음	어두움	9	4
(6)	낮음	낮음	어두움	11	2
(7)	높음	높음	밝음	2	11
(8)	중간	높음	밝음	4	9
(9)	낮음	높음	밝음	6	7
(10)	높음	낮음	밝음	8	5
(11)	중간	낮음	밝음	10	3
(12)	낮음	낮음	밝음	12	1

따라서 포장지 색 '밝음'의 효용 가중치는 6이 된다.

32. 정답 ③

내용 영역 **사회** 문항 유형 **언어 추리**

효율성 기준에 따르면 $\frac{\text{경제 효과}}{\text{실행 비용}}$의 값이 큰 순서에 따라 실행할 정책을 결정한다. 따라서 경제 효과는 클수록, 실행 비용은 적을수록 측정값이 커진다.

형평성 기준에 따르면 $\frac{\text{혜택 인원}}{\text{실행 비용}}$의 값이 큰 순서에 따라 실행할 정책을 결정한다. 따라서 혜택 인원은 많을수록, 실행 비용은 적을수록 측정값이 커진다.

효용성 기준에 따르면 $\frac{\text{경제 효과}}{\text{혜택 인원}}$의 값이 큰 순서에 따라 실행할 정책을 결정한다. 따라서 경제 효과는 클수록, 혜택 인원은 적을수록 측정값이 커진다.

효율성에서 A는 B보다 낮은데 (가)에 의할 때 경제 효과는 A가 B보다 크다. 따라서 실행 비용은 A가 B보다 크다. 또한 A는 효용성에서 B보다 높고 경제 효과도 더 크다. 이 경우 혜택 인원이 B보다 A가 더 많더라도 A가 효용성에서 높을 수 있다. 따라서 A와 B 사이의 혜택 인원의 크기비교는 아직 판단할 수 없다. (경제 효과 A>B, 실행 비용 A>B, 혜택 인원 판단 보류)

효율성에서 B는 C보다 높은데 (나)에 의할 때 실행 비용은 B가 C보다 크다. 따라서 경제 효과는 B가 C보다 크다. (실행 비용 B>C, 경제 효과 B>C)

효용성에서 C는 A보다 낮고 (다)에 의할 때 혜택 인원은 C가 A보다 적다. 따라서 경제 효과는 A가 C보다 커야 한다. (혜택 인원 A>C, 경제 효과 A>C)

C는 형평성에서 A나 B 중 어느 하나보다는 높고 다른 하나보다는 낮다. 그런데 A와 C를 비교하면, 실행 비용과 혜택 인원 모두 A>C라고 하더라도 C가 형평성에서 반드시 A보다 높은 것은 아니다. A가 실행 비용은 조금 크지만 혜택 인원은 월등히 많다면 형평성에서 A>C일 수 있고, 실행 비용은 많이 크지만 혜택 인원은 조금 많다면 C>A일 수 있다. 따라서 형평성에서 A와 C의 크기 비교는 불가능하고 B와의 크기 비교도 불가능하여, 혜택 인원에서 B와 C의 크기 비교는 할 수 없다.

따라서 경제 효과는 A>B>C, 실행 비용도 A>B>C이다. 그러나 혜택 인원에서 A>C는 알 수 있지만, A와 B, B와 C의 관계는 알 수 없다.

33. 정답 ④

내용 영역 **논리학수학** 문항 유형 **모형 추리**

ㄱ. 옳지 않다. 갑과 정의 집이 한 층 차이라면, 갑은 3층, 정은 4층에 살 것이다. 이 경우 을과 병의 집이 1층인지 2층인지 알 수 없으므로 을의 집이 2층이라고 단정할 수 없다.

ㄴ. 옳다. 을과 병이 각각 1층 혹은 2층에 사는 경우 갑은 3층, 정은 4층에 살 것이다. 을과 병이 4층과 3층에 사는 경우는 정이 살 곳이 없어지기 때문에 성립하지 않는다. 다른 경우는 병이 3층, 을이 2층에 사는 경우인데, 이 경우 역시 정은 4층에 살 것이다.

ㄷ. 옳다. 병과 정의 집이 한 층 차이라면, 병과 정은 각각 2층과 3층에 살거나 3층과 4층에 살 것이다. 두 경우 모두 갑은 1층에 살 것이다.

34. 정답 ①

내용 영역 **논리학수학** 문항 유형 **모형 추리**

ㄱ. 옳다. 갑은 A교수의 강의를 수강하고, B교수의 강의는 수강하지 않는다. 그리고 C교수의 강의를 수강하는 모든 학생은 B교수의 강의를 수강한다. 즉, B교수의 강의를 수강하지 않으면서 C교수의 강의를 수강하는 학생은 없다. 따라서 B교수의 강의를 수강하지 않는 갑은 C교수의 강의를 수강하지 않는다.

ㄴ. 옳지 않다. 을은 C교수의 강의를 수강한다. C교수의 강의를 수강하는 모든 학생은 B교수의 강의를 수강하며, A교수의 강의를 수강하는 어떤 학생은 C교수의 강의를 수강한다. 주어진 정보를 통해 을이 B교수, C교수의 강의를 듣는다는 것은 확정할 수 있으나, A교수의 강의를 듣는지 여부는 확정할 수 없다.

ㄷ. 옳지 않다. 을은 C교수의 강의를 수강하며, C교수의 강의를 수강하는 모든 학생은 B교수의 강의를 수강한다. 그리고 D교수의 강의를 수강하는 모든 학생은 B교수의 강의를 수강한다. 따라서 을이 교수 세 명의 강의를 수강하는 경우가 있을 수 있다.

35. 정답 ④

내용 영역 논리학수학 문항 유형 모형 추리

각 모델이 지속된 기간을 각 모델명에 따라 a, b, c, d, e라고 하면 주어진 정보를 통해 a = 2d, b = 2e, c = e - 2임을 알 수 있다. 또한 5개의 모델 생산이 지속된 기간의 총합은 28년이다. 따라서 a + b + c + d + e = 28이며, 주어진 정보를 정리하면, 4e + 3d = 30 이다. d와 e는 자연수이므로 식을 만족시키는 d와 e의 쌍은 (2, 6)과 (6, 3)이다. 각 쌍을 만족하는 경우는 총 두 가지이고, 첫 번째 경우는 a = 4, b = 12, c = 4, d = 2, e = 6, 두 번째 경우는 a = 12, b = 6, c = 1, d = 6, e = 3이다.

또한, 네 번째 조건에 따라, 두 번째 모델이 가장 오랫동안 생산되었으므로 첫 번째 경우에서는 B가 두 번째로 출시된 모델이 되고 두 번째 경우에서는 A가 두 번째로 출시된 모델일 것이다. 그런데 다섯 번째 조건에 따라 두 번째로 오랫동안 지속된 모델을 결정하는 과정에서 두 번째 경우는 두 번째로 오랫동안 지속된 모델이 B와 D 두 개이므로, 다섯 번째 조건에 부합하지 않는다. 따라서 모든 조건을 만족하는 것은 첫 번째 경우이므로, a = 4, b = 12, c = 4, d = 2, e = 6이다.

① 옳지 않다. A가 몇 번째 모델인지 확정할 수 없다.

② 옳지 않다. B는 12년 동안 출시되었다.

③ 옳지 않다. 가장 오래 지속된 모델은 B이다.

④ 옳다. 가장 짧게 지속된 모델은 D이다.

⑤ 옳지 않다. 두 번째로 출시된 모델은 가장 오랫동안 생산된 B이다.

36. 정답 ④

내용 영역 과학기술 문항 유형 언어 추리

뉴런 내 자극을 받은 영역의 경우, 처음의 분극상태 → 자극받은 후 탈분극상태 → 원래로 되돌아가는 재분극상태가 된다. 분극상태(-70mV)의 ⓒ에 자극을 준 후 탈분극상태가 되어 활동전위(+30mV)가 발생하면 곧이어 ⓒ는 재분극상태가 될 것이다. ⓒ는 재분극상태가 되었기 때문에 막전위가 +30mV보다 낮은 -70mV를 향해 간다.

ⓒ가 재분극상태가 되는 시점에 바로 옆의 ⓓ가 탈분극상태가 되었다는 것은 자극이 ⓓ로 전도되었음을 의미한다. 그런데 인위적으로 뉴런의 중간에 자극을 가한 것이므로 자극은 ⓓ로 전도됨과 동시에 ⓑ로도 전도된다. 따라서 ⓓ와 ⓑ의 자극의 변화 양상은 같을 것이다. 즉, ⓓ가 탈분극상태이므로 ⓑ도 탈분극상태이다.

또한 ⓓ의 자극이 ⓔ로 전도될 때 ⓑ의 자극도 ⓐ로 전도될 것이다. 따라서 ⓐ와 ⓔ의 자극의 변화 양상도 같을 것이다.

① 옳지 않다. 위 참고

② 옳지 않다. 위 참고

③ 옳지 않다. 위 참고

④ 옳다. 시점 T에 ⓒ에 새로운 자극이 가해지면, 해당 시점에는 최초 ⓒ에서 ⓑ로 전도된 자극이 ⓐ로 전도되며, ⓑ는 재분극상태가 된다. 새로이 ⓒ에 전도된 자극은 ⓑ에 자극이 전도되지 않았다. 따라서 ⓑ의 막전위는 휴지막전위인 -70mV이다.

⑤ 옳지 않다. 위 참고

37. 정답 ②

내용 영역 과학기술 문항 유형 논증 평가 및 문제 해결

ㄱ. 옳지 않다. 제시문은 환자에게 약을 처방하기 이전에 DNA 유형을 조사하여 적절한 약물을 투여한다면, 약효를 최대화하면서 부작용을 없앨 수 있다고 본다. 만약 간세포에서 알코올과 약물을 해독하는 또 다른 효소인 A가 발견되었다면, 효소 A에 대해서도 시토크롬 P450과 마찬가지로 개인차가 있는지 유무를 조사하면 된다고 볼 것이다. 따라서 A가 발견되었다는 사실은 ㉠을 약화시키지 않는다.

ㄴ. 옳지 않다. 만약 시토크롬 P450의 설계 정보를 담당하는 유전자가 쉽게 변이될 수 있다면, 시토크롬 P450도 환경에 따라 쉽게 달라질 수 있을 것이다. 이는 비록 환자에 대해 약 처방 이전에 유전자 검사를 진행하여도 그 이후에 시토크롬 P450에 변이가 일어나 부작용이 생길 수 있음을 의미한다. 따라서 이는 ㉠을 강화시키지 않는다.

ㄷ. 옳다. 만약 알코올 중독자의 경우에는 시토크롬 P450이 항상 과다 상태에 있어 개인차에 상관없이 약물이 해독된다면, 유전자 검사는 의미가 없을 것이다. 환자의 유전적 차이 때문이 아니라, 음주라는 후천적 요인에 의해서 사람마다 차이가 있을 수 있기 때문에 유전자 검사만으로는 적절한 약물을 처방할 수 없다는 사실을 알 수 있다. 따라서 이는 ㉠을 강화하지 않는다.

38. 정답 ③

내용 영역 과학기술 문항 유형 언어 추리

ㄱ. 옳다. 오페라에 적절한 잔향시간은 1.2초~1.6초이다. 공간의 체적과 잔향시간은 정비례하고 체적 2만 m^3인 공연장이 만석일 때 잔향시간은 1.4초이므로 흡음재와 반사재를 설치하지 않은 B의 현재 잔향시간은 0.7초이다. 여기에 공연장 전체에 흡음재만 설치했다가 반사재의 설치 비중을 점차 늘려 흡음재와 반사재를 2:8까지 조절하면 잔향시간을 0.7초 더 늘릴 수 있다. 이 경우 B의 잔향시간은 1.4초가 되므로 B는 오페라를 공연하기에 알맞은 공간이 된다.

ㄴ. 옳지 않다. 오케스트라 공연에 알맞은 잔향시간은 1.8~2.2초이다. A는 만석일 때 잔향시간이 1.4초이다. 이 공연장에 모두 흡음재만 설치했다가 반사재의 설치 비중을 점차 늘려 그 비중을 100%까지 조절하면 잔향시간은 1.1초가 더 늘어나므로 2.5초가 되어 오케스트라 공연에 알맞지 않게 된다. B의 경우에는 0.7초에서 총 1.1초가 늘어나므로 1.8초가 된다. 따라서 A, B 중 오케스트라 공연에 알맞은 잔향시간을 가진 것은 B이다.

ㄷ. 옳다. A는 흡음재와 반사재가 설치되지 않은 상황에서 잔향시간이 1.4초이다. 연설에 알맞은 공간이 되려면 사람의 목소리가 명료해야 하므로 잔향시간은 음악과 함께 대사가 들려야 하는 오페라의 잔향시간보다는 낮아야 한다. 따라서 연설을 하기 위한 공연으로 사용하기 위해서는 1.2초보다는 잔향시간은 짧아야 할 것이다. 어떤 공연장에 흡음재만 설치하면 아무 것도 설치하지 않았을 때의 잔향시간에서 0.4초가 줄어들므로 이때 A의 잔향시간은 1.0초가 된다. 흡음재와 반사재의 설치 비율이 4:6이 되기 전까지 잔향시간의 증감에 변화가 없다고 하였으므로 A에 흡음재와 반사재의 비율을 6:4까지 조절하면 만석일 때 A의 잔향시간은 1.0초가 된다. 따라서 오페라 공연보다는 대사가 더 잘 들려야 하는 연설을 하기에 더 알맞은 공간이 될 것이다.

39. 정답 ⑤

내용 영역 과학기술 문항 유형 언어 추리

ㄱ. 옳지 않다. 복제 오류가 발생했다면 돌연변이가 생겨 돌연변이의 수는 많아질 것이다. 그리고 복제 오류가 발생하지 않았다면 돌연변이가 생기지 않았을 것이며 돌연변이의 수는 적을 것이다. 따라서 복제 오류가 발생했을 때 관찰되는 돌연변이의 수는 복제 오류가 발생하지 않았을 때 관찰되는 돌연변이의 수보다 많을 것이다.

ㄴ. 옳다. 돌연변이율이 높을수록 병원체의 염기서열 유전정보는 더 많이 달라지고, 그래서 최초의 백신이나 항생제의 효과도 그만큼 줄어든다고 하였다. 따라서 어떤 병원체의 돌연변이율이 높아진다면 이 병원체의 염기서열 유전정보는 더 많이 달라질 것이어서, 최초의 백신이 이 병원체에 저항하는 힘을 키우는 효과를 보일 가능성은 작아질 것이다.

ㄷ. 옳다. 서로 다른 두 병원체는 서로 다른 자체적인 취약성의 임계점을 가질 수 있다. 따라서 두 병원체가 동일한 외부환경과 동일한 복제 횟수를 가지더라도 임계점에 따라 복제 오류 발생 여부가 달라질 것이다.

40. 정답 ①

내용 영역 과학기술 문항 유형 언어 추리

ㄱ. 옳지 않다. 나트륨-칼륨 펌프가 없다면 세포 밖의 높은 나트륨 이온이 세포 안으로 이동하고, 세포 안의 높은 칼륨 이온이 세포 밖으로 이동할 것이다. 그러나 나트륨-칼륨 펌프에 의해 나트륨 이온의 농도는 세포 밖이 더 높고, 칼륨 이온의 농도는 세포 안이 더 높은 상태를 유지하므로, 나트륨-칼륨 펌프는 나트륨 이온은 세포 밖으로, 칼륨 이온은 세포 안으로 이동시킨다.

ㄴ. 옳다. 호르몬이 세포에 작용할 때 사이클릭 AMP(cAMP)의 농도가 상승하고, 이를 통해 세포의 행동을 변화시킨다.

ㄷ. 옳지 않다. 적혈구 세포막의 표면에 나와 있는 당 사슬의 차이로 인한 혈액형의 차이는 고등생물이 갖는 복잡한 구조의 기초라는 사실만 알 수 있을 뿐, 혈액형 차이에 따른 수혈 가능성이 더 고등생물임을 나타낼 수 있음은 알 수 없다.

01. 정답 ③

(내용영역) 법규범 (인지활동 유형) 논증 평가 및 문제 해결

ㄱ. 옳다. 갑은 본인이 실거주할 아파트가 아님에도 분양을 받는 것은 시세차익을 노리고 아파트를 분양 받는 투기적 수요로 볼 수 있으며, 이러한 수요가 부동산 가격을 상승시키는 원인이라고 본다. 그런데 아파트를 신규분양 받은 후 실거주한 사람이 대부분이고, 이를 임대하는 피분양자는 아파트 가격에의 영향이 미미할 정도의 비중에 불과했다면, 갑의 견해는 약화된다.

ㄴ. 옳지 않다. 을은 일부 투기가 과열된 지역에 대해서만 정부가 전·월세를 금지할 수 있도록 할 필요가 있다고 본다. 그런데 정부가 부동산 규제를 정할 당시에 투기적 수요가 있다고 판단되는 지역의 아파트만 한정하여 규제하였더니, 규제 대상이 아닌 지역에 투기적 수요가 현저히 증가한 사실이 있다면, 이는 정부가 일부 투기가 과열된 지역에 대해서만 규제를 시행하면 규제 대상이 아닌 다른 지역에 투기가 과열되는 문제가 발생한다는 것이다. 따라서 이 사실은 을의 견해를 강화하지 않는다.

ㄷ. 옳다. 병은 신축 아파트를 분양 받고자 하는 사람들은 임대차보증금으로 일부 분양대금을 충당한 다음, 임대가 끝나면 임대차보증금으로 일부 분양대금을 충당한 다음 임대가 끝나면 본인이 실거주하기 위한 경우가 많다고 본다. 그러나 실제로 임대를 하였던 피분양자들이 대체로 임대기간 종료 후 시세차익을 위해 부동산을 매각하였다는 사실이 있다면 임대 종료 후 본인이 실거주하기 위한 경우가 많다는 병의 전제가 부정된다. 따라서 이 사실은 병의 견해를 약화한다.

02. 정답 ⑤

(내용 영역) 법규범 (문항 유형) 논쟁 및 반론

<국회의원 의원직을 상실하는 경우>

(1) 공직선거법 위반죄 유죄
(ex: 허위사실공표죄)

(2) 범죄 유죄로 징역형의 집행유예 이상을 선고받아 확정
(벌금형 < 징역형의 집행유예)

ㄱ. 옳다. 이 경우 갑은 범죄로 징역형의 집행유예 이상을 선고받아 확정되었으므로, 국회의원 의원직을 상실하는 경우 (2)에 해당한다. A와 B는 경우 (2)에 대해서 이견이 없으므로, A와 B 모두 이 경우 갑이 국회의원직을 상실한다고 볼 것이다.

ㄴ. 옳지 않다. 공무상비밀누설죄에 대해서 갑이 시험문제를 유출한 것은 인정되나, 시험문제가 공무가 아닌 이유로 무죄를 받았다면, B는 갑이 시험문제를 유출하였음에도 선거과정에서 그러한 사실이 없다고 공보물에 공표한 것이 허위사실을 유포한 것이라고 볼 것이다. 따라서 B는 갑의 국회의원직이 상실되어야 한다고 볼 것이다.

ㄷ. 옳다. 600만 원의 벌금형을 받아 확정되었다면, 이는 경우 (2)에 해당되지 않으므로, 경우 (2)로 국회의원직이 상실되지 않을 것이다. 그러나 갑은 문제를 유출하였음에도 선거과정에서 공보물에 그러한 사실이 없다고 공표한 것이므로 B는 갑의 국회의원직이 상실되어야 한다고 볼 것이다. 그러나 A는 자신의 범죄 혐의와 관련한 사실을 부인하는 것은 허위사실공표죄로 처벌할 수 없다고 보므로, 이 경우 A는 갑의 국회의원직이 상실되지 않아야 한다고 볼 것이다.

03. 정답 ③

(내용 영역) 법규범 (문항 유형) 언어 추리

ㄱ. 옳다. 제1조 제2항에 따라, 퇴직한 법관은 퇴직한 때부터 1년간 사건을 수임할 수 없다. 그러나 甲은 2017년 12월 31일까지 대전지방법원에서 법관으로 재직하였고, 乙의 사건은 2018년 8월 대전고등검찰청의 사건이다. 지방법원과 동일한 기관은 지방검찰청이고, 甲이 조사를 받는 대전고등검찰청과 동일한 기관은 고등법원이다. 따라서 대전고등검찰청은 甲이 근무한 기관이 아니므로 甲은 乙의 사건을 수임할 수 있다.

ㄴ. 옳지 않다. 퇴임일로부터 1년이 지나지 않았고 퇴임 전 근무지와 사건이 진행되는 곳이 같으므로(서울고등법원) 甲이 법관출신인 경우 乙의 사건을 수임하려면, 제3조에 해당하는 사항이 있어야 한다. 하지만 만약 甲이 재판연구원인 경우는 제3조에 해당하는 사항이 없더라도 제2항에 의해 제1조 제2항의 적용을 받지 않으므로 제3조에 해당하는 사항과 무관하게 사건을 수임할 수 있다.

ㄷ. 옳다. 甲이 乙의 사건을 수사한 것은 제1조 제1항의 재직 중 직접 처리한 사건에 해당하며, 검사가 수사하던 사건이 공소제기되어 형사재판이 진행되는 경우는 여기에 포함된다. 제1조 제2항과 달리 제1조 제1항은 [규정]에서 어떠한 예외사유도 규정하고 있지 않으므로 甲은 乙의 사건을 수임할 수 없다.

04. 정답 ④

(내용 영역) 법규범 (문항 유형) 언어 추리

① 옳다. 신속하고 적시적으로 이루어져야 하는 기업의 구조조정이 법원의 업무 과중으로 심리가 지연될 것을 우려하는 사람은, 기업의 구조조정 계획을 법원으로부터 인가받도록 하고 있는 X국 제도에 반대할 것이라 추론할 수 있다.

② 옳다. X국은 기업이 구조조정을 하려는 경우 기업의 구조조정 계획을 국가 기관인 법원으로부터 인가받도록 하고, 반대 채권자의 의사도 종합하여 의견을 청취한다. 그리고 법원이 손실의 분담이 채권자들 간에 형평성 있게 이루어지는지를 살펴 기업의 구조조정 계획 인가 여부를 결정한다. Y국의 경우 사실상 반대 채권자들의 채권의 매수가 완료되지 않으면 기업의 구조조정 계획이 실행되지 않고, 채권 매수 가격이 반대 채권자들이 동의하는 가격에 이루어지기 때문에, 반대 채권자의 지위가 절대적으로 강해진다. 따라서 반대 채권자의 불합리한 요구가 있는 경우 그러한 요구를 국가 기관이 제한하

여 합리적인 범위에서 이익을 조정할 필요가 있다고 생각하는 사람은 X국의 경우 권위 있는 기관인 법원이 그러한 불합리한 요구를 일정 부분 제한하는 것이 가능하지만 Y국의 경우 반대 채권자의 불합리한 요구를 차단할 수단이 없다고 생각할 것이라 추론할 수 있다.

③ 옳다. Y국은 반대 채권자에게 사실상 기업의 구조조정 계획의 실행 여부에 대한 결정 권한을 부여하고 있는 것이다. 이러한 지위를 이용하여 채권매수가격을 지나치게 높이는 등 나머지 채권자들에게 과중한 재정 부담을 요구할 수도 있을 것이다. 이러한 점을 우려하는 사람은 Y국 제도를 반대할 것이라 추론할 수 있다.

④ 옳지 않다. X국 제도나 Y국 제도나 모두 비교적 소수의 채권자를 보호하기 위한 제도이다. 다만 그 방식에 있어서 다른 것이기에, '다수 채권자의 횡포'를 우려한다는 단서만으로는 X국 제도나 Y국 제도 중 어떤 제도를 더 지지하는지는 추론하기 어렵다.

⑤ 옳다. Y국은 기업의 구조조정에 법원이 개입하지 않도록 하고, 그 계획에 찬성하는 채권자와 반대하는 채권자 간의 채권 매수 청구권 행사와 그 매수 가격의 협상으로 문제를 해결하도록 하고 있다. 만약 기업의 구조조정 계획의 수용 여부를 사적 자치와 상호협상의 영역으로 두어야 한다고 생각한다면, 법원이 개입하는 X국 제도보다 채권자들 간의 협상을 통하여 문제를 해결하는 Y국 제도를 더 지지할 것이라 추론할 수 있다.

05. 정답 ①

내용 영역 **법규범** 문항 유형 **논쟁 및 반론**

① 적절하지 않다. 갑은 차고지증명제를 도입해서 추가적으로 유통될 차량만큼의 주차공간을 확보할 필요가 있다고 하였다. 그런데 이미 유통된 차량이 많고 차고지증명제를 소급적용할 수 없다는 사실은 해당 제도의 도입으로 주차공간을 추가적으로 확보해야 한다는 갑의 주장에 영향을 주지 않는다. 따라서 갑의 견해는 약화되지 않는다.

② 적절하다. 갑은 불법주차의 만연 문제가 도심구역의 주차공간 부족으로 인한 것임을 지적하고 있다. 그러나 주차공간이 충분함에도 주차에 비용을 지불하는 것을 부당하게 생각하여 불법주차를 한다면, 갑의 견해는 약화된다.

③ 적절하다. 을은 공용 주차장 사용계약을 체결해놓고 차량 구매 이후에는 사용계약을 해지한 후 차고지 없이도 차량을 보유할 수 있는 문제가 있다고 한다. 그러나 이미 제도를 도입한 X국에서 공용 주차장 사용계약을 근거로 차량을 구매한 차주들 중 다수인 90% 내외가 사용계약을 유지하고 있었다면 이러한 을의 우려는 현실적으로 나타나지 않았음을 의미한다. 따라서 을의 견해는 약화된다.

④ 적절하다. 병은 차고지증명제는 차량구매자에게 막대한 경제적 부담을 안겨줄 수 있다고 한다. 특히 도심에 대한 문제를 지적하고 있는데, 도심에 차고지공간을 마련하기 위한 부동산이 매우 비싸고, 공용 주차장이 거의 설치되어 있지 않다면 병의 이러한 문제의식이 Y국에서 현실적으로 나타날 수 있는 것이므로, 병의 견해는 강화된다.

⑤ 적절하다. 병은 차고지증명제의 도입으로 인하여 자동차를 생계수단으로 사용하는 도심 거주 서민들의 자동차 구매를 가로막을 것이라고 지적한다. 만약 이러한 자동차를 생계수단으로 이용하는 사람들의 소득수준이 낮다면, 이러한 우려는 현실적으로 나타날 가능성이 커지므로, 해당 사실은 병의 견해를 강화한다.

06. 정답 ③

내용 영역 **법규범** 문항 유형 **논쟁 및 반론**

ㄱ. 옳다. A는 발기인들이 가장 먼저 하는 일이 정관의 작성이므로 정관작성 시를 기준으로 설립중의 회사를 인정한다. B는 이러한 정관을 기반으로 최소 1주에 대한 인수 및 금액 납입이 있어야 한다고 본다. 즉, A와 B 모두 정관작성을 전제로 설립중의 회사의 성립 시기를 논의하고 있다.

ㄴ. 옳다. 설립중의 회사가 성립하는 시기에 대해 A는 정관작성을 한 때로 보고, B는 정관작성 이후에 최소 1명의 발기인이 1주라도 인수하여 금액을 납입한 때로 본다. 즉, A를 따르는 경우가 B를 따르는 경우보다 설립중의 회사가 성립하는 시기가 빠르다. 따라서 제3자가 설립중의 회사 X가 성립하자마자 계약을 하였을 경우 B를 따를 때보다 A를 따를 때 더 이른 시기에 계약관계를 인정받을 수 있다.

ㄷ. 옳지 않다. A는 주식회사를 어떻게 운영할지에 대한 내적규범과 주식의 발행 금액과 절차를 규정하는 정관을 작성하는 때 설립중의 회사가 성립한다고 본다. 즉, A는 물적 범위가 최소한으로 확정되는지와 상관없이 정관이 작성되면 바로 설립중의 회사가 성립한다고 보므로, 설립중인 회사가 성립하기 위하여 물적 범위가 최소한으로라도 확정되어야 한다는 주장을 받아들이지 않을 것이다. B는 정관이 작성된 이후 최소 1명의 발기인이 1주라도 인수하여 금액을 납입할 때 설립중의 회사가 성립한다고 본다. 즉, B는 설립중인 회사가 성립하기 위하여 물적 범위가 최소한으로라도 확정되어야 된다는 주장을 받아들일 것이다.

07. 정답 ④

내용 영역 **법규범** 문항 유형 **언어 추리**

ㄱ. 옳지 않다. X국의 경우 공포 때문에 한 의사표시는 의사표시를 한 시점부터 해당 의사표시를 무효로 본다. 甲과 乙은 공포 때문에 2010년 10월에 증여 의사표시를 하였다. 따라서 이들이 12월에 증여 취소 문서를 제출한 것은 유효한 법률행위의 취소가 아니라 무효인 것을 취소하는 것이며, 무효가 되는 시점은 공포 때문에 의사표시를 한 시점이므로 2010년 10월이다.

ㄴ. 옳다. 甲과 乙은 자신 소유의 부동산을 무상으로 증여한 것이므로 재산상 수익이 없고, 상대방은 이익을 얻었다. 따라서 甲과 乙의 증여는 이 경우에 해당되므로 불공정한 법률행위에 대한 규정으로 무효를 주장할 수 있다.

ㄷ. 옳다. 당사자가 무효 원인이 소멸한 뒤, 자신이 공포 때문에 한 법률행위가 무효임을 알고 그 법률행위를 보충하여 확정적으로 유효하게 한 때에는 새로운 법률행위로 본다.

乙이 12월에 증여를 취소한다는 문서를 제출했고, 공포 때문에 한 법률행위가 무효임을 알았다고 할 경우, 무효 원인의 소멸시점에 따라 새로운 법률행위의 여부가 나뉜다. 만약 무효원인 소멸시점을 석방시점(2010년 10월)으로 본다면, 乙은 무효원인 소멸 후인 2011년 5월에 취소 번복 문서를 제출하였으므로 乙의 문서 제출은 새로운 법률행위이다. 그러나 무효원인 소멸시점을 계엄령 해제 시점(2011년 12월)으로 본다면, 乙은 무효원인 소멸 전인 2011년 5월에 취소 번복 문서를 제출하였으므로 乙의 문서 제출은 새로운 법률행위가 아니다.

<보충 해설> 무효인 법률행위를 새로운 법률행위를 한 것으로 보는 경우는 무효 원인이 소멸한 뒤에 당사자가 자신의 법률행위가 무효임을 알고, 후에 그 법률행위를 보충하여 확정적으로 유효하게 한 때이다. 이를 적용하기 위해서는 (1) 무효인 법률행위가 있었는지의 여부와 무효 원인이 소멸하는 시점, (2) 당사자가 자신의 법률행위가 무효인 것을 알았는지 여부, (3) 이후 당사자가 법률행위를 보충하였는지의 여부를 파악해야 한다. 이때 법률행위를 보충하였으므로 확정적으로 유효하게 되었다고 보아야 할 것이다. 그리고 <사례>에서는 '공포 때문에 의사표시를 한 것'과 '증여를 취소한다는 문서를 제출한 행위' '증여 취소를 번복하는 문서를 다시 제출한 행위'가 제시되어 있다. 공포 때문에 의사 표시를 한 경우는 의사표시를 한 시점부터 해당 의사표시를 무효로 본다고 하였으므로 이 정보를 토대로 (1)이 만족된다. 사례에서 '법률행위를 보충하였다'는 표현이 없고 '문서를 제출하였다'고 되어 있으므로 문서를 제출한 행위를 법률행위를 보충하여 무효인 법률행위를 유효하게 하고자 하는 행위로 볼 수 있다. 따라서 문서를 제출한 행위로 (3)이 만족되고 ㄷ에서 '의사표시가 무효임을 안 경우'로 (2)가 만족된다.

08. 정답 ③

(내용 영역) 법규범 (문항 유형) 언어 추리

ㄱ. 옳다. 행정행위의 직접 상대방의 입장에서는 이익이 되는 행정행위는 최대한 효력을 유지하여 취소의 취소를 허용하는 것이, 불이익이 되는 행정행위는 취소의 취소를 불허하여 효력을 상실시키는 것이 유리하다.

	이익이 되는 행위		불이익이 되는 행위	
	제3자 有	제3자 無	제3자 有	제3자 無
㉠	허용	허용	불허	불허
㉡	불허	허용	불허	허용

ㄴ. 옳다. 부가가치세부과처분은 상대방의 입장에서 불이익이 되는 행정행위이다. 세금을 납부하는 것을 이익으로 생각할 사람은 없기 때문이다. ㉠의 경우 취소의 취소가 허용되지 않는다고 볼 것이고, ㉡의 경우 달리 취소의 취소로 이해관계에 영향을 받는 제3자가 없으므로 취소의 취소가 허용된다고 볼 것이다.

ㄷ. 옳지 않다. 광업허가처분은 상대방의 입장에서 어떠한 권한을 부여받는 것으로 이익이 되는 행정행위이다. ㉠의 경우 이익이 되는 행정행위의 취소의 취소로서 허용이 된다고 볼 것이고, ㉡의 경우 '광산 하나에 대해서는 한 사람에게만 광업허가를 할 수 있고,' '이미 을에 대한 광업허가취소로 인하여 광업허가를 새로이 받은 병'이라는 제3자가 있으므로 취소의 취소가 허용되지 않는다고 볼 것이다.

09. 정답 ③

(내용 영역) 법규범 (문항 유형) 언어 추리

ㄱ. 옳다. 규정 (3)에 따르면, 하자에 대한 보수비용이 이미 완성된 부분 가치의 10% 이하일 경우 도급인은 수급인에게 나머지 층에 대한 공사대금을 지급해야 한다. 하지만 10%를 초과하면 공사대금을 지급하지 않을 수 있다. 이 경우, A, B, C 각 1개 층으로 이루어진 건물이므로 가령 완성된 부분이 B와 C의 두 층으로 그 가치가 7억 원이고, 또 하자가 전기와 가스로 총 4건이라면 보수비용은 총 8천만 원으로 완성된 부분 가치의 10%를 초과한다. 따라서 이 경우 甲이 3층에 대한 공사대금을 지급하지 않을 수 있다.

ㄴ. 옳다. 지체금을 구하는 데 있어 파악해야 하는 "계약을 해제할 수 있게 된 날"은 [규정] (2)에 정의되어 있다.

"계약을 해제할 수 있게 된 날=독촉통지를 한 날을 포함하여 2주가 지난 다음 날"

이와 같이 규정 (2)에 따르면 甲은 乙이 완성의무를 지체하는 경우, 2주간 의무이행을 독촉할 수 있다. 甲은 완공기한이 지났음에도 乙이 완성의무를 지체하자 7월 3일에 독촉통지를 시작하였다. 7월 3일에 독촉을 시작하였으므로 2주 후는 7월 16일이다. 그리고 2주가 지난 다음 날부터 공사계약을 적법하게 해제할 수 있으므로 7월 17일이 공사계약을 적법하게 해제할 수 있게 된 때로 지체금 발생의 종기이다. 그리고 규정 (1)에 따르면 지체금의 발생 시기는 완공기한 다음 날이므로 7월 2일이다. 따라서 乙은 16일분인 8천만 원을 지급해야 한다.

ㄷ. 옳지 않다. 규정 (4)에 따르면 공사가 이미 진척된 이후 공사계약이 해제된 경우, 이미 완성된 부분에 상응하는 금액을 수급인에게 지급해야 한다. 같은 용도의 층을 연속해서 지을 수 없기에 아래층을 시작으로 (A, B, B, C, C), (B, A, B, C, C)의 조합은 불가능하다. 그러나 가령 (B, C, B, A, C)와 같이 아래 3개 층을 구성할 수 있는데, 이 경우 甲은 12억 원이 아니라 11억 원을 지급하면 된다.

10. 정답 ③

내용 영역 법규범 문항 유형 논쟁 및 반론

<견해>

A: P회사는 호텔숙박업을 하는 회사이고, 소유하고 있는 유일한 호텔을 양도하는 것이므로, 이때 P회사의 호텔은 회사의 존속에 기초가 되는 재산이라 할 수 있다. 따라서 <사례>와 같은 경우 중요자산 양도의 요건과 영업양도의 요건을 모두 갖추어야 양도가 유효하다고 볼 것이다.

B: P회사는 기존의 직원들로 사업을 계속할 예정이므로, 이 호텔의 양도에 포괄적인 이전이 수반된다고 할 수 없다. 따라서 <사례>의 경우 중요자산 양도의 요건을 갖추면 양도가 유효하다고 볼 것이다.

ㄱ. 옳다. 5명의 이사가 참석하여 3명이 동의한 경우는 과반수 출석과 출석인원 과반수 찬성에 해당하므로 B에 따를 경우 중요자산의 양도요건을 충족하여 호텔의 양도가 가능하다.

ㄴ. 옳지 않다. 영업양도에서 주주총회에서 출석한 주주의 의결권 3분의 2 이상과 전체 의결권의 3분의 1 이상의 동의가 필요하다. 갑과 을은 합쳐서 60주를 소유하고 있는데, 나머지 40주를 소유하고 있는 주주들이 모두 출석해서 동의한다면, 출석한 주주 3분의 2 이상, 전체 의결권 3분의 1 이상의 요건을 충족하여 영업 양도의 요건을 갖추게 된다. A는 호텔의 양도에 영업 양도의 요건과 중요자산 양도의 요건을 모두 갖추는 것을 요구하고 있으므로 중요자산 양도의 요건 또한 갖추게 된다면 호텔의 양도는 가능하다.

ㄷ. 옳다. A는 재산을 양도할 당시에 회사가 영업을 이미 중단하고 있던 상태라면 주주총회 결의를 받을 필요가 없다고 보고 있다. 따라서 만약 호텔을 양도하기 전에 P회사가 이미 영업을 중단하고 있다면, A도 주주총회의 결의를 요구하지 않고 이사회의 결의만으로 양도를 인정할 것이다. 그리고 B는 애초에 <사례>를 중요자산의 양도로 보고 있으므로 이사회의 결의만으로 양도를 인정할 것이다.

11. 정답 ③

내용 영역 법규범 문항 유형 언어 추리

ㄱ. 옳다. X국은 노인이나 어린아이, 질병 기타 사정으로 인하여 보호를 요하는 자를 보호의무자가 유기한 경우에 유기죄로 처벌한다. 그런데 이 당시 갑은 을과 혼인신고를 하지 않은 채 동거를 하고 있으므로 법률상 배우자가 아니어서 갑은 을에 대한 보호의무자가 아니다. 따라서 이 경우 갑을 을에 대한 유기죄로 처벌할 수 없다.

ㄴ. 옳다. X국은 노인이나 어린아이, 질병 기타 사정으로 인하여 보호를 요하는 자를 보호의무자가 유기한 경우에 유기죄로 처벌한다. 병은 태어난 지 일 년도 되지 않은 어린아이이므로 보호를 요하는 자에 포함되며, 갑과 을은 병의 법률상 부모이므로 병을 보호해야 할 보호의무자에 해당한다. 갑은 병이 자신의 친자가 아니라고 착각하여 자신에게 보호의무가 없다고 생각하였으므로, 이는 자신이 보호의무자의 지위에 있는지에 대하여 잘못 인식한 경우이다. 따라서 갑을 유기죄로 처벌할 수 있다. 한편, 보호의무자가 자신에게 보호의무가 있는지의 여부에 대해 잘못 인식한 경우에 의무위반죄로 처벌하지 않는다. 따라서 갑을 의무위반죄로 처벌할 수 없다.

ㄷ. 옳지 않다. X국은 노인이나 어린아이, 질병 기타 사정으로 인하여 보호를 요하는 자를 보호의무자가 유기한 경우에 유기죄로 처벌한다. 이 경우, 병은 태어난 지 일 년도 되지 않은 어린아이이므로 보호를 요하는 자에 포함되며, 갑과 을은 병의 법률상 부모이므로 병을 보호해야 할 보호의무자에 해당한다. 그리고 보호의무자가 보호해야 하는 상황이 발생하였는지에 대하여 잘못 인식한 경우에는 유기죄로 처벌하지 않는다. 이 경우, 을은 병이 보호가 필요한 상황이 아니라고 잘못 인식하였으므로, 유기죄로 처벌받지 않을 것이다.

12. 정답 ②

내용 영역 법규범 문항 유형 언어 추리

ㄱ. 옳지 않다. X국이 지역구 의원을 선출하지 않는다면 비례대표 의원만을 선출하게 된다. 혼용제도 비례대표 의원과 지역구 의원을 모두 선출하는데, 지역구 의원을 선출하지 않는다면 결과적으로 비례대표 의원만 선출하게 되는 것이다. 갑에 따르면 모든 국회의원은 국민을 대표하며 의원직이 유지되어야 하므로, 이 경우 국회의원직이 유지될 것이다. 그리고 을은 비례대표가 의원직을 상실해야 한다고 하였으므로 이 경우 국회의원직이 모두 상실될 것이고, 병에 의하여도 마찬가지이다. 따라서 을의 견해를 따랐는지 병이 견해를 따랐는지 확정할 수 없다.

ㄴ. 옳다. 세 명의 견해 중 일부만 의원직을 유지할 가능성이 있는 것은 을밖에 없다.

ㄷ. 옳지 않다. 정당해산심판 승인시 의원직 유지나 상실 여부를 정리하면 다음과 같다.

	갑	을	병
비례대표제	전원 유지	전원 상실	전원 상실
지역구선거제	전원 유지	전원 유지	전원 상실
혼용제	전원 유지	일부 유지 일부 상실	전원 상실

비례대표제를 선택하더라도 을과 병 두 명의 의견이 일치하므로, 두 명의 의견이 일치하였다고 해서 X국의 선거제가 지역구선거제라고 할 수 없다.

13. 정답 ⑤

내용 영역 인문 문항 유형 논쟁 및 반론

ㄱ. 옳다. 갑은 미적 속성은 작품에 실재하여 감상자로 하여금 미적 판단을 하게 하거나 미적 감정을 느끼게 하는 어떤 것이라고 본다. 따라서 작품의 미적 속성은 작품에 실재한다는 사실에 갑은 동의할 것이다. 을은 미적 속성은 감상자가 작품과의 관계 속에서 형성하는 미적 감수성의 반응 결과이지 감상자와 관계없이 작품에 독립적으로 존재하는 것이 아니라고 본다. 따라서 작품에 대한 미적 속성은 실재한다는 사실에 동의하지 않을 것이다.

ㄴ. 옳다. 갑에 의하면 작품의 미적 속성은 표준적인 관찰조건에서 지각되는 것으로 작품에 실재하는 것이지만, 표준적인 관찰조건이 아니라면 또는 실수나 소양부족으로 다른 미적 판단을 내릴 수 있다고 본다. 을에 의하면 감상자가 가진 미적 감수성의 차이에 의해 다르게 나타나는 반응 결과가 미적 속성이라고 보아 감상자마다 미적 판단이 다를 수 있다는 점에 동의할 것이다.

ㄷ. 옳다. 갑은 작품의 미적 속성은 작품에 내재된 특정 속성에 의해 표준적인 관찰조건에서 지각되는 것이기에 표준적 관찰조건과 다른 관찰조건에서는 미적 속성이 지각되지 않을 수도 있다고 보는 입장이다. 그러나 을은 작품의 물질적 속성과 미적 속성을 분리하여 감상자가 대상의 물질적 속성을 지각하는 데에 실수할 수 있을 수도 있지만, 그렇다고 하더라도 미적 속성을 지각할 때에는 실수할 수 없다고 보는 입장이다. 따라서 작품의 관찰조건에 따라 감상자의 미적 속성에 대한 지각 여부가 달라진다는 사실에 갑은 동의할 것이지만, 을은 동의하지 않을 것이다.

14. 정답 ②

내용 영역 인문 문항 유형 논쟁 및 반론

ㄱ. 옳지 않다. A는 거짓말을 해서는 안 된다는 보편타당한 도덕원칙을 지키지 않을 경우 사회가 원활하게 유지될 수 없다고 본다. B는 원칙의 위험이 크더라도 원칙을 지켜야 한다는 입장이다. 따라서 A와 B는 어떤 원칙을 지키는 데 있어 예외를 허용할 수 없다는 데 동의할 것이다.

ㄴ. 옳지 않다. A에 따르면 어떠한 거짓말이든 그것은 정당하지 않다. B에 따르면 진실을 들을 권리가 있는 사람에게만 우리는 진실을 말할 의무가 있다. 그런데 이 경우, 친구는 나에게 거짓말을 하도록 요구할 권리가 없다는 것이다. 따라서 살인범에게 진실을 들을 권리가 있다는 것이 아니므로 B는 여전히 거짓말이 정당하다고 볼 것이다. 따라서 A와 B가 같은 결론에 도달하는 것이 아니다.

ㄷ. 옳다. A에 따르면 어떠한 거짓말이든 그것은 정당하지 않다. 그러나 B에 따르면 이 경우 거짓말은 도덕적으로 정당하다. 그리고 C는 주변 사람들을 죽음에 이르게 할 가능성이 있는 원칙은 사회의 질서 유지를 해치는 원칙이며, 이 원칙은 허용될 수 없다고 본다. 선의의 거짓말을 하는 것은 목숨을 구하기 위한 것으로 주변 사람들을 죽음에서 벗어나게 할 가능성이 있는 것이다. 따라서 C는 이 경우 선의의 거짓말을 정당하다고 볼 것이다.

15. 정답 ④

내용 영역 인문 문항 유형 논쟁 및 반론

ㄱ. 옳지 않다. A의 주장을 요약하자면, 전능한 신이 존재한다면 이에 의해 미래의 모든 사물의 존재 여부가 결정되어 있고, 따라서 우연성이 존재하지 않는다는 것이다. 즉, A에 따르면 전능한 신이 존재하는 경우 우연성이 존재하지 않는다. 그러나 그 역을 A가 수용할지는 알 수 없다.

ㄴ. 옳다. A에 대한 B의 반박은 전능한 신이 미래 사물의 존재 여부를 모두 예견할 수 있다고 하더라도 여전히 해당 사물의 존재 방식 및 양태는 미결정 상태로 남아있다는 전제 위에서 성립한다. 따라서 B는 신마저도 미래 사물의 존재 방식 및 양태를 모두 예견하지는 못한다는 데 동의할 것이다.

ㄷ. 옳다. A의 주장에 따르면 전능한 신이 존재하는 경우 미래의 모든 사물의 존재 여부가 결정되어 있고, C의 논증에 따르면 인간의 자유의지를 인정하는 경우 미래의 어떤 사물의 존재 여부는 미결정 상태로 남아있다. 둘을 모두 인정한다면, 인간의 자유의지와 전능한 신의 존재는 서로 배타적, 즉 양립 불가능하다.

16. 정답 ④

내용 영역 인문 문항 유형 언어 추리

ㄱ. 옳지 않다. 심사위원 2와 3이 논문 A의 발전성 항목에 대해 판단할 기회가 있었더라도, 두 심사위원이 모두 A의 발전성에 대해 불합격 판정을 내릴 경우에는 제시문의 상황과 동일하게 ㉠과 같은 상황이 발생하게 된다.

ㄴ. 옳다. 심사위원 2가 논문 A의 정합성에 대해 합격 판정을 내렸다면, 논문 A의 게재 여부는 각 항목에 대해서 다수의 심사위원이 내린 판단을 따르는 경우와 각 심사위원이 내린 판단 가운데 다수를 따르는 경우 모두에 게재가 가능하게 된다. 따라서 ㉠은 발생하지 않았을 것이다.

ㄷ. 옳다. 추가된 심사위원이 심사위원 2 또는 심사위원 3과 동일한 판단을 내릴 경우에는 ㉠과 같은 상황이 발생하게 된다.

17. 정답 ⑤

내용 영역 인문 문항 유형 언어 추리

① 옳다. 수반적 관계는 어떤 세계에서 동일한 속성을 가지는 2개의 집단에 대해 상호 모순되는 판단을 할 수 없다는 것이다. 같은 가능 세계 내에서라도 동일한 속성을 가지지 않은 집단 사이에서는 수반 관계가 인정되지 않을 수 있다.

② 옳다. ⓐ에서 '703호가 훌륭한 방이 아니다'라는 것과 '803호가 훌륭한 방이다'라는 것은 자기 모순적 관계에 있다. 따라서 803호가 훌륭한 방이고 703호가 다른 모든 측면이 동일하면 703호도 훌륭한 방이라는 것이라고 해야 모순에서 벗어나고, 그렇다면 '703호는

훌륭한 방이다'라는 것은 '803호가 훌륭하다'라는 것에 수반됨을 의미한다.

③ 옳다. ⓒ에서 '703호는 6면체의 방이 아니다'라는 것은 '803호가 6면체의 방이다'라는 것과 모순관계에 있으므로 전자는 후자에게 수반되는 관계가 아니다.

④ 옳다. A가 B에 수반된다는 것은 어떤 가능세계 안에서 B에 일치하면서 A에서 다른 두 사물은 존재하지 않아야 한다는 의미이므로 다른 가능세계에서는 B에 일치하면서 A에서 다른 두 사물은 존재할 수 있다.

⑤ 옳지 않다. ⓑ에서 명명의 문제는 수반적 사고가 적용되지 않지만 동일한 사실로 구성되어 있다면, 두 계약의 이름이 어떠한가에 상관없이 동일한 판단을 내려야 한다. 따라서 이름이 각기 다른 도급계약들 역시 일정한 사실들로 동일하게 구성되어 있다면 수반적 사고에 구속되어야 할 것이다.

18. 정답 ③

내용 영역 인문 문항 유형 논쟁 및 반론

ㄱ. 옳지 않다. A는 감정적 동기와 이성적 인식을 구분한다. 그리고 갑은 A의 이 구분을 부정하지 않고 A의 주장을 지적한다. 이는 갑도 이성적 인식과 감정적 동기 사이의 구분, 즉 감정적 인식에 의한 행위는 이성적 인식에 의한 행위가 아니라는 점을 받아들이고 있다는 것이다. 한편, 을은 어떤 행위의 동기가 이성적 인식과 동시에 감정적 동기도 될 수 있다고 본다. 그러나 을이 이성적 인식과 감정적 동기가 언제나 동반된다고 보는 것은 아니다.

ㄴ. 옳지 않다. 갑은 감정적 동기인 동정심에 의해 타인을 도운 행위가 도덕적 가치를 가질 수 있다고 본다. 반면, 병은 동정심이 있는 사람이라도 타인을 돕는 행위가 도덕적 의무에 위배되지 않는다는 인식이 있어야만 타인을 돕는 것이라고 본다. 그리고 도덕적 의무에 대해 인식하고 있다면, 그 사람의 행위는 도덕적 가치를 가진다고 판정되어야 한다고 본다. 즉, 병은 동정심을 가진 사람 모두가 타인을 돕는 행위를 하는 것은 아니라고 본다.

ㄷ. 옳다. 을은 어떤 사람의 행위가 도덕적 가치를 가진다는 것은 의무에 대한 이성적 인식이 그 행위를 촉발하게 되었음을 의미한다고 본다. 따라서 을은 어떤 사람의 행위가 도덕적 가치를 가진다면, 그 사람은 의무에 대한 인식을 가지고 있다고 볼 것이다. 그리고 병은 어떤 행위가 도덕적 가치를 가지기 위해서는 행위자가 어떤 행위를 실행하는 순간 도덕적 의무에 대해 인식하고 있어야만 한다고 본다. 즉, 병은 어떤 사람의 행위가 도덕적 가치를 가진다면, 그 사람은 의무에 대한 인식을 가지고 있다고 볼 것이다.

19. 정답 ①

내용 영역 인문 문항 유형 논쟁 및 반론

ㄱ. 옳다. 갑에 의하면, 좋은 것(X)은 '좋음'을 내포하고 있는데, 이 어떤 좋음을 증진시키는 것은 올바르다. 가령 '날이 잘 선 칼'은 좋은 칼인데 이 칼은 '물건을 잘 자름'이라는 좋음을 내포하고 있다. 따라서 물건을 잘 자름이라는 어떤 좋음을 증진시키면 올바른 행위이지만, 일부러 무디게 한 행위는 올바르지 않은 행위이다. 따라서 갑이 어떤 행위가 올바르지 않다고 판단하였다면 그 행위는 어떤 좋음을 증진시키지 않은 것이며, 어떤 행위가 올바르다고 판단했다면 그 행위는 어떤 좋음을 증진시킨 것이다.

ㄴ. 옳지 않다. 갑은 좋은 것이 내포한 좋음을 증진시키는 것이 올바르며, 증진시키지 않는 것은 올바르지 않다고 주장한다. 즉, 갑은 '올바름'과 '좋음'이 별개가 아니라 관계가 있다고 보는 것이다. 이에 대해 을은 우리가 올바르다고 판단할 때, '좋음'에 의존하지 않는다는 지적을 한다. 따라서 갑에 의하면 향락을 좋은 것이라고 판단한다면, ㉠은 올바르며, 향락을 좋은 것이라고 판단하지 않는다면, ㉠은 올바르지 않다. 그리고 을에 의하면 ㉠이 보편적으로 올바르면 올바른 것이지만, 만약 보편적으로 올바르지 않다면 올바르지 않다. 따라서 을의 관점에서 ㉠이 올바른 것이 아닐 수도 있다.

ㄷ. 옳지 않다. 을은 우리가 올바름의 기준에 대해서 보편적으로 합의하고 있으며 이 보편적 합의는 '좋음'에 대한 판단이 없어도 가능하다. 그래서 을은 좋지 않은 행위라는 판단 없이도 어떤 행위가 비도덕적이라고 말할 수 있다고 본다. 즉, 반드시 좋지 않은 행위가 옳지 않은 행위의 근거가 되지 않는다는 것이다. 따라서 누군가가 어떤 행위에 대해 비도덕적이라고 판단하였다면 그는 그 행위가 좋지 않은 행위라고 판단했을 수도 있고 좋은 행위라고 판단했을 수도 있다.

20. 정답 ①

내용 영역 인문 문항 유형 논쟁 및 반론

ㄱ. 옳지 않다.

〈A의 주장〉

1. 타인의 행동이 자신의 원칙에 부합하지 않는다 → 타인의 행동에 반대할 명분을 가진다.
   (1) 그가 자신의 원칙을 성실히 지키고 있을 때 그의 요청은 호소력을 띠고,
   (2) 그가 자신의 원칙을 성실히 지키지 않는다면, 그의 요청은 호소력을 띠지 않는다.
   ⇨ 자신의 원칙이 보편타당하다고 믿고 있기 때문
2. 타인을 불관용(존중하지 않음)하는 사람은, 관용을 보편타당한 원칙으로 받아들이고 있지 않음 ⇨ 따라서 이 사람의 불관용은 호소력을 띠지 않음

A에 따르면 어떤 사람의 요청이 호소력을 띠는지의 여부는 〈A의 주장〉 (1)과 (2)에서처럼 '요청하는 사람이 원칙을 성실히 지키는

지의 여부'에 달려 있다. 즉, A는 요청을 받는 상대방, 즉 타인이 원칙을 보편타당하게 받아들이는지의 여부에 대해서 고려하지 않는다. 따라서 이 경우 갑이 원칙을 성실하게 스스로 지키는 사람이라면 갑의 요청이 호소력이 있을 수 있다.

ㄴ. 옳다. A는 타인을 불관용(존중하지 않음)하는 사람은, 관용을 보편타당한 원칙으로 받아들이고 있지 않으므로 X종교의 교인들에 대해 관용의 태도를 보일 필요가 없다고 주장한다. 따라서 A는 X종교의 교인들은 타인을 관용하지 않는다고 판단한다. 그리고 B에게 관용의 의미는 개종을 강제당하지 않는다는 것인데, Y가 강제로 개종시키고자 하므로 관용하지 않은 것이다. 따라서 A와 B 모두에 따를 때 Y의 교인들은 X종교의 교인들을 관용하지 않은 것이다.

ㄷ. 옳지 않다. ㉠은 A와 B가 함께 인정할 수 있는 원칙이다. B는 X종교의 교인들이 타인에게 개종을 강제하지 않는 한 이들 역시도 개종을 강제당해서는 안 된다고 주장하는데 이는 우리 모두가 자신의 종교를 선택함에 있어 어떠한 제약도 경험하지 않기를 바라며 X종교도 그렇다고 한다. 즉, X종교 사람들이 자신의 원칙을 성실히 지키고 있으므로 그들의 주장도 호소력을 띨 수 있다는 것이다. 따라서 B가 ㉠을 반대하지 않을 수 있다.

21. 정답 ④

내용 영역 인문 문항 유형 논증 분석

제시된 진술을 정리하면 다음과 같다.

㉠ : [법칙 이용 ∧ (성공적으로 현상 설명 ∨ 성공적으로 현상에 대해 과학적 추론)] → 그 법칙 타당

㉡ : (물리 법칙 이용 ∧ 성공적으로 물리 현상 설명) → 그 물리 법칙 타당

㉢ : 물리 법칙 이용 ∧ 성공적으로 물리 현상 설명

㉣ : 사유 규칙 ∧ 물리 현상에 대한 과학적 추론

㉤ : [법칙 이용 ∧ (성공적으로 현상 설명 ∨ 성공적으로 현상에 대해 과학적 추론)] → (그 법칙의 기원은 신의 존재이고 논리학 공리가 아님 ∨ 그 법칙의 기원은 논리학 공리이고 신의 존재가 아님)

㉥ : 물리 법칙 이용 ∧ 성공적으로 물리 현상 설명 ∧ 신의 존재는 성공적인 물리적 현상 설명 법칙의 기원

ㄱ. 옳지 않다. ㉡, ㉢, ㉣로부터 물리학자들이 이용한 물리 법칙은 타당성을 가진다는 것은 도출할 수 있지만, 모든 법칙에도 적용되는지는 도출되지 않는다.

ㄴ. 옳다. ㉣로부터 물리학자들은 법칙의 하나인 사유 규칙을 이용하였고, 이를 통해 성공적으로 물리 현상에 대한 과학적 추론을 한다. 이는 ㉤의 전건을 긍정하여 후건이 도출되므로, ㉣과 ㉤에 따라 '사유 규칙의 기원은 신의 존재 또는 논리학 공유 중 하나이다'가 도출된다.

ㄷ. 옳다. ㉢과 ㉤으로부터 '물리 법칙의 기원은 신의 존재이고 논리학 공리가 아님 ∨ 물리 법칙의 기원은 논리학의 공리이고 신의 존재가 아님'이 도출된다. 이때 '물리 법칙의 기원은 신의 존재'와 '물리 법칙의 기원은 논리학의 공리'는 배타적 선언 관계에 있고 ㉥에서 '신의 존재는 물리적 법칙의 기원'이므로, 논리학의 공리는 물리 법칙의 기원이 될 수 없다가 도출된다.

22. 정답 ③

내용 영역 인문 문항 유형 논쟁 및 반론

ㄱ. 옳다. A에 따르면 H_2O로 구성된 액체는 물이고, 그렇지 않은 액체는 물이 아니다. 따라서 어떤 가능세계에 H_2O로 구성되어 있지 않은 화합물이 있다면 이 화합물은 물이 아니다. 그러나 B에 따르면 (2)는 필연적으로 참인 개념에 대한 수정가능성을 논하는 명제로서 물이 H_2O가 아닌 다른 개념으로 수정되는 경우를 상상할 수 있다. 따라서 B에 따르면 어떤 가능세계가 존재하여 H_2O가 아닌 것으로 밝혀진 '물'과 필연적 참인 명제 (1)에서 논하는 '물'이 서로 다른 의미를 가질 수 있다.

ㄴ. 옳지 않다. A는 (1)이 필연적 참이라면, 이것이 오류일 수 있다는 의미인 (2)는 참이 아니라고 주장한다. 이 때문에 A는 (1)과 (2)가 양립 불가능하다고 하는 것이다. 따라서 A에 따르면 필연적으로 참인 명제에 대해 그것의 오류가능성이 있다는 명제는 양립할 수 없다. 그리고 B는 (1)은 필연적으로 참이지만 (2)는 필연적으로 참인 것에 대한 오류가능성을 말하는 것이 아니라고 한다. 즉 B 역시 필연적으로 참인 명제에 대해 그것의 오류가능성이 있다는 명제는 양립할 수 없다는 것에 동의하는 것이다. 따라서 이 경우 B에 따를 때 양립 가능하다고 할 수 없다.

ㄷ. 옳다. B에 따르면 현재 우리가 갖고 있는 물 개념에 따르면, '물은 H_2O이다.'는 'x는 물이다 → x는 H_2O이다'에서 '물'의 의미(개념)를 부분적으로 구성해주는 언어규칙이다. 그리고 물이 H_2O가 아닌 것으로 밝혀지는 경우를 상상할 수 있다고 본다. 즉, B가 옳다면 이 언어규칙이 변경될 가능성을 배제할 수 없다. 따라서 이 주장이 옳다면 B는 강화될 것이다.

23. 정답 ③

내용 영역 인문 문항 유형 언어 추리

ㄱ. 옳지 않다. 정후가 가진 정보가 참이라면, 『변신 이야기』는 오비디우스가 쓴 책이다. 따라서 ㈎에 따르면 ㉠은 모두 참이 된다. 'A이면 B이다'에서 A가 참이고 B가 거짓인 경우가 아니기 때문이다.

ㄴ. 옳지 않다. 수지가 가진 정보는 『변신 이야기』를 누군가 썼고 그것이 오비디우스라는 것이다.

㈎의 방식을 적용할 경우 ㉢의 진위는 다음과 같다.

㉢	만약 오비디우스가 쓰지 않았다면	오비디우스가 아닌 다른 누군가가 썼다.	진위
수지의 정보 (오비디우스가 씀)	거짓		참

그러나, (나)의 방식으로 ㉢을 가정적으로 해석한다면, 실제로는 오비디우스가 『변신 이야기』를 썼지만, 그럼에도 이 사실이 성립하지 않는다는 가정을 참으로 가정하자는 것이다. 즉 전건을 참으로 가정한 후, 오비디우스가 안 썼다면 그것이 누구일까를 생각해볼 수 있다는 것이다. 이때 오비디우스가 아닌 다른 누군가가 썼다는 사료나 자료 등 뒷받침할 만한 것이 발견될 수도 있고, 오직 오비디우스만이 작성하였다는 것이 발견될 수도 있을 것이다.

㉢	만약 오비디우스가 쓰지 않았다면	오비디우스가 아닌 다른 누군가가 썼다.	진위
수지의 정보 (오비디우스가 씀)	참	거짓 참	거짓 참

따라서 이 경우 ㉢의 진위를 상반되게 판단할 수도 있다.

ㄷ. 옳다. (나)의 방식으로 ㉢을 가정적으로 해석한다면, 실제로는 오비디우스가 『변신 이야기』를 썼지만, 그럼에도 이 사실이 성립하지 않는다고 가정하는 것이다. 즉, 만약 오비디우스가 쓰지 않았다면, 오비디우스 외 다른 누군가일 가능성도 있는 것이다. 이 가능성을 따질 때, 오비디우스가 『변신 이야기』를 저술하면서 자료 조사 등 오비디우스만이 작성할 수 있는 새로운 사료가 발견되었다면 이는 오비디우스가 아닌 다른 누군가가 썼을 가능성을 배제한다. 따라서 이 정보가 참이라는 것을 아는 사람은 오비디우스가 아닌 다른 누군가가 『변신 이야기』를 썼다는 것을 거짓이라고 볼 것이다. 따라서 이 경우 (나)를 적용하면 ㉢이 거짓일 것이다.

㉢	만약 오비디우스가 쓰지 않았다면	오비디우스가 아닌 다른 누군가가 썼다.	진위
정보 (오비디우스가 씀)	참	거짓	거짓

24. 정답 ②

내용 영역 **인문** 문항 유형 **논증 평가 및 문제 해결**

ㄱ. 옳지 않다. ㉠은 모든 정전 텍스트들이 동일한 가치관을 체현한다고 주장하지 않는다. 예컨대 만약 예술에 대한 정전과 과학에 대한 정전과 같이 서로 다른 가치관이 모두 보편불변의 가치를 표방한다면, 각각을 체현하는 두 개의 텍스트가 모두 정전이 될 수 있다.

ㄴ. 옳지 않다. ㉡은 어떤 텍스트(A)가 정전으로 선별되는 이유를 A가 해당 시대에 속하는 특정 그룹의 이익 및 관심을 반영한다는 점에서 찾는다. 그러나 이것이 반드시 각 시대마다 정전이 다르게 선별되어야 함을 내포하지는 않는다. 예컨대 어떤 시점(t1)에 특정한 이유에 의해 정전으로 뽑힌 텍스트가 그 다음 시대(t2)에 또 다른 이유에 의해 다시 정전으로 뽑힐 가능성이 존재한다.

ㄷ. 옳다. 갑은 ㉡보다 더 강한 입장이다. ㉡이 어떤 텍스트가 정전이 되는 근거를 특정 사회 상황과의 연관에서 찾는다면, 갑은 이에 더해 정전의 선별 과정을 특정한 제도 및 기관과의 관계에서 찾는다. 만약 그러한 관계를 구체적으로 특정함이 불가능하다면 갑은 약화될 것이다. 그러나 ㉡은 그러한 관계가 존재함을 주장하지는 않으므로, 이것이 ㉡까지는 약화하지 못한다.

25. 정답 ②

내용 영역 **인문** 문항 유형 **논증 평가 및 문제 해결**

ㄱ. 옳지 않다. 반복적인 경험이 습관을 형성하고 습관의 형성으로 변화하는 것은 주관의 태도이다. 제시문은 만일 이성에 의해서 일반화가 이루어진다면, 습관의 형성과는 무관하게 처음 보았을 때나 오랜 경험 후에나 동일하게 일반화될 것이라고 서술하고 있다.

ㄴ. 옳다. 제시문에 따르면, 사건 자체는 자연의 질서의 일부이다. 여러 차례 발생한 사건을 경험하며 인간의 정신 안에 습관이 형성되는 것과 달리 사건 자체는 처음 발생하였을 때나 여러 차례 발생하였을 때나 변화가 없다. 따라서 자연의 질서는 우리의 반복적인 경험에 의해 변하지 않는다.

ㄷ. 옳지 않다. 반복 경험을 통한 일반화에는 인과관계와 선후관계를 구분할 기준이 없다는 문제점이 있지만, 그렇다고 하더라도 반복 경험을 통한 일반화는 신뢰할 수 있다는 것이 제시문의 논지이다. 따라서 반복적인 경험을 통해 알게 된 선후관계가 사실은 인과관계라는 사실이 밝혀진다고 하더라도 이 글의 논지가 약화되지는 않는다.

26. 정답 ②

내용 영역 **인문** 문항 유형 **언어 추리**

ㄱ. 옳지 않다. 한 시대의 혁명이 진리의 거부로 손실이 생겼다는 것은 책을 죽임으로써 생기는 것이다. 즉 책을 죽인다는 것은 진리의 거부이다. 진리의 거부로 생기는 손실을 회복하기 위한 조건은 추론할 수 없으며, 그것이 책을 만드는 것이라고 할 수 없다.

ㄴ. 옳지 않다. 책을 파괴하는(진리의 거부) 경우에는 어떤 나라든 더욱 나쁜 상태에 빠지게 되지만, 역으로 나쁜 상태에 빠진 나라라고 해서 반드시 책을 파괴했을 것이라고 볼 수 없다.

ㄷ. 옳다. 제시문에서는 글을 쓰거나 책을 출판하는 일과 같은 노고를 박해한다는 것이 책 속에 보존되고 축적되어 있는 인간의 지혜로운 삶을 파괴하는 것으로 보므로, 결국 인간의 출판 행위를 방해해서는 안 된다는 것이다.

27. 정답 ①

내용 영역 **사회** 문항 유형 **언어 추리**

〈XX선의 변화〉

현상				정부대책	결과
환율 상승	수출증가 수입감소	총수요 증가	인플레이션 (실업율 < 완전고용)	정부지출감소 총수요감소	대내 균형

이를 토대로 추론하면, 환율이 하락할 시 수출이 감소하고 수입은 증가, 총수요는 감소, 실업률이 완전고용수준보다 높아서 인플레이션

현상은 없을 것이다. 이 경우 XX선 아래 쪽에서 균형을 이룰 것이다. 따라서 갑국의 경제상태가 XX선보다 위쪽에 있다면, 실업률이 완전고용수준보다 낮아 인플레이션이 발생하고, 반대로 아래쪽에 있다면 실업률이 완전고용수준보다 높은 상태에 있다는 것을 추론할 수 있다.

〈YY선의 변화〉

현상			정부대책	결과
환율 상승	수출증가 수입감소	경상수지 흑자	정부지출증가 총수요증가	대외균형

갑국의 경제상태가 YY선보다 위쪽에 있다면, 경상수지는 흑자를, 아래쪽에 있다면 경상수지는 적자를 기록하고 있을 것이다.

ㄱ. 옳다. 갑국의 경제상태가 G점에 있다면 YY선의 아래쪽에 위치하고 있다. 이는 갑국의 경상수지가 적자를 기록하고 있다고 추론할 수 있다.

ㄴ. 옳지 않다. 갑국의 경제상태가 F점에 있다면 XX선과 YY선의 위쪽에 위치하고 있다. 이것은 갑국의 실업률이 완전고용수준보다 낮아 인플레이션이 발생하고, 경상수지는 흑자를 기록하고 있음을 추론할 수 있게 해준다.

ㄷ. 옳지 않다. 갑국의 경제상태가 H점에 있다면 XX선의 위쪽과 YY선의 아래쪽에 위치하고 있음을 알 수 있다. 이것을 통해 갑국의 실업률이 완전고용수준보다 낮아 인플레이션이 발생하고 경상수지는 적자를 기록하고 있음을 추론할 수 있다. 이때 대내균형 및 대외균형을 달성하기 위해서는 A점으로 이동시켜야 한다. 따라서 정부지출을 줄이고 환율을 높이는 정책을 펼쳐야 할 것이다.

28. 정답 ①

내용 영역 **사회** 문항 유형 **논증 평가 및 문제 해결**

ㄱ. 적절하다. 실험에서 원숭이에게 호두와 포도 두 가지 먹이를 제시하여 하나를 선택하게 하였더니 포도를 선택하였다는 결과를 바탕으로 ㉠을 도출하고 있다. 그런데 그러한 결과를 설명할 수 있는 다른 이론이 성립할 수 있다면 ㉠은 약화된다. 따라서 원숭이가 호두는 단단하고 포도는 부드럽기 때문에 포도를 더 선호하는 것이라면, ㉠은 약화된다.

ㄴ. 적절하지 않다. 오이가 딸기보다 더 많은 포만감을 가져온다는 사실이 실험결과를 모두 설명할 수 있다면 ㉡은 약화될 수 있다. 오이가 딸기보다 더 많은 포만감을 가져온다면, 한 원숭이에게 오이를 주고 다른 원숭이에게 딸기를 주었을 때에 오이를 받은 원숭이가 섭식을 거부한다든지, 교환을 거부하는 행위가 설명될 수는 있다. 그러나 오이가 딸기보다 더 많은 포만감을 가져온다는 사실은 두 원숭이에게 모두 오이를 주었을 때에는 두 원숭이가 모두 이상 없이 토큰과 오이를 20회에 걸쳐 교환하였다는 점을 설명하지 못한다. 따라서 오이에는 딸기보다 불용성 식이섬유가 많아 원숭이가 같은 양을 먹더라도 일찍 포만감을 느끼더라도, ㉡은 약화되지 않는다.

ㄷ. 적절하지 않다. 실험에서 '토큰 1개를 실험자에게 내어주는 동일한 행위를 하였음에도, 그 보상이 다른 것'이 불공평하다고 느낄 수 있음을 전제로 하고 있다. 만약 각 개체가 이룬 성과가 다르다면, 그 보상이 다르다고 하여 불공평한 것으로 볼 수는 없다. 따라서 절대적인 평등을 지향한 공동생활보다 성과에 따라 차등화된 보상을 받는 공동생활이 더 부흥하였다는 사실이 공평함을 지향하는 것이 공동생활의 유지와 생존에 더 유리하다는 결론을 약화한다고 볼 수 없다.

29. 정답 ④

내용 영역 **사회** 문항 유형 **논증 평가 및 문제 해결**

ㄱ. 옳지 않다. ㉠은 사람이 자신과 자신의 공동체 문화나 관습과 이질적인 문화를 접할 때 혐오감을 느끼는 원인은 다른 문화를 애초에 자신보다 미개한 것으로 여기는 권력 때문이라는 것이다. 그리고 권력이 큰 집단이나 사람일수록 타문화를 혐오스러운 것으로 멸시한다는 것이다. 그런데 권력을 가진 사람이 다른 문화에 혐오감을 느끼는 가장 큰 원인은 권력을 갖지 못한 사람이 다른 문화를 받아들여서 자신의 권력에 위협이 될 것이라고 생각했기 때문이었다는 사실은 권력을 가진 사람이 다른 문화를 미개한 것으로 보는 것이 아니라, 권력을 갖지 못한 사람이 다른 문화를 받아들일 경우 자신의 권력에 위협이 될 수 있다고 생각하는 것이다. 따라서 이 사실은 ㉠을 강화하지 않는다.

ㄴ. 옳다. 나이가 많을수록 더 큰 권력이 주어졌을 경우, 소년과 청년보다 노인에게 더 큰 권력이 주어졌을 것이다. ㉠에 따르면, 권력이 큰 사람일수록 타문화를 혐오스럽다고 느끼므로, 다른 문화를 처음 접했을 때 소년과 청년에 비해 노인이 더 큰 혐오감을 느낄 것이다. 그런데 권력이 더 큰 사람보다 권력이 더 작은 사람이 타문화에 더 큰 혐오감을 느낀다는 사실이 있다면, 이는 ㉠을 약화한다.

ㄷ. 옳다. ㉡에 따르면, 생식능력이 저하되지 않은 사람은 생식능력이 저하된 사람보다 질병과 관련된 자극에 더 강한 혐오감을 느낀다. 그리고 사람들은 낯선 사람들이 새로운 병원균을 퍼뜨릴 가능성이 있다고 보아 낯선 사람들과 접촉할 때 강한 혐오감을 느낀다. 즉, 불임이 아닌 사람이 불임인 사람보다 낯선 이민자에게 더 강한 혐오감을 느낄 것이다. 따라서 불임인 사람이 불임이 아닌 사람에 비하여 낯선 이민자에 대한 혐오감을 훨씬 크게 느꼈다는 사실은 ㉡을 약화한다.

30. 정답 ②

내용 영역 **사회** 문항 유형 **논증 평가 및 문제 해결**

ㄱ. 옳지 않다. 일부 노동자들에게만 균형임금보다 더 높은 임금을 주더라도 전체 균형임금보다 전체 총임금이 높아질 가능성이 있고, 그렇다면 실업이 발생할 것이다. 따라서 이 경우에도 실업이 발생할 가능성이 있다.

ㄴ. 옳다. A모델은 태업을 억제하는 용도로 추가 인센티브를 지급하여야 한다는 것이고, B모델은 노동자에게 공정하다는 인식을 형성하게 하는 용도로 추가 인센티브를 지급하여야 한다는 주장이다. 동일한 추가 인센티브로 태업 억제보다 공정하다는 인식을 형성하는 것이 더 어렵다면, A모델에 따를 때보다 B모델을 따를 때 기업이 지출해야 하는 인센티브는 더 많아야 할 것이다.

ㄷ. 옳지 않다. A모델에 따르면 노동자들은 실업이 없는 상황에서는 태업의 유인이 있다. 따라서 인센티브를 주어 태업에의 유인을 방지하여 생산성을 높일 수 있다는 것이다. 따라서 완전고용시장에서 이전보다 임금수준이 낮아졌다면 태업의 유인이 더 늘어났을 것이고 생산성은 하락할 것이므로 이 경우는 A모델의 주장을 강화한다. B모델에 따르면 노동자들은 낮은 임금으로 자신에 대한 처우가 불공정하다고 인식하고 태업을 하게 된다. 따라서 이전보다 더 낮은 임금에 따라 태업이 늘어나 생산성이 하락한 사례는 B모델에 영향을 주지 않으므로 약화하지 않는다.

31. 정답 ③

내용 영역 사회 문항 유형 언어 추리

ㄱ. 옳다. 전염병인 조류 독감이 발생한다면 기업 B뿐만 아니라 닭을 판매하는 모든 기업들의 매출에 영향이 있을 것이므로, 이와 관련된 모든 기업의 주가가 폭락할 것이다. 따라서 조류 독감에 의해 주가가 폭락한 사례는 기업 B에게만 해당하는 고유 리스크에 의한 가격 변동이 아니라 체계적 리스크에 의한 가격 변동이다.

ㄴ. 옳지 않다. 기업 A가 올해 구매한 부동산 사업 부지의 가격이 갑자기 폭락한 이유가 금융위기 등으로 인한 것이라면 체계적 리스크의 사례에 해당한다고 볼 수 있다. 그러나 기업 A가 올해 구매한 부동산 사업 부지에서 폐기물 등이 발견되어 가격이 폭락한 것이라면, 이 사례는 고유 리스크에 의한 가격 변동에 해당한다. 따라서 기업 A가 올해 구매한 부동산 사업 부지의 가격이 폭락했다는 정보만으로 이 사례가 체계적 리스크에 의한 가격 변동이라고 볼 수 없다.

ㄷ. 옳다. 세계 증시가 호황인 경우 많은 주식들의 가격이 오를 것이므로 베타 지수가 높은 종목은 이와 연동하여 가격이 오를 것이다. 따라서 베타 지수가 높은 종목들의 평균 수익률은 세계 증시의 평균 수익률과 비슷한 값일 것이다. 반면 베타 지수가 낮은 종목은 상승하는 다른 종목들과 주가에 많이 연동되지 못하여서 세계 증시의 평균 수익률과 비슷한 수익률을 보이지 못할 것이다. 따라서 세계 증시가 호황일 경우에 주식 Y의 가격의 변동폭은 주식 X의 변동폭보다 클 것이다.

32. 정답 ②

내용 영역 사회 문항 유형 언어 추리

ㄱ. 옳지 않다. 환자들의 기억은 정점과 종점 원칙에 의해서 그들이 최고조의 고통에서 느낀 고통과 마지막에 느낀 고통의 평균에 의해 결정되며, 검사가 지속된 시간은 환자들의 고통 평가에 영향을 미치지 않는다. 따라서 X검사를 받는 환자가 기억하는 고통을 줄이려면, 정점과 종점에서의 고통의 합을 줄여야 한다. 따라서 X검사를 받는 환자가 기억하는 고통을 줄이려는 의사는 전 과정의 지속 시간을 최소화하는 것보다 고통이 최고조에 이를 때의 크기를 낮추는 방법을 선택할 수 있다.

ㄴ. 옳다. 사람들이 실제로 경험하는 효용의 크기는 그것을 경험하는 시간과 효용을 곱한 것의 총합이다. 즉, X검사를 받는 환자가 실제로 경험한 고통의 크기는 검사를 경험한 시간과 고통을 곱한 것의 총합일 것이다. 그러므로 고통 5의 강도로 10분 검사를 받은 환자와 고통 10의 강도로 5분 검사를 받은 환자가 실제로 경험한 고통의 크기는 같다. 따라서 검사 시간이 서로 다른 두 환자가 실제로 경험한 고통의 크기가 같은 경우가 있다.

ㄷ. 옳지 않다. 환자 갑과 을 모두 정점과 종점에서의 고통이 같은 경우 갑의 검사 시간이 을보다 더 길더라도 을이 실제로 경험한 고통이 더 클 수 있다. 가령, 환자 갑과 을의 정점 고통 점수는 8, 종점 고통 점수는 5점으로 같고, 환자 갑의 검사시간은 10분, 환자 을의 검사 시간은 8분인 경우, 갑은 종점과 정점을 제외한 검사 시간동안 1의 고통을 느끼고, 을은 그 시간동안 4의 고통을 느꼈다면, 갑보다 을이 실제로 경험한 고통이 더 클 것이다.

33. 정답 ①

내용 영역 사회 문항 유형 논증 평가 및 문제 해결

ㄱ. 옳다. A는 국민투표와 투표권과 같은 제도적인 권리를 통해 P국 국민들이 P국의 외교정책을 실질적으로 결정한다고 본다. 반면 B는 국민투표와 투표권과 같은 제도적인 권리를 P국 국민들이 가지고 있는 것은 사실이지만, 그러한 제도적인 권리 행사는 형식적인 것일 뿐, 외교정책 결정에 실질적으로 영향을 끼치는 것은 아니라고 본다. 따라서 A와 B 모두 P국 국민들에게 외교정책 결정에 대한 제도적인 권리가 인정되고 있다는 사실에는 동의하고 있다.

ㄴ. 옳지 않다. A는 P국의 국민들은 선거에서 자신들이 지지하는 외교정책을 공약으로 내세운 정치세력을 우선시하고, 이 정치세력이 당선되어 자신이 지지하는 외교정책을 펼치길 원한다. 따라서 P국 국민 X가 선거에서 지지정당을 결정할 때 여러 가지 정책을 고려하고, 자신이 선호하는 외교정책을 주장하는 갑 정당이 아닌 정당에 투표한다는 사실이 제시된다면 A의 가설은 약화된다.

ㄷ. 옳지 않다. 외교정책 결정자들이 외교정책을 결정할 때 P국 국민들의 여론을 정책 결정에 반영한다고 해도 그것이 가장 결정적인 요소가 된다는 사실이 확인되지 않는 한 B의 가설은 약화되지 않는다.

34. 정답 ③

내용 영역 논리학수학 문항 유형 모형 추리

문제 1의 오답에 대해 a점을 깎고, 문제 2의 오답에 b점을 깎는다면, 문제별 응답에 따른 점수는 다음과 같다.

	문제 1	문제 2
정답	+3	+5
오답	-a	-b
무응답	0	0

○ 문제 1과 문제 2가 모두 정답인 경우에는 +3+5=8점을 획득하며, 8점이면 A의 성적을 부여받았다.

○ 문제 1과 문제 2가 모두 오답인 경우에는 -a-b점을 획득하며, D의 성적을 부여받았다.

○ 문제 2에 응답하지 않은 학생은 +3, -a, 0점 중 하나를 획득하며, C의 성적을 부여받았다.

○ 문제 1이 오답이고 문제 2가 정답인 경우에는 -a+5=5-a점을 획득하며, B의 성적을 부여받았다.

ㄱ. 옳다. B의 점수 범위 중 가장 높은 점수를 확인해야 한다. a는 1에서 3까지의 범위를 가지므로 5-a는 2에서 4까지의 범위를 가진다. 만약 B의 점수 범위가 4라도 제시문의 조건과 양립 가능하므로, C의 점수 범위 중 3점도 있을 수 있다. 따라서 문제 1만 맞추고 문제 2는 무응답을 하였다면, C를 받을 수 있다.

ㄴ. 옳지 않다. B의 점수 범위 중 가장 낮은 점수를 확인해야 한다. ㄱ에서 살펴보았듯이 5-a는 2에서 4까지의 범위를 가지므로 B의 점수는 2점일 수 있다. 만약 B의 점수 범위가 2라도 제시문의 조건과 양립 가능하다. 문제 1의 채점 결과가 정답이고 문제 2의 채점 결과가 오답이면, 3-b점을 얻는다. b는 1에서 5까지의 범위를 가지므로, 3-b는 -2에서 2까지의 범위를 가진다. 따라서 문제 1의 채점 결과가 정답이고 문제 2의 채점 결과가 오답이면 A를 받을 수 없다.

ㄷ. 옳다. ㄴ에서 살펴보았듯이 A의 성적을 얻기 위해서는 2점을 초과하는 점수를 얻어야 한다. 따라서 적어도 한 문제의 채점 결과는 정답이어야 한다.

35. 정답 ①

내용 영역 논리학수학 문항 유형 모형 추리

ㄱ. 옳다. 갑이 A재단 이사단 소속이라면 갑은 '세미나에 처음으로 참여한 자(규칙 1)', '1백만 원 이상 출원한 자(규칙 3)', '이사단(규칙 4)'에 해당하며 '발표자(규칙 5)'에는 해당하지 않는다. 그 외 규칙에 해당하는지 여부는 확인할 수 없다. 모순이 발생하는지 여부와 무관히 해당하는 규칙 중 가장 번호가 큰 규칙인 규칙 4에 의해 갑은 다 구역 배정이 확정된다.

ㄴ. 옳지 않다. 갑이 A재단 이사단과 세미나 기획팀 모두에 소속되지 않았다면 갑은 '세미나에 처음으로 참여한 자(규칙 1)', '1백만 원 이상 출원한 자(규칙 3)'에 해당하며 '세미나 기획팀(규칙 2)', '이사단(규칙 4)', '발표자(규칙 5)'에는 해당하지 않는다. 따라서 라 구역에 배정하지 않고, 나 구역과 다 구역 중 한 곳에 배정하여야 한다. 따라서 갑이 배정될 수 있는 구역은 나 구역과 다 구역 두 곳이므로 나 구역에 앉는다고 확정할 수 없다.

ㄷ. 옳지 않다. 갑이 세미나 기획팀 소속이라면 '세미나에 처음으로 참여한 자(규칙 1)', '세미나 기획팀(규칙 2)', '1백만 원 이상 출원한 자(규칙 3)'에 해당하며 '발표자(규칙 5)'에는 해당하지 않는다. 규칙 4에 해당하는지 여부는 알 수 없다. 모순이 발생할 경우 번호가 큰 순서대로 적용하므로 만약 갑이 이사단 소속이라면 다 구역에 배정될 가능성이 있다. 따라서 갑이 다 구역에 앉지 않는다고 확정할 수 없다.

36. 정답 ③

내용 영역 논리학수학 문항 유형 모형 추리

갑의 평균 출퇴근 시간은 1시간 30분이므로 업무 실적 점수는 C등급 또는 D등급이다.

① 옳다. 다면 평가 점수에서 B등급 이상을 받은 사람은 모두 40세 이상이므로 갑이 38세라면 다면 평가 점수가 C등급 또는 D등급인데, 진급 심사에서 사전탈락하지 않았으므로 D등급은 아니다. 따라서 다면 평가 점수는 C등급을 받았을 것이다.

② 옳다. 다면 평가 점수에서 B등급 이상을 받은 사람은 모두 40세 이상이지만, 40세 이상이라고 해서 모두 다면 평가 점수에서 B등급 이상을 받는 것은 아니다. 또한, 업무 실적 점수가 D등급이 아니라 하더라도, 하루 3시간 이상 공부하지 않은 경우에 교육 점수에서 D등급을 받아 진급 심사에서 사전탈락할 가능성이 있다.

③ 옳지 않다. 연봉이 5천만 원이면 업무 실적 점수에서 D등급을 받지 않으므로 C등급임을 알 수 있고, 하루 3시간 이상 공부를 한다면 업무 실적 점수와 교육 점수 중 적어도 하나는 A등급이므로, 교육 점수가 A등급임을 알 수 있다. 그러나 다면 평가 점수에서 B등급 이상을 받은 사람이 모두 40세 이상이라고 해서, 40세 이상이 모두 다면 평가 점수에서 B등급 이상을 받은 것은 아니다. 그러므로 갑이 다면 평가 점수에서 D등급을 받아 진급 심사에서 사전탈락할 가능성이 없는 것은 아니다.

④ 옳다. 갑의 업무 실적 점수는 A등급이 아니므로, 갑이 33세이고, 하루 3시간 이상 공부한다면 교육 점수가 A등급일 것이다. 교육 점수에서 A등급을 받은 사람은 평균 독서량이 월 5권 이상이므로, 갑의 평균 독서량이 월 5권 이상일 것이다.

⑤ 옳다. 갑은 업무 실적 점수가 A등급이 아니므로 세 분야에서 모두 A등급을 받을 가능성은 없으나, 나머지 2개의 분야인 교육 점수와 다면 평가 점수에서 A등급을 받을 가능성은 있다.

37. 정답 ①

내용 영역 과학기술 문항 유형 언어 추리

B와 D는 얼굴색이 같아야 한다. D는 B의 젖샘세포 핵의 유전체로부터 만들어질 것이기 때문이다. 만약 A와 D의 얼굴색이 같다면, 그것은 A의 난자에 있는 핵으로부터 얼굴색을 물려받은 것으로도 볼 수 있으므로 A 난자의 핵 제거 및 B의 핵 삽입에 실패한 것일 가능성을 배제할 수 없다. 따라서 A와 D의 얼굴색은 달라야 한다. 만약 C와 D의 얼굴색이 같다면 C의 유전체가 D에 영향을 미칠 수 있기 때문에, C와 D의 얼굴색도 달라야 한다. 즉, D가 C의 난자로부터 자연적으로 태어난 C의 자손일 가능성을 배제할 수 없으므로 C와 D는 얼굴색이 달라야 한다. 선택지에는 검은 얼굴과 흰 얼굴만 나와있으므로, B와 D는 얼굴색이 같고, A와 C는 얼굴색이 D와 다른 ①이 답이 된다.

38. 정답 ②

내용 영역 과학기술 문항 유형 언어 추리

ㄱ. 옳지 않다. 잎면적 지표는 잎의 윗부분 표면적과 땅의 면적에 의해 결정된다. 따라서 땅의 면적이 동일할 경우 새로운 잎이 생길 때마다 잎면적 지표는 일정하게 증가한다. 그러나 식물의 생장이 일정 수준에 이르지 않은 시기에는 새로운 잎이 생겨나면서 땅의 면적이 증가할 수 있으므로, 이 경우 잎면적 지표의 증가세는 일정하지 않거나 또는 감소할 수 있다.

ㄴ. 옳지 않다. 잎면적 지표가 7에 도달한 순간부터는 항상 그늘에만 존재하는 잎이 발생한다. 따라서 잎면적 지표가 14인 경우에는 항상 그늘에만 존재하는 잎이 훨씬 많을 것이다. 그리고 이 잎들은 광합성은 하지 못하고 생존을 위해 영양분을 소모하기만 할 것이다. 이미 빛의 흡수량은 극대화된 시점이므로, 잎면적 지표가 7일 때와 14일 때의 광합성량은 동일할 것이다. 그러나 잎들이 소모하는 영양분의 양은 잎면적 지표가 14인 쪽이 더 크다. 농업생산량은 식물이 최종적으로 보유하는 영양분이므로, 잎면적 지표가 14인 식물이 더 많은 영양분을 소모하므로 농업생산량이 더 떨어진다.

ㄷ. 옳다. 식물은 새로운 잎을 만들어낼 때 받아들일 수 있는 빛의 양을 극대화하는 방향과 거리를 선택한다고 했다. 잎면적 지표가 7 미만인 경우에는 항상 그늘 아래에 있어 광합성을 하지 못하는 잎은 없다. 따라서 잎면적 지표가 7 미만인 경우에는 잎면적 지표에 비례하여 광합성량이 증가한다. 따라서 잎면적 지표가 1인 식물은 잎면적 지표가 0.5인 식물보다 광합성량이 더 많다.

39. 정답 ⑤

내용 영역 과학기술 문항 유형 언어 추리

Q파 : 액체와 고체 통과

W파 : 고체만 통과

위상이 바뀜	위상이 안 바뀜
•밀도가 작음 ⇒ 큼 •액체층 ⇒ 고체층 •서로 다른 두 고체(액체): 행성 주변부 ⇒ 중심부	그 외 모든 경우

ㄱ. 옳지 않다. W파는 고체만을 통과한다고 하는데, W파는 (다)와 (라)에만 전달되었다. 이를 통해 A층과 B층은 서로 다른 고체 매질임을 알 수 있다. 그리고 제시된 정보에 따르면 행성 X는 총 4개의 층으로 구성되어 있으며, 각 층은 각각 동일한 매질로 구성되어 있다. 따라서 주변부에 있는 A층은 보다 중심부에 있는 B층보다 밀도가 더 낮다. 이를 반영하여 (다) 구간에 도달하는 Q파의 위상은 경계선에서만 위상이 아래와 같이 변화할 것이다.

<서로 다른 두 고체의 경우>

A(주변부)	B(중심부)	A(주변부)
(+)	(-)	(-)

A에서 B로 갈 때는 밀도가 낮은 주변부에서 밀도가 높은 중심부로 가므로 위상이 바뀌며, B에서 다시 A로 갈 때는 밀도가 높은 곳에서 낮은 곳으로 가므로 위상이 바뀌지 않는다.

따라서 (다) 구간에 도달하는 Q파의 위상은 (-)이다.

ㄴ. 옳다. W파는 고체만을 통과하는데, (가)와 (나)는 통과하지 못하였다. 따라서 C층은 액체 매질임을 알 수 있다. Q파는 고체와 액체 모두 통과하므로, (나)에 전달될 수 있어 아래와 같이 위상이 바뀌었을 것이다. 따라서 위상은 두 번 바뀌었다.

A(고체) 주변부	B(고체) 중심부	C(액체) 고체⇒액체	B(고체) 액체⇒고체	A(고체) 주변부로
(+)	(-)	(-)	(+)	(+)

ㄷ. 옳다. Q파가 D층을 지나는 경우는 (가)에 도달하는 경우이며, (가) 구간에 도달하는 Q파의 위상 변화를 정리하면 아래와 같다.

A (고체)	B (고체)	C (액체)	D (액체/ 고체)	C (액체)	B (고체)	A (고체)
(+)	(-)	(-)	(+)	(+)	(-)	(-)

따라서 Q파는 D층을 지날 때 (+) 위상이다.

40. 정답 ②

(내용 영역) 과학기술 (문항 유형) 언어 추리

ㄱ. 옳지 않다. DNA를 구성하는 뉴클레오티드의 수와 분자량은 비례하므로, 분자량이 큰 DNA는 분자량이 작은 DNA보다 뉴클레오티드의 수가 더 많을 것이다. 뉴클레오티드는 DNA를 구성하는 유일한 구성 물질이며 DNA는 뉴클레오티드가 사슬처럼 연결되어있는 물질이다. 따라서 더 많은 뉴클레오티드로 구성된 DNA는 더 크기가 클 것이다. 크기가 큰 DNA는 이동하는 데 더 많은 시간이 걸리므로, 같은 시간동안 이동하는 경우에는 더 짧은 거리를 이동할 것이다. 따라서 분자량이 큰 DNA와 작은 DNA를 동시에 전기영동을 한다면 분자량이 더 작은 DNA가 더 많은 거리를 이동할 것이다.

ㄴ. 옳다. 양전하와 음전하는 서로 잡아당기는 인력이 작용한다. 전기적 힘을 이용하여 DNA를 젤의 아래쪽으로 이동시키려면 젤의 아래쪽과 DNA 사이에서 서로 끌어당기는 힘이 작용하게 해야 한다. DNA는 인산 때문에 음전하를 띠므로, 젤의 아래쪽은 양전하를 띠는 전극을 연결해야 한다.

ㄷ. 옳지 않다. DNA의 이동은 전기적 인력에 의한 것이므로, 전하를 갖는 물질인 DNA와 전극이 띠는 전하량이 클수록 인력도 강해질 것이다. 즉, 젤의 아래쪽 전극이 갖는 전하량이 클수록 더 강한 힘으로 DNA를 젤 아래쪽으로 당기게 된다. 또한, DNA의 전하량이 크면 DNA의 이동속도가 빨라지므로, DNA를 아래로 끌어당기는 힘이 강할수록 DNA가 아래로 이동하는 속도가 빨라질 것이다. 따라서 다른 조건이 동일하다면 젤의 아래쪽에 연결하는 전극이 갖는 전하량이 클수록 DNA의 이동속도가 빨라질 것이다.

MEMO

01. 정답 ①

내용 영역 법규범 문항 유형 논쟁 및 반론

ㄱ. 옳다. A는 국선 변호인이 선정된 이후 법원의 해임명령이 없는 한 사임할 수 없다고 보므로 국선 변호인 본인의 결정만으로는 사임할 수 없다고 볼 것이다. B는 국선 변호인은 법원의 허가 없이 사임할 수 없다고 보므로 국선 변호인 본인의 결정만으로는 사임할 수 없다고 볼 것이다. C는 국선 변호인의 일방적인 의사표시에 의해 사임이 가능하다고 보므로 국선 변호인 본인의 결정만으로 사임할 수 있다고 볼 것이다. 따라서 이 경우 A와 B는 반대하고, C는 찬성할 것이다.

ㄴ. 옳지 않다. B는 국선 변호인 선정 시 선정된 변호사의 동의를 요하고 있으므로 변호인의 의사를 반영하고 있으며, C는 법원의 청약을 변호사가 승낙하는 과정을 거쳐야 국선 변호인 선정이 된다고 보므로 변호인의 의사를 반영하고 있다. 따라서 B와 C는 국선 변호인 선정 과정에서 변호인의 의사를 반영한다는 점에서 같은 의견이다. 또한, B는 피고인이 행정쟁송을 통해 국선 변호인을 취소할 수 있다고 보고, C는 피고인의 일방적 의사표시에 의해 국선 변호인을 취소할 수 있다고 본다. 즉, B와 C 모두 국선 변호인에 대한 피고인의 취소가 가능하다고 보고 있다.

ㄷ. 옳지 않다. A에 따르면 국선 변호인 선정은 법원의 명령이므로 변호인은 법원의 허가 없이 일방적으로 사임할 수 없으며, 피고인도 국선 변호인 선정에 불복할 수 없다. 한편, C에 따르면 국선 변호인의 선정은 공법상 계약으로 국선 변호인은 일방적 의사표시에 의해 사임이 가능하며, 피고인의 일방적 의사표시에 의한 국선 변호인 취소도 가능하다. 따라서 변호인이 피고인을 변호하려는 의사가 없어서 실질적인 변호를 기대할 수 없다고 보는 견해는 해임명령이 없는 한 사임할 수도 없고, 피고인도 그 선정에 불복할 수 없는 A보다 피고인의 일방적 의사표시에 의한 국선 변호인 취소도 가능한 C를 더 지지할 것이다.

02. 정답 ④

내용 영역 법규범 문항 유형 언어 추리

ㄱ. 옳지 않다. 두 회사의 장부가 같이 관리되지 않으므로 제1조 제1호에 해당하지 않고, B가 주주로서 통상권한을 넘어 A의 경영에 참여하지 않으므로 제1조 제2호에도 해당하지 않는다. B는 A에 일반적인 주주로서 권한을 행사하며 표백제 유통에 관한 통상적인 사항을 감독하고 있으므로 제2조 제1호에 해당한다. 따라서 A와 B 모두 보상의무를 함께 진다.

ㄴ. 옳다. A와 B 회사의 장부가 같이 관리되고 이사회 회의, 세무신고 등을 같이 행동할 경우 제1조 제1호에 해당한다. 따라서 자회사인 A의 책임이 부정되고 모회사인 B가 직접 보상의무를 진다.

ㄷ. 옳다. B가 주주로서의 통상적인 권한을 넘어 A의 경영에 지속적으로 감독 및 관여해 온 경우이므로 제1조 제2호에 해당한다. 따라서 제2조는 적용되지 않는다. 제1조에 따른 손해배상소송의 관할법원은 자회사 대표 주소지인 나 지역의 관할법원으로 한다.

03. 정답 ①

내용 영역 법규범 문항 유형 언어 추리

ㄱ. 옳다. 길이 200미터, 너비 5미터로 도로를 굴착하여 군용 통신케이블을 새로 매설하는 공사는 [규정] 제1조 제2항의 각 사유에는 해당하지 않으므로 [규정] 제1조 제1항에 따라 사업계획서를 첨부하여 도로점용허가를 신청하여야 한다. 굴착하고자 하는 도로는 2018년에 개설된 것이고 2020년에 도로를 굴착하고자 하는 것이므로 신설시로부터 3년 이내에 굴착하려는 것이나, [규정] 제2조 제2항 (2)호에 따라 군사상 필요한 경우에는 허가를 할 수 있도록 하므로, 갑은 도로점용허가를 받을 가능성이 있다.

ㄴ. 옳지 않다. 통신 속도 개선을 위하여 길이 5미터, 너비 2미터로 2019년에 개설된 도로를 2021년에 굴착하고자 하는 경우, [규정] 제1조 제2항 (2)호에 해당하여 사업계획서를 첨부하지 않아도 도로점용허가 신청을 할 수 있다. 한편, 2019년에 개설된 도로를 2021년에 굴착할 수 있으려면 [규정] 제2조 제2항 각 호 중 어느 하나에 해당하여야 하는데, 통신 속도의 개선을 위한 공사는 이에 해당하지 않으므로, 도로관리청은 도로점용허가를 하지 못할 것이다.

ㄷ. 옳지 않다. 2020년에 개설된 도로를 2021년에 굴착하고자 하는 경우이며, 홍수로 인한 침수피해가 발생하여 이를 복구하기 위하여 도로를 굴착하고자 하는 경우이다. 이는 [규정] 제1조 제2항 (1)호의 천재지변이나 돌발적인 사고로 인한 긴급복구공사에 해당하므로 사업계획서를 첨부하지 않고 도로점용허가를 신청할 수 있다. 또한, [규정] 제2조 제2항 (1)호에서는 상업시설을 제외하고 있으나, 1999년에 건설된 지하상가를 보수하는 것은 [규정] 제2조 제3항의 도로 신설 이전부터 도로의 지하에 있던 시설물의 관리행위에 해당하므로 도로관리위원회의 심사를 거쳐 도로점용허가를 할 수 있는 경우에 해당한다. 따라서 병이 반드시 사업계획서를 첨부하여 도로점용허가를 신청하여야 하는 것은 아니다.

04. 정답 ④

내용 영역 법규범 문항 유형 언어 추리

범죄의 공모 장소와 실행 장소를 정리하면 다음과 같다.

	범죄 모의 장소	범죄 실행 장소
위조품 판매	X국	Z국
폭행	Z국	Y국

<위조품 판매 범죄>

범죄의 실행지가 Z국이므로, 갑과 을이 Z국에 체류할 경우 (1)에 따라 Z국이 형사관할권을 가진다.

범죄 모의 장소가 X국이므로 (3)에 따르면 갑이 X국적자이므로 갑에 대한 형사관할권은 X국이 가진다.

<폭행범죄>

범죄의 실행지는 Y국이고, 을이 Y국에 체류 중이므로 (1)에 따라 Y국이 형사관할권을 가진다. 갑이 Y국에 체류한다면 Y국이 형사관할권을 가진다.

범죄의 모의 장소가 Z국이지만 갑(X)과 을(Y) 중 누구도 Z국 국민이 없으므로 Z국은 형사관할권을 갖지 못한다.
Z국 국민인 병이 폭행 피해를 입었으므로, (2)에 따라 폭행 범죄가 Z국에서 실행되지는 않았지만 자국민이 피해를 입은 것이 충족된다. 따라서 갑과 을이 Z국에 체류 중일 경우 Z국이 형사관할권을 가진다.

① 옳다. 범죄 모의 장소가 X국이므로 (3)에 따르면 갑이 X국적자이므로 갑에 대한 형사관할권은 X국이 가진다.

② 옳다. 범죄의 실행지는 Y국이고, 갑은 Y국에 체류하지 않고 또 Y국에서 폭행을 저지르지 않았으므로 Y국은 형사관할권을 가질 수 없다.

③ 옳다. 범죄의 실행지가 Z국이므로, 갑과 을이 Z국에 체류할 경우 (1)에 따라 Z국이 형사관할권을 가진다.

④ 옳지 않다. 갑과 을의 병에 대한 폭행과 관련하여, Y국은 범죄 실행지이고 Z국은 피해자 병의 국적지이다. 따라서 갑과 을이 현재 Y국에 체류 중이라면 Y국이 형사관할권을 가지며, Z국에 체류하고 있으면 Z국이 형사관할권을 가진다. 하지만 X국은 폭행 범죄에 관해서는 실행지와 공모지가 아니고 피해자의 국적지도 아니므로 형사관할권을 갖지 않는다.

⑤ 옳다. 피해자 병의 국적은 Z국으로서 Z국은 범행의 공모지이므로 (3)에 따라 범죄자가 Z국 국적의 국민이면 어디에 체류하든지 상관없이 Z국이 형사관할권을 갖는다. 그러므로 만약 갑과 을이 Z국적자라면, 어디에 체류하든 Z국은 항상 병에 대한 폭행 범죄에 대하여 형사관할권을 가지게 된다.

05. 정답 ⑤

내용 영역 **법규범** 문항 유형 **논쟁 및 반론**

ㄱ. 옳다. 갑, 을, 병은 하나의 위반행위에 과징금을 부과할 당시 다른 위반행위도 이미 이루어졌고, 그 위반행위에 대해 과징금을 부과한 적이 없는 경우에 과징금을 어떻게 부과할 것인가에 대해 의견을 달리 한다. 그런데 ㉠에 대하여 2016년에 행정청이 과징금을 부과한 이후, ㉡에 대하여 2019년에 행정청이 과징금을 부과하려는 경우는 갑, 을, 병 모두 ㉡에 대하여 제2조를 적용하여 최대 3,000만 원의 과징금을 부과할 수 있다고 판단할 것이다. 따라서 갑, 을, 병은 모두 같은 의견일 것이다.

ㄴ. 옳지 않다. ㉡에 대해 과징금을 부과하는 과정에서 ㉠을 알았다면, 갑은 [규정] 제3조에 따라 7,500만 원의 과징금을 부과할 수 있다고 볼 것이다. 그리고 이 경우, 행정청이 2019년에 ㉠을 최초로 적발한 것이므로, 하나의 위반행위에 대해 과징금을 부과할 당시 다른 위반행위가 이미 이루어졌으나, 행정청이 인지하지 못했던 경우에 해당한다. 따라서 을은 [규정] 제3조에 따라 7,500만 원의 과징금을 부과할 수 있다고 볼 것이다. 즉, 갑과 을은 ㉡뿐만 아니라 ㉠에 대해서도 과징금을 부과할 수 있다는 데 동의할 것이다.

ㄷ. 옳다. 행정청이 2018년에 ㉠을 알면서도 과징금을 부과하지 않았고, 2019년에 ㉡에 대해 과징금을 부과하면서 ㉠에 대해서도 과징금을 부과하려는 경우, 병에 따르면, ㉠과 ㉡의 행위 시기가 다르므로, 각각 최대 5,000만 원과 최대 3,000만 원의 과징금을 부과할 수 있을 것이다. 즉, 최대 8,000만 원의 과징금을 부과할 수 있을 것이다. 한편, 을에 따르면, 하나의 위반행위에 과징금을 부과할 당시, 행정청이 인지했음에도 과징금을 부과하지 않았던 다른 위반행위도 있었던 경우, 다른 위반행위에 대해서는 과징금을 부과할 수 없다. 따라서 을은 ㉡에 대해 최대 3,000만 원의 과징금을 부과할 수 있다고 볼 것이다. 따라서 이 경우 을보다 병에 따를 때, 부과할 수 있는 과징금의 총액이 더 크다.

06. 정답 ②

내용 영역 **법규범** 문항 유형 **언어 추리**

ㄱ. 옳다. 선박 A와 선박 C를 기준으로 바람은 좌현으로 불고 있다. 이는 두 선박이 서로 같은 현에 바람을 받고 있는 경우로서, [규정] 제2조 (2)호에 따라 바람이 불어오는 쪽에 더 가까운 선박이 다른 선박의 진로를 피하여야 한다. 바람이 불어오는 쪽에 더 가까운 선박은 C이므로 선박 C가 선박 A의 진로를 피하여야 한다.

ㄴ. 옳지 않다. 바람은 선박 B의 좌현, 선박 E의 우현으로 불고 있다. 이는 두 선박이 다른 쪽 현에 바람을 받고 있는 경우로서, [규정] 제2조 (1)호에 따라 좌현에 바람을 받고 있는 선박이 다른 선박의 진로를 피하여야 한다. 좌현에 바람을 받는 선박은 선박 B이므로, 선박 B가 선박 E를 피하여야 한다.

ㄷ. 옳지 않다. 선박 A와 선박 D는 각자의 선수가 서로의 선수를 바라보고 있는 상태로서 방향이 일직선을 이루고 있으므로, [규정] 제3조에 따라 마주치는 상태에 있다. 이 경우 충돌의 위험이 있다면, 선박 A와 선박 D는 각자 우현 쪽으로 침로를 변경하여야 한다. 선박 A를 기준으로 우현은 동향이고, 선박 D를 기준으로 우현은 서향이다. 따라서 선박 A는 동쪽으로, 선박 D는 서쪽으로 침로를 변경하여야 한다.

ㄹ. 옳다. 선박 E와 선박 D는 서로의 진로를 가로지르며, 선박 E와 선박 A 또한 서로의 진로를 가로지른다. 이 경우 [규정] 제4조에 따라 다른 선박을 우현 쪽에 두고 있는 선박이 그 다른 선박의 진로를 피하여야 한다. 선박 D는 선박 E의 입장에서 우현에 위치하고, 선박 E는 선박 A의 입장에서 우현에 위치한다. 따라서 선박 D와 E 사이의 관계에서는 선박 E가 선박 D의 진로를 피하여야 하고, 선박 A와 E 사이의 관계에서는 선박 A가 선박 E의 진로를 피하여야 한다.

07. 정답 ①

내용 영역 **법규범** 문항 유형 **언어 추리**

ㄱ. 옳다. [규정] 제2조 단서에 따르면 송달받을 사람의 주소등에서 송달할 수 없는 때에는 송달받을 사람의 근무장소에서 송달할 수 있다. 이때 제4조에 따르면 근무장소에서 송달받을 사람을 만나지 못한 경우 함께 근무하는 피용자, 종업원 등에게 송달할 수 있다.

정은 갑의 근무장소에서 함께 근무하는 종업원에 해당하므로 정에게 송달할 수 있다.

ㄴ. 옳지 않다. [규정] 제3조에 따르면 주소등 또는 근무장소가 있는 사람의 경우에도 송달받을 사람이 송달받기를 거부하지 아니하면 만나는 장소에서 송달할 수 있다. 따라서 "송달받을 사람"인 갑에게는 갑이 송달받기를 거부하지 아니하면 송달할 장소가 아닌 곳이라도 그를 만나는 장소에서 송달할 수 있다. 그러나 을은 "송달받을 사람"이 아니라 동거인일 뿐이고, 제4조에 따라 동거인에게 하는 송달은 송달받을 사람의 주소등에서 이루어져야 하므로 을이 송달받기를 거부하지 아니한다고 하더라도 송달할 장소인 갑의 주소가 아닌 곳에서는 송달할 수 없다.

ㄷ. 옳지 않다. [규정] 제5조에 따르면 "근무장소 외의 송달할 장소"에서 서류를 송달받을 사람 또는 동거인이 정당한 사유 없이 송달받기를 거부하는 때에는 송달할 장소에 서류를 놓아둘 수 있으나, "근무장소"에서는 이러한 방법으로 송달할 수 있다는 규정이 없다. 따라서 정이 갑의 근무장소에서 정당한 사유 없이 송달받기를 거부하고 있다고 하더라도 B회사에 서류를 놓아둘 수 없다.

08. 정답 ④

내용 영역 **법규범** 문항 유형 **언어 추리**

ㄱ. 옳지 않다. 제1원칙에 따르면 배임수증재의 '부정한 청탁'은 반드시 업무상 배임의 내용이 되는 정도에 이를 필요는 없다. 따라서 을의 청탁이 업무상 배임에 해당하지 않는 경우에도 갑은 배임수증재로 처벌될 수 있다.

ㄴ. 옳다. 제2원칙에 따르면 '제3자'에는 '사무처리를 위임한 사람'이 포함되지 않는다. 따라서 갑이 재산상 이익을 취득하게 한 병이 사무처리를 위임한 A와 동일인이라면 갑은 처벌되지 않는다.

ㄷ. 옳다. 제3원칙에 따르면 병이 을의 생활비를 부담하고 있는 경우에는 병이 재산상의 이익을 취득한 것은 을이 재산상의 이익을 취득한 것과 같이 평가하여 부정한 청탁에 해당하지 않는다.

09. 정답 ③

내용 영역 **법규범** 문항 유형 **언어 추리**

ㄱ. 옳다. 간이공판절차가 개시되려면 재판정에서 피고인의 자백이 있어야 하는데 수사기관에서 갑이 자백한 것만 가지고는 간이공판절차를 진행할 수 없다.

ㄴ. 옳다. 자백은 피고인의 공소사실이 범죄에 해당하는 것을 인정할 뿐만 아니라 정당방위와 같은 위법성을 조각하는 사유가 없었음을 인정하는 것을 의미한다. 을은 정당방위를 주장하고 있으므로 자백에 해당하지 않아 간이공판절차를 진행할 수 없다.

ㄷ. 옳지 않다. 병의 경우 명예훼손죄로 변경된 공소사실에 대해서 1심과 일관되게 모욕죄에 대해서만 인정을 했으므로 변경된 공소사실에 대하여 피고인이 부인한 경우라 볼 수 있다. 이러한 병의 진술이 신빙성이 있다면 간이공판절차를 철회하는 요건에 해당할 수 있다. 따라서 이 경우 간이공판절차 효력에 영향을 미칠 수 있다.

10. 정답 ①

내용 영역 **법규범** 문항 유형 **논쟁 및 반론**

ㄱ. 옳다. 윤판서(2품)는 국가 소유의 도자기를 몰래 시장에 팔았고, 윤서생(비관리)과 유제학(4품)은 밀매의 범행에 도움을 주었다. 신하A에 따르면 윤판서(2품)는 제1조 제2항에 따라 처벌해야 하므로, 20년간 유배형에 처해야 할 것이다. 그리고 윤서생(비관리)과 유제학(4품)은 공범이라고 하여 윤판서와 같게 처벌해야 한다고 했으므로, 20년간 유배형에 처해야 한다고 볼 것이다. 반면 신하B는 윤서생(비관리)이 만약 밀매를 직접 실행한 자라면 7년의 유배형에 처하게 될 것인데, 그저 도움을 준 죄로 20년의 유배형에 처하게 되는 것은 부당하다고 보고 있다. 밀매의 실행자임을 가정하였을 때, 윤서생(비관리)은 7년, 유제학(4품)은 10년의 유배형이므로 신하B는 이보다 더 무거운 처벌은 옳지 않다고 볼 것이다. 따라서 윤서생과 유제학은 모두 신하B에 따를 때 신하A에 따르는 것보다 유리하다.

ㄴ. 옳지 않다. 신하A는 관리인 윤판서와 유제학 모두를 각각 20년의 유배형으로, 그리고 관리가 아닌 윤서생 또한 20년의 유배형으로 처벌해야 한다고 보는 입장이다. 즉, 신하A는 범행에 도움을 준 공범의 행위를 한 유제학과 윤서생에게 모두 20년의 유배형으로 처벌해야 한다고 본다. 그러므로 [규정]의 핵심 취지가 같은 범행이라도 관리의 신분이 있는 자가 관리의 신분이 없는 자보다 엄중하게 처벌되는 것이라고 보는 사람이 관리의 신분이 있는 유제학과 관리의 신분이 없는 윤서생을 같은 형벌로 처벌해야 한다는 입장인 신하A를 지지할 것이라고는 보기 어렵다. 그러나 신하B는 범행에 도움을 준 공범의 행위를 한 유제학과 윤서생에게 각각 10년의 유배형, 7년의 유배형을 처벌해야 한다고 본다. 이는 관리인 유제학에게 관리가 아닌 윤서생보다 무거운 형벌에 처하게 하는 것으로서 [규정]의 핵심 취지가 같은 범행이라도 관리의 신분이 있는 자가 관리의 신분이 없는 자보다 엄중하게 처벌되는 것이라고 보는 사람의 입장과 같은 맥락에 있다고 볼 수 있다. 따라서 [규정]의 핵심 취지가 같은 범행이라도 관리의 신분이 있는 자가 관리의 신분이 없는 자보다 엄중하게 처벌되는 것이라고 보는 사람이 신하B보다 신하A를 지지할 것이라 단정할 수 없다.

ㄷ. 옳지 않다. 신하B는 알지 못하고 행한 자에 대해서는 공범의 성립이 어려울 것이라는 입장이므로, 윤판서의 밀매 사실을 알지 못한 채 합법적으로 장소만 제공한 유제학에게 제2조 공범의 성립이 어려울 것이라고 볼 것이다. 그러나 신하A의 입장은 신하B와는 차이가 있다. 신하A의 "이들의 도움 없이는 윤판서의 범행이 실행되지 않았을 것이므로 이들 모두를 윤판서의 공범으로 보아 윤판서와 같게 처벌해야 할 것입니다."라는 말에서 윤서생과 유제학의 도움이 윤판서의 범행의 실행에 필수적인 역할을 했기에 이들을 윤판서와 같게 처벌해야 한다고 보는 입장임을 추론해낼 수 있기 때문

이다. 즉, 신하A는 범행의 실행이 이루어지는 데 필수적인 도움을 준 자 모두 범행을 실행한 자와 같게 처벌해야 한다는 입장이므로, 유제학이 윤판서의 범행의 실행에 필요한 행위를 했다면 유제학을 윤판서와 같게 처벌해야 한다고 볼 것이다.

11. 정답 ③

내용 영역 법규범 문항 유형 언어 추리

ㄱ. 옳다. 제1조에 따르면, B에게 C 소유의 주택에 발생한 손해에 대한 책임이 인정되기 위해서는 공작물의 점유자인 A가 손해의 발생을 방지하기 위하여 필요한 주의를 게을리하지 않았음이 인정되어야 한다.

ㄴ. 옳다. 간판의 소유자와 점유자가 A이더라도 간판의 하자가 그 설치업자 D의 과실로 인한 것이었음이 밝혀졌고 제1조에 의하여 A가 C에게 손해를 배상하였다면, A는 제2조에 의하여 C에게 배상한 금액을 D에게 청구할 수 있을 것이다.

ㄷ. 옳지 않다. 간판의 하자가 그 설치업자 D의 과실로 인한 것이었음이 밝혀진 경우에, A가 화재 발생을 방지하기 위하여 필요한 주의를 게을리하지 않았다면 공작물 점유자인 A는 C에게 손해를 배상할 책임이 없지만 공작물의 소유자인 B는 책임을 져야 한다.

12. 정답 ②

내용 영역 법규범 문항 유형 언어 추리

	A 적용	B 적용	폭행 · 협박 이외의 행위로 공무 집행을 방해한 경우
갑	타인의 업무를 방해한 경우 (폭행 · 협박 포함)	공무를 집행하는 공무원을 폭행 · 협박한 경우	A 적용
을	타인의 업무를 방해한 경우 (폭행 · 협박 포함)	공무원의 공무 집행을 방해한 경우 (폭행 · 협박 포함)	B 적용
병	타인의 업무를 방해한 경우 (폭행 · 협박 제외)	공무를 집행하는 공무원을 폭행 · 협박한 경우	A 적용

ㄱ. 옳지 않다. 위 참고

ㄴ. 옳지 않다. 위 참고

ㄷ. 옳다. 위 참고

13. 정답 ①

내용 영역 인문 문항 유형 언어 추리

ㄱ. 옳다. 구속력 있는 결정을 내리는 과정은 의제 선정과 산출 결정의 두 단계가 분석적으로 구분 가능해야 한다. 즉, 의제 선정과 산출 결정의 두 단계가 분석적으로 구분 가능하지 않은 것은 구속력 있는 결정을 내리는 과정이라 볼 수 없다. 그리고 민주적 과정은 구속력 있는 결정 중 하나이므로, 민주적 과정은 의제 선정과 산출 결정의 두 단계가 분석적으로 구분 가능해야 한다. 따라서 의제 선정과 산출 결정 단계를 분석적으로 구분할 수 없는 어떠한 과정도 민주적 과정으로 볼 수 없을 것이다.

ㄴ. 옳지 않다. 도덕적 자율을 실현할 수 있는 능력이 있다는 것은 도덕적 가치의 준거를 스스로 세워 그에 맞춰 행동할 수 있다는 것이다. 이를 통해 도덕적 자율을 실현하는 사람이라면 모두가 납득하는 도덕적 행위를 요구하는 X법을 지킬 것이라는 것을 추론할 수 있다. 그러나 그렇다고 해서 역이 반드시 성립하는 것은 아니다. 도덕적 자율을 실현하지 않더라도 이기심이나 사회적 강압에 의해 X법을 지키는 행동을 할 수 있으므로, X법을 지킨다고 해서 반드시 도덕적 자율을 실현하는 사람이라고 볼 수 없다. 따라서 도덕적 자율을 실현하지 않는 사람이 모두 X법을 지키지 않을 것이라고 볼 수 없다.

ㄷ. 옳지 않다. 민주적 과정이 갖춰야할 기준이라고 생각되는 기준들에 근거하여 어떠한 결정 규칙도 직접 도출할 수 없다. 즉, 결정 규칙의 일종인 다수결 또한 직접 도출할 수 없을 것이다. 그러므로 민주적 과정이 갖춰야할 기준들을 받아들이는 사람이 반드시 결정 규칙으로서 다수결 또한 받아들일 것이라고 볼 수 없다.

14. 정답 ④

내용 영역 인문 문항 유형 논증 평가 및 문제 해결

ㄱ. 옳지 않다. ㉠은 특정 입장을 대변하는 몇몇 집단의 선호만을 고려하는 경우와 건전한 상식을 갖춘 시민 일반의 선호를 고려하는 경우 중 후자가 도덕적 상식에 부합한다고 본다. 전통적으로 임신중절을 부정적으로 생각하는 사회에서 임신 중절의 도덕성에 대한 사회적 논의에서 특정 집단인 임신 중절을 한 경험이 있는 여성의 의견이 더욱 중요하게 고려되어야 한다는 주장이 옳다면, 특정 입장을 가진 한 집단의 선호를 더 고려하여야 한다는 것이므로, 이는 ㉠을 약화한다.

ㄴ. 옳다. ㉠은 개인의 도덕적 선호가 항상 올바른 방향으로 나타나는 것은 아니며, 따라서 정의롭지 않은 도덕적 선호를 검출 및 배제하는 장치가 필요하다고 본다. 즉, 개인의 특수성에 따라 비도덕적 선호가 오히려 도덕적인 것으로 받아들여질 가능성을 인정한다. 다만 계산에 포함되는 사람의 외연을 가능한 한 넓힘으로써 이러한 선호의 비도덕성을 검출해낼 수 있다고 주장한다. 따라서 권위주의 전통을 가진 사회에서 성장한 노년층 사람들이 상대적으로 권위주의에 대한 도덕적 거부감을 적게 느낀다는 사실은 ㉠을 약화하지 않는다.

실전 3회

ㄷ. 옳다. ㉠은 다수 입장을 도덕적 상식으로 규정하고 이와 모순되는 방향을 비도덕적인 것으로 규정함으로써 지나치게 주관적인 선호를 배제할 수 있다고 본다. 따라서 건전한 상식에 따라 판단하는 사람은 누구나 도덕적인 것을 선호한다는 주장이 옳다면, 다수가 동의하는 입장이 도덕적 상식에 부합할 것이라는 ㉠을 약화하지 않는다.

15. 정답 ⑤

내용 영역 **인문** 문항 유형 **논증 평가 및 문제 해결**

ㄱ. 옳다. 갑은 실험의 여러 사례를 통해 결론을 내린 귀납논증에 해당한다. 귀납논증에서 결론에 부합하는 사례는 결론을 강화시킨다. 따라서 현재까지 나타난 사례와 동일한 사례가 추가된다면, 갑의 결론은 강화된다.

ㄴ. 옳다. 을은 두 상자 모두를 선택할 것이고, 이에 따라 알파는 상자 A를 비워놓을 것이다. 따라서 을은 항상 백만 원을 얻는다.

ㄷ. 옳다. 갑과 을은 알파가 피실험자의 선택에 따라 상자 A에 천만 원을 넣는지, 아무것도 넣지 않는지를 모르는 상황이지만, 병은 실험을 참관하며 피실험자의 선택과 그에 따른 결과를 아는 상황이다. 이 상황에서 사실 알파가 상자 A에 천만 원을 넣거나 넣지 않는다는 것을 알게 된다면 어떤 경우에 천만 원을 넣는지도 추론할 수 있을 것이다. 따라서 병은 상자 A만을 선택할 것이다.

16. 정답 ③

내용 영역 **인문** 문항 유형 **논쟁 및 반론**

ㄱ. 옳다. B와 C는 [X]와 {X}가 서로 다른 것임을 전제한 후 추론했을 때 모순된 귀결에 도달했으며, 따라서 둘이 같은 것이라는 결론을 내린다. 그리고 A는 [X]와 {X}가 같은 것이라면 {빨간 사과}를 자기의 본질로 취하는 사물은 모두 빨간색이어야 하지만 {사과}의 경우엔 그렇지 않게 되는 결론이 나오므로 둘이 서로 다르다는 결론을 내린다.

ㄴ. 옳다. A는 {빨간 사과}는 빨간색이지만 {사과}는 빨간색이 아닌 것도 포함되므로 {빨간 사과}와 {사과 가 같다는 가정이 틀린 것임을 보인다. 이는 {빨간 사과}와 {사과}가 같다면, {빨간 사과}의 모든 면과 {사과}의 모든 면이 서로 같아야 한다는 것을 전제로 한 것이다. 따라서 같다는 두 개가 모든 면에서 일치한다가 타당하게 도출되지 않는다면 A의 주장은 약화될 것이다.

ㄷ. 옳지 않다. C가 결론을 도출하는 데 사용한 전제들은 [인간]의 본질을 생각하는 동물로 약속한 것이다. 이때 [인간]의 본질을 언어를 통해 사회를 구성하는 동물로 약속할 수 있으므로, 이렇게 한다고 하여 C가 약화되는 것은 아니다. C의 전제는 "어떤 것이 존재한다"는 판단을 내릴 수 있으려면 어떤 것이 {존재}를 자기의 본질로 취해야 한다인데, 이를 약화하려면, "어떤 것이 인간이다"는 판단을 내릴 수 있으려면 어떤 것이 언어를 통해 사회를 구성하는 동물을 자기의 본질로 취하지 않아야 한다는 것이다. 따라서 이로 C가 약화되지 않는다.

17. 정답 ①

내용 영역 **인문** 문항 유형 **논쟁 및 반론**

ㄱ. 옳다. 갑에 따르면, 삶의 가치를 알기 위해서는 죽음이 가져다주는 긍정적인 상호효과가 존재하기 때문에 사는 동안의 행복 및 고통의 가치와 죽음으로부터의 행복 및 고통의 가치를 각각 계산한 후 그것을 비교하여 기계적인 계산을 하는 것 이상의 작업이 필요하다고 본다. 을에 따르면, 삶이 인간에게 선사하는 즐거움을 음식을 맛보는 일로 비유하고 그 즐거움을 빼앗아 버리는 죽음을 음식을 빼앗는 것으로 설명한다. 이때 음식을 맛보는 것과 그 음식을 빼앗기는 것을 하나로 생각해야 하며, 그러면 맛만 보고 빼앗기는 것보다는 차라리 맛도 보지 않은 편이 나을 것이라는 생각이 들 수 있으므로 삶 또한 즐거움을 경험하고 빼앗기는 것보다는 처음부터 존재하지 않은 것이 나을 것이라고 한다. 즉, 갑과 을 모두 단순히 행복 및 고통의 기계적인 계산이 아닌, 가치적인 요소에 따라 다르게 판단할 수 있음을 전제하기 때문에, 가치 판단에 있어 기계적인 계산에 의한 결과로 판단이 가능한지에 대해서는 동의하지 않을 것이다.

ㄴ. 옳지 않다. 갑에 따르면 인간의 삶은 한정되어 있고, 이러한 삶의 희소성으로 인해 우리는 삶을 더 가치 있는 것으로 바라본다. 즉, 갑은 죽음이 인간의 삶을 가치 있게 만드는 것으로 보기 때문에 인간의 삶을 가치 있게 만드는 것은 영생이라는 것에 대해 동의할 것인지 여부는 알 수 없다. 병은 인간의 최후도 다른 생명체와 똑같이 썩어가는 살덩이가 되기 때문에 인간의 삶은 더욱 비참한 것이 된다고 본다. 따라서 병 또한 인간의 삶을 가치 있게 만드는 것은 영생이라는 것에 대해 동의할 것인지 여부는 알 수 없다.

ㄷ. 옳지 않다. 을에 따르면, 음식의 맛만 보고 그 음식을 빼앗기는 것보다는 차라리 맛도 보지 않은 편이 나은 것처럼 삶도 잠깐의 즐거움을 경험하고 모든 것을 빼앗기는 것보다는 처음부터 존재하지 않은 것이 나을 수도 있다고 본다. 즉, 을은 삶이 가져다주는 가치에 비해 죽음이 빼앗아 가는 가치가 더 크다는 것을 전제하고 있으므로, 이에 동의할 것이다. 반면, 병에 따르면, 황제와 농부의 삶을 예로 들어 두 삶 모두 가치 있는 삶이지만 황제였다가 농부가 되어 버린 사람의 삶은 일평생 농부였던 사람의 삶보다 더 비극적이라고 본다. 나아가 이와 마찬가지로 인간은 특별한 존재이지만 그 최후는 다른 생명체와 똑같이 죽음을 맞이하므로 인간의 삶은 다른 생명체의 삶보다 더욱 비참한 것이 된다고 본다. 즉, 병은 인간과 다른 생명체와의 비교만 할 뿐, 삶의 가치와 죽음의 가치의 대소 비교를 하는 것이 아니다. 가령, 황제의 삶의 가치를 10으로, 농부의 삶의 가치를 1이라 하고, 이들이 죽음에 이를 때의 가치를 0이라 한다면, 황제의 삶에서 죽음이 빼앗아 가는 가치는 -10이고, 농부의 삶에서 죽음이 빼앗아 가는 가치는 -1이 된다. 이처럼 병은 어떤 것을 평가하기 위해 그것을 포함한 전체적인 관점에서 살펴보아야 한다고 하였으므로, 황제의 삶에서 죽음이 빼앗아 가는 가치가 농부의 삶에서 죽음이 빼앗아 가는 가치보다 크다는 것은 추론할 수 있지만, 각각의 삶에서 삶이 가져다주는 가치에 비해 죽음이 빼앗아 가는 가치가 더 크다는 것에 대해 동의할 것인지 여부는 알 수 없다.

18. 정답 ④

내용 영역 인문 문항 유형 논쟁 및 반론

ㄱ. 반론이 될 수 없다. ㉠에 따르면 레코드 X는 녹음실에서 여러 번에 걸쳐 녹음된 것으로 오케스트라 A의 공연 W의 주요 속성인 '관객의 눈앞에서 연주함'이 없다. 따라서 ㉠에 따르면 공연 W와 레코드 X는 동일하지 않다. 이는 수정된 견해(㉠)를 잘못 이해한 것이므로 ㉠에 대한 반론으로 적절하지 않다.

ㄴ. 반론이 될 수 있다. 공연 W의 모든 소리를 복제한 공연 Z는 공연 W의 주요 속성인 '관객의 눈앞에서 연주함'도 복제한 것이므로, ㉠에 따르면 이 둘은 동일하다고 해야 한다. 하지만 복제는 원본이 아님을 뜻하는데, 이 경우에는 '원본이 아님(복제)과 원본은 동일하다'는 모순을 일으키므로 ㉠에 대한 반론으로 적절하다.

ㄷ. 반론이 될 수 있다. ㉠에 따르면 나의 주요 신체적 속성인 장기를 복제하여 다른 누군가에게 이식하였을 때, 나와 다른 누군가는 동일하다고 해야 한다. 그런데 나는 이미 죽음의 상태이고 다른 누군가는 생존의 상태일 것이므로, 이 경우 죽음과 생존이 동시에 성립하지 않는다. 하지만 ㉠에 따르면 '죽음과 생존은 동일하다'라고 해야 하므로 ㉠에 대한 반론으로 적절하다.

19. 정답 ④

내용 영역 인문 문항 유형 논증 평가 및 문제 해결

ㄱ. 옳지 않다. 갑은 위법적 행위를 저지른 사람은 이로 말미암아 사회 전체에 무엇인가를 빚지게 되며, 따라서 형사 처벌 역시 채무 상환의 일종으로 볼 수 있다고 주장한다. 사회는 선행하는 사람들에게 빚을 지므로 그에 상응하는 것이 정의롭다고 볼 것이다.

ㄴ. 옳다. 을은 의도가 아닌 결과의 바람직함에 따라 해당 행위가 정의로웠는지의 여부를 판정한다. 따라서 을에 따르면 실제로 바람직한 결과를 가져오지 못한 행위는 정의롭다고 여겨지지 않는다.

ㄷ. 옳다. 을에 대한 병의 반대 논거 중 하나는, 을이 주장하는 이른바 '바람직한 결과'가 전쟁 상황에 놓인 쌍방에게는 정반대로 해석되며, 따라서 을의 구도에는 양쪽이 모두 수용할 만한 정의의 기준을 생각할 수 없다는 것이다. 따라서 만약 전쟁 상황에서는 양측 모두 정의롭다고 인정할 수 있는 행위가 존재한다는 진술이 타당하다면 병의 주장은 약화된다.

20. 정답 ④

내용 영역 인문 문항 유형 논쟁 및 반론

ㄱ. 옳지 않다. 병은 자아가 감각 활동의 주체로서 생각된다는 주장을 언급하고 있다. 다만 병의 주장은 자아가 감각 활동의 주체라는 사실로부터 자아가 존재한다는 주장을 끌어낼 수 없다는 것이다. 따라서 병은 자아가 없이는 감각 활동도 없다는 주장도 받아들일지의 여부는 알 수 없다.

ㄴ. 옳다. 을은 자아의 활동은 신체에 의존적이며, 따라서 자아가 활동하기 위해서는 신체가 살아있어야 한다고 주장한다.

ㄷ. 옳다. 갑은 우리가 감각 활동을 수행한다는 사실로부터 그것을 수행하는 주체, 즉 자아가 존재한다는 명제를 도출한다. 정은 우리가 우리 자신을 과거의 자신과 같은 사람으로 여긴다는 사실로부터 이러한 인격적 동일성이 귀속되는 존재로서 자아가 존재한다는 명제를 도출한다. 그런데 감각 활동을 수행한다는 사실이 우리 자신을 과거의 자신과 같은 사람으로 여긴다는 사실이기도 하다면, 갑과 정은 자아의 존재를 인정할 수 있을 것이다.

21. 정답 ①

내용 영역 법규범 문항 유형 논쟁 및 반론

ㄱ. 옳다. A는 개인선과는 구별되는 공동선만의 특징으로 불가분리성 및 이로부터 야기되는 무임승차의 문제를 들고 있다. 즉, 무임승차 문제는 공동선의 불가분리성으로부터 야기되는 고유한 특징이다. 그러나 공동선이 아닌 사익을 추구하는 집단에서도 무임승차 문제가 발생한다면, 이는 A의 주장을 약화한다.

ㄴ. 옳지 않다. A는 공동선의 훼손으로 말미암아 발생하는 손해 역시 모든 사람에게 동등하게 가해진다는 전제하에 주장하고 있다. 따라서 선지에 제시된 사실은 A를 약화한다. B는 공동선의 훼손이 계층을 비롯한 각 사람의 특징에 따라 다르게 수용될 가능성에 대해 언급하지 않는다.

ㄷ. 옳지 않다. B는 공동선의 촉진으로부터 이익을 기대할 수 없다면 사람들이 더 이상 이에 참여하지 않으리라고 주장한다. 그러나 이익이 아닌 다른 동기에 의해 공동선의 촉진에 참여하는 것이 가능하다면, 이는 B를 약화한다. 그러나 A의 경우 공동선의 촉진에 참여하는 동기 문제는 제시되어 있지 않다.

22. 정답 ③

내용 영역 인문 문항 유형 논증 분석

제시문의 논증을 정리하면 다음과 같다.

1. 〈논증1〉 선택이 바람이라고 해보자.

전제1	선택은 바람에서 비롯한다.
전제2	어떤 것이 불가능하다는 것을 안다면, 선택하지 않는다.
결론	어떤 것이 불가능하다는 것을 안다면, 바라지 않는다.

'선택은 바람에서 비롯한다.'라는 전제가 참이라고 가정할 때, '우리가 바라는 것들은 모두 가능한 것이어야 한다.'라는 결론이 도출된다. 그런데 이러한 결론은 실제로 우리가 불가능한 것을 바라는 것이 많다는 것을 비추어 보았을 때 불합리한 귀결이다. 따라서 '선택은 바람에서 비롯한다.'라는 전제는 참이 아니라는 결론을 내릴 수 있다.

2. <논증2> 선택이 욕구나 분노라고 해보자.

전제1	선택은 욕구나 분노에서 비롯한다.
전제2	욕구나 분노는 늘 고통이 동반된다.
결론	따라서 선택은 늘 고통이 동반된다.

'선택은 욕구나 분노에서 비롯한다.'는 전제가 참이라고 가정할 때, '선택은 늘 고통이 동반된다.'는 귀결에 달하지만, 선택이 언제나 고통을 동반하는 것은 아니라는 점을 들어 이 귀결이 불합리한 것임을 보인다. 이를 통해 선택은 욕구에서 비롯하는 것이 아니며, 선택은 분노에서 비롯하는 것도 아니라는 것을 보인다.

3. <논증3>

<논증1>과 <논증2>의 결론이 전제2가 되어, 선택은 욕망이 아니라는 결론을 도출한다.

전제1	선택이 욕망이라면, 선택은 바람에서 비롯하거나 욕구에서 비롯하거나 분노에서 비롯한다.
전제2	선택은 바람, 욕구, 분노에서 비롯하는 것이 아니다.
결론	따라서 선택은 욕망이 아니다.

ㄱ. 옳다. 제시문의 논증에 따르면, '선택은 욕망이 아니다.'라는 결론을 도출해낼 수 있다. 그리고 제시문 서두에 선택은 믿음이거나 욕망이라고 했으므로, 선택이 욕망이 아니라면 선택은 믿음이라는 결론을 도출해낼 수 있다.

ㄴ. 옳다. 위 <논증1>과 <논증2> 참고

ㄷ. 옳지 않다. 선택은 믿음 또는 욕망이다. 따라서 ㉠과 ㉡이 사실임을 통해 선택이 욕망이라고 입증되어도, 선택은 믿음이 아니라는 것은 입증되지 않는다.

23. 정답 ③

내용 영역 인문 문항 유형 언어 추리

ㄱ. 옳다. '만들어지는 것'은 달리 있을 수 있는 것에 해당하며, '학문적 인식'은 달리 있을 수 없는 것을 대상으로 한다. 따라서 장인에 의해 만들어지는 것은 학문적 인식의 대상이 되지 않는다.

ㄴ. 옳지 않다. 학문적 인식은 달리 있을 수 없는 필연적인 것이며, 현명함은 달리 있을 수 있는 것이므로, 필연적인 진리는 현명함이 아닌 학문적 인식이다. 이에 따르면, 직각삼각형에서 직각을 끼고 있는 두 변의 제곱의 합은 빗변의 길이의 제곱과 같다는 정의를 파악하기 위해서는 현명함이 아니라 학문적 인식이 필요할 것이다.

ㄷ. 옳다. 실천함의 목표는 과정에 종속된다. 목표는 단순히 실천의 대상(무엇)뿐 아니라 실천의 방법(어떻게)을 포함한다. 따라서 목표 없이 어떤 것을 실천하였더라도, 잘 실천하였다면 그 과정 역시 잘 성취된 것이다.

	목적
만듦	과정과 독립적
실천함	과정을 고려함

24. 정답 ②

내용 영역 인문 문항 유형 논증 평가 및 문제 해결

ㄱ. 옳지 않다. ㉠은 표현하는 능력이 인간 이성의 일부라는 내용이다. 따라서 해당 추론만으로는 ㉠이 약화되지 않는다. ㉠은 이성을 가진 인간이 표현하는 능력을 갖지 못한 경우에 의해 약화된다.

ㄴ. 옳다. ㉡의 요지는 자유로운 경쟁을 거침으로써 건전한 논리를 갖춘 표현물만이 선택받고 살아남으리라는 것이다. 그러나 선택의 기준이 논리의 건전성 이외에도 여럿 존재한다면, 전제의 진실성과 논리의 적합성이 높은 표현물이 아닌 것도 선택받을 수 있어 반드시 전제의 진실성과 논리의 적합성이 높은 표현물만이 살아남으리라는 ㉡의 논리가 약화된다.

ㄷ. 옳지 않다. ㉢은 권력의 통제가 시장의 자정기능을 약화한다고 주장한다. 이는 권력의 통제가 시장의 자정기능을 약화하지 못한 사례에 의해 약화된다. 권력의 통제가 없었던 경우는 권력의 통제가 있다고 가정하고 있는 이 주장의 가정을 벗어난다.

25. 정답 ①

내용 영역 인문 문항 유형 논증 분석

- 주장 : ㊅ 우리는 자연현상으로부터 신의 존재에 대한 합리적 확신에 도달할 수 있다.
- ㊅의 근거 : ㉨

㉨ 자연현상들이 특정한 목적에 따라 발생할 수 있기 위해선 이를 조율하는 이성적이면서 초자연적 능력을 지닌 존재, 즉 신이 자연의 이면에 존재해야만 한다.

- ㉨의 근거 : ㉥, ㉦

㉥ 우리는 일부 자연현상들이 특정한 목적을 실현하려는 동기에서 발생했음을 합리적으로 인정할 수 있다.

㉦ 자연현상들이 스스로 특정한 목적의 표상에 따라 발생했다고 말할 수는 없다.

- ㉥의 근거 : ㉠, ㉢, ㉤

㉠ 우리는 자연현상을 합리적으로 이해하기 위해 목적 개념을 사용해 왔다.

㉢ 그보다 더 나은 설명 방식이 존재하지 않는 경우 우리는 이와 같은, 자연에 대한 목적론적 접근을 합리적인 대안으로 인정해야만 한다.

㉤ 실제로 자연에는 목적론적 접근을 제외하면 그에 대한 어떠한 납득할 만한 설명도 불가능한 현상들이 존재한다.

- ㉠의 예증 : ㉡

㉡ '개구리는 왜 앞다리에 비해 기이할 정도로 튼튼한 뒷다리를 가졌는가'라는 질문에 대해 '그것이 개구리의 생존에 유리하기 때문이다'라고 답하는 사람은 개구리의 신체 구조가 생존이라는 목적에 맞추어져 있다고 말하는 셈이다.

- ⓒ의 근거 : ⓔ

ⓔ 그에 대해 아예 아무런 설명도 가능하지 않은, 단적으로 불가사의한 자연현상의 존재는 곧 이성의 파산을 의미한다.

- ⓢ의 근거 : ⓞ

ⓞ 목적을 지향하는 능력은 이성적, 의식적 존재의 전유물이다.

26. 정답 ①

내용 영역 **인문** 문항 유형 **논쟁 및 반론**

ㄱ. 옳다. 갑1은 노예에 적합한 천성을 가진 사람이 존재한다고 주장한다. 을1은 이를 인정하지 않고, 노예인 사람이 존재하는 이유는 자유인으로서의 천성을 억압하는 지배자가 존재하기 때문이라고 반론한다. 따라서 노예에 적합한 천성을 타고난 사람이 실제로 존재한다면, 갑1에 대한 을1의 반론은 약화된다.

ㄴ. 옳지 않다. 을1은 노예제는 노예가 자신의 자유를 양도하는 것에 대해 동의하지 않으면 성립하지 않는다고 하면서, 양도를 무상으로 주거나 대가를 받고 판매하는 행위로 정의한 뒤 자유를 무상으로 준다는 것은 비이성적이기 때문에 있을 수 없는 일이고, 자유에 대해 어떤 대가를 받는다고 하더라도 자유라는 근본적 권리를 양도할 수 있는 대가란 사실상 존재하지 않는다고 말한다. 이에 갑2는 전쟁 상황에서는 생명을 보존하는 것을 대가로 자유를 양도할 수 있고, 이는 상호 합의에 근거한 것이라고 반박한다. 즉, 갑2는 무상으로 주거나 대가를 받고 판매하는 양도 방식 이외에 제3의 방식이 존재한다는 점을 든 것이 아니라 대가를 받고 판매하는 방식으로 양도가 가능하다고 하며 을1을 반박한다.

ㄷ. 옳지 않다. 갑2는 전쟁에서 패배한 사람이 생명을 보존하는 것을 대가로 자신의 자유를 양도하는 합의가 가능하다고 본다. 그러나 을2는 전쟁 상황에서 맺어진 합의는 전쟁이 끝나고 난 후엔 그 효력을 인정할 수 없다고 반박한다. 따라서 국가 간의 전쟁이 아닌 개인 간의 다툼에서 상대방의 생명을 빼앗는 것이 목격되었다 하더라도, 을2의 입장이 약화되는지는 알 수 없다.

27. 정답 ⑤

내용 영역 **사회** 문항 유형 **언어 추리**

ㄱ. 옳다. A방법은 모든 개별적인 금전과 주식의 소유가 오고 가는 것을 모두 거치고, C방법은 청산업자가 모든 거래의 거래상대방이 되어 개별 매도·매수 주문에 대하여 주식과 금전이 오고 가는 것을 차감하는 방식이다. 따라서 A 방법에 의할 경우 주식 또는 금전을 이전시켜야 하는 횟수가 더 많은 경우가 많을 것이다. 다만 모든 거래주체가 금전과 주식을 단 한 번씩만 거래했을 경우 A방법과 C방법의 이전 횟수는 같아진다.

ㄴ. 옳다. B방법은 동일한 당사자 사이에서 거래가 이루어지는 경우 이들을 상호 차감하고 최종적인 결과만을 반영하는 방식이다. 동일한 당사자 사이에서 단 한 번만의 거래만이 발생한다면 상호 차감할 거래가 없다. 결국 이 경우 모든 거래에 따른 금전과 주식의 이전을 반영하여야 하므로, A방법과 동일한 결과가 된다.

ㄷ. 옳다. C방법은 청산업자가 모든 거래의 거래상대방이 된다. 그런데 예컨대 청산업자가 X주식을 100주 보유하고 있고, 10명의 거래자들이 각자 20주에 대한 매수주문을 하였으나, X주식에 대하여 매도주문을 한 거래자는 5명으로 각자 10주의 매도주문을 하였다고 하자. 이 경우 청산업자가 매도주문을 통하여 확보하는 X주식은 50주에 불과하고 청산업자 자신이 보유하고 있는 100주를 합하여 150주를 공급할 수 있을 뿐인데, 매수주문이 들어온 것은 200주이므로 청산이 불가능하게 된다.

28. 정답 ①

내용 영역 **사회** 문항 유형 **논증 평가 및 문제 해결**

ㄱ. 양립할 수 있다. 우선 A는 연구방법도 엄격한 절차로 관찰하고 그 결과 또한 수량적인 자료로 표현해야 하며, 수량적이고 통계적인 분석으로 이론적인 의미를 탐구해야 한다고 본다. 다음으로 B는 사회현상은 자연현상과 달리 지속적으로 관찰하면서 의미를 해석해야 한다고 보며, 이것이 사회현상을 이론적으로 연구하는 방법이라고 본다. 마지막으로 C는 표면적 사회현상의 밑바탕에 있는 경제적 조건, 자원 분배, 생산 방식 등의 물질적 기초 구조를 탐구하여 이론적으로 연구하는 것이 중요하다고 본다.

ㄴ. 양립할 수 없다. 반복적으로 관찰하였을 때 같은 결과가 나온다면 이는 연구방법이 엄격한 절차로 진행되고 그 결과가 수량적인 자료로 표현될 수 있다는 것을 의미한다. 따라서 A의 입장에서는 이에 동의할 것이다. 그러나 B의 입장으로 '역동적인 과정 속에 생성하는 사회현상'은 언제 탐구하느냐에 따라 그 결과 값이 달라질 수밖에 없을 것이다. 따라서 B는 동의하지 않을 것이다. 한편, C는 '객관적 사회현상의 법칙성 발견'을 넘어 물질적 기초를 탐구하는 것을 목표로 한다. 즉, C는 A의 관점과는 달리 일정한 목표를 추구해야 하는 학문이라고 언급하는 것이다. 이에 따르면 명백히 A의 관점을 부정한다고 보는 것에는 무리가 있을지 몰라도, 사회과학의 목표 자체를 A와는 다른 곳에 방점을 두고 있으므로 이에 동의하지 않을 것이다.

ㄷ. 양립할 수 없다. "사회현상의 연구 주제를 선정할 때 연구자의 가치가 개입될 수밖에 없다."는 표현은 연구자의 가치가 항상 개입된다는 뜻을 지닌다. 그러나 A는 객관적이고 수량적인 연구방법을 강조하며, B와 C는 가치판단의 중요성을 인정한다. 이러한 내용만을 가지고 사회현상의 연구 주제를 선정할 때 연구자의 가치가 개입될 수밖에 없다고 단정 지어 판단할 수 없다.

29. 정답 ①

내용 영역 사회 문항 유형 논쟁 및 반론

ㄱ. 옳지 않다. A는 치매환자의 수가 늘어난 원인을 과거와 달리 오염물질에 포함된 치매 유발물질의 배출이 늘어난 것으로 본다. P국에서 오염물질 배출량이 가파르게 증가하다가 그 증가율이 점차 줄어들고 있더라도, 배출되는 오염물질의 총량은 계속 늘어나고 있다. 따라서 매년 배출되는 오염물질의 양은 산업화 중반까지는 가파르게 증가하였으나 10년 전 강력한 환경 규제가 실시되면서 그 증가율이 점차 줄어들고 있다는 사실은 A를 약화하지 않는다.

ㄴ. 옳다. A에 따르면 사람들이 치매 유발물질에 노출되는 빈도와 체내에 흡수되는 치매 유발물질의 양이 증가하여, 그 결과 65세 이상 고령자 층에서 치매환자의 수가 증가한 것이다. 따라서 65세 미만의 중장년층에서 치매환자 수가 30년 전에 비해 두 배 이상 많아졌다는 사실은 A를 강화할 것이다.

ㄷ. 옳지 않다. B에 따르면 치매는 뇌의 노화로 인해 발생하는 것으로, 뇌의 노화는 개인의 생활습관 등에 따라 그 속도가 크게 달라지지 않으므로 일정한 연령이 되면 누구에게나 치매가 발병할 수 있다. 그리고 P국은 경제가 발전하면서 국민들의 평균 수명이 늘어났고, 그로 인해 치매가 발병하기 쉬운 고령자 층이 많아져 65세 이상 고령자 층에서도 치매환자가 증가한 것이다. 즉, B는 65세 이상 고령자 층에서 치매환자가 증가한 이유를 평균 수명이 늘어난 것에서 찾고 있을 뿐, 치매의 발병 시점은 일정하다고 본다. 이에 따른다면 65세 이상 치매환자의 치매 발병 시점은 30년 전과 비교하였을 때 큰 차이가 없을 것이다. 따라서 치매 발병 시점의 평균 연령이 30년 전보다 높아졌다는 사실은 B를 강화하지 않는다.

30. 정답 ④

내용 영역 사회 문항 유형 언어 추리

ㄱ. 옳지 않다. A 견해와 B 견해의 차이는 소비자가 '향후 물가상승의 효과를 현재 고려하는지, 고려하지 않고 현재 소득만을 기준으로 판단하는지'에 있을 뿐이지, 명목소득의 증가가 물가상승에 반영되는 속도와는 무관하다.

ㄴ. 옳다. A 견해는 현재의 소득을 기준으로 한계소비성향을 결정한다고 보고, B 견해는 평생의 평균소득을 기준으로 한계소비성향을 결정한다고 보고 있다.

ㄷ. 옳다. A 견해는 정부가 시중에 자금을 풀어도 '물가가 상승하기 때문에' 장기적으로는 실질적인 소득이 증가하지 않는다고 보고 있다. 다만 A 견해는 자금을 풀어서 명목 소득이 증가한 후 그것이 물가에 반영되기 전까지는 소비를 증가시킬 것이라고 보고 있는 것이다. 그런데 정부가 시중에 자금을 풀었을 때 '물가가 상승하지 않는다면' 이는 실질소득이 증가하는 경우를 의미한다. 그리고 사회에서 생산되는 상품의 양이 증가한다면 물가가 상승하지 않을 것이다. 즉 100개의 바나나가 생산되는 사회에 100원의 자금이 유통되고 있는데, 여기에 200원의 자금을 유통시키면 바나나 값이 1원에서 2원으로 오르겠지만, 바나나가 200개가 생산된다면 200원의 자금을 유통시켜도 바나나값이 1원으로 유지될 것이다. 사회구성원이 100명이라면 바나나를 한 개 먹던 사람도 두 개를 먹을 수 있게 된다. 따라서 경기활성화의 효과가 있게 된다.

31. 정답 ②

내용 영역 사회 문항 유형 언어 추리

ㄱ. 옳지 않다. 갑이 2주 후에 금 1g을 6,000원에 팔 수 있는 풋옵션을 1,000원에 매수한 경우, 그 매수비용을 고려하여 갑이 손해를 보지 않으려면 갑이 금을 판매할 2주 후에 금 1g의 시세가 5,000원 이하가 되어야 한다. 즉, 2주 후 금 1g의 시세가 5,000원이고, 이때 갑이 금 1g을 6,000원에 팔 경우 갑은 1,000원의 이익을 얻게 된다. 그런데 갑은 풋옵션을 매수하는 비용으로 1,000원을 이미 지출하였으므로 갑은 이 경우에 이익과 손해 모두 얻지 않는다.

ㄴ. 옳지 않다. 을이 1개월 후에 금 1g을 5,500원에 살 수 있는 콜옵션과 팔 수 있는 풋옵션을 각각 1,000원에 매수하였다. 옵션을 행사할 권리는 의무가 아니라 선택권이므로 거래당사자의 이해에 따라 불리한 경우에는 옵션을 행사할 권리를 포기할 수 있다. 1개월 후 금 1g의 시세가 8,000원일 때 을은 5,500원에 살 수 있는 콜옵션을 행사하여 2,500원의 이익을 얻을 수 있고, 이때 5,500원에 파는 풋옵션은 행사하면 손해가 되므로 이를 행사하지 않을 수 있다. 이 경우, 이익인 2,500원에서 매수 비용인 2,000원을 빼면 을은 500원의 이익을 얻을 수 있다. 즉, 을이 금 1g의 시세가 7,500원을 초과할 경우, 을은 손해를 보지 않을 수 있는 것이다. 따라서 7,500원일 경우 을은 이익을 얻지 못한다.

ㄷ. 옳다. 병이 1년 후에 금 1g을 7,000원에 살 수 있는 콜옵션을 정에게 3,000원을 받고 매도하였고, 1년 후에 금 1g의 시세가 9,000원인 경우이다. 이때 정이 콜옵션을 행사하면 정은 1,000원의 손해를 볼 것이다.

32. 정답 ⑤

내용 영역 사회 문항 유형 언어 추리

ㄱ. 옳다. 유형 A는 물가의 안정을 유일한 목표로 하는 통화정책의 유형인데, 이는 "물가 수준이 높으면 경제의 총 생산량도 높고, 물가 수준이 낮으면 경제의 총 생산량도 낮다는 점을 전제"하고 있다. 만약 이러한 전제가 틀리다면 유형 A는 적절한 방법이 될 수 없고, 유형 B는 "유형 A가 전제하고 있는 물가가 상승하는 경우에는 경제의 총 생산량도 증가한다는 명제가 반드시 옳지는 않다는 점에 대한 반성적 차원에서 등장한 통화정책의 유형"이므로 더 적절한 방법이 될 수 있다. 만약 물가가 상승하면서 오히려 경제의 총 생산은 감소한다면, 이는 위와 같은 전제가 성립하지 않는 경우에 해당하므로, 유형 B가 더 적절한 통화정책이 될 수 있다.

ㄴ. 옳지 않다. 경기가 변화하는 통화정책에 급격하게 반응할 경우, 본문에 따를 때 통화정책의 목표가 "경기변동의 폭을 줄여 이를 안정화하기 위한 것"이라면, 통화정책을 안정적으로 유지하는 것이 필요하다. 유형 A의 통화정책은 방향이 명확하고 안정적이지만, 유형 B의 통화정책은 일관되지 못하고 수시로 변동하기 때문에, 유형 B보다 유형 A가 적절한 유형의 통화정책이 될 것이다.

ㄷ. 옳다. 유형 A는 물가만을 목표로 하여 금리 또는 통화량을 조정하므로, 금리 또는 통화량을 조정하였을 때 물가가 변동하는 속도가 느리다면, 조정을 통하여 목표한 물가 수준에 도달하기 전에 물가가 목표한 수준에 도달할 수도 있다. 따라서 유형 A의 통화정책에 의한 경기 조절은 제한적이다. 유형 B는 명목 GDP, 즉 경제 내 총생산량과 물가 수준 모두를 고려하여 목표로 한 명목 GDP에 도달하려는 것이기 때문에 경제 내 총생산량이라는 다른 목표가 있어 유형 B가 유형 A보다 더 적절한 통화정책이 된다.

33. 정답 ⑤

내용 영역 사회 문항 유형 언어 추리

ㄱ. 옳다. 오염배출권이 거래되지 않는다면, 각 공장은 40톤을 초과하는 오염은 자체적으로 줄여야 한다. 따라서 A는 10톤, B는 30톤을 줄여야 한다. 따라서 전체 비용은 10×10+30×20=700만 원이다.

ㄴ. 옳지 않다. B가 70톤의 오염물질을 배출한다면 B에서는 오염저감비용이 발생하지 않는다. 그리고 A가 30톤의 오염물질을 더 저감해야 하므로, A는 오염물질 40톤을 저감한다. 따라서 오염저감비용은 40×10=400만 원이다. 따라서 ㄱ에서 살펴본 비용에 비해 감소한다.

ㄷ. 옳다. B가 A로부터 오염배출권을 10장 구매할 경우, B는 20톤의 오염물질을 저감하면 된다. 이때 B의 오염물질 처리비용은 20×20=200만 원으로, 200만 원 줄어든다. 따라서 B는 200만 원을 초과하여 오염배출권을 구매할 의향은 없을 것이므로, 오염배출권 1장당 비용은 200/10=20만 원 이하이다.

A는 추가로 10톤의 오염물질을 저감해야 하므로, A의 오염물질 처리비용은 20×10=200만 원으로, 100만 원 증가한다. 따라서 A는 100만 원을 초과하여 오염배출권을 판매할 의향은 없을 것이므로, 오염배출권 1장당 비용은 100/10=10만 원 이상이다.

따라서 A와 B가 손해 보지 않는 오염배출권 1장당 가격은 10~20만 원이므로 11만 원일 수 있다.

34. 정답 ④

내용 영역 논리학수학 문항 유형 모형 추리

ㄱ. 옳지 않다. A팀은 팀장 1명, 선임연구원 2명, 전임연구원 1명, 인턴 1명으로 구성되어 있다. 이때 A팀 구성원이 수행할 수 있는 최대 과제 난도의 총합은 90이다. 그러나 가 과제 2개와 다, 라, 마, 사, 아 과제 각 1개의 난도 총합은 20×2+17+13+11+6+4=91이다. 따라서 A팀은 가 과제 2개와 다, 라, 마, 사, 아 과제 각 1개를 선정할 수 없다.

ㄴ. 옳다. B팀은 팀장 1명, 전임연구원 3명, 인턴 1명으로 구성되어 있다. 이때 팀장이 수행할 수 있는 최대 과제 난도는 25이므로 마 과제 1개, 바 과제 1개, 아 과제 1개를 맡을 수 있다. 전임연구원 1명이 수행할 수 있는 최대 과제 난도는 15이므로 마 과제 1개, 아 과제 1개를 수행할 수 있다. 또한 나머지 전임연구원 2명은 각각 라 과제 1개씩을 수행할 수 있다. 인턴 1명이 수행할 수 있는 최대 과제 난도는 10이므로 바 과제 1개를 수행할 수 있다. 따라서 B팀은 라, 마, 바, 아 과제를 각 2개씩 선정할 수 있다.

ㄷ. 옳지 않다. A팀이 지급받은 특별상여금이 4,500만 원이라면 A팀 구성원이 수행한 과제 난도의 총합은 90 이상 100 이하일 것이다. 그리고 A팀 구성원이 수행할 수 있는 최대 과제 난도의 총합은 90이므로, 특별상여금 4,500만 원을 지급받기 위해서는 A팀 구성원 모두 자신이 수행할 수 있는 최대 과제 난도만큼 과제를 맡아야 한다. 이때 가능한 경우를 정리하면 다음과 같다.

i) 팀장이 나 과제 1개, 사 과제 1개를 수행하는 경우
팀장이 수행할 수 있는 최대 과제 난도는 25이므로 나 과제 1개, 사 과제 1개를 수행해야 한다. 선임연구원 1명이 수행할 수 있는 최대 과제 난도는 20이므로, 선임연구원 2명은 각각 가 과제 1개씩을 수행해야 한다. 전임연구원 1명이 수행할 수 있는 최대 과제 난도는 15이므로 마 과제 1개, 아 과제 1개를 수행해야 하며, 인턴 1명이 수행할 수 있는 최대 과제 난도는 10이므로 바 과제 1개 또는 사 과제 1개, 아 과제 1개를 수행해야 한다.

ii) 팀장이 마 과제 1개, 바 과제 1개, 아 과제 1개를 수행하는 경우
팀장이 수행할 수 있는 최대 과제 난도는 25이므로 마 과제 1개, 바 과제 1개, 아 과제 1개를 수행해야 한다. 선임연구원 1명이 수행할 수 있는 최대 과제 난도는 20이므로, 선임연구원 2명은 각각 가 과제 1개씩을 수행해야 한다. 전임연구원 1명이 수행할 수 있는 최대 과제 난도는 15이므로 마 과제 1개, 아 과제 1개를 수행해야 하며, 인턴 1명이 수행할 수 있는 최대 과제 난도는 10이므로 바 과제 1개를 수행해야 한다.

위 두 가지 경우 모두 A팀 구성원이 수행할 수 있는 최대 과제 난도만큼 과제를 맡을 수 있다. 따라서 A팀이 지급받은 특별상여금이 4,500만 원이라면 A팀은 반드시 나, 사 과제를 선정하였을 것이라고 할 수 없다.

ㄹ. 옳다. 팀 구성원은 자신이 수행할 수 있는 최대 과제 난도를 넘는 과제를 맡을 수 없다. 전임연구원 1명이 수행할 수 있는 최대 과제 난도는 15이고, 인턴 1명이 수행할 수 있는 최대 과제 난도는 10이므로 전임연구원과 인턴은 가, 나, 다 과제를 수행할 수 없다. 즉, B팀이 선정한 과제 중 2번 이상 선정된 과제가 없을 때, B팀이 최대한 많은 특별상여금을 받기 위해서는 B팀 구성원 중 팀장을 제외한 전임연구원 3명과 인턴 1명이 라, 마, 바, 사, 아 과제를 모두 수행하여야 한다. 이때 라, 마, 바, 사, 아 과제 난도의 총합은 44이고, 팀장이 가, 나, 다 과제 중 난도가 20으로 가장 높은 가 과제를 수행하면 B팀이 수행한 과제 난도의 총합은 64가 된다. 따라서 B팀이 선정한 과제 중 2번 이상 선정된 과제가 없다면 B팀은 최대 1,500만 원의 특별상여금을 받을 수 있다.

35. 정답 ①

내용 영역 논리학수학 문항 유형 모형 추리

조건에서 확정할 수 있는 정보는 다음과 같다.

(1) 탁구 수업 - 농구 수업(같은 날이든, 다른 날이든 무관)

(2) 태권도 수업 ⇨ 합기도, 유도, 탁구 수업

(3) 배구 수업 - 태권도 수업(같은 날이든, 다른 날이든 무관)

(4) 수영, 농구 같은 날 수업

(5) 배구 수업 이틀 후 농구 수업

⇨ 주어진 정보를 통해 학생들이 배구 수업을 가장 먼저 듣는다는 정보를 추론할 수 있다. 배구 수업을 듣고 그 다음으로 태권도 수업을 듣는데, 이때 태권도 수업을 월요일에 듣는 경우와 화요일에 듣는 경우로 나누어 모든 조건을 만족하는 경우의 수를 구하여야 한다.

1. 태권도 수업을 월요일에 듣는 경우

	월	화	수	목
오전	배구	탁구	농구	합기도, 유도
오후	태권도		수영	

	월	화	수	목
오전	배구	합기도	농구	유도
오후	태권도	탁구	수영	

	월	화	수	목
오전	배구	유도	농구	합기도
오후	태권도	탁구	수영	

2. 태권도 수업을 화요일에 듣는 경우

	월	화	수	목
오전	배구	태권도	농구	합기도, 유도
오후		탁구	수영	

① 옳다. 1과 2의 경우, 모두 탁구 수업은 화요일에 듣는다.

② 옳지 않다. 1과 2의 경우, 모두 농구 수업을 들은 후에 수영 수업을 듣는다.

③ 옳지 않다. 1의 경우, 월요일에 태권도 수업을 듣고, 수요일에 수영 수업을 듣는다.

④ 옳지 않다. 2의 경우, 배구 수업은 월요일에 듣고 태권도 수업은 화요일에 듣는다.

⑤ 옳지 않다. 1의 경우, 합기도 수업이 화요일에 배정되는 경우가 있다.

36. 정답 ③

내용 영역 논리학수학 문항 유형 모형 추리

갑의 진술을 통해 특정 색깔의 구슬은 1개만 있으므로, 갑이 구슬을 가져가기 전에 남아 있는 빨간색 구슬이 1개인 경우, 주황색 구슬이 1개인 경우, 노란색 구슬이 1개인 경우로 나누어 정리하면 다음과 같다.

ⅰ) 빨간색 구슬이 1개인 경우 (불가능)

빨간색 구슬이 1개인 경우, 갑이 가장 먼저 빨간색 구슬을 가져갔으므로 을은 빨간색 구슬을 가질 수 없다. 따라서 이 경우는 불가능하다.

ⅱ) 주황색 구슬이 1개인 경우 (가능)

주황색 구슬이 1개인 경우, 빨간색과 노란색 구슬의 개수의 합은 5개이다. 이때 주황색 구슬이 다른 구슬에 비해 가장 적게 남은 구슬이므로 (빨간색 구슬 개수, 노란색 구슬 개수)의 조합으로 가능한 것은 (4, 1), (3, 2), (2, 3), (1, 4)이다.

이 경우 정의 발언을 통해 정은 빨간색 또는 주황색 구슬을 가져갔는데 주황색 구슬은 갑이 이미 가져갔으므로 정은 빨간색 구슬을 가져갔다. 또한 병은 정과 같은 빨간색 구슬을 가져갔고, 을도 빨간색 구슬을 가져갔다. 이를 정리하면 다음과 같다.

갑	을	병	정
주황색	빨간색	빨간색	빨간색

따라서 빨간색 구슬 개수는 최소 세 개 이상이어야 하므로 가능한 경우의 수는 다음과 같다.

빨간색 구슬 개수	주황색 구슬 개수	노란색 구슬 개수
4	1	1
3	1	2

이와 같은 경우에서 최초 남아 있던 빨간색 구슬의 개수가 4개라면, 갑은 주황색 또는 노란색 구슬을 가져갔을 것이다. 노란색 구슬을 가져간 경우는 ⅲ)에서 후술한다.

ⅲ) 노란색 구슬이 1개인 경우 (가능)

노란색 구슬이 1개인 경우, 빨간색과 주황색 구슬의 개수의 합은 5개이다. 이때 노란색 구슬이 다른 구슬에 비해 가장 적게 남은 구슬이므로 (빨간색 구슬 개수, 주황색 구슬 개수)의 조합으로 가능한 것은 (1, 4), (2, 3), (3, 2), (4, 1)이다. 정의 발언을 통해 정은 빨간색 또는 주황색 구슬을 가져갔음을 알 수 있다.

ⅲ-1) 정이 빨간색 구슬을 가져갔다면 병도 정과 같은 빨간색 구슬을 가져갔고, 을도 빨간색 구슬을 가져갔다. 이를 정리하면 다음과 같다.

갑	을	병	정
노란색	빨간색	빨간색	빨간색

따라서 빨간색 구슬 개수는 최소 세 개 이상이어야 하므로 가능한 경우의 수는 다음과 같다.

빨간색 구슬 개수	주황색 구슬 개수	노란색 구슬 개수
4	1	1
3	2	1

iii-2) 정이 주황색 구슬을 가져갔다면 병도 정과 같은 주황색 구슬을 가져갔고, 을은 빨간색 구슬을 가져갔다. 이를 정리하면 다음과 같다.

갑	을	병	정
노란색	빨간색	주황색	주황색

따라서 다음의 경우가 가능하다.

빨간색 구슬 개수	주황색 구슬 개수	노란색 구슬 개수
3	2	1
2	3	1

ㄱ. 옳다. 갑이 주황색 구슬을 가져갔다면, 정은 노란색 구슬을 가져가지 않았으므로 정은 빨간색 구슬을 가져갔다. 따라서 병은 빨간색 구슬을 가져갔다.

ㄴ. 옳다. 노란색 구슬이 2개라면, 갑은 노란색 구슬을 가져가지 않았다. 을은 빨간색 구슬을 가져갔으며, 정은 노란색 구슬을 가져가지 않았고, 병도 정과 같은 색깔의 구슬을 가져갔다. 따라서 노란색 구슬을 가져간 사람은 아무도 없다.

ㄷ. 옳지 않다. ii)에서 갑이 주황색 구슬을 가져가더라도 최초 남아 있는 빨간색 구슬의 개수가 3개일 수 있음을 알 수 있다.

37. 정답 ②

내용 영역 과학기술 문항 유형 언어 추리

ㄱ. 옳지 않다. 갑에 따르면, 인간은 수면 중에도 특정 냄새에 킁킁거리는 반응을 할 수 있으며, 인간은 수면 중에도 깨어있는 것처럼 좋은 냄새는 깊이 들이마시려고 한다. 그러나 비수면 중에 특정 자극에 숨을 깊이 들이마셨다고 해서 반드시 수면 중에 좋은 냄새를 맡은 경험을 한 사람이 아닐 수 있다.

ㄴ. 옳다. [실험 2]의 A집단~D집단 중에 [실험 1]과 같이 호흡 반응이 수면 중 냄새를 맡았을 때와 비슷한 집단은 A집단뿐이었다. A집단은 렘 수면 때 P동작 후 비렘 수면을 거치게 한 후에 깨웠고, B집단은 렘 수면 때 P동작 후 비렘 수면 이전에 깨웠고, C집단과 D집단은 비렘 수면기 때 P동작을 하였다. 즉, [실험 1]과 같은 결과가 나오려면 렘 수면 때 P동작을 하고, 비렘 수면을 거쳐야 한다. 따라서 [실험 1]에서 소리 S를 처음 냈을 때는 렘 수면기였을 것이다.

ㄷ. 옳지 않다. [실험 2]를 통해 [실험 1]과 같은 결과가 나오려면 렘 수면 때 P동작을 하고, 비렘 수면을 거쳐야 한다는 것을 추론할 수 있다. 만약 C집단에게 비렘 수면기 때 P동작을 하고 렘 수면기 때 소리 S를 낼 경우, 렘 수면기가 아닌 비램 수면기 때 P동작을 하였으므로, [실험 1]과 같은 결과가 나올 수 있는 요건을 만족한 것이 아니다. 따라서 C집단에게 렘 수면기 때 소리 S를 내더라도, C집단의 호흡 반응은 A집단과 같지 않을 것이다.

38. 정답 ③

내용 영역 과학기술 문항 유형 언어 추리

실험1과 실험2를 통해 II에는 A가 포함되지 않음을 알 수 있고, III에는 D가 반드시 포함됨을 알 수 있다. 또한 II에 A가 포함되지 않으므로, 따라서 I에 A가 포함된다. 한편, I + II이 100~400의 파장대를 흡수하므로, I + II 에는 A, B, C가 포함됨을 알 수 있는데, II에는 A가 없으므로, 따라서 II는 B와 C를 가지고 있다.

실험1과 실험3을 보면 실험1에는 500~600 영역의 파장대가 흡수되지 않았으므로, 시험관 IV에는 E가 포함됨을 알 수 있다. 실험2와 실험4를 볼 때, 시험관 II와 III에는 모두 A가 없음을 알 수 있으므로, 시험관 IV에는 A가 포함됨을 알 수 있다. 이러한 사실을 통해서 시험관 IV에는 A와 E가 포함되고 이를 통해 실험3을 다시 보게 되면 시험관 I에는 B가 포함됨을 알 수 있다. (시험관 IV의 물질들에 의해 100~200, 500~600 영역이 흡수되어 있으므로 그에 의해 흡수 안 된 200~300 영역은 시험관 I의 B에 의해 흡수되었다고 추론할 수 있다.)

마지막으로 지금까지의 사실을 토대로 실험4를 보면 시험관 IV의 물질들에 의해서 흡수되지 않은 영역이 300~500임을 알 수 있고 이는 시험관 III의 물질들에 의해서 흡수가 되었을 것이다. 이는 C와 D의 혼합에 의해 흡수될 수 있다. 따라서 시험관 III는 C와 D를 포함한다고 추론할 수 있다. 시험관이 포함하는 물질들을 정리해보면 다음과 같다.

시험관	물질 혼합
I	A + B
II	B + C
III	C + D
IV	A + E

ㄱ. 옳다. 시험관 I에는 분자 A와 분자 B가 혼합되어 있다.

ㄴ. 옳다. 시험관 I과 III을 혼합하면 A, B, C, D 모든 분자가 포함되어 있으므로 이 시험관에 전자기파를 가하면, 100~500 파장영역의 빛이 모두 흡수될 것이다.

ㄷ. 옳지 않다. 이 경우 A, B, C, E의 분자가 포함되어 있으므로 이 시험관에 전자기파를 가하면, 100~400, 500~600 파장영역의 빛이 흡수될 것이다. 이때 400~500 파장영역의 빛은 흡수되지 않을 것이다.

39. 정답 ③

내용 영역 과학기술 문항 유형 언어 추리

ㄱ. 옳다. 대조군에 비해 실험군에 암 A가 발병한 환자의 비율이 높을수록 증상이 나타나기 전, 즉 제4기 이전에 진단받는 경우 생존율이 더 높은 환자의 비율이 더 높을수록 진단법 X의 효과는 과대평가될 것이다. 즉, 진단법 X 자체의 효과보다는 조기 진단에 따른 생존율이 더 높은 환자가 더 많은 편향된 집단일수록 그 집단에 병의 자연 경과에 대한 생존 여건이 더 좋은 사람들이 많이 포함되어 상대적으로 높게 측정된 생존율이 진단법 X에 의한 생존율 증가로 평가될 수 있다.

ㄴ. 옳지 않다. 대조군에 암 B가 발병한 환자가 많이 포함될수록 대조군의 생존율은 실험군의 생존율에 비해 더 많이 작게 될 것이다. 즉, 진단법 X의 효과는 과소평가되는 것이 아니라 과대평가될 것이다.

ㄷ. 옳다. 실험군에 자신의 질병에 대한 관심도가 높은 사람들이 더 많이 포함될수록 병원 처방에 더 충실한 태도를 보여 전체적인 건강 상태가 더 좋은 사람들이 더 많이 포함된다. 이 경우 실험군의 생존율이 대조군에 비해 더 높게 나타날 수 있는데, 이러한 높은 생존율이 진단법 X에 의한 효과로 해석될 여지가 있으므로 이 경우 진단법 X의 효과는 과대평가된다.

40. 정답 ④

내용 영역 과학기술 문항 유형 언어 추리

ㄱ. 옳지 않다. 현대에 와서 새롭게 정의된 것에 따르면 절대0도에서는 모든 기체 알갱이가 정지한다. 기체 알갱이가 정지한다는 것은 곧 운동에너지가 0이라는 것이고 기체 알갱이들의 운동에너지 총합인 내부에너지 역시 0이 된다. 그리고 샤를에 따르면 절대0도에서 기체 덩어리의 부피는 0이 된다. 기체 덩어리의 부피가 0이 된다는 것은 곧 기체 알갱이가 움직일 수 없다는 것이므로 곧 운동에너지 역시 0이 될 것이다. 따라서 샤를 역시 절대0도에서 기체 덩어리의 운동에너지는 0이라고 볼 것이다.

ㄴ. 옳다. 외부압력이 일정한 상태에서 기체의 내부에너지를 감소시킬 경우 기체의 운동에너지 역시 감소되고 기체의 내부압력 또한 감소된다. 기체의 내부압력이 감소되면 기체의 부피 역시 감소된다.

ㄷ. 옳다. 기체의 온도를 높이면 기체의 내부에너지가 증가하고 기체의 내부 압력이 증가한다. 기체의 내부 압력이 증가하면 기체의 부피도 증가한다. 따라서 이러한 상황에서 기체의 부피를 일정하게 유지시키기 위해서는 외부 압력을 증가시켜 증가된 내부 압력과 균형을 이루도록 하면 된다.

MEMO

01. 정답 ②

내용 영역 법규범 문항 유형 논쟁 및 반론

A, B, C의 입장을 정리하면 다음과 같다.

	권리 행사	금액 분배
A	채권자와 보증인 공동	채권자가 변제받지 못한 채무액과 보증인의 변제액을 비례
B	채권자와 보증인 공동	채권자의 채무액 전액 변제가 우선, 그 다음이 보증인
C	채권자 단독	채권자의 채무액 전액 변제가 우선, 그 다음이 보증인

<사례>를 A, B, C의 입장에 적용하면 다음과 같다.

A : 갑과 병은 공동으로 권리를 행사해야 하고, 병이 1억 원을 변제하였고 갑도 1억 원의 채무만 남았으므로 Y부동산 경매액 1억 원을 1:1로 비례하여 가지므로 5천만 원씩 변제받을 것이다.

B : 갑과 병은 공동으로 권리를 행사해야 하고, 갑이 먼저 채권 전액인 1억 원을 변제 받을 것이다.

C : 갑이 단독으로 경매 신청이 가능하고 금액 분배는 B와 같다.

	권리 행사	금액 분배
A	갑, 병 공동	갑 : 5천만 원 병 : 5천만 원
B	갑, 병 공동	갑 : 1억 원
C	갑이 단독으로 가능	갑 : 1억 원

ㄱ. 옳지 않다. A에 따르면 병은 5천만 원을 변제받을 수 있지만, B에 따르면 갑의 남은 채무액이 1억 원이므로 병은 일부라도 변제받을 수 없다.

ㄴ. 옳다. A와 B는 채권자와 보증인, 즉 갑과 병이 함께 경매에 관한 절차를 진행해야 한다고 보며, C는 채권자, 즉 갑이 단독으로 경매에 관한 절차를 진행할 수 있다고 본다.

ㄷ. 옳지 않다. Y부동산의 시가가 2억 원인 경우 금액 분배는 다음과 같다. 갑이 받지 못한 금액은 1억 원이고, 병이 변제한 금액은 1억 원이므로 둘 모두 변제받을 것이다. 따라서 이 경우 아래와 같이 병은 어느 견해를 따르든 1억 원을 받을 것이다.

02. 정답 ①

내용 영역 법규범 문항 유형 논쟁 및 반론

갑을 어떤 죄목으로 처벌할 수 있는지에 대한 A와 B의 견해를 정리하면 다음과 같다.

	사기방조죄	횡령죄
A	(1) 을에게 대가를 받고 통장을 대여해줌 : 사기방조죄 ○ (2) 을이 사기행위를 할 것을 알면서 통장을 대여해줌 : 사기방조죄 ○	(1) 병에 대한 횡령죄 : × (2) 을에 대한 횡령죄 : ×
B	(1) 을이 사기행위를 할 것을 몰랐음(통장 대여에 대한 대가를 받은 것과는 무관함) : 사기방조죄 × (2) 을이 사기행위를 할 것을 알면서 통장을 대여해줌 : 사기방조죄 ○	갑이 병의 돈을 영득할 의사로 인출한 경우 : 병에 대한 횡령죄 ○

ㄱ. 옳지 않다. A는 을에게 대가를 받고 통장을 대여해준 경우 갑에게 사기방조죄가 성립한다고 본다. 그러므로 갑이 을에게 통장을 대여해주었고, 그 대가로 을에게 20만 원을 받았을 경우, 갑에게 사기방조죄가 성립한다고 볼 것이다. 반면, B는 통장 대여에 대한 대가를 받은 것과 상관없이 갑이 을이 사기행위를 할 것을 알면서 통장을 대여해준 경우에 사기방조죄가 성립한다고 볼 것이다. 그런데 갑은 을의 사기 계획을 모른 채 통장을 대여해주었으므로, B는 이 경우에 갑에게 사기방조죄가 성립하지 않는다고 볼 것이다.

ㄴ. 옳다. A는 을이 사기행위를 할 것을 알면서 통장을 대여해준 경우 갑에게 사기방조죄가 성립한다고 본다. 또한, 갑과 병 사이에 위탁관계가 존재해야 병에 대한 횡령죄가 성립하며, 을은 불법행위를 한 것이므로 보호할 법익이 없어서 을에 대한 횡령죄는 성립하지 않는다고 본다. 그러므로 A는 갑은 을이 사기행위를 할 것을 알면서 자신의 통장을 빌려주었으므로 사기방조죄가 성립하며, 횡령죄는 성립하지 않는다고 볼 것이다. B 역시 을이 사기행위를 할 것을 알면서 통장을 대여해준 경우 갑에게 사기방조죄가 성립한다고 본다. 그리고 갑이 병의 돈이 입금되었음을 인지하고 그 돈을 영득할 의사로 인출한 경우 병에 대한 횡령죄가 성립한다고 본다. 따라서 B는 갑에게 사기방조죄가 성립한다고 볼 것이며, 병의 돈으로 자동차를 구매하려고 하였으므로 병에 대한 횡령죄도 성립한다고 볼 것이다. 따라서 갑에게 더 유리한 견해는 사기방조죄만 성립한다고 보는 A이다.

ㄷ. 옳지 않다. A는 갑이 1천만 원을 인출한 경우에도 갑과 병 사이의 위탁관계가 인정되지 않아 횡령죄가 성립하지 않는다고 본다. 그리고 갑이 1천만 원을 인출하지 않은 경우에도 갑과 병 사이의 위탁관계는 형성되지 않았다고 볼 것이므로 갑에게 횡령죄가 성립하지 않는다고 볼 것이다. 따라서 A의 결론은 바뀌지 않는다. 반면, B는 갑이 1천만 원을 영득할 의사로 인출하였는지에 따라 결론이 달라지는데, 이 경우 갑은 1천만 원을 인출하지 않았으므로 B의 결론은 달라질 것이다.

03. 정답 ②

내용 영역 법규범 문항 유형 언어 추리

ㄱ. 옳지 않다. 제시문에 따르면 피고의 주된 생활지에 있는 법원이 보통재판적을 가진다. 또한 특별재판적에 따르면 원고는 피고의 주된 생활지에 소재한 법원 이외에도 의무이행지의 법원에 소를 제기할 수 있으며, 교통사고와 같이 불법행위에 관한 소를 제기하는 경우에는 행위지의 법원에 소를 제기할 수 있다. P지역은 교통사고가 발생한 지역으로 특별재판적을 갖는다. 또한 Q지역은 갑의 거주지로 의무이행지로서 특별재판적을 갖는다. 한편, 피고의 주된 생활지에 있는 법원은 보통재판적을 가지는데 선택지에는 이에 대한 언급이 없다. 만약 피고 을의 주된 생활지가 P, Q지역 이외의 지역이라면 그 지역 법원에서 소를 제기할 수도 있다. 즉, 을의 주된 생활지에 따라 재판적이 추가될 수 있으므로 P, Q지역 관할법원 이외에서 소를 제기할 수 없다고 단정할 수 없다.

ㄴ. 옳다. 전속적 합의관할의 효력은 합의한 사람 사이에만 효력이 미치는 것이 원칙이지만, 제3자 중에서 상속인과 같은 포괄승계인에게도 그 효력이 미친다. 그리고 채권도 관할합의의 효력이 승계인에게 미친다고 본다. 다만, 외국 법원을 관할법원으로 하기로 합의한 뒤 채권을 양수인에게 양도하는 경우 양수인에게는 합의의 효력이 미치지 않는다고 보는데, 채권자와 채무자인 병과 정은 A국 국민이고, A국의 X, Y, Z법원도 모두 A국 법원이므로 이를 고려할 필요가 없다. 따라서 채권을 양수한 B국 국민 무는 병과 정의 관할법원의 합의의 효력에 영향을 받을 것이다.

ㄷ. 옳지 않다. 채권 양도가 이루어지면 관할법원의 합의의 효력은 승계되는 것이 원칙이나, 외국 법원을 관할법원으로 하기로 한 뒤 채권을 양수인에게 양도한 경우에는 합의의 효력이 미치지 않는다고 보기 때문에 양수인은 자신의 국가에서 재판적이 있는 법원에 소를 제기하여야 한다. 그러나 특정한 사건이 외국 법원의 전속관할에 속할 때에는 해당 법원에 소를 제기하여야 한다. C국 V지역에 주소를 두고 있는 기와 경은 D국의 W법원에서 발급받은 특허권의 사용료채권에 대한 소를 W법원에서만 제기하기로 합의하였고, C국 국민 신은 특허권 사용료채권을 양수하였다. 이후 특허권의 유효성에 대한 분쟁이 발생하였을 때, 특허권의 유효성에 대한 사건은 특허권을 발급해 준 D국 W법원의 전속관할에 속할 수도 있기 때문에 V지역 관할법원은 이 사건에 대한 재판권을 행사할 수 있는지는 선택지로부터 추론될 수 없다. 따라서 V지역 관할법원에 소를 제기하여야 하는지는 알 수 없다.

04. 정답 ③

내용 영역 법규범 문항 유형 언어 추리

A, B, C의 견해를 정리하면 다음과 같다.

	이행기 도래	새로운 임차인 채무 공제 가능성
A	임차권 양도 승낙 시	×
B	새로운 임차인 임대차 종료	○
C	임차권 양도	○

ㄱ. 옳다. 제시문에 따르면 임대차보증금반환채권은 그 이행기가 도래해야만 행사할 수 있는데 위 표와 같이 A, C는 각각 임차권 양도 승낙 시와 임차권을 양도할 때 이행기가 도래한다고 본다. 반면, B는 새로운 임차인 임대차 종료될 때를 이행기가 도래한다고 보기 때문에 을이 정에게 임차권을 양도한 때에 병은 임대차보증금반환채권을 행사할 수 없다.

ㄴ. 옳다. 압류한 임대차보증금반환채권을 행사하려는 병의 입장에서는 최소한의 공제가 이루어지고, 임대차보증금을 가장 빨리 행사할 수 있는 견해는 이행기 도래가 가장 빠른 임차권 양도 승낙 시와 새로운 임차인의 채무 공제 가능성이 없는 A의 견해이다.

ㄷ. 옳지 않다. B와 C는 새로운 임차인의 채무액을 공제할 수 있다는 점에서 공통되나 C의 임대차보증금반환채권 이행기 도래시점은 임차권을 양도한 때이다. 다만, 행사된 시점 이후에는 공제하지 못하므로 임대차보증금반환채권이 행사될 수 있는 시점이 더 늦는 것이 갑에게 유리하다. 따라서 병은 이행기가 도래하자마자 임대차보증금반환채권을 행사하려고 할 때, 갑이 정에게 발생한 채무도 을의 임대차보증금에서 공제하고 싶어 한다면 갑은 B를 C보다 더 선호할 것이다.

05. 정답 ②

내용 영역 법규범 문항 유형 언어 추리

ㄱ. 옳지 않다. 두 번째 규정에 따르면 조합의 채권자가 조합원의 손실부담의 비율을 알지 못한 때에는 각 조합원에게 균분하여 그 권리를 행사할 수 있다. 그리고 네 번째 규정에 따르면 조합의 채권자는 조합재산에 대해서 변제를 청구할 수 있고, 또는 그 청구와 함께 조합원 각자에 대해서 변제를 청구할 수 있다. 따라서 갑이 손실부담의 비율을 알지 못했다면, 6억 원의 조합에 대한 채권을 조합원인 A, B, C에게 균등하게 2억 원씩 청구할 수 있다. 그리고 이러한 청구를 조합재산에 대한 청구와 함께 청구할 수 있는 것은 알 수 있지만 조합재산에 대한 청구보다 앞서 할 수 없는지는 알 수 없다.

ㄴ. 옳다. 갑은 X조합의 채권자이므로 X조합의 재산인 3억 원에 대해서 변제를 받을 수 있다. 이때 갑이 X조합원의 손실부담의 비율을 알고 있었으므로 A에 50%, B에 25%, C에 25%의 비율로 청구할 수 있다. A가 채무를 변제할 자력이 전혀 없는 자이므로, 세 번째

규정에 의해 B, C는 A가 변제할 수 없는 채권 전부에 대하여 균분하여 변제할 책임이 있어 B, C는 각각 채무의 50%씩을 변제해야 한다. 갑은 6억 원 전부에 대해 변제를 받았다고 하였는데, B, C는 조합재산 3억 원을 제외한 나머지 3억 원에 대해서 각각 1억 5천만 원을 변제하였다.

ㄷ. 옳지 않다. 첫 번째 규정에 따르면 조합에 대한 채권자는 조합원 모두에게 소송을 제기함으로써 조합재산으로 채권을 변제받을 수 있지만 조합원에 대한 채권자는 조합재산으로 채권을 변제 받을 수 없다. 을은 A에게 돈을 빌려주었기 때문에 조합원에 대한 채권자이고, 따라서 조합재산으로 해당 채권을 변제받을 수 없다.

06. 정답 ④

내용 영역 **법규범** 문항 유형 **언어 추리**

ㄱ. 옳지 않다. 제1조 제3항에 따르면 지주회사는 기업집단을 구성하는 각 회사의 발행주식 50% 이상을 보유하면서, 보유주식의 주식가액 합계액이 자산총액의 50% 이상인 회사이다. 즉, 단일 회사의 보유주식 가액이 자산총액 50% 이상일 것을 요구하는 것이 아니다. 갑 회사는 을 회사와 병 회사의 주식을 각각 51% 보유하고 있고, 양 회사의 주식을 합쳐 가액이 400억 원이므로 보유주식의 주식가액 합계액이 자산총액인 500억 원의 50%를 넘으므로, 갑 회사는 을 회사와 병 회사의 지주회사에 해당한다. 따라서 [규정] 제1조 제2항 및 제1항에 따라 갑은 지주회사로서, 을과 병은 동일한 기업집단에 속하는 기업으로 서로 계열사에 해당한다.

ㄴ. 옳다. 정 회사가 무 회사에 시장이자율인 5%보다 저렴한 3%의 이자율로 100억 원을 1년간 대여한 것은 제2조 제1항의 '시장의 조건보다 유리한 조건으로 금전을 지원하는 행위'를 한 경우에 해당하고, 이 경우 제3조 제1항에 따라 유리한 조건으로 인하여 계열사가 얻은 이익의 100분의 1의 과징금을 부과한다. 시장이자율과 실제 거래된 이자율의 차이는 2%p이고, 그로 인하여 계열사인 무 회사가 얻은 이익은 100억 원×2%=2억 원이다. 그리고 그로 인하여 정에게 부과되는 과징금은 그 100분의 1인 200만 원이다. 한편, 정 회사가 기 회사에게 운송계약을 체결하면서 시장가격인 80억 원보다 비싼 운송대금으로 100억 원을 지급하기로 한 것은 제2조 제2항의 '계열사에게 시장의 조건보다 유리한 조건으로 거래의 기회를 제공하는 행위'로서 제3조 제1항에 따라 유리한 조건으로 인하여 계열사가 얻은 이익의 100분의 1의 과징금을 부과한다. 유리한 조건으로 인하여 기 회사가 얻은 이익은 20억 원이고, 그 100분의 1은 2,000만 원이다. 제3조 제3항에 따라 과징금은 합산하므로, 정 회사에는 합계 2,200만 원의 과징금이 부과된다.

ㄷ. 옳다. A 회사가 B 회사로부터 30억 원을 지급받고 노동력을 파견하였는데 그것이 시장가격인 20억 원보다 오히려 높았다면, 이는 A 회사가 B 회사에게 지원하는 것이 아니라 그 반대의 지원이 있었던 것으로 보아야 한다. 따라서 이 부분에 대해서는 B 회사에게 제2조 제2항에 의하여 과징금이 부과될 여지는 있어도, A 회사에 과징금이 부과될 여지는 없다. 한편, C 회사와 100억 원 규모의 거래를 하면서 D 회사가 창출하는 부가가치가 없음에도 D 회사를 통하여 거래를 하도록 함으로써, 결과적으로 D 회사에게 귀속된 이익은 20억 원이다. 따라서 제3조 제2항에 따라 그 100분의 2인 4,000만 원의 과징금이 A 회사에게 부과된다. 결국 A 회사에 부과되는 과징금은 총 4,000만 원이다.

07. 정답 ②

내용 영역 **법규범** 문항 유형 **언어 추리**

ㄱ. 옳지 않다. 제1조 제2호 및 제3조에 따르면 시장이 시의 노상주차장에 제한조치를 하였음에도 긴급자동차가 아닌 자동차가 노상주차장에 주차를 하였을 경우, 시장은 해당 자동차의 운전자에게 주차방법을 변경하거나 자동차를 다른 장소로 이동시킬 것을 명해야 한다. 따라서 X시장은 갑에게 자동차를 다른 장소로 이동시킬 것만 명할 수 있는 것은 아니고, 주차방법을 변경할 것을 명할 수도 있다.

ㄴ. 옳다. 시간제 주차요금에 따르면 최초 1시간은 4,100원의 요금(2000+700×3)이 부과되며, 이후 1시간마다 4,200원(700×6)씩 요금이 부과된다. 4시간 50분 주차하는 경우, 시간제로 이용하면 20,200원의 요금이 부과되는데 전일 주차권은 20,000원이므로 전일 주차권을 발급받는 것이 더 저렴하다.

ㄷ. 옳지 않다. 제3조에 의해 사용제한 조치를 하면 긴급자동차를 제외하고는 제한조치를 따라야 한다. 제4조 제3호에 따르면, 경찰용 자동차 중 범죄수사의 업무 수행에 사용되는 자동차는 긴급자동차에 해당하여 노상주차장에 주차할 수 있다. 도난 신고가 된 자동차를 수배 중인 경찰용 자동차라면, 긴급자동차에 해당하여 X시 노상주차장에 주차할 수 있다.

08. 정답 ①

내용 영역 **법규범** 문항 유형 **논증 평가 및 문제 해결**

ㄱ. 옳지 않다. 이론과 달리 현실에서의 효용이 다소 작더라도, 사회 효용을 이전보다 높였다면 주장과 양립 가능하다. 즉, 이론에 따르면 협상을 통해 사회적 효용은 증가한다. 이론이 거짓이라면 협상을 하더라도 사회적 효용은 같거나 감소하는 현상이 발생할 것이다. 가령 아래와 같이 효용의 정도를 나타낼 수 있다면, 협상을 통해 사회적 효용은 높아진다. (10 ⇨ 20) 이때 이론에서처럼 크지 않다고 해서 협상 전보다 효용이 같거나 감소한 경우가 아니므로 이론은 약화되지 않는다.

협상 전	이론에 따를 때	협상 후
10	30	20

ㄴ. 옳다. 이론에 따르면 협력자들의 정보를 통해 수사는 도움을 받는다. 즉, 협력자들이 어떤 정보를 줄 경우 이를 통해 수사에 필요한 인적 물적 자원을 최소화할 수 있다. 그런데 만약 수사기관들이

협력자들이 말한 정보의 진위 여부를 가리기 위해 추가로 상당한 시간을 할애해야 한다면, 이는 협상을 했음에도 더 많은 인적 자원이 필요한 것이므로 자원을 최소화하지 않는다.

협상을 통해 사회적 효용이 증가하는 과정은 다음과 같다.

협상 ⇨ 피의자의 협조를 통해 증거를 손쉽게 수집 ⇨ 수사절차의 효율성 ⇨ 사회적 효용 증가

이때 ㄴ은 협상으로부터 피의자의 협조를 통해 증거를 손쉽게 수집할 수 없다는 것이므로 이론을 약화한다.

ㄷ. 옳지 않다. 주장에 따르면 유죄협상제를 도입하면 피의자의 만족도가 증가하고, 수사절차의 효율이 높아져 사회적 효용이 증가한다. 이 경우 유죄협상제를 도입하고 피의자 개인의 만족도가 증가한 경우이므로, 주장이 약화되려면 유죄협상제를 도입하여 수사절차의 효율성이 높아졌지만 사회적 효용이 증가하지 않은 경우가 제시되어야 할 것이다. 이때 사회적 효용이란 수사가 필요한 다른 여러 사건들을 신속하게 처리할 수 있는 것을 의미한다. 따라서 사회 정의가 손상된 정도는 수사절차의 효율성이 높아진 것과 사회적 효용의 변화와는 무관하여 주장을 약화할 수 없다. 만약 사회 정의가 손상된 것을 사회적 효용이 감소한 것으로 파악하더라도, 수사절차의 효율성이 실제로 높아졌는지 알 수 없으므로, 수사절차의 효율성이 높아졌을 때 사회적 효용이 증가하지 않았다고 할 수 없어 주장이 약화된다고 보기 어렵다.

09. 정답 ③

내용 영역 법규범 문항 유형 언어 추리

ㄱ. 옳다. A에 따르면 갑이 타인의 물건을 점유하고 있고 갑이 공사대금채권이 주택 자체에 노동이나 자본을 투입하여 발생한 것이므로 채권을 변제받을 때까지 주택을 유치할 권리가 있다고 볼 것이다.

ㄴ. 옳다. A는 물건 자체에 노동이나 자본을 투입하는 등 채권의 발생이 물건 자체에 결부되어 있어야 한다고 주장한다. 보증금이 임대차로 인해 발생할 수 있는 손해발생에 대한 담보라면, 물건 자체에 노력이나 비용을 투입하여 발생한 채권이 아니므로 A는 을의 유치권을 인정하지 않을 것이다.

ㄷ. 옳지 않다. 정이 타인의 물건을 점유하고 있고 정의 공사대금채권이 주택 자체에 노력이나 비용을 투입하여 발생한 것이므로 B는 채권과 물건의 관련성을 폭넓게 인정하는 것이 타당하다고 보므로 유치권 성립을 인정할 것이다. 다만, B의 경우 수개의 물건에 대해서는 유치물의 분할가능성을 사안별로 판단해야 한다고 주장하므로 다세대주택의 세대별 분할 등 유치물의 분할가능성을 고려한다면 물건 전부에 대하여 그 권리를 행사할 수 있는지의 여부는 알 수 없다.

10. 정답 ④

내용 영역 법규범 문항 유형 논쟁 및 반론

ㄱ. 옳지 않다. A는 제1조 제1항에 따라 토지Z의 소유권을 확정해야 한다고 주장한다. 제1조 제1항에 의하면, 소유자인 갑의 의사를 반영한 등기가 필요한데, 현재 등기는 정이 완료하였고 을은 갑의 의사를 반영한 등기를 하지 못한 상태이다. 따라서 소유권이 인정되지 않아 청구가 인정된다고 할 수 없다.

ㄴ. 옳다. B에 따르면, 이 경우는 유언에 의한 소유권 이전의 경우이므로 제2조를 따라야 한다. 제2조에 의해 유언으로 재단법인을 설립하는 때에 출연재산인 토지Z는 갑의 사망한 때로부터 효력이 발생하므로 갑의 사망 이후 토지Z는 유언에 의해 을의 소유이다. 따라서 B에 따르면 토지Z의 반환 청구가 인정된다.

ㄷ. 옳다. B에 따르면 토지Z의 소유권은 을이 가져야 한다. C도 원칙적으로는 이에 동의하지만, 예외적으로 정이 유언을 몰랐을 경우에는 정이 소유권을 가진다. 정은 사정을 다 알고 있다고 하였으므로 C에 따를 때 소유권은 을이 가져야 할 것이다. 따라서 이 경우 을의 반환 청구가 인정될 것이다.

11. 정답 ⑤

내용 영역 법규범 문항 유형 언어 추리

ㄱ. 옳다.

(1) 갑 회사 배상책임 제한액

A선박이 5천 톤이 넘으므로 [규정]의 제1조 제2항 제2호에 따라 120억 원[= 70억 원 + (10000 - 5000)×100만 원 = 70억 원 + 50억 원]이 된다.

(2) 을 회사 배상책임 제한액

B선박이 5천 톤이 넘으므로 [규정]의 제1조 제2항 제2호에 따라 520억 원[= 70억 원 + (50000 - 5000)×100만 원 = 70억 원 + 450억 원]이 된다.

ㄴ. 옳다. 제3조에 따르면 불법행위를 일으킨 유조선소유자는 피해 어민들에 대한 손해배상 채권을 다른 불법행위에 대한 채권에 우선하여 변제 의무를 지므로, 갑 회사는 피해 어민들에게 우선적으로 변제 의무를 진다. 어민들의 피해 금액은 240억 원(= 4000×6백만 원)이다. 그리고 제2조 제2항에 따르면 불법행위를 일으킨 유조선소유자는 각 채권에 대해 과실비율에 따라 책임을 나누어 변제하며, 양 선박의 과실비율은 5:5이므로 갑 회사는 어민들의 피해 금액의 절반인 120억 원의 책임을 질 것이다.

한편 제4조에 따르면 유조선소유자가 제1조에 의한 배상책임 제한액의 범위에서 제2조의 채권자에 대한 변제를 마치면 더 이상의 손해배상책임은 부담하지 않는다고 하였다. 따라서 배상책임 제한액이 120억 원인 갑 회사가 120억 원만큼 어민들에게 변제를 마치면 더 이상의 손해배상책임은 부담하지 않는다. 따라서 해양수산부는 갑 회사로부터는 손해배상을 받지 못한다.

ㄷ. 옳다. 제2조 제1항에 따르면 제1조의 불법행위로 인한 채권에는 국가기관이 방제비용 채권, 피해 어민에 대한 손해배상 채권, 피해 관련사업자에 대한 손해배상 채권이 있다. 이때 피해 어민들이 손해배상 채권을 포기하였으므로 방제비용 990억 원과 피해 관련사업체로 인정받은 관광사업체 병의 손해배상 채권 110억 원의 채권이 인정될 것이다. 제2조 제2항에 따라 을 회사는 50%의 책임을 변제하게 되므로, 해양수산부에게 495억 원, 병에게 55억 원을 변제해야 한다. 한편 을 회사의 배상책임 제한액은 520억 원이어서 채권액들의 총합(550억 원)이 배상책임 제한액을 초과한 상황이다. 이 경우 제2조 제3항에 따르면 각 채권액들 간의 비율을 산정하여 변제한다. 해양수산부의 채권은 495억 원이고 병의 채권은 55억 원이므로 각 채권액들 간의 비율은 9:1이다. 따라서 을 회사는 520억 원의 90%는 해양수산부에 변제하고 10%인 52억 원을 병에게 변제해야 할 것이다.

12. 정답 ④

내용 영역 법규범 문항 유형 언어 추리

〈A견해〉

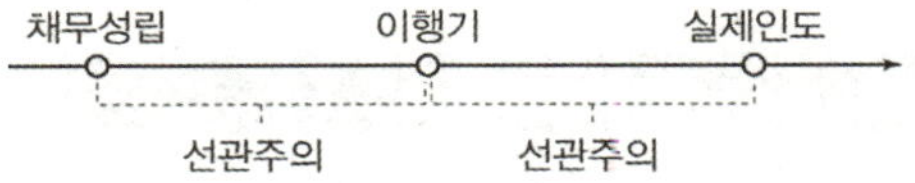

〈B견해〉

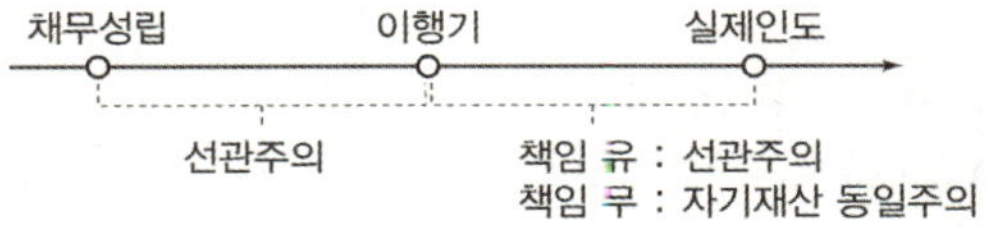

① 옳다. 이행기를 지체한 책임이 채무자 갑에게 있을 경우 A와 B에 따르면 이행기 전후 모두 갑은 선관주의 의무를 진다. 따라서 갑이 선관주의 의무를 다했을 경우, A와 B에 따르면 갑은 손해배상책임을 지지 않을 것이다.

② 옳다. 이행기를 지체한 책임이 채무자 갑에게 없을 경우 이행기 이후 갑은 A에 따르면 선관주의 의무, B에 따르면 자기재산과 동일한 주의 의무를 진다. 선관주의 의무를 다했을 경우 이보다 경감된 주의 의무인 자기재산과 동일한 주의 의무는 다했다고 볼 수 있다. 따라서 이행기 이후에 갑이 선관주의 의무를 다했을 경우, A와 B에 따르면 갑은 손해배상책임을 지지 않을 것이다.

③ 옳다. 이행기를 지체한 책임이 채무자 갑에게 없을 경우 이행기 이후 갑은 A에 따르면 선관주의 의무, B에 따르면 자기재산과 동일한 주의 의무를 진다. 자기재산과 동일한 의무를 다했다고 해서 선관주의 의무를 다했다고 볼 수 없다. 따라서 A에 따르면 갑은 손해배상책임을 지지만 B에 따르면 지지 않을 것이다.

④ 옳지 않다. 이행기를 지체한 책임이 채무자 갑에게 있을 경우 A와 B에 따르면 이행기 전후 모두 갑은 선관주의 의무를 진다. 자기재산과 동일한 의무를 다했다고 해서 선관주의 의무를 다했다고 볼 수 없다. 따라서 갑이 자기재산과 동일한 주의 의무를 다했을 경우, A와 B는 모두 갑이 손해배상책임을 져야 한다고 할 것이다.

⑤ 옳다. 이행기 전에는 A와 B에 따르면 이행기 전후 모두 갑은 선관주의 의무를 진다. 만약 이행기 전에 부동산 X가 일부 멸실되었고 갑이 실제 인도 시까지 선관주의 의무를 다했다면, A와 B에 따르면 갑은 손해배상책임을 지지 않을 것이다.

13. 정답 ①

내용 영역 인문 문항 유형 논쟁 및 반론

ㄱ. 옳다. 이는 갑의 논증에서 인용되는 원리이다.

ㄴ. 옳지 않다. 을은 갑의 논증을 반박하기 위해 갑이 전제한 '영혼이 스스로를 존재하게 하는 힘을 소유한다'를 가정하고 있을 뿐, 을이 영혼이 스스로를 존재하게 하는 힘을 소유한다는 사실 자체를 인정하는지는 알 수 없다. 정은 영혼이 일반원리를 거스르는 특수한 사물이라는 주장하는 쪽이 입증책임이 있다고 보기 때문에, 영혼이 스스로를 존재하게 하는 힘을 소유한다는 사실을 입증한다면 그 사실에 동의할 수도 있다.

ㄷ. 옳지 않다. 병과 정은 모두 영혼의 존재가 시작되는 시점을 특정할 수 없다는 데 동의한다. 이를 근거로 하여, 병은 과거에도 영혼이 존재했음을 주장하였으므로, ㄷ의 입증한다는 것에 동의할 것이다. 정은 영혼의 존재가 시작되는 시점을 특정할 수 없다는 사실이 입증하는 근거로 볼 경우에는 영혼이 과거에도 항상 존재했다는 것을 입증한 것으로 볼 수 있기 때문에 동의한다고 볼 수도 있다.

14. 정답 ④

내용 영역 인문 문항 유형 논증 분석

ㄱ. 옳지 않다. 육식까지도 할 수 있어 완전 채식 때보다 쾌락의 총량은 오히려 늘어난다고 하였다. 여기에서 알 수 있는 것은 '육식+채식'의 쾌락이 '채식'의 쾌락보다 쾌락의 총량이 더 많다는 것이다. 이 정보만으로는 육식만으로 얻는 쾌락과 채식만으로 얻는 쾌락의 양 중 어느 쪽이 더 큰 것인지 판단할 수 없다.

ㄴ. 옳다. 새롭게 태어난 가축들은 앞선 가축들의 이른 죽음이 없었다면 태어나지 않았을 것이므로 전체 쾌락의 총량은 더 늘어난다는 것은, 태어나는 것이 태어나지 않은 것보다 더 이익이라는 것을 전제한 것이다.

ㄷ. 옳다. 제시문에 따르면 가축들이 이른 죽음을 맞이하게 되면 전체 쾌락의 총량이 줄어든다. 그 이유는 가축들이 살아 있었으면 누릴 즐거움을 없애는 것이기 때문이다. 이에 저자는 이 줄어든 쾌락의 양은 다른 가축들을 태어나게 하면 보충이 되어 전체 쾌락의 양을 보존할 수 있다고 주장한다. 전체 쾌락의 양을 보존하려면, 새롭게 태어난 가축들이 누리는 즐거움과 이른 죽음을 맞이하는 가축들이 살아 있었으면 누렸을 즐거움이 서로 대체될 수 있어야 한다는 것이 전제되어야 한다.

15. 정답 ③

내용 영역 인문 문항 유형 논증 평가 및 문제 해결

ㄱ. 옳다. 병은 일상의 용례와 논리학의 해석이 다르고 둘 사이 모순이 발생하는 경우 이러한 발화는 오류라고 주장하였고, 을은 일상의 용례와 논리학의 해석이 다르다면 언제나 해당 발언은 오류라고 주장하였다. 따라서 병이 오류로 인정하는 대상은 반드시 을에 의해서도 오류로 인정된다.

ㄴ. 옳다. 본래 '라면 또는 김밥을 먹을 것이다'라는 말은 라면만을 먹는 경우, 김밥만을 먹는 경우, 라면과 김밥을 모두 먹는 경우에 각각 논리학적으로 참이다. 따라서 둘 중 하나만을 선택한다는 의미로 해당 발언을 했다면 이는 '발화의 의도에 해당하는 상황이 명제가 논리학적으로 성립할 수 있는 수많은 사례 중 하나'인 경우에 해당해 병이 정의한 '모순이 없는 상태'에 속한다. 따라서 갑과 병 모두 해당 발언이 오류가 아니라고 주장할 것이다.

ㄷ. 옳지 않다. 갑은 논리학 세계와 일상의 세계를 분리된 것으로 이해하며 두 세계의 기준이 서로 다르다고 주장하고 있지만 일상 세계에서 무엇이 오류인지 및 오류가 존재할 수 있는지 여부에 대해 구체적으로 언급하지 않았다. 따라서 일상에서 한 발언이 오류일 수 없다는 선지의 내용은 지나친 비약이다.

16. 정답 ④

내용 영역 인문 문항 유형 논증 평가 및 문제 해결

ㄱ. 옳다. 부품을 하나라도 교체하면 새로운 배로 보아야 한다는 견해에서는 주인이 수리를 할 때마다 새로운 배를 소유하게 된다고 보므로 배의 부품을 완전히 교체하기까지 수많은 수리를 통해 수많은 새로운 배를 소유하게 된다고 볼 수 있다.

ㄴ. 옳지 않다. 부품 격인 사원이 모두 교체되었다면, 핵심 부품 격에 해당하는 사원들도 모두 교체되었을 것이다. 따라서 ㉢에 따르면 사원이 바뀌기 전의 회사와는 연속성이 유지되고 있지 않다고 볼 것이다.

ㄷ. 옳다. 낡은 부품끼리 다시 조합하여 배를 만들면 배가 최초로 건조된 그 부품 그대로의 배가 만들어지므로 기존의 배라고 할 수 있다. 이는 초기의 배와 새로운 배를 구별하는 ㉠, ㉡, ㉢ 모두에서 기존의 배로 인정할 것이다. 만약 부품을 모두 교체하였다 하더라도 여전히 같은 배라는 입장에서는 다른 견해가 나올 수 있지만, 제시문에 언급된 견해는 아니다.

17. 정답 ④

내용 영역 인문 문항 유형 언어 추리

<다른 사람>

○ 다른 사람이 받아 마땅한 것을 받은 경우, 기쁨

나의 평가	나의 감정	다른 사람	나의 구체적 감정
받아 마땅	기쁨	좋은 것	진지한 기쁨
		나쁜 것	조롱을 동반

○ 다른 사람이 받아 마땅하지 않은 것을 받은 경우, 슬픔

나의 평가	나의 감정	다른 사람	나의 구체적 감정
받아 마땅×	슬픔	좋은 것	부러움
		나쁜 것	동정심

<과거>

	내가 이룬 것	타인이 이룬 것
좋은 것	만족감	호의(+감사)
나쁜 것	뉘우침	분노(+적개심)

ㄱ. 옳지 않다. 다른 사람이 받은 좋은 것은 진지한 기쁨과 부러움을 일으키는 슬픔이며, 다른 사람이 이룬 좋은 것이 불러일으키는 정념은 호의와 감사가 있다.

ㄴ. 옳다. 타인이 이룬 어떤 것에 대한 정념이므로, 만족감이나 뉘우침이 일어나지는 않을 것이다. 그리고 타인이 이룬 어떤 것이 우리를 의도하거나 겨냥했는지를 가늠할 수 있는 상황이므로, 그것이 좋은 것인지 나쁜 것인지에 따라 호의에 감사가 더해지거나 분노에 적개심이 더해질 것이다. 따라서 이때 일어나는 정념은 네 가지이다.

ㄷ. 옳다. 지금 나에게 속한 나쁜 것을 생각할 때엔 슬픔이 일어난다. 그리고 다른 사람이 받아 마땅하지 않은 것을 받은 경우에는 부러움이나, 동정심이 일어난다. 그런데 이 두 가지는 슬픔의 한 종류이므로, 결국 다른 사람들이 받아 마땅하지 않은 것을 받았다고 평가한 경우에 일어나는 감정과 나에게 속한 나쁜 것을 생각할 때 일어나는 감정은 종류가 같다.

18. 정답 ③

내용 영역 인문 문항 유형 논쟁 및 반론

ㄱ. 옳다. 갑은 선함의 정도를 정확하게 비교할 수는 없다고 언급함으로써 간접적으로 선함에 대한 수치화가 불가능하다고 주장하고 있다. 또, 아름다움과 선함의 정의가 유사하다고 주장하며 아름다움의 정도를 수치화 할 수 없다고 이야기하는 것에서도 갑이 선함의 정도를 수치화할 수 없다고 주장하고 있음을 확인할 수 있다. 을은 유용성의 정도를 명확히 수치화할 수 없다고 주장하며 이 유용성이 선악을 판단하는 기준이라 언급한다. 따라서 갑, 을은 모두 선함의 정도를 수치화하여 객관적으로 비교할 수 있다는 데에 동의하지 않는다.

ㄴ. 옳지 않다. 갑은 '아름다움을 정의하는 것은 선함을 정의하는 것과 같다'고 말한 뒤 '우리는 선함이 무엇인지에 대한 일관된 합의를 통해 정의하고 있다'고 주장한다. 즉, 선함과 마찬가지로 아름다움에 대한 정의 역시 가능하다는 것이 갑의 입장이다. 따라서 갑은 선지의 내용과 같이 아름다움이 정의할 수 없는 대상이라는 데에 동의하지 않는다. 을은 '한 사람은 자신의 내면에서 아름다움을 정의'할 수 있다고 언급하여 아름다움에 대해 객관적 정의가 불가능할지라도 주관적 정의는 가능하다고 주장하고 있다. 병은 '사회가 인정하는 아름다움의 정의'에 대해 규정하고 있으므로 아름다움에 대한 정의는 가능하다고 주장하고 있다. 을, 병 모두 '객관적 정의'에 대해서는 부정하나 정의 자체를 부정하는 것은 아니므로 을, 병이 아름다움이 정의될 수 없다는 데에 동의한다는 선지의 내용은 옳지 않다.

ㄷ. 옳다. 을은 아름다움은 유용성을 띠지 않기 때문에 사회 전체가 동의할 만한 정의를 찾아낼 수 없다고 주장한다. 병은 지배적 관념으로부터 사회가 인정하는 아름다움의 정의가 만들어진다고 주장한다. 따라서 을은 사회적으로 인정되는 아름다움의 정의가 있다는 데에 동의하지 않지만 병은 동의한다.

19. 정답 ②

내용 영역 인문 문항 유형 언어 추리

ㄱ. 옳지 않다. ㉠에 따르면, 모든 집합이 대상이 될 수 있는 것은 아니다. 즉 어떤 집합은 대상이 될 수 없다. 그러나 이로부터 "어떠한 집합도 대상이 될 수 없다."가 도출되는 것은 아니다.

ㄴ. 옳다. ㉠은, 가정에 근거할 때 "집합 S는 자기 자신을 원소로 갖지 않으며 동시에 자기 자신을 원소로 갖는다."가 도출되는 것을 보임으로써 가정이 성립할 수 없음을 추리한다. 이는 "어떠한 명제도 자신과 그것의 부정이 동시에 성립할 수 없다."라는 원리에 근거하고 있는 것으로 볼 수 있다.

ㄷ. 옳지 않다. 집합과 원소 사이의 관계와, 집합과 집합 사이의 관계는 서로 구분된다. 제시문에 따르면 집합과 집합 사이의 관계를 원소로 표현할 수 있는데, ㉠은 모든 집합이 원소로서의 대상이 될 수 있다는 가정은 성립하지 않음을 보여 준다. 어떤 집합은 원소로서의 대상이 될 수 있을 가능성이 있으며, 어떤 집합은 그렇지 않다는 것이다. 이처럼 원소와 집합 간의 관계는 ㉠을 통해 알 수 있으며, 그와 별개로 집합과 집합 사이의 관계는 "모든 집합은 자기 자신의 부분집합"이라고 하였으므로 이를 통해 판단할 수 있다. 집합 D가 자기 자신의 원소가 될 수 없더라도, 모든 집합은 자기 자신의 부분집합이라고 하였으므로 집합 D는 자기 자신의 부분집합이다.

20. 정답 ④

내용 영역 인문 문항 유형 언어 추리

<강한 의도>

	행위자가 수행하고자 욕구하는 행위
x	y

x가 y거나, x가 y를 직접 발생시킴

⇨ x는 강하게 의도되었다.

<약한 의도>

행위자가 수행하고자 욕구하는 행위	부수적 발생
y	x

y를 수행하는 과정에서 부수적으로 a가 발생

⇨ x는 약하게 의도되었다.

ㄱ. 옳다. 소크라테스가 수행하고자 욕구하는 행위는 (c)이며, 이것이 발생되는 방식에 대해서 소크라테스는 그의 죽음이 충족(b)되어야 한다고 믿는다.

	수행하고자 욕구한 행위
자신의 죽음	아테네 법 준수

즉, 소크라테스는 자신의 죽음이 곧 아테네 법 준수이거나 아테네 법 준수를 직접 발생시킨다는 믿음이 있었고, 아테네 법 준수를 열망하였으므로 소크라테스의 죽음은 행위자에 의해 강하게 의도된 것이다. 따라서 소크라테스의 죽음은 자살이다.

ㄴ. 옳다. 소크라테스가 수행하고자 욕구한 행위는 (c)이며, 이것이 발생되는 방식에 대해서 소크라테스는 독배를 마시는 것(a)이라고 믿었다.

	수행하고자 욕구한 행위
독배를 마심	아테네 법 준수

따라서 독배를 마시는 것은 곧 아테네 법 준수이거나, 아테네 법 준수를 직접 발생시키므로 소크라테스가 독배를 마신 것은 강하게 의도된 것이다.

그리고 아테네 법 준수를 수행하는 과정, 즉 독배를 마시는 과정에서 자신의 죽음이 부수적으로 발생된 것이므로 소크라테스가 자신의 죽음을 야기한 것은 약하게 의도된 것이다.

ㄷ. 옳지 않다. 결과에 대한 사전인지는 약한 의도에 불과하다고 하였으므로 클라크가 (f)를 욕구하여 (d)를 행한 상황에서 (d)로 인해 (e)가 부수적으로 발생하였고 (d)가 (e)를 발생시킬 수 있다는 것을 사전에 인지한 것은 약한 의도이다. 따라서 클라크의 죽음은 자살이 아니다.

21. 정답 ④

내용 영역 인문 문항 유형 논증 분석

주어진 논증의 구조는 아래와 같다.

- 주장 : ㉠ W는 올바른 원리이다.
- 근거 : ㉡, ㉢, ㉣, ㉦

㉡ W의 부정은 1) W의 지지 논증을 논박하거나 2) W의 반사실성을 직접 보임으로서 가능하다.

㉢ 1)은 불가능하다.

㉣ 2) 역시 불가능하다.

㉦ 나아가 W 없이는 사물들 사이의 차이를 설명하는 것조차 불가능하다.

- ㉢의 근거 : ㉤

㉤ W는 특정한 지지 논증에 의해 그 참됨이 보여야 하는 원리가 아니다.

- ㉣의 근거 : ㉥

㉥ 오히려 W의 부정을 가정할 때 반사실적 귀결(철학적 주장의 불가능성)이 도출된다.

- ㉥의 근거 : ㉧, ㉨, ㉩

㉧ 철학적 주장은 반대 개념들 사이의 상호 배타적 관계를 전제한다.

㉨ 즉, B가 S라면 B는 S의 부정이 아니다.

㉩ 그러나 W의 부정은 ㉨에 대한 부정으로 이어진다.

- ㉦의 근거 : ㉪

㉪ 사물들을 구별하는 데 사용되는 속성 개념 역시 W를 전제한 후에 성립한다.

22. 정답 ②

내용 영역 인문 문항 유형 논증 평가 및 문제 해결

ㄱ. 옳지 않다. 을의 사례는 긍정적인 결과를 초래한 경우이므로, 을의 행위를 도덕적이라고 규정하기 위해선 도덕적 만족감이 수반되어야 한다. 그런데 을에게는 이러한 만족감이 결여되어 있으므로 <가설>에 따르면 이는 도덕적 행위가 아니다.

ㄴ. 옳다. 글1에서 갑의 행위는 부정적인 결과(부랑인의 사망)를 초래하였으므로, <가설>에 따를 때 해당 행위의 도덕성은 갑의 원칙, 즉 P가 보편적 행위 원칙으로 받아들여질 수 있느냐는 데(P의 적합성)에 달려있다. 따라서 P가 적합한 원칙이 아니라고 보는 사람들은 갑의 행위를 비도덕적이라고 규정해야 한다.

ㄷ. 옳지 않다. <가설>에 따르면 을의 사례에서는 원칙의 적합성이 행위의 도덕성을 판정하는 유의미한 기준이 아니다. 을의 사례에서는 긍정적인 결과와 도덕적 만족감이 모두 행위가 도덕적이기 위한 요건에 해당한다. 따라서 해당 사례는 <가설>에 부합한다.

23. 정답 ③

내용 영역 인문 문항 유형 언어 추리

① 옳다. 감각에서 기억이 생겨나지 않는 생명체들도 분별력과 학습력이 존재한다. 따라서 인간 외에 분별력과 학습력을 갖춘 생명체가 존재한다.

② 옳다. 우연적 결과는 무경험의 산물이다. 그리고 인간만이 경험을 가진다. 따라서 인간 이외의 모든 생명체는 우연적 결과를 산출한다.

③ 옳지 않다. 실행과 관련해서 보면, 경험은 기술과 차이가 없어 보이기도 한다고 하며 오히려 경험만 있는 사람이 더 능숙하게 일을 처리하기도 한다고 하였다. 따라서 개별적인 것의 앎(경험)이 언제나 보편적인 것의 앎(기술)보다 열등한 것은 아니다.

④ 옳다. 인간만이 경험을 산출하고, 경험으로부터 기술이 생겨난다. 따라서 인간만이 기술을 이용하여 살아간다.

⑤ 옳다. 여러 관념들 중 유사한 관념들에 대해 그것들이 보편적이라는 판단을 할 때 기술이 생겨난다고 하였다. 이는 여러 관념들 중 일부가 보편적이고 그렇지 않은 일부가 있다는 것을 의미한다. 따라서 보편적이지 않은 관념이 존재한다.

24. 정답 ③

내용 영역 인문 문항 유형 논쟁 및 반론

ㄱ. 옳다. 갑은 여자 사관이 반드시 글에 능해야 하지 않아도 된다고 주장한다.

ㄴ. 옳지 않다. 병은 규문 안에서 일어나는 모든 일들을 바깥 사람들이 알 수 있어야 한다고 주장하지 않는다. 규문 안에서 일어나는 임금의 일을 바깥 사람들이 알 수 있어야 한다고 주장하는 것이다.

ㄷ. 옳다. 을은 여자 사관의 임무는 선한 일과 악한 일을 기록하는 것이라고 인식하는 반면에, 병은 규문 안에서 임금의 일상 생활을 기록하는 것이 직무라고 인식하고 있다.

25. 정답 ④

내용 영역 인문 문항 유형 논증 평가 및 문제 해결

ㄱ. 옳지 않다. 이 글에 따르면, 경험적 조사에 의한 이론의 검증은 시간과 장소에 따라 서로 다른 결과를 내는 경우가 많으며, 그 이론으로 현실 세계를 설명할 수 있는 부분도 극히 제한된다. 그러나 그렇다고 하여 이론으로부터 특정한 시간과 장소의 현실을 연역하는 것 자체가 불가능한 것은 아니며, 다만 그 연역이 가능한 부분이 제한되는 것일 뿐이다.

ㄴ. 옳다. 이론이 현실과 정합적이라면 이론 그 자체가 현실의 사실적 기술에 불과하므로, 이론을 이용하여 사회현상을 연구할 수 있는 가능성이 줄어든다는 점을 지적한다. 즉 이 글은 어떠한 사회현상이 일어나고 있는 현실에 대하여 설명하는 것과 그 사회현상 자체를 연구하는 것을 구별하고 있다.

ㄷ. 옳다. 제시문에 따르면 사회현상에 대한 이론을 이상적 모형 이론으로 구성할 경우, 사회현상 분석에 유용하다. 이때 글쓴이는 사회현상에 대해 이상적인 상황을 모형으로 한 이론을 구성하는 것이 가능하다는 것을 전제하고 있다. 따라서 사회과학의 영역이 이상적인 상황을 전제로 한 이상적 모형 이론의 구성이 어렵다면 이는 글쓴이의 전제를 부정하여 이 글의 논지를 약화하게 된다.

26. 정답 ①

내용 영역 사회 문항 유형 논쟁 및 반론

ㄱ. 옳다. 갑의 주장은 범죄를 저지른 모든 사람에게는 형벌이 가해져야 한다는 것(p)이다. 그러나 이로부터 형벌을 받은 사람이 모두 범죄를 저질렀을 것(q)이라고 추론할 수는 없다. 예컨대 범죄를 저지르지 않고도 억울하게 형벌을 받은 사람이 존재한다면, 이 사실은 p와는 양립이 가능함에도, q와는 양립이 불가능하다. 따라서 p를 주장하는 갑이 q에 대하여 동의할지 여부는 알 수 없다.

ㄴ. 옳지 않다. 을은 갑의 주장을 인정하지 않고 있는데, 이는 갑의 주장이 합리적인 근거에 의해 뒷받침된다고 생각하지 않기 때문이다. 따라서 "어떤 범죄도 형벌 없이 묵과되어서는 안 된다."라는 주장에 대해 동의 여부는 제시된 을의 주장을 통해서는 알 수 없다.

ㄷ. 옳지 않다. 갑은 범죄와 형벌 사이의 연관관계에 대해 타당한 반대논변이 성립하지 않는 경우 감정적 논거에 의해서 그 타당성을 인정할 수 있다고 주장한다. 그러나 갑은 '이러한 반박이 성공적으로 수행되기 전까지'라는 전제를 달았기 때문에 추후 변동 가능성을 인정하고 있다. 따라서 갑이 미래에 반대 논변이 등장하여 현재에 참으로 받아들여지는 명제가 거짓으로 밝혀질 가능성을 인정하지 않는다고 볼 수는 없다.

27. 정답 ①

내용 영역 사회 문항 유형 언어 추리

ㄱ. 옳다. N년대에 태어난 사람들의 A 시기부터 C 시기까지의 평균근로시간은 지속적으로 감소한다. 그리고 A 시기부터 B 시기의 평균소득은 증가하였다. 따라서 이 기간 N년대에 태어난 사람들의 평균근로시간당 평균소득은 계속 증가한다.

ㄴ. 옳지 않다. X국 국민은 소득이 소비보다 많은 구간에서 저축을 하기 때문에 A에서 C 시기까지는 저축을 계속한다. 따라서 N년대생 X국 사람들의 평균 누적 저축액은 C 시기에서 최대가 된다. 그리고 C 시기 이후에는 ㉢의 면적에 해당하는 만큼 평균 누적 저축액이 감소한다.
N년대생 사람들의 총 누적저축액은 '평균 누적저축량×N년대생 인구'일 것인데, 평균 누적저축액은 '㉡-㉠-㉢'이다. 따라서 C 시기 이후의 구간에서 ㉢이 N년대생 인구의 증가폭보다 큰 폭으로 감소한다면 총 누적저축량은 C 시기 이후의 구간에서 감소하게 된다. 그런데 C 시기 이후의 구간에서 ㉢이 N년대생 인구 유입 폭과 같다고 하였으므로, 총 누적저축량도 C 시기에서 최대가 된다.

ㄷ. 옳지 않다. X국 사람들은 평생 동안의 소득과 소비를 일치시킨다. 따라서 ㉡의 면적은 ㉠과 ㉢ 면적의 합과 같다. 연금을 강제로 납입하도록 한 것을 저축으로 생각할 경우, 이후 연금으로 지급한다고 하더라도 이는 ㉡을 증가시키고 동일한 양만큼 ㉢도 증가시키므로 여전히 ㉡의 면적은 ㉠과 ㉢ 면적의 합과 같다. 연금을 저축으로 고려하지 않더라도 이는 ㉡을 감소시키고 동일한 양만큼 ㉢도 감소시키므로 여전히 ㉡의 면적은 ㉠과 ㉢ 면적의 합과 같다.

28. 정답 ②

내용 영역 사회 문항 유형 논쟁 및 반론

ㄱ. 옳지 않다. 갑은 자격과 재화 사이의 비례가 분배 정의의 조건이라고 주장하며 '모든 사람은 각자 능력에 걸맞은 대가를 받아야 한다'는 원칙 역시 위의 조건에 근거해 있다고 주장한다. 그러나 갑이 해당 원칙을 타당한 것으로 받아들일지의 여부는 아직 알 수 없다. 또한 을은 자격과 재화 사이의 비례적 배분이 곧 분배 정의의 조건이라는 갑의 주장 자체를 인정하지 않는다.

ㄴ. 옳다. 갑이 전제하는 개인은 기본적으로 합리적인, 즉 자신에게 손해가 되거나 분배의 정의가 훼손될 여지를 포함하는 거래를 하지 않는 사람이다. 을 역시 분배의 정의가 지니는 정언적 가치를 인정하지만, 모든 사람이 이를 추구하리라 가정하지는 않는다.

ㄷ. 옳지 않다. 갑은 '합리적인 거래는 본래 같은 가치를 가진 재화들 사이에서 일어나기 때문이야'라고 합리적인 거래의 범위에 대하여 언급하고 있지만, 을은 합리적인 거래의 범위에 대해 언급하고 있지 않다. 따라서 을이 갑에 비해 합리적인 거래의 범위를 더 좁게 규정하고 있는지는 알 수 없다.

29. 정답 ①

내용 영역 사회 문항 유형 논증 평가 및 문제 해결

ㄱ. 옳다. 기업가가 보수를 1평당 500원으로 내리자 노동자들이 200평의 땅에서 수확을 했다는 것은 노동자가 10만 원의 일당을 받았다는 것이다. 이는 ㉠처럼 노동자들에게는 10만 원이라는 일정수준의 보수를 기준으로 그 이상은 일을 하지 않는다는 것을 뒷받침해준다. 따라서 ㉠은 강화된다.

ㄴ. 옳지 않다. 노동자는 기존에 하루 100평에서 수확을 하다가 보수 지급 후에는 하루 50평으로 노동량을 줄였다. 즉, 하루 100평의 수확이 가능함에도 하루 50평으로 줄인 것이다. 노동자들은 보수가 오를 때 일을 오히려 덜 하고 있다. ㉠은 이런 현상을 바탕으로 노동자들이 원하는 일정한 보수가 정해져있으며 그 보수 이상에서는 여가를 즐기는 것을 더 선호한다고 주장한다. 만약 노동자들이 수확할 수 있는 땅에 한계가 있다고 하더라도, 노동자들이 보수가 오를 때 일을 덜 할 것이라는 사실에 어떤 영향도 줄 수 없다. 따라서 이는 ㉠을 약화하지 않는다.

ㄷ. 옳지 않다. 기업가가 보수를 1평당 2,500원으로 올리자 노동자들이 50평의 땅에서 수확을 했다는 것은 노동자가 125,000원의 일당을 받았다는 것이다. 이는 ㉠처럼 종전의 10만 원이라는 일정수준의 보수보다 더 받았다는 것이므로, ㉠이 강화된다고 볼 수 없다.

30. 정답 ③

내용 영역 사회　문항 유형 논증 평가 및 문제 해결

제시문의 내용을 정리하면 다음과 같다.

전제 1 : 인간은 문제를 정확하게 판단할 능력이 없기 때문에, 인간의 지적 능력으로 인해 발전한 것이 아니다.

전제 2 : 인간은 자신의 잘못을 시정하는 능력 때문에 삶의 발전을 이루었다.

결론(논지) : 인간이 지혜를 얻는 유일한 방법은 타인의 생각과 자신의 생각을 비교하며 잘못된 것을 수정하는 것이다.

ㄱ. 옳다. 이 논증의 논지는 인간의 지적인 능력이 아닌 많은 사람들의 의견에 의해 도출된 결론만이 지혜를 얻을 수 있다는 것이다. 한 사람의 아이디어로 인해 삶이 혁신적으로 발전했다는 사실은 이 논증의 논지를 부정한다.

ㄴ. 옳지 않다. 이 논증에서는 토론을 통해야만 타인의 생각과 자신의 생각을 비교하며 잘못된 것을 수정하여 지혜를 얻을 수 있다. 따라서 당면한 문제에 대해 과거의 경험에 따른 대안을 선택하고 난 다음에 토론의 과정을 통해 해당 대안의 틀린 점은 고치고 부족한 점은 보충해야만 지혜를 얻을 수 있기 때문에, 당면한 문제에 대해 과거의 경험에 따른 대안을 선택하였을 때 지혜를 얻는다는 사실만으로는 이 논증을 강화할 수 없다.

ㄷ. 옳다. 토론 과정에서 당면한 문제에 대한 사람들의 논평이 있어야 문제점을 정확하게 파악할 수 있는데, 토론 과정에서 한 사람만의 의견만 제시되었다면 다른 사람들의 논평이 없기 때문에 이를 통해서는 지혜를 얻을 수 없다.

31. 정답 ③

내용 영역 사회　문항 유형 언어 추리

ㄱ. 옳다. 만기일에 다다르면 다른 조건에 관계없이 채권가격은 액면가와 동일해진다. A와 C의 만기는 1년 후이다. A와 C의 액면가가 10,000원으로 같으므로 1년 후에는 채권가격도 10,000원으로 같아진다.

ㄴ. 옳다. A와 B는 액면가와 쿠폰율이 동일하고 만기만 다른 채권이다. 그림을 보면 채권의 쿠폰율과 시장이자율이 같으면 액면가와 쿠폰율이 같은 채권은 만기에 관계없이 가격이 같다는 것을 확인할 수 있다. 또한 제시문의 쿠폰율과 시장이자율이 서로 다르면 채권가격은 액면가와 일치하지 않으므로 시장이자율과 쿠폰율이 같으면 채권가격과 액면가가 일치한다는 것을 알 수 있다. 즉, 액면가와 쿠폰율이 동일한 A와 B의 가격이 같다는 것은 시장이자율이 쿠폰율 10%와 같다는 것을 의미한다.

ㄷ. 옳지 않다. 액면가와 쿠폰율이 동일하고 만기만 다른 C와 D의 가격이 같다는 것은 시장이자율이 쿠폰율 8%와 같다는 것을 의미한다. 시장이자율이 8%이면 A와 B의 쿠폰율 10%보다 낮다. 그림을 보면 시장이자율이 쿠폰율보다 낮은 경우 만기가 길어짐에 따라 가격이 더 높아진다는 것을 확인할 수 있다. 따라서 이 경우 B의 가격이 A의 가격보다 높다.

32. 정답 ⑤

내용 영역 사회　문항 유형 언어 추리

X국에서 판화 작품이 원본으로 인정되는 기준을 정리하면 다음과 같다.

	작가가 직접 프린트 제작	작가의 서명	일련 번호	적용범위
1940년	필요	불필요	불필요	1940년 이후
1950년	불필요	필요	필요	모든 시기
1960년	필요	필요	불필요	1960년 이후

프린트 작품의 원본 여부를 찾는 것이므로 ①~⑤의 프린트 작품이 제작된 해와 그 외 정보를 정리하면 다음과 같다.

작품	작가가 직접 프린트	작가의 서명	일련번호
①	○	○	×
②	○	×	○
③	○	×	×
④	×	×	○
⑤	×	○	○

① 옳다. 1959년에 감정하므로 1950년 기준이 적용된다. 1950년 기준에 따르면, 서명과 일련번호가 있어야 원본으로 인정되는데 이 경우 일련번호가 없으므로 원본으로 인정되지 않을 것이다.

② 옳다. 1960년 기준은 1950년 기준을 개정한 것이고, 1950년 기준의 내용 중 일련번호 요건만을 삭제하고 작가 본인이 프린트하였을 것이라는 요건을 추가한 것이다. 따라서 1950년 기준 중 변동이 없는 '작가의 서명이 있어야 한다는 요건'은 1960년 기준에서도 유지된다고 보아야 한다. 따라서 1960년 기준에 따르면 서명이 있어야 원본으로 인정되는데, 갑의 서명이 없었다면 원본으로 인정될 수 없다.

③ 옳다. 1939년에 감정하는 경우 1940년 이후 제작된 작품이 아니므로 1940년의 기준을 따를 수 없어 기존대로 이 프린트 작품은 원본으로 인정되지 않을 것이다. 그리고 1950년에 감정을 하는 경우 1950년 기준이 적용된다. 1950년 기준에 따르면, 서명과 일련번호가 있어야 원본으로 인정되는데 이 경우 서명과 일련번호가 없으므로 원본으로 인정되지 않을 것이다.

④ 옳다. 1959년에 감정하므로 1950년 기준이 적용된다. 1950년 기준에 따르면, 서명과 일련번호가 있어야 원본으로 인정되는데 이 경우 서명이 없으므로 원본으로 인정되지 않을 것이다.

⑤ 옳지 않다. 1949년에 감정하는 경우 1940년 기준이 적용된다. 1940년 기준에 따르면, 작가가 직접 프린트해야 원본으로 인정되는데 이 경우 작가가 직접 프린트하지 않았으므로 원본으로 인정되지 않을 것이다. 1952년에 감정하는 경우 1950년 기준이 적용된다. 1950년 기준에 따르면, 서명과 일련번호가 있어야 원본으로 인정되는데 이 경우 서명과 일련번호가 모두 있으므로 원본으로 인정될 것이다.

33. 정답 ④

내용 영역 논리학수학 **문항 유형** 모형 추리

ⓐ가 참말인 경우 해당하는 숫자는 2, 3, 5이고 ⓑ가 참말인 경우 해당하는 숫자는 1, 4이며, ⓒ가 참말인 경우 해당하는 숫자는 2이다. 1, 3, 5는 홀수여서 반드시 뒷면에 참말이 쓰여야 한다. 따라서 앞면이 1이라면 반드시 뒷면에는 ⓑ가 와야 하고, 앞면이 3, 5라면 반드시 뒷면에는 ⓐ가 와야 한다. 반면에 2, 4는 짝수여서 반드시 뒷면에 거짓말이 쓰여야 한다. 따라서 앞면이 2라면 반드시 뒷면에는 ⓑ가 와야 하고, 앞면이 4라면 뒷면에는 ⓐ 또는 ⓒ가 와야 한다.

이를 나타내면 다음과 같다.

	1	2	3	4	5
경우1	ⓑ	ⓑ	ⓐ	ⓐ	ⓐ
경우2	ⓑ	ⓑ	ⓐ	ⓒ	ⓐ

ㄱ. 옳지 않다. 3과 5의 뒷면에는 ⓐ가 쓰여 있다. 그러나 4의 뒷면에는 ⓐ가 쓰여 있을 수도 있고 ⓒ가 쓰여 있을 수도 있다. 따라서 ⓐ가 두 장일 수도 있고 세 장일 수도 있다.

ㄴ. 옳다. <경우1>이든 <경우2>이든 두 장의 카드(1, 2)의 뒷면에 ⓑ가 쓰여 있다.

ㄷ. 옳다. <경우2>와 같이 4의 뒷면에 ⓒ가 쓰여 있다.

34. 정답 ⑤

내용 영역 논리학수학 **문항 유형** 모형 추리

<갑의 경우>

A	□
치료제	치료제

<을의 경우>

C	□
치료제	바이러스
바이러스	치료제

<병의 경우>

E	□
치료제	바이러스
바이러스	치료제
바이러스	바이러스

갑이 연 방은 2개에 치료제가 있고, 을이 연 방에도 최소 1개는 치료제가 있어야 한다. 만약 갑이 연 방이 A, C이고, 을이 연 방이 A, C가 되면, 병이 연 방이 3개가 되어야 (4)를 충족할 수 있다. 그러나 (3)에 따르면 병은 2개의 방을 열었다. 따라서 갑과 을은 서로 같은 방을 연 것이 아니다.

5개의 방에, 치료제보다 바이러스가 많다고 하였으므로 치료제는 총 2개이고 바이러스는 총 3개이다. 갑이 연 방에 2개 치료제가 모두 있고, 을이 연 방 중 1개에 치료제가 있어야 한다. 따라서 갑과 을은 한 번은 서로 같은 방을 열어야 한다.

그리고 모든 방이 한 번 이상 열려야 하므로 각 경우에 비워진 '□'에는 B와 D가 있어야 한다. 따라서 갑이 A와 C를 열면 을은 C와 B 또는 D를 열고, 을이 C와 A를 열면 갑은 A와 B 또는 D를 연다.

i. 갑이 A와 C를 열 경우 (을은 C와 B, 또는 C와 D)

	A	B	C	D	E
	치료제	바이러스	치료제	바이러스	바이러스
①	갑	을	갑, 을	병	병
②	갑	병	갑, 을	을	병

ii. 을이 C와 A를 열 경우 (갑은 A와 B, 또는 A와 D)

	A	B	C	D	E
	치료제	치료제	바이러스	바이러스	바이러스
①	갑, 을	갑	을	병	병

	A	B	C	D	E
	치료제	바이러스	바이러스	치료제	바이러스
②	갑, 을	병	을	갑	병

ㄱ. 옳다. 갑이 E를 여는 경우는 없다.

ㄴ. 옳다. 병이 연 방을 을이 연 경우는 없다.

ㄷ. 옳다. 병이 연 방 중에 치료제가 있는 방은 없다.

35. 정답 ②

내용 영역 논리학수학 **문항 유형** 모형 추리

<현재 유저 구성>

(1) X도시는 세 개의 아이템(별, 메달, 방패)으로 마스터가 정해진다.

(2) 총 유저의 30%는 방문객이고, 나머지 유저는 셋 중 하나의 아이템을 가진다. 그리고 별 또는 메달을 가진 유저가 되기 위해서는 방패를 받아야 한다. 따라서 방문객은 300명이고, 방패를 가진 유저는 700명이다.

(3) 별을 가진 유저 중 마스터가 아닌 유저는 400명이다. 그리고 방패를 가진 유저 중, 별과 메달을 모두 가진 유저는 100명이므로 아래와 같이 벤다이어그램을 그려볼 수 있다.

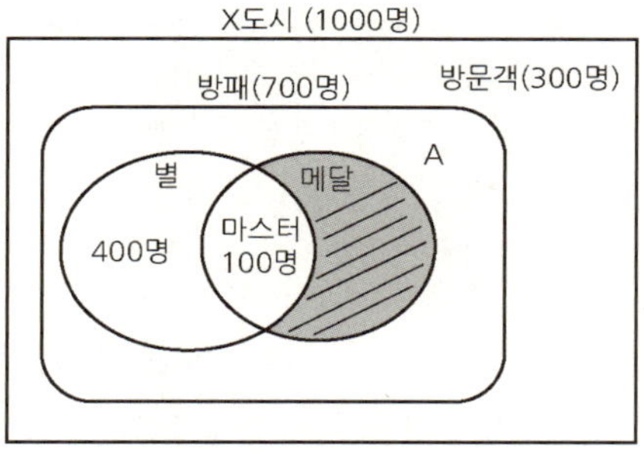

(4) 방패만 있는 유저(A)와 메달은 있지만 마스터가 아닌 유저(빗금친 부분)의 비율은 같다. 700명 중 별을 가진 유저가 500명이므로 A는 100명, 빗금친 부분도 100명이다.

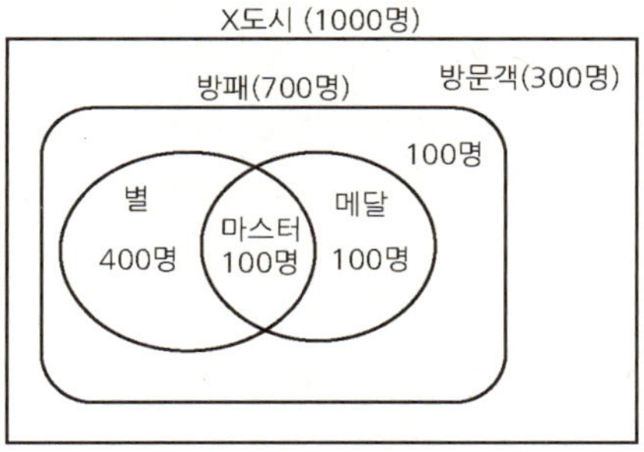

ㄱ. 옳지 않다. X도시 유저의 수에 영향을 끼치는 변수는 S급 치명상의 난이도이며, 회사는 이를 지속적으로 높였으므로 5년간 총 50명의 메달 소유자가 줄었을 것이다. 이때, 메달 소지자에서 빠지는 50명이 마스터에서 빠지는 유저일 경우, 5년 뒤 마스터 수는 50명이 될 것이다. 이 경우 5년 후 X도시 총 유저 중 마스터의 비율은 5%가 된다.

ㄴ. 옳다. 방패를 가진 유저 수에 영향을 끼치는 변수가 없으므로 방패를 가진 유저의 수는 같을 것이다.

ㄷ. 옳지 않다. 현재 별을 가진 유저는 총 500명이다. 메달 소지자가 S급 치명상을 가하는 것을 포기하여 50명이 줄어든 경우를 가정해 보면, 모두 마스터일 경우와 그렇지 않은 경우가 있다.

	별 소유자
i. 포기한 유저(50명)가 마스터가 아닌 경우	500명
ii. 포기한 유저(50명)가 모두 마스터인 경우	450명

i 의 경우 별을 가진 유저 중 S급 치명상을 가하는 것을 포기한 유저는 0명이므로 포기자는 0%이고, ii 의 경우는 10%이다. 따라서 포기한 유저가 5% 미만일 가능성이 있다.

36. 정답 ③

내용 영역 과학기술 문항 유형 언어 추리

ㄱ. 옳다. 결합 거리보다 가까운 두 수소 원자가 반발력에 의해 멀어지는 과정은 불안정한 상태(결합 거리보다 가까운 상태)에서 더 안정된 상태(결합 거리로 존재하는 상태)로 변하는 것이므로 자발적인 과정이다.

ㄴ. 옳지 않다. 결합 거리에 있는 두 수소 원자가 더 가까워지면 한 원자의 원자핵과 상대 원자의 전자 사이의 인력이 없어진다는 것은 제시문을 통해 추론할 수 없다. 단지, 원자핵 간 거리가 가까워질수록 원자핵 간의 반발력이 강해지는 것뿐이지, 전자와의 인력이 그 상황에서 어떻게 변할지에 대한 언급은 없다.

ㄷ. 옳다. 결합 거리에 있는 두 수소 원자의 거리를 증가시킬 때나 감소시킬 때 모두 외부로부터의 에너지 공급이 필요하다. 왜냐하면, 결합 거리에 두 수소 원자가 위치해 있는 것은 두 수소 원자가 가장 안정적으로 존재하는 방식이기 때문이다. 따라서 그 상태가 다른 상태로 바뀌는 것은 좀 더 불안정한 상태로 변하는 것이므로 모두 외부로부터의 에너지 공급이 필요하다.

37. 정답 ②

내용 영역 과학기술 문항 유형 언어 추리

(1) n_2의 값이 작아질수록(커질수록), 굴절각(θ_2)이 입사각(θ_1)에 비해 커짐(작아짐)

(2) 빛이 통과하는 매질의 굴절률(n_2)이 증가(감소), 빛의 속도는 감소(증가)

(3) 빛의 속도 = 빛의 파장×진동수
(매질이 달라져 빛의 속도가 달라지는 경우, 빛의 파장만 달라짐)

ㄱ. 옳지 않다. θ_2가 고정된 상황에서 θ_1이 커진다는 것은 θ_2가 θ_1에 비해 더 작아진다는 것을 의미한다. 굴절각(θ_2)이 입사각(θ_1)에 비해 더 작아지는 것이므로 (1)에 따라 n_2는 n_1에 비해 더 큰 값을 가질 것이다.

ㄴ. 옳다. (1)에 따르면, n_2의 값이 n_1에 비해 작아질수록(커질수록) 굴절각이 커진다(작아진다). 즉, n_2의 값과 굴절각이 반비례의 상관관계가 있다는 것이다. 따라서 동일한 입사각에 대해서 굴절각이 커질수록 n_2의 값은 n_1에 비해 더 작아질 것이다. 그리고 (2)에 따르면 빛의 속도는 빛이 통과하는 매질의 굴절률과 반비례의 상관관계에 있다. 따라서 n_2의 값이 감소하였으므로 빛의 속도는 증가하였을 것이다. 또한 (3)에 따르면 매질이 달라져 빛의 속도가 달라지는 경우 빛의 속도는 빛의 파장과 비례한다. 이 경우 빛의 속도가 더 증가하였으므로 빛의 파장도 더 길어졌을 것이다.

ㄷ. 옳지 않다. 입사각(θ_1)보다 굴절각(θ_2)이 더 작은 경우는 n_2의 값이 n_1에 비해 커졌다는 것이다. (2)에 의해 이 경우 빛의 속도는 입사할 때보다 통과할 때 감소할 것이다. 그리고 경계면에서의 빛의 속도는 입사하는 빛과 같다고 간주한다고 하였다. 따라서 가령 입사할 때의 속도가 3이고 경계면에서의 속도가 3, 그리고 통과할 때의 속도가 1이라고 한다면, 이 경우 통과하는 매질에서의 빛의 속도인 1은 경계면에서의 빛의 속도인 3보다 더 작다.

38. 정답 ⑤

내용 영역 과학기술 문항 유형 언어 추리

ㄱ. 옳다. 두 온도 조건 모두에서 영양소 a, b만 공급되었을 때의 증식 수는 0이고, 다른 조합의 영양소가 공급된 모든 조건에서는 증식이 일어난 것을 볼 수 있다. 그러므로 돌연변이가 일어난 대장균 X는 영양소 C를 합성하지 못한다.

ㄴ. 옳다. 외부에서 공급되는 영양소 a, b, c는 온도 의존적이지 않으므로 40도에서의 증식 수 역시 20도와 동일한 100일 것이다.

ㄷ. 옳다. 돌연변이 대장균 X는 영양소 A와 B를 합성하는 능력은 남아 있고, C를 합성하지 못한다. 40도에서 온도 의존적이지 않은 외부 영양소 b, c를 공급하였을 경우, 즉 스스로 합성하는 영양소 A, B와 외부 영양소 b, c가 있을 때는 증식 수가 감소하는 것을 볼 수 있으나, 외부 영양소 a, c를 공급하였을 경우, 즉 스스로 합성하는 영양소 A, B와 외부 영양소 a, c가 있을 때는 증식 수가 20도에서의 증식 수와 동일한 것을 알 수 있다. 이로부터 대장균 X가 합성하는 영양소 A가 온도 의존적임을 쉽게 추론할 수 있고, 40도에서 외부영양소 a, c를 공급하였을 때 외부 영양소 a는 온도 의존적이지 않기 때문에 영양소 A의 유무의 상관없이 증식을 최대로 유도할 수 있으므로 위와 같은 결과가 나온 것으로 해석할 수 있다. 그러므로 이 때 영양소 c만 외부에서 공급하면 영양소 A는 대장균 X로부터 합성된 것이 쓰이게 되므로 온도 변화에 따라 증식 정도가 달라질 것이다.

39. 정답 ⑤

내용 영역 과학기술 문항 유형 언어 추리

ㄱ. 옳다. 거울상 이성질체 각각의 분자들은 평면 편광을 정확하게 같은 정도로 회전시키지만 회전 방향은 반대로 나타난다. 따라서 (-)만델산의 고유 광회전도 $[\alpha]_D$는 -154이다.

ㄴ. 옳다. 라셈 혼합물은 한 거울상 이성질체로부터 생기는 (+) 회전이 다른 거울상 이성질체로부터 생기는 (-) 회전을 정확히 상쇄하기 때문에 광학 회전은 나타나지 않는다. 따라서 고유 광회전도 $[\alpha]_D$는 0이다.

ㄷ. 옳다. 제시문의 예에서, 라셈 혼합물의 거울상 초과량은 A가 50%이며, 이 경우 초과된 A가 혼합물의 광학 활성 성질을 결정한다고 하였다. 이 경우 혼합물은 라셈 혼합물만큼 광회전이 상쇄되고 거울상 초과량만큼만 광회전이 일어나므로 혼합물의 고유 광회전도가 (-) 값이 측정되었다는 것은 혼합물에서 과량 존재하는 화합물은 (-)만델산($[\alpha]_D$ = -154)라는 것을 알 수 있다.

40. 정답 ②

내용 영역 과학기술 문항 유형 논증 평가 및 문제 해결

생쥐 B의 경우 보체가 없었던 생쥐였지만 정상 혈액을 주입하자 치사량의 P균에도 생존하였다. 이를 통해 생쥐 B는 P균에 감염된 적이 있는 생쥐임을 알 수 있다. 이에 비해 생쥐 C는 치사량 이하에서는 생존하였지만 치사량에는 죽었는데 이를 통해 생쥐 C는 P균에 감염된 적이 없는 생쥐임을 알 수 있다.

ㄱ. 옳지 않다. 생쥐 A는 보체가 없는 생쥐이고, <실험>을 통해서 생쥐 A가 P균에 감염된 적이 있는지는 알 수 없다. 따라서 이와 동일한 생쥐 X 또한 보체가 없을 뿐, P균에 감염된 경험이 있는지는 알 수 없다. 이러한 생쥐 X에게 보체와 항체가 정상적인 혈액을 주입하여 치사량이나 치사량 이하에서 생존한 결과를 얻었더라도, 만약 생쥐 X가 P균에 감염된 적이 없었던 생쥐일 경우 ㉠은 강화되지 않는다.

ㄴ. 옳지 않다. 어떤 항원에 감염된 적이 있는 생쥐가 그렇지 않은 생쥐보다 항체를 더 빠르게 생성하지 않아야 ㉠이 약화된다. 그런데 보체가 없고, P균을 경험한 생쥐 B와 동일한 조건의 생쥐 Y에 항체만 존재하는 혈액을 주입하여 생쥐가 사망한 것은 항체와 보체가 함께 있어야 면역기능이 정상적이라는 것만을 의미한다. 따라서 이 실험으로 ㉠은 약화되지 않는다.

ㄷ. 옳다. 생쥐 C는 항체와 보체가 모두 정상적으로 작동하는 상태에서 치사량의 P균을 주입하자 죽었다. 이는 생쥐 C가 P균에 감염된 적이 없었다는 것을 의미한다. 따라서 생쥐 C와 동일한 조건의 생쥐 Z에 정상혈액을 주입하고 치사량의 P균을 주입하자 생존하였다면, 이는 P균에 감염된 적이 없었더라도 항체를 더 빠르게 생성할 수 있는 요인이 있다는 것을 증명하므로, 이는 ㉠을 약화한다.

MEMO

01. 정답 ②

내용 영역 법규범 문항 유형 논쟁 및 반론

A, B, C는 논쟁점에 따라 다음과 같이 정리할 수 있다.

	A	B	C
사실 적시에 대한 형법 규제	반대	찬성	찬성
현재 규정의 폐지	찬성	찬성	반대
사실 적시에 대한 민법 규제	/	찬성	/

ㄱ. 옳지 않다. 사실 적시로 명예를 훼손한 것에 대해 B는 이를 민사상으로 규제하거나, 사생활 침해죄라는 별도의 형법을 통해 규제해야 한다고 본다. 즉, B에 따르면 위의 행위에 대해 형법으로 처벌할 가능성이 존재한다. 한편 C는 사실 적시의 경우 현재 형법 규정으로 해결하자는 입장이므로, 이를 형법으로 처벌해야 한다고 본다. 따라서 이 경우 B와 C가 항상 다른 견해인 것은 아니다.

ㄴ. 옳다. 고발한 내용이 진실한 사실일 경우 처벌해서는 안 된다는 것은 현재 규정, 즉 진실한 사실의 공개도 처벌할 수 있다는 규정을 반대하는 입장이다. A는 사실 적시에 대한 형법 규제를 반대하므로 현재 규정을 반대한다. 그리고 B 역시 별도의 형법 규정이나 민사상으로 사실 적시의 문제를 해결하고자 하며, 현재 규정은 부당하다고 본다. 따라서 이 경우 A와 B는 같은 견해이다.

ㄷ. 옳지 않다. C는 사실 적시에 의한 명예훼손을 형법을 제외하고는 해결할 수 없다고 본다. 이는 형법에 의한 제재는 반드시 있어야 한다는 입장으로, 이러한 입장이 형법에 의한 제재가 곧 민사 제재를 배제해야 한다는 것을 의미하지는 않는다. 따라서 C는 입법 목적 달성에 있어 민사 제재를 배제해야 한다고 주장하는 것은 아니다. 그리고 A는 사실 적시에 의한 명예훼손을 형법으로 제재하는 것을 반대하는 것이고, 민사적 제재를 반대하지는 않는다. 따라서 사실 적시에 의한 명예훼손의 입법 목적 달성을 위해서 A와 C 모두 민사적 방안을 배척하거나 배제한다고 볼 수 없으므로 A와 C가 다른 견해라고 할 수 없다.

02. 정답 ③

내용 영역 법규범 문항 유형 언어 추리

ㄱ. 옳다. 갑은 기존 근로자의 근로조건 유지 및 개선에 대해서는 단체협약의 효력이 있지만, 신규 근로자의 고용 절차 및 방법은 노사 간 단체교섭의 대상이 아니어서 단체협약의 효력이 없다고 주장한다. A기업의 노사가 근로조건인 현재 재직 중인 근로자의 정년을 높이기로 합의한 것은 근로조건의 개선에 해당하는 것이므로 갑은 노사의 단체협약의 효력을 인정할 것이다. 그리고 또한 을은 노사관계를 근본적으로 사적자치의 영역으로 보기에 단체협약의 효력을 전반적으로 인정하고 있으므로, 을도 해당 협약의 효력이 있다고 볼 것이다.

ㄴ. 옳지 않다. 갑은 기존 근로자의 근로조건 유지 및 개선에 대해서는 단체협약의 효력이 있지만, 신규 근로자의 고용 절차 및 방법은 노사 간 단체교섭의 대상이 아니어서 단체협약의 효력이 없다고 주장한다. 따라서 갑은 신규 근로자를 고용하는 단체협약은 효력이 없다고 볼 것이다. 그러나 을은 노사관계를 근본적으로 사적자치의 영역으로 보기에 단체협약의 효력을 전반적으로 인정하고 있으므로, 을은 해당 단체협약은 효력이 있다고 볼 것이다.

ㄷ. 옳다. 병은 헌법과 사회질서에 위반되는 경우가 아닌 단체협약에 한해서 그 효력을 인정하고 있으므로, 병력을 이유로 차별해서는 안 된다는 C국 헌법에 위반하여 병력이 있는 사람에게 감점을 주는 단체협약은 효력을 인정하지 않을 것이다.

03. 정답 ①

내용 영역 법규범 문항 유형 언어 추리

갑의 건축물의 면적은 각 층당 500㎡이며, 건축물의 1층부터 8층까지의 각 층의 면적을 2,000㎡로 확장할 경우, 추가로 확장되는 면적은 각 층마다 1,500㎡이고, 확장되는 총 연면적은 12,000㎡이다. 그 중 6분의 1을 판매시설로 사용하고자 하므로 판매시설의 연면적은 2,000㎡이고, 추가된 면적의 나머지를 교육시설로 사용하고자 하므로, 교육시설의 연면적은 10,000㎡이다. 즉, 갑의 건축물은 연면적 9,000㎡의 업무시설, 연면적 10,000㎡의 교육시설, 연면적 2,000㎡의 판매시설로 구성된다. 이때, 건축물의 용도가 <표>에 따른 둘 이상의 호에 해당하므로 제3조에 따라 (1)과 (2)의 기준을 산정하여 더 적은 대수를 기준으로 승강기를 설치하여야 한다.

[규정] 제3조의 (1)에 따라 산정한 승강기의 대수는 업무시설에 대해 4대, 교육시설에 대해 3대, 판매시설에 대해 2대를 합산하여 총 9대이다. 그리고 제3조의 (2)에 따라 산정한 승강기의 대수는 총 연면적 21,000㎡에 대해 1~3호 중 가장 강한 기준인 1호를 적용하여 3,000㎡에 2대와 나머지 18,000㎡에는 2,000㎡마다 1대를 설치해야 하므로 9대를 합산하여 총 11대이다. 9대와 11대 중 더 적은 대수를 승강기 설치기준으로 하므로, 9대의 승강기를 갖추어야 한다. 그런데 [규정] 제2조에 의하면 16인승 이상의 승강기는 2대의 승강기로 보며, 16인승 이상의 승강기는 최대 1대 설치할 수 있으므로, 1대의 16인승 이상의 승강기를 포함한 8대의 승강기로 9대의 승강기의 기준을 충족할 수 있다. 갑은 이미 9인승 승강기 4대를 설치하였으므로, 갑은 최소 4대의 승강기를 추가로 갖추어야 한다.

04. 정답 ②

내용 영역 법규범 문항 유형 언어 추리

ㄱ. 옳지 않다. 갑의 과실이 40%이므로 손해액 3,000만 원 중 1,200만 원을 상계한 1,800만 원이 배상액이 된다. 그 중 손해배상 목적의 합의금 500만 원을 손익상계하면 1,300만 원이 배상액이 된다. 산재보험에서 받은 보험급여는 손익상계되므로, 1,300만 원의 배상액에서 700만 원을 손익상계한 600만 원이 배상액이 된다.

ㄴ. 옳지 않다. 상해보험금 1,000만 원은 손해배상의 책임 원인과 무관한 이익이므로 손해배상액에서 공제되지 않는다. 따라서 최종 배상액은 1,300만 원이다. (ㄱ 참고)

ㄷ. 옳다. 조문객들의 부의금 1,000만 원은 조문객들이 유족의 정신적 고통을 위로하기 위한 목적으로 증여되는 것으로, 손실을 보전하는 성질의 것이 아니므로 사고로 인한 이익이라고 보기 어렵다. 따라서 갑의 과실이 30%이므로 손해액 3,000만 원 중 900만 원을 상계한 2,100만 원에서 손해배상 목적의 합의금 500만 원을 손익상계한 1,600만 원이 배상액이 된다.

05. 정답 ①

내용 영역 **법규범** 문항 유형 **언어 추리**

ㄱ. 옳다. [B규정]에 소멸시효의 이익을 포기하는 경우에 관한 내용이 없으므로 [A규정]에 따른다. [A규정]에 따르면, 소멸시효의 이익을 받는 채무자는 소멸시효가 완성하기 전에 소멸시효의 이익을 포기하지 못한다. 따라서 채무자인 갑은 5천만 원의 대금 채무의 소멸시효가 완성하기 전에 소멸시효의 이익을 포기하지 못한다. 또한, 당사자 일방이 상인이고, 그 상인이 영리를 목적으로 하는 행위를 상행위로 보므로, 갑과 을 사이의 채권은 상행위로 발생한 채권이라고 볼 것이다. 따라서 이 대금 채권의 소멸시효는 5년이며, 2023. 7. 12.는 아직 갑의 채무의 소멸시효가 완성하기 전이다. 따라서 갑은 2023. 7. 12.에 소멸시효의 이익을 포기할 수 없다.

ㄴ. 옳지 않다. 갑과 을은 모두 상인이므로, 갑과 을 사이의 대금 채권은 상행위로 발생한 채권임을 추론할 수 있다. [B규정]에 따르면 상행위로 발생한 채권은 5년간 행사하지 않으면 소멸시효가 완성되나, 다른 법령에 단기의 시효의 규정이 있으면 그 규정에 의한다. 그런데 [A규정]에 생산자나 상인이 판매한 생산물 및 상품의 대가와 관련된 채권의 소멸시효가 3년이라고 규정되어 있으므로, 이 대금 채권의 소멸시효는 3년이다. 따라서 갑이 권리행사를 하지 않을 경우, 2025. 7. 16.에 소멸시효가 완성되는 것은 아니다.

ㄷ. 옳지 않다. X국에 채권의 소멸시효와 관련한 규정으로 A규정만 있을 경우, 〈사례〉 (1)과 (2)에 적용되는 소멸시효 기간은 A규정에 따라 결정될 것이다. 〈사례〉 (2)의 채권은 상품의 매매 대가와 관련된 채권이므로 제2조에 따라 소멸시효 기간은 3년이다. 반면, 〈사례〉 (1)의 채권은 제2조가 적용되지 않으므로, 제1조에 따라 채권의 소멸시효 기간은 10년이다. 따라서 이 경우, 〈사례〉 (1)과 (2)에 적용되는 소멸시효 기간은 같지 않을 것이다.

06. 정답 ④

내용 영역 **법규범** 문항 유형 **논쟁 및 반론**

ㄱ. 옳지 않다. 갑은 기본권인 생명권의 경우 모든 인간에게 부여된 권리라는 점에서 외국인에게도 보장할 수 있다고 본다. 을은 망명권이 외국인에게만 적용되는 것이라 해도 생명권을 보장하는 장치가 되기 때문에 망명권을 기본권으로 보장하는 것이 필요하다고 보고 있다. 즉, 갑과 을 모두 외국인에게 기본권을 적용하는 것이 가능하다고 본다.

ㄴ. 옳다. 갑은 '난민의 지위에 관한 협약'에 대해 법률적 효력을 인정하고 있기 때문에 망명 외국인, 즉 외국인 정치범은 이미 X국 법률에 따라 보호되고 있다고 본다. 반면 병은 외국인 정치범을 보호하는 것을 타국의 입장에서 판단하는 것은 부당하다고 본다.

ㄷ. 옳다. 갑은 기본권인 생명권의 경우, 모든 인간에게 부여된 권리이기 때문에 외국인에게도 적용할 수 있다고 본다. 즉 생명권의 경우 기본권으로서, 국민 외 외국인에게도 보장할 수 있는 것이라고 본 것이다. 을은 망명 외국인의 생명권을 보장하기 위해 망명권이 기본권으로 인정되어야 한다고 본다.

07. 정답 ③

내용 영역 **법규범** 문항 유형 **언어 추리**

ㄱ. 옳다. 유형A의 권리를 행사할 수 있는 채권자는 '편입된 재산'에 대해서만 권리를 행사할 수 있다. 그리고 유형C의 권리를 행사할 수 있는 채권자는 '편입된 재산'에 대해서도 권리를 행사할 수 있고, 편입 전에 우선적으로 자신의 담보권 설정에 따른 만족도 얻을 수 있다. 따라서 유형C의 권리를 행사할 수 있는 채권자는 A와 같이 편입된 재산에 대해서 그 권리를 행사할 수 있지만, 유형A의 채권자는 담보권 등을 설정하지 않았을 수 있으므로 언제나 C의 권리를 행사할 수 있는 것은 아니다.

ㄴ. 옳지 않다. 유형A의 권리를 행사할 수 있는 채권자는 '편입된 재산'에 대해서만 권리를 행사할 수 있다. 이 경우 절차 개시 전이라는 정보는 있지만, 위탁받은 물건이 재단에 편입되었는지 알 수 없다. 따라서 A의 권리를 행사할 수도 있고 그렇지 않을 수도 있다. 유형B 역시 편입된 재산에 대해서만 행사할 수 있으므로 이 경우 언제나 권리를 행사할 수 있는 것은 아니다.

ㄷ. 옳다. 유형A의 권리는 채무자가 개인회생절차 개시 직전 재단으로 편입된 재산을 제3자에게 빼돌리거나 담보권을 설정해주는 등으로 채권자의 권리를 해할 우려가 있는 행위를 하는 경우에 그 행위의 효력을 부인할 수 있는 권리이다. 유형C의 권리는 담보권이 있는 채권자가 채무자의 변제계획에 의하지 않고 자신의 권리에 따라 채권의 만족을 얻고, 만약 만족을 얻지 못했을 시 편입된 재산으로부터 나머지 만족을 얻을 수 있다. 만약 어떤 채무자가 이러한 담보권에 기하여 편입된 재산으로부터 나머지 만족을 얻고자 유형C의 권리를 행사하고자 할 때, 이것이 이미 편입된 재산이므로 유형A의 권리에 의하여 담보권자의 유형C의 권리 행사를 저지할 가능성이 있을 수 있다.

08. 정답 ②

내용 영역 법규범 문항 유형 언어 추리

ㄱ. 옳지 않다. 모금활동 사업을 이사회가 결정할 수 있도록 하자는 안건은 제1조 단서를 개정하자는 것이다. 이는 제3조에 따라 중요 문제에 해당하므로, 제5조 제1항에 따라 모든 특별이사국의 찬성을 포함한 전체 이사국 3분의 2의 찬성이 있어야 가결된다. 그리고 제2조에 따라 3억 달러 이상을 출자한 A, B, C국만이 특별이사국에 해당하며, 나머지 국가들은 각각 2억 달러를 출자했으므로 일반이사국에 해당한다. 따라서 A, B, C국의 동의를 포함한 전체 이사국 3분의 2의 찬성이 있어야 안건이 가결된다. 그런데 모든 이사국이 참여하여 9개 이사국이 찬성하였다는 것만으로, 특별이사국 A, B, C가 모두 찬성을 하였는지 여부는 알 수 없으므로, 이 안건이 가결된다고 볼 수 없다.

ㄴ. 옳다. 이사국 D와 F의 연간 분담금을 각 1억 달러로 정하자는 안건은 제4조에서 정한 회원국 연간 분담금의 결정에 해당하며, 이는 기본문제에 해당하므로 제5조 제2항에 따라 전체 이사국 과반수의 찬성으로 가결된다. A, B, C, D, E, F, G 등 7개국이 의결에 참여하여 E국을 제외한 나머지의 찬성표를 얻었지만, 이 안건은 D국과 F국의 연간 분담금 부과를 그 내용으로 하고 있으므로, 제7조에 따라 D국과 F국은 이 안건에 대한 투표권이 없다. 즉, 이 경우 최대 4개국이 찬성하는 결과가 나올 수 있다. 그런데 전체 이사국은 10개이므로, 전체 이사국 과반수의 찬성을 얻으려면 최소 6개 이상의 찬성표를 얻어야 하므로 해당 안건은 가결되지 않을 것이다.

ㄷ. 옳지 않다. 제1조의 '자금을 출자한 국가들의 대표'를 자금을 출자한 국가에서 선정한 대표자 1인으로 해석해야 한다는 안건은 규정의 해석에 관한 안건이다. 이는 제3조 및 제4조에서 열거한 내용에 해당하지 않으므로, 제6조에 따라 제5조 제1항의 방법으로 다룬다. 즉, 모든 특별이사국의 찬성을 포함한 전체 이사국 3분의 2 이상의 찬성으로 가결한다. 그런데 특별이사국인 A가 이 안건을 반대할 경우, 모든 특별이사국의 찬성이라는 조건을 만족하지 못하므로, 이 안건은 가결되지 않을 것이다.

09. 정답 ②

내용 영역 법규범 문항 유형 언어 추리

ㄱ. 옳지 않다. 전환비율은 '전환 전의 주식 수 : 전환 후의 주식 수'이므로, 전환비율이 1 : 1.5이고 전환 전의 주식 수가 100주일 경우, 전환 후 주식 수는 150주가 된다. 그리고 제2조에 의해 6,000원×100주 = A×150주이므로 전환 후 발행가인 A는 4,000원이고, 주식의 종류를 전환하더라도 액면가는 변하지 않으므로 액면가는 여전히 5,000원이다. 그런데 제3조 제3항에 따르면, 전환 후의 발행가가 액면가에 미달하는 경우에는 액면미달발행이므로 허용되지 않는다. 따라서 이 경우에는 액면미달발행에 해당하므로 주식 전환이 허용되지 않을 것이다.

ㄴ. 옳지 않다. 전환비율은 '전환 전의 주식 수 : 전환 후의 주식 수'이므로, 전환비율이 1 : 0.5이고, 전환 전의 주식 수가 50주일 경우, 전환 후 주식 수는 25주가 된다. 그리고 제2조에 의해 8,000원×50주 = A×25주이므로 전환 후 발행가인 A는 16,000원이고, 액면가는 변하지 않으므로 6,000원이다. 그런데 제3조 1항에 따르면, 전환 후의 발행가가 전환 전의 발행가보다 높은 전환은 허용되지 않는다. 이때, 전환 후의 발행가가 전환 전의 발행가보다 높으므로, 이 경우에는 주식 전환이 허용되지 않을 것이다.

ㄷ. 옳다. 전환비율은 '전환 전의 주식 수 : 전환 후의 주식 수'이므로, 전환비율이 1:1.25이고, 전환 전의 주식 수가 200주일 경우, 전환 후 주식 수는 250주가 된다. 그리고 제2조에 의해 15,000원×200주 = A×250주이므로 A는 12,000원이다. 이때 전환 후의 발행가가 전환 전의 발행가보다 낮고, 액면가에 미달하지도 않으므로 이 경우에는 주식 전환이 허용될 것이다.

10. 정답 ④

내용 영역 법규범 문항 유형 논쟁 및 반론

ㄱ. 옳다. 을의 동의하에 을의 전화번호를 공개한 경우이므로 [규정](2)에 저촉되지 않는다. 그리고 15일 내에 조합원인 을의 정보를 공개하였으므로 [규정](1)에도 저촉되지 않는다. 따라서 [규정]을 위반한 것이 없으므로 A와 B 어느 견해에 따르더라도 P조합에 벌금이 부과되지 않는다.

ㄴ. 옳다. A에 따르면 재개발조합의 공개의무 법률에 전화번호가 포함된다. 따라서 개인의 동의 없이 조합원의 전화번호를 공개하더라도 '다른 법률에서 그 공개의무를 정하고 있는 경우에는 개인의 동의를 받지 않아도 된다.'는 [규정](2)에 따라, 조합은 벌금이 부과되지 않는다.
B에 따르면 재개발조합의 공개의무 법률에 전화번호가 포함되지 않는다. 따라서 '다른 법률에서 그 공개의무를 정하고 있는 경우'에 속하지 않으므로, 조합원의 동의 없이 조합원의 전화번호를 공개할 시 [규정](2)에 따라 500만 원의 벌금이 부과될 것이다.

ㄷ. 옳지 않다. A에 따르면 재개발조합의 공개의무 법률에 전화번호가 포함되어야 하는데, 15일 이내에 전화번호를 공개하지 않았으므로 [규정](1)에 따라 1,000만 원의 벌금이 부과된다. 그리고 [규정](2)의 다른 법률에서 그 공개의무를 정하고 있는 경우에 을의 동의를 받을 필요가 없는데, A는 '다른 법률에서 그 공개의무'를 정하고 있는 경우에 전화번호를 포함시키므로 을의 전화번호를 공개하는 것은 정보주체인 을의 동의를 받을 필요가 없다. 따라서 이 경우 [규정](2)를 위반한 것은 아니다.
그러나 B에 따르면 을의 전화번호는 공개대상인 조합원 명부에 포함되지 않고, 이를 제외한 나머지 명부 정보는 15일 이내에 명부를 제공하였으므로 [규정](1)을 위반한 것이 아니다. 그러나 이후 을의 동의 없이 전화번호를 포함한 명부를 공개하였다면, B는 이를 [규정](2)를 위반한 것으로 보아 500만 원의 벌금이 부과된다고 볼 것이다. 따라서 A는 1,000만 원의 벌금이, B는 500만 원의 벌금이 부과된다고 볼 것이다.

11. 정답 ①

내용 영역 **법규범** 문항 유형 **언어 추리**

ㄱ. 옳다. 이사를 2인 선임하므로 갑의 의결권은 62개이다. 이때 을은 자신이 원하는 후보 2인에게 의결권을 69개씩 나누어 행사할 수 있으므로, 이는 갑의 의결권보다 많다. 따라서 갑이 추천하는 이사는 선임될 수 없다.

ㄴ. 옳지 않다. 이사를 5인 선임하므로, 갑의 의결권은 85개이다. 따라서 갑이 한 후보에게 최대로 행사할 수 있는 의결권은 85개이다. 그리고 을이 추천하는 이사의 수가 5인이라면, 4인에 대해서는 갑이 최대로 행사할 수 있는 85개의 의결권보다 더 많은 수의 의결권을 행사할 수 있다. 이 경우, 갑이 추천하는 이사 1인과, 을이 추천하는 이사 4인이 선임될 수 있다. 따라서 갑이 추천하는 이사의 수가 2인이고, 을이 추천하는 이사의 수가 5인이라면, 갑이 추천하는 이사 모두가 선임될 수 없다.

ㄷ. 옳지 않다. 선임하고자 하는 이사의 수가 4인인 경우, 갑의 의결권은 80개, 을의 의결권은 120개, 병의 의결권은 200개이다. 이때, 병이 자신이 원하는 후보가 최대한 선임될 수 있도록 의결권을 나누어 행사하게 된다면, 자신이 추천한 3인 중, 1인에 대해서는 80개보다 적은 수의 의결권을 행사할 수밖에 없다. 이 경우 갑과 을이 원하는 후보 각각 1인과, 병이 원하는 후보 2인이 이사로 선임될 수 있다.

12. 정답 ②

내용 영역 **법규범** 문항 유형 **언어 추리**

i) A회사가 기업집단인지를 알기 위해 갑과 동일인관련자의 A 회사 소유주식이 30%가 넘는지 여부를 판단해볼 수 있다.

<table>
<tr><td>1</td><td colspan="2">동일인</td><td>갑의 A회사 소유 주식 : 25%</td></tr>
<tr><td>2</td><td rowspan="3">동일인관련자</td><td>동일인의 친척</td><td>병의 A회사 소유 주식 : 4%</td></tr>
<tr><td>3</td><td>동일인과 관련자가 지배적 영향력을 행사하는 회사</td><td>(1) 갑이 지배적 영향력을 행사하는 회사 - C
C의 A회사 소유 주식 : 3%
(2) 갑과 관련자가 지배적 영향력을 행사하는 회사 - B
B의 A회사 소유 주식 : 10%</td></tr>
<tr><td>4</td><td>3의 임원</td><td>C의 임원 - 을
을의 A회사 소유 주식 : 2%</td></tr>
</table>

A회사는 동일인 갑이 25%, 동일인관련자가 19%의 주식을 소유하므로 총 44%를 소유하여 갑과 그 관련자가 지배하는 기업집단에 속한다.

ii) B회사가 기업집단인지를 알기 위해 갑과 동일인관련자의 B 회사 소유주식이 30%가 넘는지 여부를 판단해볼 수 있다.

<table>
<tr><td>1</td><td colspan="2">동일인</td><td>갑의 B회사 소유 주식 : 10%</td></tr>
<tr><td>2</td><td rowspan="3">동일인관련자</td><td>동일인의 친척</td><td>병의 B회사 소유 주식 : 5%</td></tr>
<tr><td>3</td><td>동일인과 관련자가 지배적 영향력을 행사하는 회사</td><td>(1) 갑이 지배적 영향력을 행사하는 회사 - C
C가 B회사 소유 주식 : 3%
(2) 갑과 관련자가 지배적 영향력을 행사하는 회사 - A
A의 B회사 소유 주식 : 10%</td></tr>
<tr><td>4</td><td>3의 임원</td><td>C회사의 임원 - 을
을의 B회사 소유 주식 : 5%</td></tr>
</table>

B회사는 동일인 갑이 10%, 동일인관련자가 23%의 주식을 소유하므로 총 33%를 소유하여 갑과 그 관련자가 지배하는 기업집단에 속한다.

iii) C 회사는 갑의 지분이 35%이므로, 갑이 지배하는 기업집단에 속한다.

ㄱ. 옳지 않다. i) 참고

ㄴ. 옳지 않다. ii) 참고

ㄷ. 옳다. i), ii), iii) 참고

13. 정답 ②

내용 영역 **인문** 문항 유형 **논증 평가 및 문제 해결**

ㄱ. 옳지 않다. 동기를 중시하는 입장은 인지와 희망 모두를 잘못의 성립요건으로 보기 때문에, ㉠은 잘못이 성립하기 위해서는 결과가 발생하기를 희망하는 것이 요건임을 알 수 있다. 인지를 중시하는 입장에서는 인지가 있었다면 결과가 발생하기를 희망하는 것으로 간주하여 잘못이 성립한다고 보므로, ㉡도 결과가 발생하기를 희망하는 것을 요건으로 하는 것을 알 수 있다.

ㄴ. 옳지 않다. 동기를 중시하는 입장은 인지와 희망을 잘못의 요건으로 보는데, 이 입장에서는 가해자의 명시적인 희망이 있어야 한다고 본다. 반면 인지를 중시하는 입장에서는 인지만 있으면 희망도 존재한다고 본다. 따라서 ㉠보다 ㉡의 '희망'이라는 범주가 더 넓으므로, 동기를 중시하는 입장에서 잘못이 성립한 경우 필연적으로 인지를 중시하는 입장에서도 잘못이 성립한다.

ㄷ. 옳다. 동기를 중시하는 입장은 행위와 인과를 인지하였더라도 그 행위를 하지 않을 수 없는 상황에서 A가 B에게 피해를 입히는 원인이 되는 행위를 한 경우에는 잘못이 성립하지 않는다고 본다. 반면 인지를 중시하는 입장에서는 행위와 인과를 인지하였다면 의도가 있는 것으로 추정하여 바로 잘못이 성립한다고 본다. 따라서 두 입장은 A의 잘못이 성립하는지에 대해 다른 의견을 가질 것이다.

14. 정답 ③

내용 영역 인문 문항 유형 논증 분석

ㄱ. 옳다. A는 (1)에서 책상의 색깔은 관찰자의 눈에 보인 것을 의미한다고 여기며, B는 (1)과 (2) 모두 관찰자가 본 대상에 대해 표현하고 있다고 본다. C는 (2)가 인식의 문제를 표현하지만 때로는 존재의 문제를 표현할 수 있어서 (2)가 존재의 문제를 표현한다는 보장이 있어야 (2)에서 (3)을 도출할 수 있다고 주장한다. (1)에서 (2)를 도출하는 데에는 결함이 없다고 보고 있으므로, (1)이 인식의 문제를 표현하는 것으로 여기고 있음을 알 수 있다. 따라서 A, B, C 모두 (1)이 인식의 문제를 표현한다고 여긴다.

ㄴ. 옳지 않다. (1)이 인식의 문제를 표현하고, (3)이 존재의 문제를 표현한다는 점에 A, B, C 모두 동의한다. A는 (2)가 인식을 표현할 수도 있고 존재를 표현할 수도 있다고 보아, (1)로부터 (2)를 도출하는 데 결함이 있다고 본다. B는 (2)가 인식의 문제를 표현하고 있기 때문에 존재를 표현하는 (3)으로 나아가는데 결함이 있다고 본다. C는 (2)가 존재의 문제를 표현한다는 보장이 없다면 (3)으로 나아가는 데 결함이 있다고 본다. 따라서 A, B, C 모두 인식의 문제에서 존재의 문제를 도출할 수 없다고 본다.

ㄷ. 옳다. C는 (2)가 존재라는 보장이 없다면, 이로부터 (3)을 도출할 수 없다고 주장한다. C가 그렇게 판단하는 것은 (2)가 인식일 수도 있고 존재일 수도 있기 때문이다. 따라서 (2)가 존재의 문제가 아니고 인식의 문제라고 여기는 경우를 찾는다면, 이에 해당하는 것은 B이다. (2)가 존재의 문제와 인식의 문제 중 인식의 문제만을 표현한다고 여기는 것은 B뿐이기 때문이다. A나 C의 경우 (2)가 존재의 문제일 수도 있다는 가능성을 인정하고 있으므로, '존재의 문제가 아니라고 여긴다.'는 진술에 해당한다고 할 수 없다. 따라서 A와 C는 (2)가 인식을 표현할 수도 있고 존재를 표현할 수도 있다고 보는 것과 달리 B는 (2)가 인식의 문제를 표현하고 있다고 본다.

15. 정답 ③

내용 영역 인문 문항 유형 언어 추리

ㄱ. 옳다. 논증 A의 경우 A1이 A2를 충분히 지지하지 않는다. 그리고 A2와 A3은 A4를 충분히 지지된다. 그런데 A2를 B2로 교체하는 경우, B2는 A3과 함께 A4의 결론을 도출할 수 없으므로 A4를 충분히 지지하지 않는다. 즉, 곧 소나기가 올 것 같다는 예측이나 가능성만으로는 A4는 충분히 지지되지 않는다.

ㄴ. 옳다. 결론이 전제들에 의해 충분히 지지되기 위해서는 모든 전제들이 필연적으로 지지되어야만 한다. 즉, 모든 전제들이 결론을 필연적으로 지지하지 않는다면 최종 결론이 전제들에 의해 충분히 지지된다고 할 수 없다. 논증 B의 경우 일부 전제들은 필연적으로 지지하지 않고, 일부 전제들은 연역 추론 규칙에 따라 필연적으로 지지한다. 따라서 B4는 모든 전제들에 의해 필연적으로 지지되지 않는다.

ㄷ. 옳지 않다. 논증 A의 충분성 조건을 만족하는 기준이 주어지지 않았으므로 전략에 따르더라도 논증 A가 충분성 조건을 만족하는지 판단할 수 없다.

16. 정답 ④

내용 영역 인문 문항 유형 언어 추리

甲의 주장은 다음과 같이 재구성할 수 있다.

P : 나는 지금 생각하지 않는다.

전제1	P가 참이라면 나는 지금 생각하지 않고, P가 거짓이라면 나는 지금 생각한다. [내가 지금 생각한다면 P는 거짓이고, 내가 지금 생각하지 않는다면 P는 참이다.]
전제2	사람들은 자신이 지금 생각하는지의 여부를 항상 생각한다.
전제3	내가 지금 생각하는지의 여부를 생각하려는 순간 나는 '지금 생각한다'.
결론	따라서 P는 거짓이다.

P의 부정(나는 지금 생각한다.)도 마찬가지이다.

乙은 甲의 전제2를 지적하며, 사람들 중에는 내가 지금 생각하는지의 여부를 생각하지 않는 경우도 있다고 한다. 즉, '자신이 지금 생각하는지의 여부를 생각하지 않는 사람'도 있을 수 있다는 것이다. 따라서 乙은 자기반박적 믿음, 자기충족적 믿음 외에 제3의 경우도 있으므로 언제나 명제의 참이나 거짓 여부를 가릴 수 있는 것은 아니라는 것이다.

ㄱ. 옳지 않다. 甲은 사람들은 항상 생각하기 때문에 P의 부정은 언제나 참인 것을 결정할 수 있다고 본다. 따라서 甲에 따르면 모든 사람이 P의 부정은 거짓이라고 믿지 않을 것이다. 그리고 乙은 P의 부정에 대해 언제나 참이라는 사람이 있을 수도 있지만, 참인지 거짓인지 결정할 수 없다는 사람이 있다. 따라서 이 경우 乙에 따르면 P의 부정이 참이거나 혹은 결정할 수 없다는 사람이 존재할 것이므로, P의 부정이 거짓이라는 사람은 존재하지 않을 것이다.

ㄴ. 옳다. 甲에 따르면, P는 자기반박적 믿음으로 내가 지금 생각하는지의 여부를 판단하는 순간 나는 지금 생각하는 것이 되어서 P는 언제나 거짓이다. 즉, P를 참이라고 판단하는 것이 불가능하기 때문에 P는 언제나 거짓이라는 것이다. 따라서 甲에 따르면 참이라고 판단하는 것이 불가능한 믿음이나 명제는 언제나 거짓이다.

ㄷ. 옳다. 乙에 따르면 P는 거짓이거나, 참인지 거짓인지를 결정할 수 없다. 이때 P가 거짓이라는 것을 단정할 수 없을 경우, P의 참 거짓을 결정할 수 없다는 결론만 남는 것이므로 P가 반드시 참인 것은 아니다.

17. 정답 ④

내용 영역 인문 문항 유형 논쟁 및 반론

① 옳다. B1은 작품 의미가 작가와는 별개로 작품 자체만으로 해석되어야 한다고 주장하고 있기 때문이다.

② 옳다. 작품 전체 의미와 관련되지 못한 요소들을 의도적으로 배제하는 것과 같은 작가의 의도에 따른 산물이 작품이기 때문이다. 다만 작가의 의도와 작품의 의미를 동일시하지 않을 뿐이다.

③ 옳다. '작품의 특정 요소가 특정 의미를 고정적으로 나타낼 수 있어야 한다'는 B1의 '문학작품은 작가를 떠나 독자적으로 해석될 수 있는 존재이어야 한다'의 조건인데 이 조건이 성립되지 않는다고 주장하고 있다.

④ 옳지 않다. A2는 문학작품 해석이 다양하다고 주장하지 않는다. A2는 작가의 의도에 의해 통용되던 의미와 다르게 사용되는 요소를 포함한다고 주장하며, 이는 문학작품 해석이 다양하다고 주장하는 것과는 다르다.

⑤ 옳다. '공적 언어의 의미 파악만으로는 올바른 해석에 이를 수 없는 경우들이 여전히 존재한다'는 문장에서 추론된다.

18. 정답 ②

내용 영역 인문 문항 유형 논증 평가 및 문제 해결

ㄱ. 옳지 않다. 역사와 같은 기록물은, 사실상 기록하고자 하는 사건이나 사실을 선별하는 과정 자체는 주관적이라고 하였다. 사학관에 따라 편찬되는 경향이 있다는 것은 주관적인 관점에 따라 기록물의 내용이 선별된다는 것이므로 이는 ㉡을 강화할 것이며, 역사적 사실은 예술작품의 지위와 무관하므로 ㉠에는 영향이 없다.

ㄴ. 옳다. ㉡은 기록물은 실제로 일어난 사건이나 사실을 대상으로 한다는 점에서 객관적이지만, 사실상 주관적 쾌를 불러일으킨다는 근거에 의해 뒷받침되고 있다. 그런데 사람들이 실제로 일어난 사건이나 사실을 대상으로 할 때 주관적 쾌가 아니라 실용적 정보만을 인식한다면 ㉡은 약화된다.

ㄷ. 옳지 않다. 글쓴이는 예술이 무엇인지 그 정의에 대해 합의되지도 않은 상황에서 예술적 경험과 그렇지 않은 것을 구분하는 것은 어렵다고 주장한다. 즉, 어떤 개념의 정의가 합의되어야 관련된 개념들을 구분할 수 있다는 것이다. 따라서 정의가 합의되어야 미적 경험과 예술적 경험을 구분할 수 있다는 것은 글쓴이의 주장과도 양립 가능하기에, 이는 ㉠과 ㉠에 근거한 ㉡을 약화하지 않는다.

19. 정답 ①

내용 영역 인문 문항 유형 논증 평가 및 문제 해결

ㄱ. 옳다. 갑은 ㉠이 독단적 전제설정의 오류라고 본다. 반면, 을은 우리가 지닌 지식 중에는 거짓으로 규정할 수 없는 것, 즉 절대적으로 참인 것들이 존재한다고 본다. 따라서 을은 어떤 지식을 다른 근거 없이도 그 자체로 무조건적으로 참되다고 주장하는 것이 존재한다고 볼 것이므로, ㉠이 오류가 아니라고 볼 것이다.

ㄴ. 옳지 않다. 갑은 지식의 참됨은 그 개연성의 정도에 불과하고, 모든 지식은 개연성의 차이가 있다고 본다. 따라서 갑은 지식의 참됨 정도에 차이가 있다는 점을 인정할 것이다. 을은 규칙에 해당하는 지식들은 더 이상의 근거제시 없이도 그 자체로 참되다고 본다. 따라서 을 역시 각 지식의 참됨 정도에 차이가 있다는 점을 인정할 것이다.

ㄷ. 옳지 않다. 갑은 모든 지식은 다른 참된 근거들로부터 지지되어야 한다고 본다. 갑이 모든 지식과 근거들이 절대적인 것이라고 보는 것은 아니므로, 근거의 거짓이 밝혀짐에 따라 지식의 참됨이 부정될 수 있다는 것에 동의할 것이다. 을은 거짓으로 규정할 수 없는 지식, 즉 절대적인 참인 지식이 있음을 이야기하고 있지만, 그 외의 지식에 대해서는 언급하고 있지 않다. 따라서 절대적인 참이 아닌 참된 지식에 대해서도 절대적인 참인 지식과 같은 견해를 가지고 있는지는 제시문을 통해서 알 수 없다.

20. 정답 ②

내용 영역 인문 문항 유형 논쟁 및 반론

ㄱ. 옳지 않다. 을은 작가의 작품 사이에 우열이 존재할 수 있으며 이를 평가하는 기준은 우수한 개연성과 명확한 주제의식을 가지는지 여부라고 주장하였다. 반면에 갑은 G와 C의 결과물로서의 작품을 직접적으로 비교하지 않았다.

ㄴ. 옳지 않다. 작가의 개인적인 가치관과 작가가 작품을 구성하며 선택한 가치관은 차이가 있을 수도 있고 동일할 수도 있다. 또, 을의 관점에서 작품의 뛰어남을 평가하는 기준은 개연성과 주제의식인데, 이 기준에 개인적인 가치관이 영향을 미치는 지에 대하여는 제시되어 있지 않다. 따라서 을의 동의 여부는 알 수 없다.

ㄷ. 옳다. 갑은 G가 자신의 작품에서 인간이 보편적으로 가지는 욕구를 구축하려 애썼기 때문에 결말부에서 이상적 인간상을 제시하기 위하여 부자연스러운 전개를 보일 수밖에 없었다고 본다. 을은 G가 속악을 배제해야 한다는 서사 전개가 포함되더라도 끝내 속악을 극복하지 못한 주인공이 파멸하는 결말을 설정하여 개연성까지 충분히 갖출 수 있을 것이라고 본다.

21. 정답 ⑤

내용 영역 인문 문항 유형 언어 추리

ㄱ. 옳다. 범주는 "그것은 무엇인가?"라는 질문에 대한 더욱 일반으로 치닫는 여러 답변 중에서 가장 최상위에 있는 것을 뜻한다. '사건'이 범주가 될 수 없다는 철학자들도 있지만, '사건'이 범주에 해당한다는 철학자도 있다. 그러나 '동물'은 그보다 더 상위에 유형이 있음에는 철학자들 간의 이견이 없으므로, 범주가 될 수 없다.

ㄴ. 옳지 않다. '인간'은 '사물', '존재자', '실체' 등의 범주에 속한다고 할 수 있다. 실체는 '사건'의 범주에 해당하지 않는다.

ㄷ. 옳다. ㉠은 '사건'의 1회성으로 인해 소멸되기 때문에, 실체로 남아 있지 않아 범주로 인정할 수 없다고 본다. 그러나 모든 존재가 결국에는 소멸한다는 사실은 '사건'을 제외한 범주에 속하는 다른 것들도 '사건'과 동일하게 실체가 남아 있지 않은 것이기 때문에, '사건'이 실체가 남아 있지 않아 범주로 인정할 수 없다는 ㉠의 주장을 약화시킨다.

22. 정답 ①

내용 영역 인문 문항 유형 논쟁 및 반론

ㄱ. 될 수 있다. 이는 B가 첫 번째로 언급한 토마토 주스 사례에 대한 재반박이 가능하다. 토마토 주스를 바다에 섞는다 하더라도 바다의 가치가 증가하지는 않기 때문이다.

ㄴ. 될 수 없다. 이는 오히려 B보다는 A에 대한 논박으로서 더욱 적절하다. A는 자연물에 노동을 섞음으로써 발생하는 부가가치뿐 아니라 자연물 자체가 노동하는 사람의 소유로 귀속된다고 주장하기 때문이다. B는 토마토 주스 사례를 통해 A의 이러한 관점을 비판하고 있다.

ㄷ. 될 수 없다. B의 주장은 A가 주장한 노동을 통한 자연물의 소유에 대한 반론이다. 그에 비해 ㄷ에 제시된 주장은 소유의 문제가 아닌 자연물의 이용에 대한 논의이므로, B의 주장과는 관련이 없다.

23. 정답 ④

내용 영역 인문 문항 유형 논증 평가 및 문제 해결

① 옳다. ㉠은 결과와 상관없이 오로지 원칙으로부터 행위의 도덕적 가치가 결정된다는 입장이다. 이에 따를 때 P 및 Q로부터 귀결된 행위가 결과의 측면에서 동일한 행위를 산출했더라도 그 가치의 측면에서는 동일하지 않다. 따라서 설령 두 행위의 결과가 동일했더라도 ㉠은 약화되지 않는다.

② 옳다. ㉠은 원칙만을 행위 판정의 근거로 받아들이며 결과를 감안하지 않는다. 그런데 만약 원칙의 측면에서는 동일하지만 결과의 측면에서 다른 행위를 다르게 판정해야 한다면, ㉠의 주장을 반박하기 때문에, ㉠은 약화된다.

③ 옳다. ㉡이 제시하는 논거 중 하나는 특정한 도덕적 행위의 주체에게 행위 동기에 대해 물었을 때 그가 예상되는 결과를 자신의 동기로서 제시하리라는 것이다. 따라서 만약 행위 주체가 판단한 행위의 결과에 의해서는 도덕적 가치를 판단할 수 없다면, ㉡은 약화된다.

④ 옳지 않다. ㉡은 결과에 대한 판단이 원칙에 대한 판단 없이도 이루어질 수 있음을 전제하지 않는다. 오히려 ㉠에 대해 ㉡이 제기하는 반론의 핵심은, 원칙에 대한 판단에 결과에 대한 판단이 수반될 수 있으며 이러한 수반관계가 필연적이라는 데 있다.

⑤ 옳다. ㉢은 W 세계의 가치가 개인적 차원에서의 도덕적 행위에 의해 온전히 실현될 수 있음을 전제하지 않는다. 다만, 개인적 차원에서의 도덕적 행위는 W 세계의 가치 실현에 일정 부분 기여하며, 따라서 도덕적 행위 일체를 W 세계의 가치를 결과로서 추구하는 행위로도 간주할 수 있다는 것이다.

24. 정답 ④

내용 영역 인문 문항 유형 논증 분석

① 옳다. ⓐ는 가정적 상황에서 사람들이 어떤 원칙에 합의할 것인지를 예측하는 주장인데, ⓑ는 그 예측의 타당성이 아니라 그렇게 예측된 원칙이 정당한가를 문제 삼고 있다. ⓑ가 ⓐ의 타당성을 문제 삼으려면 오히려 ⓐ의 예측이 근거가 희박하다는 점을 제기해야 할 것이다.

② 옳다. ⓑ는 실제 상황의 계약은 도덕적으로 정당화될 여지가 있지만 가정적 상황의 계약은 도덕적으로 정당화되기 어렵다는 주장이다. 그런데 ⓖ와 같이 실제 계약의 결과는 불공정할 가능성이 높은 반면 가정적 상황의 계약의 결과는 공정하다면 ⓑ는 약화된다.

③ 옳다. ⓒ는 합의라는 조건만 갖추면 그 계약은 정당화된다고 주장하는데, ⓓ는 합의라는 조건을 갖추더라도 계약이 정당화되지 못하는 원인을 제시한다.

④ 옳지 않다. 제시문은 실제 계약이 가지는 일반적 특성을 ⓓ에서 소개하고 이를 근거로 실제 계약은 정당하지 않을 가능성이 높다는 ⓔ의 주장을 이끌어 내고 있다. 따라서 ⓓ에 대한 근거로 ⓔ를 제시한 것이 아니다.

⑤ 옳다. ⓕ가 ⓖ를 뒷받침하고 ⓖ가 ⓗ를 뒷받침하므로 ⓕ, ⓖ 모두는 ⓗ의 근거라고 볼 수 있다.

25. 정답 ③

내용 영역 인문 문항 유형 논증 분석

① 옳다. 소크라테스는 자기를 죽이는 것이 아테나이의 여러분을 오히려 해치는 일이며 아테나이의 여러분에게 불리하며, 따라서 아테나이 사람들이 자기를 죽여서는 안 된다고 주장한다. 이 변론은 모든 사람이 자기를 이롭게 하지 않는 일을 하지 않으려는 동기가 있을 것이라고 전제해야만 유효하다.

② 옳다. 소크라테스는 '부정한 방법으로 사람을 죽이려 하는 일이 추방이나 시민권 박탈보다 훨씬 더 언짢은 일이다'고 주장한다. 이는 소크라테스가 추방이나 시민권 박탈이 부정한 방법으로 사람을 죽이려 하는 일보다 더 언짢은 것이 아니라는 것을 전제한 것이다.

③ 옳지 않다. (다)에서 소크라테스는 '저기 앉아 있는 그들'은 멜레토스의 주장이 거짓말이고 자신이 참말을 하고 있다는 것을 잘 알고 있기 때문에, 자신을 도와주러 왔다고 주장한다. 이때 멜레토스의 주장은 '소크라테스가 많은 사람들과 그들의 집안사람들에게 악한 일을 했다'는 것이다. 그렇다면 '그들'은 '소크라테스가 자신들에게 악한 일을 하지 않았다'는 것을 알기 때문에 소크라테스를 도와주러 온 것이다. 따라서 소크라테스가 자신들에게 해악을 입힌 사람이 아니라고 판단한 것이다.

④ 옳다. 소크라테스는 재판관들의 역할은 옳고 그름을 판별하는 것이며, 무죄 등을 받기 위해 가엾은 시늉을 하고, 청탁을 하는 것은 재판관에게 옳은 일이 아니라고 한다. 따라서 (라)에서 소크라테스는 자신에게 유리한 판결을 받기 위해 재판에서 동정심을 사고자

하는 것은 재판관들로 하여금 제 역할을 하지 못하게 하는 것이라고 지적한다.

⑤ 옳다. 소크라테스는 이 글 전체에서 자신의 설득력을 더하기 위해 자신을 고소한 이들이 거짓말을 하며, 부당하다는 것을 증명하며 자신이 무죄라는 것을 주장하고 있다.

26. 정답 ④

내용 영역 사회 문항 유형 논증 평가 및 문제 해결

<주장>

A	부패한 사람이 경찰 조직에 유입 ⇨ 경찰 부패
	부패한 사람이 경찰 조직에 유입 × ⇨ 경찰 부패 ×
B	기존 경찰관이 부패 ⇨ 경찰 부패
	기존 경찰관이 부패 × ⇨ 경찰 부패 ×
C	시민 사회가 부패를 은폐 ⇨ 경찰 부패
	시민 사회가 부패를 은폐 × ⇨ 경찰 부패 ×

① 옳지 않다. A에 따르면 애초에 부패한 사람이 경찰 조직에 유입되기 때문에 경찰이 부패한다. 이때 부패한 사람의 특성은 타고난 것일 수 있고 외부 환경의 영향을 받은 것일 수도 있다. 어떤 이유로 부패성향을 가진 사람이 되었든, 부패성향을 가진 사람이 조직을 부패시킨다는 A의 주장과는 무관하므로 이 자료는 A에 영향을 주지 않는다.

② 옳지 않다. A에 따르면 부패한 사람이 경찰 조직에 유입되기 때문에 경찰이 부패한다. 따라서 경찰 조직이 어떠하든 부패한 사람이 조직에 유입되면 조직은 부패하며, 부패한 사람이 조직에 유입되지 않으면 조직은 부패하지 않을 것이다. 자료 ㄴ은 경찰관들은 그대로인데 평가 시스템이 변하자 조직이 부패하였다. 즉, 십 수년째 부패 문제가 없었던 경찰관들이 시스템을 바꾸자 부패한 것이다. 따라서 이는 A를 강화하지 않는다.

③ 옳지 않다. B는 경찰 조직원이 애초에 부패한 상태였는지의 여부가 조직의 부패 여부를 가른다는 주장이다. 즉 B에 따르면 부패한 경찰 조직원에 의해 새로운 경찰관도 부패된다. B가 약화되려면 부패한 경찰이 있어도 청렴하던 경찰이 청렴함을 유지해야 할 것이다. 그런데 자료 ㄴ은 경찰관의 인사 평가 기준에서 부패를 없애자 기존의 청렴하던 경찰들이 부패하게 되었고, 이는 곧 조직 전체의 부패를 불러 왔다. 청렴하던 경찰들이 부패한 경찰에 영향을 받았다는 것이므로 이는 B를 약화하지 않는다. 그리고 C는 시민 사회의 역할이 조직의 부패 여부를 결정한다는 주장으로, C에 따르면 경찰 내부 시스템을 바꾸더라도 시민 사회가 부패를 방조한다면 조직은 부패된다. 그러나 자료 ㄴ은 경찰 내부 시스템에 따라 조직이 부패되었으므로 ㄴ은 C를 약화한다.

④ 옳다. B에 따르면 경찰 내부 조직원들이 부패하였을 경우 새로운 청렴한 경찰관이 부임하더라도 부패한다. 자료 ㄷ에 따르면 Y지역 경찰관들이 지역주민의 경범죄를 눈감아주는 등의 부패를 저지르는 조직원들이며, 경찰 내부 감사도 부패하게 되어 새로운 경찰관들도 부임하여 이에 동참하게 된다. 따라서 ㄷ은 B를 강화한다. 그리고 A에 따르면 부패한 경찰관이 부임하여 부패 조직이 되는 것인데, ㄷ의 경우는 새로운 경찰관들이 청렴하였는데도 부임한 후 부패되었으므로 A를 약화한다.

⑤ 옳지 않다. C는 시민 사회가 부패를 은폐할 때 경찰이 부패한다고 하였으므로 ㄷ의 Y지역 사례는 C를 강화할 것이다.

27. 정답 ①

내용 영역 사회 문항 유형 논증 평가 및 문제 해결

ㄱ. 적절하지 않다. 을의 주장은 다음과 같다.

1	건강에 해롭다면→소비가 늘어나는 동안 사람들의 건강상태는 양호해지지 않을 것이다. (P→Q)
2	소비가 늘어나는 동안 사람들의 건강상태는 양호해졌다. (~Q)
결론	따라서 인스턴트식품은 건강에 해롭지 않다. (~P)

이때 인스턴트식품의 소비가 늘어난 기간 동안 평균 수명이 늘었다는 것은 건강상태가 양호해졌다는 것이므로 을을 강화한다.

ㄴ. 적절하다. 인스턴트식품에 함유된 화학물질들이 인체에 유해하다면 그것이 인스턴트식품과 일상생활의 접촉을 통해 쉽게 흡수될 수 있더라도 똑같이 위험할 뿐이지 인스턴트식품에 함유된 화학물질의 위험성을 지적하는 갑의 주장을 약화하는 것은 아니다.

ㄷ. 적절하지 않다. 갑은 요즘 사람들이 인스턴트식품을 과잉섭취하고 있음을 지적하고 있다. 그런데 인스턴트식품의 총 소비량이 늘어남에도 1인당 식품 섭취량의 경우 자연식품이 차지하는 비중이 인스턴트식품보다 높다는 사실만으로는 인스턴트식품이 과잉섭취되지 않는다는 것을 뒷받침할 수 없다. 애초에 자연식품이 인스턴트식품보다 더 많은 비중으로 섭취되었더라도, 인스턴트식품의 총 소비량이 늘어났다는 것은 인스턴트식품이 과잉섭취된 것에 영향을 받았거나, 인스턴트식품을 집중적으로 소비하는 계층이 존재한다고 예측할 수 있기 때문이다. 따라서 갑은 약화되지 않는다.

28. 정답 ⑤

내용 영역 사회 문항 유형 논쟁 및 반론

ㄱ. 옳다. A1이 참이라면 최저임금인상률이 유지될 경우 생활수준은 더 향상되지 않는다. 이 경우는 최저임금인상률이 7%로 유지된 경우이고 생활수준이 더 향상되지 않았다. 따라서 이는 A1이 참일 때 예상되는 현상이므로 A1을 강화한다.

ㄴ. 옳다. B2는 무인시스템화의 원인이 최저임금 인상이라고 한다. 즉 최저임금이 인상되면 무인시스템화가 발생하고, 무인시스템화가 발생했다면 최저임금이 인상되었다는 것이다. B2가 거짓이라면 무인시스템화가 발생해도 최저임금이 인상되지 않아야 한다. 이 경우는, 4년 전 최저임금 인상분을 정부가 지급했다면 고용

주에게 최저임금 인상은 없었다. 따라서 무인시스템화가 발생했음에도 최저임금 인상이 없었다는 것이다. 이는 B2가 거짓일 때 예상되는 현상이므로 B2를 약화한다.

ㄷ. 옳다. 무인시스템의 유지비용이 고용 종업원에 지불하는 비용보다 더 높다는 연구 결과는 유지비용이 종업원 고용에 비해 더 저렴하다는 A3을 약화한다.

29. 정답 ③

내용 영역 사회 문항 유형 언어 추리

ㄱ. 옳다. 불확정성 원리에 따르면 판매량을 측정한 결과가 다시 판매량에 영향을 주어야 한다. 따라서 베스트셀러의 경우 높은 판매량 지표가 다시 판매량에 영향을 주어 꾸준히 높은 판매량을 유지하고, 스테디셀러가 되어야 한다. 따라서 불확정성 원리는 베스트셀러 중 대부분이 스테디셀러가 되지 못했다는 사실을 설명할 수 없다.

ㄴ. 옳지 않다. ㉠에 따르면 아무리 객관적인 통계치라도 정부가 그것을 측정하고 정책 목표로 삼는 순간 그것은 본래의 의미를 잃게 된다. 따라서 정부가 경제 정책을 수립할 때 기존보다 더 객관적인 통계치를 사용한다고 해서 불확정성이 제거될 수는 없다.

ㄷ. 옳다. 주어진 사례는 정부가 경기 활성화를 목표로 삼았으나 '부동산 부양⇒경기 활성화'라는 통계치의 규칙성에서 벗어난 사례이다. 따라서 ㉠을 지지한다.

30. 정답 ⑤

내용 영역 사회 문항 유형 언어 추리

B방법을 통해 비용을 구하는 방법은 다음과 같다. 총 20만 달러 중 4만 달러의 구간까지는 갑~정 모두 필요하므로, 4명이 공평하게 나누어 부담한다. 그런데 4만 달러 초과한 구간부터 정은 비용을 지불할 필요가 없으므로, 4만 달러를 초과한 부분부터 10만 달러 구간까지는 갑, 을, 병 3명이 비용을 공평하게 나누어 부담하는 방식이다. 그리고 10만 달러를 초과한 구간부터는 갑, 을 2명이 비용을 공평하게 나누어 부담하며, 12만 달러를 초과한 구간부터는 갑이 혼자 비용을 부담한다. 갑, 을, 병이 각각 A, B, C 세 가지 방법에 따라 부담해야 하는 비용을 정리하면 다음과 같다.

	갑	을	병	정
A방법	86,958	52,173	43,478	17,391
B방법	120,000	40,000	30,000	10,000
C방법	200,000	63,334	43,333	13,333

ㄱ. 옳다. 갑은 A방법에 따를 때 가장 적은 비용을 부담하지만, 을~정 세 명은 모두 B방법에 따를 때 가장 적은 비용을 부담한다. 즉, 네 명 중 세 명이 B방법을 선호하므로, 다수결 투표에 의하면 B방법이 선택될 것이다.

ㄴ. 옳다. B방법과 C방법 모두 구간별로 나누어 그 구간이 필요한 사람들이 비용을 분담하는 방식이기 때문에 을은 12만 달러의 범위에서 부담을 해야 한다. 그런데 B방법에는 갑도 참여하기 때문에 분담하는 인원이 늘어나 을이 분담하는 비용은 줄게 된다. 따라서 정의 비용이 변화하는 것과 상관없이 을은 C방법보다 B방법을 이용할 때 더 적은 비용을 부담하므로, B방법을 더 선호할 것이다.

ㄷ. 옳다. 가장 부유한 사람인 갑을 제외한 나머지 3명이 부담하는 금액은 A방법에 따르면 113,042달러, B방법을 따르면 80,000달러, C방법에 따르면 120,000 달러이다. 즉, 을, 병, 정이 부담하는 총금액이 가장 적은 방법은 B방법을 따를 때이다. 따라서 B방법이 가장 정의로운 방법이다.

31. 정답 ③

내용 영역 사회 문항 유형 언어 추리

ㄱ. 옳다. 현재 각 그룹의 비율이 같은 상황에서는 비이행성의 문제가 발생하고 있다. 그 이유는 전체 교수들이 투표를 한다면 10만 원 벌금보다는 100만 원 벌금을 선호하고, 100만 원 벌금보다는 현상 유지를 선호하지만 현상 유지보다 10만 원의 벌금을 선호하는 상황이 발생하기 때문이다. 그런데 만약 각 그룹의 비율이 달라서 A그룹이 100명이고 B그룹이 2명, C그룹이 1명인 경우에는 투표를 해도 전체 교수들의 선호와 A그룹의 선호가 일치할 것이다. 따라서 이 경우 비이행성의 문제가 발생하지 않을 것이다.

ㄴ. 옳다. 초기에 제시된 안건은 10만 원의 벌금을 부과하는 것이고, 이 안건이 상정되자 100만 원의 벌금을 부과하는 수정안이 제시되었다. 이 경우, 초기에 제시된 안건과 수정안을 두고 다수결 투표를 할 것이고, A그룹과 C그룹은 100만 원의 벌금을 10만 원의 벌금보다 선호하므로, 다수결 원칙에 따라 초기에 제시된 안건은 무산될 것이다. 따라서 수정안은 킬러 수정안에 해당한다.

ㄷ. 옳지 않다. 만약 초기에 제시된 안건이 100만 원의 벌금을 부과하게 하는 것일 경우, A그룹과 C그룹 모두 100만 원의 벌금을 10만 원의 벌금보다 선호하므로 10만 원의 벌금을 부과하게 하자는 수정안은 100만 원의 벌금을 부과하게 하자는 안건을 무산시키지 못할 것이다. 따라서 10만 원의 벌금을 부과하게 하자는 수정안은 킬러 수정안이 아니다.

32. 정답 ①

내용 영역 사회 문항 유형 언어 추리

ㄱ. 옳다. 법치가 이루어지지 않는 경우의 보수행렬은 <표1>으로 제시되었다. 이 경우 경기자 1이 협력을 선택할 경우에 기대 보수는 $4p + 0(1 - p)$이므로 $4p$이고, 경기자 2가 협력을 선택할 경우에 기대 보수도 $4p + 0(1 - p)$이므로 $4p$이다. 따라서 p가 증가할수록 협력을 선택한 경기자의 기대 보수는 증가할 것이다.

ㄴ. 옳지 않다. 법치가 이루어진 경우의 보수 행렬은 〈표2〉로 제시되었다. 경기자 1이 협력을 선택할 경우의 기대 보수는 $4p + 1(1 - p)$이므로 $3p + 1$이며, 경기자 1이 배반을 선택할 경우의 기대 보수는 $2p + 2(1 - p)$로 2이다. 그리고 경기자 2가 협력을 선택할 경우의 기대 보수는 $4p + (1 - p)$ 로 $3p + 1$이고 경기자 2가 배반을 선택할 경우의 기대 보수는 $2p + 2(1 - p)$로 2이다. 즉, 각 경기자가 협력을 선택한 경우의 기대 보수는 $3p + 1$이고, 배반을 선택한 경우의 기대 보수는 2이다. 이때, $3p + 1$이 반드시 2보다 크다고 볼 수 없다.

ㄷ. 옳지 않다. 법치가 이루어지지 않는 경우의 보수 행렬인 〈표1〉에 따르면 경기자 1이 배반을 선택한 경우의 기대 보수는 $3p + 2(1 - p)$이므로, $p+2$이다. 그리고 법치가 이루어진 경우의 보수 행렬인 〈표2〉에 따르면, 경기자 1이 배반을 선택한 경우의 기대 보수는 $2p + 2(1 - p) = 2$이다. 이때, $p+2$보다 2가 반드시 크다고 볼 수 없다.

33. 정답 ②

내용 영역 논리학수학 문항 유형 모형 추리

첫 번째와 세 번째 정보에 따르면 아래와 같다.

	D
일본	
~갑	

A	
중국	
	갑

이는 A와 D가 중간에 입주한 경우와, A와 D가 양 끝에 입주해 있는 두 경우로 나눌 수 있다.

1) A와 D가 중간에 입주한 경우

이때, B와 C가 입주한 장소에 따라 두 경우로 나뉜다.

	D	A	
일본		중국	
			갑

1-1) 미국과 무역하는 회사가 '병-C' 사이에 있으므로 C는 미국이 아니고, 호주이며 D가 미국이다. 이때 미국과 무역하는 회사가 병과 C 사이에 있어야 하므로 병은 B 대표이다. 그리고 C와 정은 인접하지 않으므로 D 대표가 정이고, A 대표가 을이 된다.

B	D	A	C
일본	미국	중국	호주
병	정	을	갑

1-2) 미국과 무역하는 회사가 '병-C' 사이에 있으므로 A 대표가 병이고, D가 미국과 무역하는 회사이다. 따라서 B는 호주와 거래한다. 이때 정은 C와 반드시 인접하게 되므로 이 경우 조건에 위배되어 성립하지 않는다.

C	D	A	B
일본	미국	중국	호주
		병	갑

2) A와 D가 양 끝에 입주한 경우

이때도 B와 C의 위치에 따라 두 경우로 나뉜다.

A			D
중국		일본	
	갑		

2-1) 미국과 무역하는 회사가 '병-C' 사이에 있으므로 B가 미국과 무역하는 회사이고 A 대표가 병이다. 따라서 D는 호주와 거래한다. 정은 C와 인접하지 않아야 하는데 이 경우 인접하게 되므로 조건에 위배되어 성립하지 않는다.

A	B	C	D
중국	미국	일본	호주
병	갑		

2-2) 미국과 무역하는 회사가 '병-C' 사이에 있다고 하였는데 이 경우 'C-미국-병'이 성립될 수 없다.

A	C	B	D
중국		일본	
	갑		

⇨ 따라서 1-1만 성립한다.

ㄱ. 옳지 않다. A회사 대표는 을이다.

ㄴ. 옳다. C회사는 호주와 거래한다.

ㄷ. 옳지 않다. 가장 왼쪽에 입주한 회사는 B이다.

34. 정답 ④

내용 영역 논리학수학 문항 유형 모형 추리

(1) 갑의 진술이 거짓일 경우

갑이 처음에 빨간색 좌석에 앉았고, 을, 병, 정의 진술은 참이므로 좌석 배치는 다음과 같다. 처음 탔던 좌석이 아닌 곳에 다시 탔다고 했으므로, 병은 처음에 보라색 좌석에 앉지 않았을 것이다. 따라서 병은 처음에 노란색 좌석에 앉았다. 그런데 갑의 진술이 거짓이므로 병은 을이 처음에 앉았던 좌석에 앉지 않아야 한다. 따라서 이 경우 조건에 위배되므로 제외되며, 갑의 진술은 참이다.

빨	검	노	보
갑	정	병	을
	을		병

(2) 을의 진술이 거짓일 경우

이 경우, 갑의 말은 참이므로 병은 을이 앉았던 좌석에 앉아야 한다. 그런데 을은 거짓말을 하므로 빨간색 좌석에 앉아야 한다. 따라서 이 경우 조건에 위배되므로, 을의 진술은 참이다.

빨	검	노	보
을	~정		을
	을		병

(3) 정의 진술이 거짓일 경우

정이 거짓인 경우이므로 처음에 빨간색 좌석에 앉아야 하는 것은 정인데, 을의 진술에 따르면 검정색 좌석에도 정이 앉아야 한다. 따라서 이 경우 조건에 위배되므로, 정의 진술은 참이다.

빨	검	노	보
정	정		

(4) 병의 진술이 거짓일 경우

갑의 진술은 참이므로, 병은 을이 앉았던 좌석에 앉아야 한다. 따라서 을이 처음에 노란색 좌석에 앉았고, 이 자리에 나중에 병이 앉는다. 그리고 처음에 보라색 좌석에 앉는 것은 갑이 된다.

빨	검	노	보
병	정	을	갑
	을	병	~병

그리고 이들은 두 번째는 같은 자리에 앉지 않으므로, 두 번째에 보라색 좌석에 앉는 사람은 정이며, 이들의 좌석 배치는 다음과 같다.

빨	검	노	보
병	정	을	갑
갑	을	병	정

① 옳지 않다. 위 참조

② 옳지 않다. 위 참조

③ 옳지 않다. 위 참조

④ 옳다. 보라색 좌석에 앉는 갑과 정이 대학원생이라면, 을이나 병 중 한 명은 대학생이거나 대학원생이고 나머지 한 명은 교수이다. 따라서 을이나 병은 교수이다.

⑤ 옳지 않다. 검은색 좌석에 앉는 을과 정이 대학생이라면, 갑이나 병 중 한 명은 대학생이나 대학원생이다. 따라서 갑과 병이 모두 대학생이 아닌 것은 아니다.

35. 정답 ③

내용 영역 **논리학수학** 문항 유형 **모형 추리**

ㄱ. 옳다. 총 조세수취량은 [1인당 생산작물의 양 × 생산작물의 단위당 가격 × 농민인구수 × 0.2]이다. 인구는 2할이 증가할 것으로 보이는데 1인당 작물 생산량은 1할이 감소할 것으로 보인다면, 내년의 조세수취량은 [100탈란톤 × 1.2 × 0.9]이므로, 108탈란톤이다.

ㄴ. 옳다. 올해 수취한 세금은 100탈란톤이다. 이는 60만 드라크마이다. 따라서 1탈란톤은 6000드라크마이다. 전체 조세수취량은 60만 드라크마이고 따라서 전체 작물 수취량을 드라크마로 나타내면 300만 드라크마이다. 3드라크마로는 작물 30단위 정도가 수취되므로 총 수취 작물은 3000만 단위이다. 그 8할은 2400만 단위이고, 이를 농민 인구의 절반인 40만으로 나누면, 60단위이다.

ㄷ. 옳지 않다. 증가할 인구 중 절반이 상류농민이라면, 내년의 상류농민인구와 나머지 농민인구는 각각 48만으로 그 비중이 동일하다. 내년에 올해와 같은 세금 부과방침을 유지할 경우 8할을 생산하고 있는 상류농민이 부담하는 세금 총액은 108만 중 8할인 86만 4천 탈란톤이고, 나머지 21만 6천 탈란톤은 나머지 농민들이 부담하고 있다. 상류농민에게 부과하는 세율만 올리면서 총 세금 총액이 150만 탈란톤 이상이 되려면 상류농민으로부터 128만 4천 탈란톤을 수취하여야 하는데, 이는 86만 4천의 2배보다 작다. 따라서 상류농민에게 부과하여야 할 세금의 비율은 2할의 두 배인 4할보다 작다.

36. 정답 ⑤

내용 영역 **과학기술** 문항 유형 **언어 추리**

ㄱ. 옳다. 이 경우 C는 1이고, 수혜자인 조카 한 명당 B는 3이고, R은 0.25이다. (이타행위자와 조카의 어미/아비와의 R값이 0.5이고, 다시 조카와 어미/아비와의 R값이 0.5이다. R은 유전적 유사성을 나타내는 수이므로, 이 둘을 곱하면 행위자와 조카 간의 R값을 구할 수 있다. 따라서 R은 0.25가 된다.) 결국, 조카 두 명의 B×R을 합친 값(3×0.25+3×0.25)이 1보다 크므로, 행위자는 조카들을 구할 것이다.

ㄴ. 옳다. 불임인 여성은 자신이 이타행동을 함으로써 줄어드는 새끼가 있을 수 없으므로 C는 0이 된다. 이때, 사촌여동생의 경우 불임이 아니므로 B는 3이며, 불임인 여성과 사촌여동생이 유전적으로 유사한 정도인 R값이 0이 아니므로, B×R은 0보다 크다. 따라서 이 경우 불임인 여성은 무조건 이타행동을 할 것이다. 반면, 자녀가 1명인 여성의 경우, 아직 자녀를 두 명 더 낳을 수 있으므로 C는 2이다. 그리고 자매간의 R은 0.5이다. 또한 수혜자인 여동생은 미혼이므로 B는 3이 된다. 이 경우, B×R은 C보다 작으므로 이 여성은 이타행동을 하지 않을 것이다. 불임인 여성이 이타행동을 할 확률이 1이기 때문에, 이는 자녀가 1명인 여성이 미혼인 여동생을 구하기 위해 목숨을 버릴 확률보다 더 높다.

ㄷ. 옳다. 일처다부제 가족에서의 아버지는 딸이 자신의 유전자를 가지고 있는지 확신할 수 없는 상태이다. 따라서 R은 0 또는 0.5이며, 이때 C의 값은 각각 3 또는 2이다. 그리고 자녀가 미혼이므로 B는 3이 된다. 따라서 R이 0일 때는 이타적 행동을 하지 않고, R이 0.5일 때에도 마찬가지로 이타적 행동을 하지 않는다. 그리고 어머니의 경우, 자녀를 두 명 더 낳을 수 있으므로 C의 값은 2이며, R은 0.5이다. 그리고 B는 3이 된다. 따라서 어머니 역시 이타적 행동을 하지 않을 것이다.

37. 정답 ①

(내용 영역) 과학기술 (문항 유형) 언어 추리

<(가)에 따를 경우>

X단백질이 있음 ⇨ 머리

X단백질이 없음 ⇨ 머리×

(1) A와 C의 경우, 난자에 의해 X단백질이 어느 한쪽 끝에만 분포하여 머리가 1개 생성된다.

(2) B와 D의 경우, 난자가 없으므로 X단백질이 없다. 따라서 H단백질이 생성되지 않아 머리가 생성되지 않는다.

<(나)에 따를 경우>

X단백질이 있음 ⇨ 머리×

X단백질이 없음 ⇨ 머리

(1) A의 경우, 정자와 난자의 X단백질이 모두 있는 경우로 정자의 신호에 의해 모든 X단백질은 한쪽 끝을 제외한 곳에 분포하여 머리가 1개 생성된다. B의 경우 역시 정자의 신호에 의해 X단백질이 한쪽 끝에만 없어 머리가 1개 생성된다.

(2) D의 경우, 난자와 정자 모두에 X단백질이 없으므로 수정란의 모든 세포에 X단백질이 없다. X단백질이 없을 경우 H단백질이 합성된다. 따라서 모든 세포가 H단백질을 가지고 있게 되어, 머리가 10개 이상 생성된다.

(3) C의 경우 난자의 X단백질만 있다. C의 경우는 난자의 X단백질만 있어 정자의 신호가 없는 경우이므로 X단백질은 한 쪽 끝에만 머물러 있어 H단백질이 배아 여러 곳에서 생겨 머리도 1개보다는 많이 생길 것이다.

난자	정자		(가)	(나)
+	+	A	1개	1개
-	+	B	0개	1개
+	-	C	1개	여러 개
-	-	D	0개	10개 이상

ㄱ. 옳다. (가)에 따를 경우, A에 생성된 머리의 수는 1개이다. 그리고 B와 D에 생성된 머리의 수를 합치면 0개이다. 따라서 A에 생성된 머리의 수는 B와 D에 생성된 머리의 수를 합친 수보다 많다.

ㄴ. 옳지 않다. (나)에 따를 경우, C에 생성된 머리의 수는 A에 생성된 머리의 수보다 많다.

ㄷ. 옳지 않다. (가)에 따르면 D에 생성된 머리의 수가 A에 생성된 머리의 수보다 적지만, (나)에 따르면 D에 생성된 머리의 수가 A에 생성된 머리의 수보다 많다.

38. 정답 ①

(내용 영역) 과학기술 (문항 유형) 언어 추리

ㄱ. 적절하지 않다. 실험 결과, A 씨앗의 발아율은 1번 접시와 3번 접시에서 비슷하게 높았고, 2번, 4번, 5번 접시에서 비슷하게 낮았다. 적색광을 비춘 시간과 A 씨앗의 발아율이 비례한다는 가설에 따르면, 적색광을 가장 오래 비춘 3번 접시와 4번 접시에서 A 씨앗의 발아율이 높아야 하는데, 실험 결과에서 4번 접시보다 적색광을 더 적은 시간동안 비춘 1번 접시에서 오히려 A 씨앗의 발아율이 더 높았다. 따라서 적색광을 비춘 시간과 A 씨앗의 발아율은 비례하지 않으므로, 실험 결과는 이 가설을 강화하지 않는다.

ㄴ. 적절하다. 실험 결과, 1번 접시와 3번 접시에서 씨앗 발아율이 높았고, 2번, 4번, 5번 접시에서 발아율이 더 낮았다. 5번 접시는 빛을 받지 못하였으므로, 5번 접시와 1번, 3번 접시의 차이는 적색광을 비추었는지 여부이므로, 적색광을 비추었을 때 씨앗의 발아율이 더 높아진다는 것을 추론할 수 있다. 또한, 1번, 3번 접시와 2번, 4번 접시의 차이는 2번, 4번에만 적외선을 비추었다는 점이다. 이를 통해 적색광을 비추어 씨앗 발아율을 높았더라도 적외선을 비추면 씨앗의 발아율이 줄어든다는 것을 파악할 수 있다. 따라서 실험 결과는 적색광과 적외선은 씨앗의 발아에 대한 효과를 서로 상쇄한다는 가설을 강화한다.

ㄷ. 적절하지 않다. A 씨앗이 빛이 없는 곳에 더 오래 놓인 순서는 5번, 1번, 2번, 3번, 4번이다. 그리고 A 씨앗의 발아율이 높은 순서는 1번과 3번이 유사하고, 2번, 4번, 5번이 유사하며 1번과 3번의 발아율보다 현저히 낮다. 즉, A 씨앗이 빛이 없는 곳에 놓인 시간과 발아율 사이에는 일정한 상관관계가 없다. 따라서 실험 결과는 A 씨앗이 빛이 없는 곳에 놓인 시간과 발아율 사이에 일정한 상관관계가 있다는 가설을 강화하지 않는다.

39. 정답 ④

(내용 영역) 과학기술 (문항 유형) 논증 평가 및 문제 해결

ㄱ. 적절하지 않다. 제시문에 따르면 "신체는 이질적인 단당류에 거부반응을 일으키"고, O형에 비하여 A형의 혈액형은 "그에 더하여" 이질적인 단당류를 하나 더 포함하고 있다. 따라서 제시문에 따르더라도 O형인 사람에게 A형의 혈액형에 해당하는 혈액을 수혈한 경우에는 이질적인 단당류가 신체에 들어오기 때문에 거부반응이 일어나지만, A형인 사람에게 O형에 해당하는 혈액을 수혈한 경우에는 이질적인 단당류가 신체에 들어오지 않기 때문에 거부반응이 일어나지 않을 것이다. 따라서 ㉠과 양립할 수 있는 사실이고 ㉠을 약화하지 않는다.

ㄴ. 적절하다. 제시문에 따르면 신체에 암세포가 있는 경우 시알산이 증가한다. 만약 시알산과 결합하는 화학물질을 암환자의 신체에 주입하였더니 비암환자에 비하여 더 많은 결합물질이 발견되었다면 이는 암세포가 있으면 시알산이 증가한다는 점을 강화하고, 더불어 이를 통하여 암을 진단할 수 있다는 진술을 강화한다.

봉LEET 2회

ㄷ. 적절하다. ㉢은 두 가지를 전제로 하고 있다. 첫 번째는 면역세포가 암세포와 정상세포를 구별하여 암세포만을 공격할 수 있다는 것이고, 두 번째는 면역세포에 의한 양 세포의 구별이 시알산의 증가로 인하여 어려워진다는 점이다. 따라서 만약 면역세포가 암세포와 정상세포의 차이를 구별할 수 있을 정도에 이르지 아니한다면, 시알산을 제거한다고 하여 면역세포가 암세포만을 공격하는 면역기능을 수행할 수 있다고 볼 수는 없게 된다. 따라서 이는 ㉢을 약화하는 진술이다.

40. 정답 ①

(내용 영역) 과학기술 (문항 유형) 언어 추리

ㄱ. 옳다. Q는 P와 서식지를 공유하여 우세를 점하는데, P는 독소와 해독제 아무것도 만들지 못하는 박테리아 종이다. 이로부터 Q는 독소와 해독제를 모두 만드는 박테리아 종임을 알 수 있다. 이들의 경쟁에서 독소가 치명적 경쟁 요소이다. 이때 R과 Q가 서식지를 공유하면 R이 우세하다는 것으로부터 R이 해독제만을 만드는 박테리아 종이라는 것을 추론할 수 있다. 이들의 경쟁에서 독소는 치명적 경쟁 요소가 아니며, 따라서 해독제만 만드는 R이 독소와 해독제를 모두 만드는 Q보다 에너지 소모가 적기 때문에 경쟁에서 우위를 보인다.

ㄴ. 옳지 않다. Q가 독소를 만들지 못한다면, 가능한 경우는 두 가지이다. 첫째, Q가 아무것도 만들지 못하는 박테리아인 경우 R은 독소와 해독제를 모두 만드는 박테리아이다. 둘째, Q가 해독제를 만드는 박테리아인 경우 R은 독소와 해독제를 모두 만들지 못하는 박테리아이다. 따라서 R이 해독제를 만들지 못한다고 단정할 수 없다.

ㄷ. 옳지 않다. R과 P가 서식지를 공유하자 P가 우세를 점했다면, 가능한 경우는 두 가지이다. 첫째, P가 독소와 해독제를 모두 만드는 박테리아이고, R은 아무 것도 만들지 못하는 박테리아이며 Q는 해독제만을 만드는 박테리아인 경우이다. 둘째, P가 아무 것도 만들지 못하는 박테리아이고, R이 해독제만을 만드는 박테리아이며 Q가 독소와 해독제를 모두 만드는 박테리아인 경우이다. 따라서 P가 독소와 해독제를 모두 만드는 박테리아라고 단정할 수 없다.

MEMO

봄LEET 2회

메가로스쿨